普通高等教育经管类专业"十三五"规划教材

财务管理学
（第二版）

苏亚民　　翟华云　　主编

清华大学出版社

北　京

内 容 简 介

近年来我国《企业财务通则》《公司法》《证券法》《企业会计准则》等相关法律法规的修订,企业组织形式的变化引起财务管理理论与实践的发展变化,为反映新的发展变化,本书依据新的法规规定,引入新的教学案例,以便更好地适应教学需要。

全书共 11 章,主要包括:财务管理总论、财务管理的基础观念、筹资概论、资本成本和资本结构、固定资产投资、证券投资、营运资本管理、利润分配及股利政策、财务分析、企业并购与重整和网络条件下的财务管理理论。各章配有案例导入、关键概念、本章小结、练习与思考、案例分析等。本书在内容和结构上力求创新,强调财务理论的应用,关注和思考新法规下财务管理的发展,并总结优秀的财务管理经验和技巧,传播新的财务管理理念。

本书面向财经类高等院校的大学生和研究生,以及综合类高等院校财会专业和经济、管理、统计专业的各类学生,可作为全国会计专业技术资格考试和会计学爱好者的学习参考书。

图书在版编目(CIP)数据

财务管理学 / 苏亚民,翟华云 主编. —2 版.—北京:清华大学出版社,2018(2022.8重印)
(普通高等教育经管类专业"十三五"规划教材)
ISBN 978-7-302-50142-8

Ⅰ.①财… Ⅱ.①苏… ②翟… Ⅲ.①财务管理—高等学校—教材 Ⅳ.①F275

中国版本图书馆 CIP 数据核字(2018)第 112335 号

责任编辑:刘金喜
封面设计:周晓亮
版式设计:妙思品位
责任校对:牛艳敏
责任印制:丛怀宇

出版发行:清华大学出版社
　　　　　网　　　址:http://www.tup.com.cn,http://www.wqbook.com
　　　　　地　　　址:北京清华大学学研大厦 A 座　　　　邮　　编:100084
　　　　　社 总 机:010-83470000　　　　邮　　购:010-62786544
　　　　　投稿与读者服务:010-62776969,c-service@tup.tsinghua.edu.cn
　　　　　质 量 反 馈:010-62772015,zhiliang@tup.tsinghua.edu.cn

印 装 者:北京国马印刷厂
经　　销:全国新华书店
开　　本:185mm×260mm　　　印　　张:20.5　　　字　　数:592千字
版　　次:2010 年 10 月第 1 版　　2018 年 8 月第 2 版　　印　　次:2022 年 8 月第 3 次印刷
定　　价:69.00 元

产品编号:078697-03

前　言

为了满足高等院校财务管理课程教学的需要，我们组织具有丰富教学、科研和管理经验的教师编写了本书。"财务管理"是经济管理学科的一门重要的专业基础课，是研究稀缺资金如何在企业和市场内进行有效配置的一种决策与管理活动。财务的本质是资本价值经营，着重对资本的取得、资本的运用、资本收益的分配等财务问题进行介绍和研究。从决策角度来看，公司财务管理的决策内容包括投资决策、长期融资决策、短期融资决策；从管理角度来看，公司财务管理的职能主要是指对资金来源和资金运用的管理。

本书系统地介绍财务管理的基本理论、基本方法和基本技能，以财务管理的各个环节为主线，在阐述财务管理基本概念和基本理论的基础上，着重阐述了资金时间价值、风险、资本成本、资本结构等财务管理的基本知识，以及筹资决策、投资决策、营运资金管理、利润分配、财务分析和财务重整的内容和方法，同时涵盖网络条件下的财务管理理论，为财会及相关专业的本科生提供了必备的财务理论知识和实务操作方法。结合我国的实际情况分析问题，力求使本书既有理论高度，又有实务指导性。

本书具有以下几个特点：①体系完整。本书共分 11 章，涵盖了完整的财务管理理论体系。②内容新颖。在内容上以介绍学术界共识度较高的财务管理理论和方法为主，在此基础上尽可能体现财务管理的新思维、新理论和新方法。③联系实际。为使讲授的财务管理理论尽可能与实际相结合，各章章末附有大量的练习题和案例分析。④循序渐进。在体系安排上力求体现教学规律的要求，循序渐进，先易后难。⑤突出前沿。本书探讨了网络财务理论，充分考虑了本科生和研究生不同教学层次的要求。

本书由苏亚民副教授、翟华云教授担任主编，周运兰、胡曲应、胡晓东、黄贤玲、段婧、李文沁、方芸老师担任副主编。全书共分 11 章，各章的主题及编者如下：第一章"财务管理总论"由苏亚民副教授编写；第二章"财务管理的基础观念"由黄贤玲副教授编写；第三章"筹资概论"由李文沁副教授编写；第四章"资本成本和资本结构"由翟华云教授编写；第五章"固定资产投资"由段婧老师编写；第六章"证券投资"由胡曲应副教授编写；第七章"营运资本管理"由周运兰教授编写；第八章"利润分配及股利政策"由方芸老师编写；第九章"财务分析"由胡晓东副教授编写；第十章"企业并购与重整"由周运兰教授编写，第十一章"网络条件下的财务管理理论"由苏亚民副教授编写。全书由苏亚民和翟华云编写大纲并定稿。

本书第二版变动内容如下：第一章"财务管理总论"第三节"财务管理的目标"中增加了"企业价值与社会价值协同"的内容，第四节"财务管理的环境"中增加了"科技环境"的内容。第五章"固定资产投资"在内容上进行优化。第七章"营运资本管理"增加了第五节"流动负债管理"。第十章将章名"并购与重组"改为了"企业并购与重整"；更新了案例导入；第一节中重新按照较新的分类整理了并购的概念与形式、并购的动因与效应等相关内容；第三节中增加了并购支付方式的内容。同时，更新完善了各章习题。

为便于教学，本书提供 PPT 课件和习题答案，读者可通过 http://www.tupwk.com.cn/downpage 下载。

本书写作过程中参考了大量的文献，在此，对这些文献的作者表示感谢。鉴于编者的学识与水平有限，书中难免尚存失当之处，恳切期待读者的批评指正。

服务邮箱：wkservice@163.com。

编　者

2018 年 5 月

目　　录

第一章

财务管理总论

┌ **案例导入** ┐

　　财务管理是企业营运活动的加速器，是组织中的重要功能，所有的经营皆以获利为目标，如能降低成本，充分运用资金，即使有突发状况，也足以安然度过危机。财务管理在企业经营中的功能，已从传统观念中的内勤支持角色，演变成企业的重要经营项目。近几十年来，财务管理在理论及实务上皆有长足进步，已跃居为企业营运中的一项必备重要功能。发展至今，在企业经营的功能上，也已从传统的内勤支持角色中走出来，不只局限在投资评估、融资规划、股利政策等幕僚支持的范围，而是可以积极地自创空间，成为企业营运发展中的重要一环。

　　曾在新闻集团从事多年财务管理、现任星空传媒集团(中国)副总裁的李映红有句话："在整个传媒集团的架构中，财务在哪里，总部就在哪里。"这体现了财务部门对传媒集团的重要性。

┌ **关键概念** ┐

　　财务管理(Financial Management)　财务管理的目标(the Goal of Financial Management)　利益相关者(Stakeholder)　企业社会责任(Corporate Social Responsibility)　财务管理原则(Financial Principles)

第一节　财务管理的概念

　　企业财务管理大约起源于 15 世纪末到 16 世纪初，是基于企业再生产过程中客观存在的财务活动和财务关系而产生的。

一、财务管理

(一) 定义

　　财务管理是运用价值形式对企业的财务活动和所体现的财务关系进行的管理，其本质是资本的价值管理。人们也把财务管理看成企业管理的一个组成部分，它是根据财经法规制度，按照财务管理的原则，运用价值形式，组织企业财务活动，处理企业财务关系的一项经济管理工作。哈佛商学院 MBA 用书《财务管理》认为"财务管理是对公司经营过程中的财务活动进行预测、组织、协调、分析和控制的管理活动"。西方财务学主要由三大领域构成，即公司财务(Corporation Finance)、投资学(Investments)和宏观财务(Macro Finance)。其中，公司财务在我国常被译为"公司理财学"或"企业财务管理"。

　　财务管理是企业管理系统的一个子系统，具有两种属性。其一，自然属性，是指财务管理不论在何种类型的企业中，都具有培育和配置财务资源、规划未来财务活动、分析财务活动结果、协调财务关系的管理制度、手段和方法，它属于财务管理的一般功能。其二，社会属性，是指在不同企业中，财务管理受不同企业的经营理念、经济环境、管理艺术和决策者的价值倾向等影响和制约，而打造出不同的财务个性特征，它属于财务管理的特殊功能。

(二) 财务管理与相关学科的关系

1. 财务管理与企业管理

财务管理是管理学的一个分支，具有管理学的属性。财务管理学是研究社会再生产中各企业和其他单位资本运动的规律性及其应用方式的科学。财务管理主要运用价值形式对企业资本活动实施管理，并通过价值纽带，协调企业各项管理工作，以保证企业管理目标的实现。

2. 财务管理与会计

财务管理与会计都是对资本(资金)进行管理，两者具有相互依存的关系，但会计侧重于信息的生成与列报，财务管理则侧重于运用信息对资本及其运作过程的规划和控制；会计体现的是一种规范，财务管理更能体现资本运作者的思想和理念；会计注重数据管理，财务则注重各方利益的协调；财务管理实质是盘钱，会计实质是盘账。

二、财务活动

财务活动是指企业可以用货币表现的经济活动，包括筹资、投资、运营和分配四个阶段。

财务活动的这四个方面，不是相互割裂、互不相关的，而是互相联系、相互依存的。正是上述互相联系又有一定区别的四个方面，构成了完整的企业财务活动，这四个方面也构成了财务管理的基本内容：企业筹资管理、企业投资管理、营运资金管理、利润及其分配管理。

三、财务关系

企业财务关系是指企业在组织财务活动过程中与利益相关者所发生的经济利益关系。企业的财务关系可概括为以下几个方面。

(1) 企业同其所有者之间的财务关系。这主要是指企业的所有者向企业投入资金，企业向其所有者支付投资报酬所形成的经济关系。企业所有者主要有以下四类：①国家；②法人单位；③个人；④外商。这种财务关系，体现了所有权的性质，反映了经营权和所有权的关系。

(2) 企业与债权人之间的财务关系。这种关系体现的是企业向债权人借入资金，并按合同规定定时支付利息和归还本金从而形成的经济关系，实际上体现的是债权债务关系。企业的债权人主要有：①债券持有人；②贷款机构；③商业信用提供者；④其他出借资金给企业的单位或个人。

(3) 企业与受资者之间的财务关系。这种关系体现的是企业与受资者之间的所有权性质的投资与受资的关系。

(4) 企业与债务人之间的财务关系。这种关系体现的是企业与其债务人之间的债权与债务的关系。

(5) 企业内部各单位之间的财务关系。这主要是指企业内部各单位之间在生产经营各环节中相互提供产品或劳务所构成的经济关系。这种在企业内部形成的资金结算关系，体现了企业内部各单位之间的利益关系。

(6) 企业与职工之间的财务关系。这主要是指企业向职工支付劳动报酬过程中所形成的经济关系。这种关系体现了职工和企业在劳动成果上的分配关系。

(7) 企业与政府之间的财务关系。中央政府和地方政府作为社会管理者，行使政府行政职能。政府依据这一身份，无偿参与企业利润的分配。这种关系体现了一种强制和无偿的分配关系。

四、财务管理的职能

财务管理的职能是指财务管理在再生产过程中具有的功能。其取决于财务的本质并受管理实践与管理理论发展的影响。

目前，人们对财务管理具有哪些职能存在不同认识，主要观点有以下几种。

(1) 把财务职能概括为财务保证职能和财务调节职能两个方面。即保证企业生产经营活动中货币资金需要的职能和利用货币资金调节企业内外经济关系的职能。

(2) 财务的基本职能包括财务筹资职能、财务分配职能和财务监督职能。其中财务分配职能包括劳动条件的分配与劳动成果的分配。

(3) 财务职能包括 4 个方面：①财务计划职能，对未来时期的财务活动进行规划和安排；②财务组织职能，把财务系统中的各个要素、各个环节和各个方面从横向和纵向的相互关系上，科学合理地组成一个整体；③财务控制职能，指导和监督下属财务机构和人员完成财务目标对照，发现差异，找出原因，采取措施纠正偏差；④财务协调职能，通过各种协调手段与方式建立和维持企业良好的财务环境和配合关系。

(4) 财务管理具有筹集资金职能、垫支资金职能、价值增值职能、价值实现职能、价值分配职能、财务监督职能。笔者认为，财务管理的基本职能有财务预测、财务决策、财务计划、财务控制。

第二节　财务管理的基本内容

19 世纪末至 20 世纪初，资本主义世界的工业化浪潮席卷而来，工业化革命使企业的生产经营规模迅速扩充，传统的独资与合伙企业已经难以适应生产的社会化规模的需要，股份公司作为适应生产经营的社会化规模要求的企业组织形式开始登上历史舞台。股票作为企业的融资形式由于具有风险分散而发行面广的特征，成为企业筹集资本的主要筹资方式，因此，受环境变迁的影响，财务管理的重点集中在如何利用资本市场发行普通股票。第一次世界大战至 20 世纪 50 年代，受西方经济危机的影响，财务管理的重心转向如何维持企业的生存，即投资领域；20 世纪 50 年代后，资本市场日益成熟与发达，企业融资工具与投资方式愈加丰富多彩，如何有效确定企业资本结构的财务理论应运而生，几十年间流派纷呈，博大精深，极大地推动了财务管理理论的发展，顺应环境的变化，财务管理形成了融资、投资、股利分配三个主要的财务领域。

企业的财务活动表现为企业再生产过程中周而复始、循环往复的资金运动，企业资金运动从经济内容上观察，可以划分为筹资活动、投资活动和股利分配活动等环节，因此，企业财务管理的基本内容包括企业投资决策、筹资决策、营运资金管理、股利分配决策等。

一、投资决策

投资决策(Investment Decisions)包括：做什么——投资方向；做多少——投资数量；何时做——投资时机；怎样做——资产形式与资产构成。

投资是以收回现金并取得收益为目的而发生的现金流出。投资决策具体内容包括以下几项。

(1) 流动资产投资(现金、存货、短期有价证券、短期商业信用等)。

(2) 固定资产投资(厂房和机器设备)。

(3) 长期证券投资(持有其他公司的股票、债券、政府债券等)。

(4) 编制各种项目投资预算和全面总和预算。

投资是企业为了获取经济资源的增值而将其货币投放于各种资产形态上的经济行为。依据投资的形式可将投资划分为实物投资与金融投资。实物投资是对企业生产经营实际应用的实物资产进行的投资，如购置生产线、更新设备、兼并企业进行生产经营规模的扩充、对新的投资项目进行的投资、由于企业生产经营规模的扩充对营运资本进行的投资等；金融投资是对金融性资产所进行的投资，如购买股票、债券等。

由于企业拥有的经济资源具有稀缺性，有效投资、提高投资的效率就成为企业投资决策首先应解决的问题。财务管理的任务是通过对投资项目的财务可行性的评价，为企业投资决策提供方法上的支持，以最大限度地保证投资决策的科学性。收益与风险的相均衡，是进行投资决策必须遵循的一项原则。

随着国内企业跨国投资、区域性投资机会增多，国际金融市场上的外汇风险、利率风险和通货膨胀风险，以及东道国的政治风险和法律政策变动等风险，使企业的投资管理和风险管理情况更复杂，内容更丰富。受知识经济的影响，企业的资产结构也在发生变化。在新的资产结构中，以知识为基础的专利权、商标权、商誉、计算机软件等无形资产和以人才引进与开发为主的人力资产的比例将大大增加，这种情况下，人力资源、无形资产和风险投资必然成为财务管理的新领域。

二、筹资决策

一个公司的成立，首要的是拥有一定数量的资金，筹集资金是公司金融管理的开始和基础。筹资决策(Financing Decision)主要解决的问题是如何取得公司所需的资金，包括向谁、在什么时候、融通多少资金等。筹资决策具体内容包括以下几项。

(1) 资金来源。有公司外部来源和公司内部来源两条渠道。

(2) 资金筹集方式。向金融机构、社会公众等举债，发行股票，商业信用，租赁，留存收益等。筹资方式的选择是筹资决策的一个重要问题。不同的筹资方式的特点不同，对企业的影响就不一样。通常企业在筹集资本时，会面临多种筹资方式供选择，理财人员必须在清楚每一种筹资方式特点的基础上，结合企业自身的特点，做出合理的抉择，以使企业获得代价最低的资本来源。

(3) 资本成本。筹集和使用资金而付出的代价，包括证券发行费用、举债支付利息、派发股利、留存收益的机会成本、资金加权平均成本等。

(4) 最佳资本结构。筹资决策的核心问题是确定企业的资本结构。资本结构决策的关键是确定企业资产负债率的高低和企业的股权结构。

随着经济全球化的推进，筹资渠道和方式的多元化，使股权筹资和债权筹资在内容和范围上都得到了空前的拓展。由于信息技术的飞速发展和计算机集成制造系统的广泛应用，各种金融工具的不断涌现，使得网上融资成为可能，融资的领域更加广阔，加速了全球经济一体化。企业在筹资决策时，在筹资渠道与方式选择上，可能会把视野放在国际资本大市场上以选择最适合自己的资源和融资方式。更重要的是，知识、技术创新和具有专业技术的人力资源已是促使企业成为处于市场竞争优势地位的最关键因素。因而企业筹资的主要功能不仅在于解决资金短缺的问题，更在于有效地配置资源，它不仅包括资金的筹集，还包括专利权、专有技术、人力资源等资源的筹集。过去以资本筹资为主的形式将转向以无形资产筹资为主。

全球化对我国受保护的部门和资本密集型部门将产生较大冲击，而一些具有相对优势的劳动密集型产业以及已形成规模经济且技术成熟的部门则将从中受益。这必定影响我国企业资金运动的方向和规模，使一些资产素质较差的企业加速倒闭，而一些企业为了强化和重塑其竞争优势而进行内部重构，或采取并购重组等方式实施外部扩张。公司内部重构时的资产剥离、公司间并购时的资本运作、企业破产时的重整和清算等都将成为企业财务管理的新课题①。

三、营运资金管理

营运资金管理是对企业流动资产及流动负债的管理。一个企业要维持正常的运转就必须要拥有适量的营运资金，因此，营运资金管理是企业财务管理的重要组成部分。据调查，公司财务经理有60%的时间都用于营运资金管理。要搞好营运资金管理，必须解决好流动资产和流动负债两个方面的问题。

(1) 企业应该投资多少在流动资产上，即资金运用的管理。其主要包括现金管理、应收账款管理和存货管理。

(2) 企业应该怎样进行流动资产的融资，即资金筹措的管理。其包括银行短期借款的管理和商业信用的管理。

可见，营运资金管理的核心内容就是对资金运用和资金筹措的管理。

加强营运资金管理包括：加强对流动资产和流动负债的管理；加快现金、存货和应收账款的周转速度，尽量减少资金的过分占用，降低资金占用成本；利用商业信用，解决资金短期周转困难，同时在适当的时候向银行借款，利用财务杠杆，提高权益资本报酬率。

四、股利分配决策

股利分配决策是确定企业当年实现的税后净利在股东股利和企业留存收益之间的分配比例，即制定企业的股利政策(Dividend Policy)。由于留存收益是企业的筹资渠道，因此，股利分配决策实质上是筹资决策的延伸。股利分配决策通常涉及以下问题：采取怎样的股利分配政策才是企业的最佳选择？企业应采取怎样的股利分配形式？是派发股票股利还是现金股利、负债股利或财产股利？企业能否进行股票分割或股票回购？企业应对股东分配现金股利的比例有多大？对于这些问题的回答，理财人员应根据企业的实际情况，以增加企业价值为出发点，做出合理的选择。

股利分配是指在公司赚取的利润中，有多少作为股利发放给股东，有多少留在公司作为再投资用。股利分配决策具体包括：收益与现金的关系；股利与股东财富的关系；支付股利的各种限制；股利发放方式；股利政策；等等。

在新经济时代，知识必然成为分配依据之一，谁拥有知识，谁分享收益，呈现出财务资本与知识资本共享资本收益的局面。这时，企业收益分配的参与者包括物质资本的提供者、直接生产者、企业经营管理者和技术创造者。其中：物质资本的提供者提供财务资本，凭借资本所有权分配企业收益；直接生产者从事生产经营活动，直接赚取工资收入；企业的经营管理者组织指挥生产，经营企业，不仅获得工资收入，而且也凭借管理知识资本参与企业收益分配；技术创新者一方面获得工资收入，另一方面也要凭借技术知识资本，参与企业收益分配。

五、企业的目标及对财务管理的要求

企业是营利性组织，其出发点和归宿都是获利。企业管理的目标可以概括为生存、发展和获利。

---

① 徐化芳. 财务管理环境变化对现代财务管理的影响[J]. 中国科技信息，2006(03).

1. 生存

企业只有生存，才可能获利。

企业在市场中生存下去的基本条件是以收抵支。企业长期存续的基本条件是付出的货币至少要等于收回的货币。企业生存的另一个基本条件是到期偿债。因此，企业生存的主要危险来自两个方面：一个是长期亏损，它是企业终止的内在原因；另一个是不能偿还到期债务，它是企业终止的直接原因。力求保持以收抵支和偿还到期债务的能力，减少破产的风险，使企业能够长期稳定地生存下去是对财务管理的第一个要求。

2. 发展

企业是在发展中求得生存的。

企业的发展其中表现为扩大收入。扩大收入的根本途径是提高产品的质量，扩大销售的数量，这就要求不断地更新设备、技术和工艺，不断提高各种人员的素质，也就是说要投入更多更好的物质资源、人力资源并改进技术和管理。在市场经济中，各种资源的取得都要付出货币。企业的发展离不开资金。因此，筹集企业发展所需的资金是财务管理的第二个要求。

3. 获利

企业必须能够获利，才有存在的价值。

在市场经济中没有免费使用的资金。资金的每项来源都有其成本。每项资产都是投资，都应当是生产性的，要从中获得回报。因此，通过合理、有效地使用资金使企业获利，是对财务管理的第三个基本要求。

第三节　财务管理的目标

财务管理的目标是企业理财活动所希望实现的结果，是评价企业理财活动是否合理的基本标准。财务管理目标，直接反映着理财环境的变化，并根据环境的变化做适当调整。它是财务管理理论体系中的基本要素和行为导向，是财务管理实践中进行财务决策的出发点和归宿。

一个合理的财务管理目标应是明确的，在企业管理当局的可控范围内，可以清晰地、及时地对决策的成功与失败进行度量，运行成本不会太高，与企业长期财富的最大化是一致的。

一、财务管理目标的本质特征

按照系统论，目标是保证系统良性循环的前提条件。财务管理的目标是保证财务管理良性循环的前提条件。财务管理目标的建立，既要反映财务管理的特点，又要充分体现企业相关的要求。财务管理目标应该具备以下特征。

1. 系统性

系统是彼此相互制约的各个要素组成的有机整体。财务管理的目标是企业目标的一个子目标，要与企业的整体目标相匹配，充分反映企业目标的要求并与之保持一致，以支持企业系统的良性循环。现代经济理论认为企业是具有多方利益要求的集合体，无论是股东对净资产的要求权，还是债权人对企业资产的索偿权，或是经营者及职工对企业利益的要求权，在企业中都应予以满足，只有实现各个利益主体利益的相互均衡，企业才能在代价最低的情况下稳定运行。作为企业的理财目标，只有考虑企业各利益主体的要求，妥善地权衡和处理企业所有者与经营者、所有者与债权人各方的利害关系，才能使理财活动有效提高理财效率进而提高企业效率。系统性也告诉我们，企业目标的确定，离不开企业运行环境的现状及环境的发展，确定企业的理财目标，必须要反映企业外部政治、经济、法律、社会文化等环境发展的要求，使目标能够体现外部环境的约束。财务管理目标从属于财务管理系统及企业运行系统，但理财目标对系统也具有反作用，目标是一种行为的导向，合理的理财目标能够发挥积极的作用，扭曲的目标则对系统起破坏作用。从这点上观察，设计理财目标，也必须考虑对系统的行为导向。

2．长期性

长期性是企业理财目标应具备的另一个基本属性。长期性是指财务目标应以能够保证企业的长远发展、能够保证企业长远效率的不断提高为目的，这是企业战略发展的要求。长期性要求我们进行企业的理财活动，无论是投资决策、融资决策，还是企业理财结果的评价，我们不能只注重已拥有的、历史出现的结果，更要注重对未来的影响，否则，非长期化的理财目标必然会在现实利益与未来利益之间选择眼前利益，结果是伤害企业的长远价值。例如，在企业资本结构的安排上，如果片面追求暂时利益的话，当企业面临利率极低而融资不受限制的情况下，为使股东报酬最大化，可能会大量举债，使财务风险迅速扩张，当企业资产流动状况不能满足企业偿债的要求时，企业可能会陷于财务困境甚至破产。又如，企业为使当期利润最大化，可能会忽视企业新产品的开发、生产能力的维护，结果会损害企业的长远发展能力。长期性注重的是对企业未来的导向，我们确定企业的理财目标后，决不能因为企业的现实生产经营机制的约束而过分迁就企业的现实，一旦认为某一种理财目标最为合理，我们就应该采取必要的措施，来使企业在既定目标下良性运行。

3．风险性

风险性是指企业理财目标必须要充分反映风险。现代企业是在风险环境中运行的。所谓风险，是指企业未来获得收益的不稳定性，收益的变动越大，风险就越大。企业之间竞争的加剧，影响资本市场的各项因素不断变化，使得企业的经营风险越来越大。企业外部筹资环境的不断调整与变化，利率与汇率的波动，债权人对资本约束的不断严格，造成企业财务风险的加剧。按照现代经济理论，风险与报酬是相均衡的，企业承受的风险越大，要求的报酬就越高。但是，在预期报酬一定的情况下，风险如果得不到有效的控制，企业很有可能会发生意外的损失甚至会破产。因此，科学的理财目标必须要考虑风险，在理财导向上要有利于经营者充分考虑企业对于风险的承受能力，采取有效的措施控制风险；在理财结果的评价上，也要有利于股东、债权人、经营者将风险作为一个关键因素加以考虑。

4．时间性

时间性是指企业的理财目标必须要考虑货币的时间价值。现代经济学认为，等量的货币在不同的时间具有不同的价值，在没有风险和通货膨胀的假设下，投资的货币会发生增值。按照货币时间价值的观念，收益赚取的时间越早越好，时间越长，远期的货币的现值就越低。货币时间价值是财务管理的估价手段，投资与筹资的估价乃至企业价值的估价都离不开货币的时间价值，它是被广泛运用于财务领域的一个基本观念。作为企业理财的目标，当然要反映这一观念，当进行一项理财决策时，货币时间价值是估价的方法，当对企业运行的结果进行评价或预测未来运行的效率时，货币的时间价值也是评价分析的重要手段。显然，离开了货币时间价值的理财目标，不是科学的理财目标。

5. 重要性

重要性是指企业理财目标要充分揭示企业的本质特征，反映企业存在发展的根本原因。企业财务管理是企业管理活动的一个有机组成部分，财务管理目标不可能游离于企业目标而单独存在，因此，企业存在与发展的内在原因，也就决定了理财的目标。研究企业理财目标，要根据决定企业良性循环的目标导向对理财活动的要求来确定。我国企业的现代企业制度尚未完全建立，企业还未在市场机制的作用下实现良性循环，研究企业的理财目标，不能根据我国企业的现状要求来确定，而必须将我国企业定位在企业制度的变革当中，按照我国企业改革发展的长远目标来确定，任何权宜的、过分强调与企业现状相匹配的企业理财目标，都无助于企业向市场目标机制的过渡，甚至对企业的发展起到破坏作用，这也是一种极不负责的做法。

二、具体目标

(一) 利润最大化

"利润最大化(Profit Maximization)"观点认为：利润代表了企业新创造的财富，利润越多则说明企业的财富增加越多，越接近企业的目标。利润最大化是传统厂商理论的基本假设。

这种观点的缺陷如下。

(1) 没有考虑到利润取得的时间。例如，当年取得 1 000 000 元的利润和来年也取得 1 000 000 元的利润，哪一个更符合企业的目标？

(2) 没有考虑所获利润和投入资本额之间的关系。

(3) 没有考虑获取利润和所承担风险的关系。例如，同样投入 5 000 000 元，本年获利 1 000 000 元，一个企业获利已全部转化为现金，另一个企业获利则全部是应收账款，并可能发生坏账损失。它们两者之间的风险是不一样的。

(4) 易形成大量的短期行为。

(5) 利润额的确定受会计政策的影响较大，即利润额是一个受人为因素影响较大的会计指标。

"现实中一个千真万确的事实是：长期不能赚得利润的企业将不复存在。如果企业要继续经营下去，那么它们就会处在必须赚钱的压力之下。"[①]价值规律的结果又是不断地惩罚那些效率低、管理混乱，导致商品生产的价值高于社会必要劳动时间的企业，因而作为市场经济主体的任何企业，自然会把首要目标定位于利润最大化。

(二) 每股盈余最大化

"每股盈余最大化(Maximization of Earnings Per Share)"观点认为：应当把企业的利润和股东投入的资本联系起来一起考察，用每股盈余或权益资本净利率来概括企业的财务目标，以避免"利润最大化"目标的缺点。

这种观点仍然存在以下缺陷。

(1) 没有考虑每股盈余取得的时间性。

(2) 没有考虑每股盈余的风险。实践证明，财务管理必须充分考虑收益大小与风险程度，否则是极其危险的。一般来说，收益越大，风险越大；要想获得较大的收益，相应地必须承担较大的风险。

---

① [美]斯蒂格利茨. 经济学[M]. 上册. 北京： 中国人民大学出版社，1997.

（三）股东财富最大化和企业价值最大化

1. 股东财富最大化(Maximization of Shareholders Wealth)

美国学者阿瑟·J. 基文(Arthur J. Keown)在 1996 年出版的《现代财务管理基础》中提出"财务管理与经济价值或财富的保值增值有关，是有关创造财富的决策"。可口可乐公司在 1995 年年度报告中指出："我们只为一个原因而生存，那就是不断地将股东价值最大化。"伊奎法克斯(Equifax)公司在 1995 年年度报告中指出："为股东创造价值是我们全部的经营和财务策略的目标。"乔治亚—太平洋(Georgia-Pacific)公司在 1995 年年度报告中指出："我们的任务永远是创造新的价值和增加股东财富。"

该观点认为，股东创办企业的目的是增加财富。如果企业不能为股东创造价值，那么权益资金缺乏，企业就不复存在。因而，企业要为股东创造价值。

该观点的优点如下。

(1) 财富最大化目标考虑了取得报酬的时间因素，并用货币时间价值原理进行了科学的计量。

(2) 财富最大化目标能克服企业在追求利润方面的短期行为，反映了资产保值增值的要求。因为影响企业价值的不仅有过去和目前的利润水平，预期未来利润的多少对企业价值的影响所起的作用更大。

(3) 财富最大化目标有利于社会财富的增加。各企业都把追求财富作为自己的目标，整个社会财富也就会不断增加。

(4) 财富最大化目标科学地考虑了风险与报酬之间的关系，有效地克服了企业财务管理人员不顾风险大小，只片面追求利润的错误倾向。一般而言，报酬与风险是共存的。对额外的风险需要有额外的收益进行补偿。报酬越大，风险越大，报酬的增加是以风险的增大为代价的，而风险的增加将直接威胁企业的生存。因此，企业必须在考虑报酬的同时考虑风险。企业的价值只有在报酬和风险达到比较好的结合时才能达到最大。财富最大化的观点也体现了对经济效益的深层次认识，因而是财务管理的最优目标。

(5) 有利于较合理地配置社会资源。

股东财富最大化这一目标具有以下缺点。

(1) 对非上市公司不能用股票价格来衡量其价值。

(2) 对上市公司，股价不一定能反映企业的获利能力，股价受多种因素的影响。

2. 企业价值最大化(Maximization of Enterprises Value)

从财富最大化的内涵来看，企业价值最大化是指通过企业的合理经营，采用最优的财务政策，在考虑资金的时间价值和风险报酬的情况下不断增加企业财富，使企业总价值达到最大。在股份有限公司中，企业的总价值可以用股票市场价值总额来代表。这个目标完全是从企业经营管理的角度推出的，从单个企业角度来看是比较合理的目标，因为它满足了企业生存、发展、获利的目标，但从整个社会的角度来看，企业价值最大化应具有新的内涵。

(1) 企业价值最大化的目标应充分考虑企业生产负的外部性问题。

一般来说，如果某人或者企业在从事经济活动时给其他个体带来危害或利益，而该个体又没有为这一后果支付赔偿或得到报酬，则这种危害或利益就被称为外部经济，也就是外部性。受到的危害叫作负的外部性，得到的利益叫作正的外部性。例如，空气污染就产生典型的负外部性，因为它使得很多与产生污染的经济主体没有经济关系的个体支付了额外的成本。这些个体希望减少这样的污染，但是污染制造者却不这样认为。又如，一家造纸厂排放废气，它可以建造设备以减少废气排放量，但是它从中却得不到收益，而在造纸厂附近居住的人们却可以从减少废气的排放中大大受益。

同样，如果邻居家院子里开满了漂亮的鲜花，则也可以认为这对你来说是正的外部性，因为你可能没有支付任何成本而得到了赏心悦目的感受。

由此可见，单纯追求企业财富的最大化而忽视企业生产负的外部性必然会导致企业生产的私人成本小于社会成本，也必然会导致企业财富的增长是牺牲整个社会的财富为代价的。因此，笔者认为企业的生产应减少负的外部性，增加正的外部性，增强企业生产的社会责任感。企业价值最大化应是充分考虑企业生产外部性的最大化，否则，便没有真正实现企业价值最大化。这是一个企业价值和社会价值之间的权衡取舍问题，也是一个企业和社会的利益分配问题。

(2) 企业价值最大化应该满足增强企业可持续发展的能力。

科学发展观提出的发展是全面、协调、可持续的发展，是统筹经济社会的发展。企业单纯追求企业财富的最大化，往往会违背社会发展这个大局目标，例如，企业会利用各种渠道得到各种资源，尤其是优质的资源，而资源是稀缺的，企业获得了优质资源意味着社会在配置资源的能力和规模上大大降低。企业单纯追求企业财富的最大化，往往导致企业重视经济效益而忽视社会效益，尤其是生态效益。我国生态环境质量的不断下降就说明了这一问题。企业单纯追求企业财富的最大化，使企业缺乏改进生产方式和技术进步的动力，而且企业还是采用集约式的生产，即高投入、高能耗、高成本、低产出、低效益，这显然不符合可持续发展的要求。

因此，按照科学发展观的要求，企业价值最大化应符合企业集约式生产的新要求，应同时满足经济效益、社会效益和生态效益的最大化[①]。

(四) 利益相关者利益最大化

利益相关者利益最大化(Stakeholders Interests Max)，是指在考虑企业所有利益相关者的利益基础上增加企业长期总市场价值，其中所指的利益相关者包括股东、债权人、雇员、供应商、顾客、政府、社会等利益受到企业经营的影响，同时又通过特定手段影响着企业经营的主体。中国理论界关于相关者利益最大化的定义是：通过企业财务上的合理经营，采用最优的财务政策，充分考虑资金的时间价值和风险与报酬的关系，在保证企业长期稳定发展的基础上使企业的利益相关者财富达到最大[②]。

企业传统的财务管理目标主要是服务于物资资本的所有者利益，因为决定企业生存与发展的主导要素是企业拥有的物资资本。因此，财务管理的目标表现为追求所有者权益最大化或股东财富最大化。网络经济的到来，扩展了资本的范围，改变了资本的结构，也相应地改变了财务管理的目标。在新的资本结构中，物资资本与知识资本的地位发生了重大变化，物资资本的地位相对下降，而知识资本的地位相对上升，知识资本成为企业乃至整个社会经济发展的最重要的资源。企业财富被重新定义为所拥有信息、知识和智力的多少，传统产品中知识的含量不断增加，生产、交换和分配等各种经济活动都将日益智能化。企业成为人流、物流、信息流的集成，是投资者、债权人、经营者、职工等利益相关者的契约。这些利益相关者都向企业投入了专用性资本，都对企业的剩余做了贡献，因而都有权分享企业的剩余。因此，企业财务管理目标追求的将不仅仅是所有者利益的最大化或股东财富的最大化，而是实现企业相关利益者利益的最大化。

利益相关者利益最大化的财务管理目标是以利益相关者理论、托管理论和企业社会责任理论为理论基础的。它考虑了企业相关者的利益并要求其最大化，提出了拥有专用资源的利益相关者博弈的观点，强调从可持续发展角度合理构建企业的财务管理目标。

---

① 苏亚民. 论科学发展观对企业价值最大化的影响[J]. 内蒙古科技与经济，2005(06).

② 施箐. 论相关者利益最大化的财务管理目标——兼论我国企业财务管理目标的选择[D]. 上海外国语大学，2004.

持此观点的学者认为，相关者利益最大化兼顾了企业所有者、债权人、职工(包括经营管理者)、客户(包括消费者)、政府，以及企业所处的外部环境，因而涵盖了利润最大化、股东财富最大化、企业价值最大化；从该目标与企业目标的关系来看，由于它要求企业保证各方利益主体的利益得到最大的满足，使企业顺利获取各方的信赖与支持，实现企业变中求稳的可持续性发展的目标，因而它与企业目标在理论上保持了高度的一致性；从该目标的实际系统导向性来看，由于它最大限度地刺激了各相关主体理财的积极性和协同性，从而获得了财务活动的规模效益；从操作性来看，由于相关者利益的大小可以用"薪息税前盈余"来量化，从而具有较强的可操作性；从操作效率来看，该目标会引导企业建立起人力、物力资源结合的财务管理机制，使企业在其相关者的知识获取方面进行应有的投资，增加自身及社会人力资源的积累，通过知识资源共享实现与企业相关的知识资源的供应者和接受者的利益最大化，最终达到知识资源供求双方对自身利益贡献的最大化，积累自身进行可持续性发展的支持资源。

利益相关者利益最大化目标将企业众多利益相关者的利益纳入考虑的范围，兼顾了各个利益相关者的利益，有利于企业的可持续发展。但其也有一定的缺陷：首先，该目标过于理想化，实际操作中会遇到很多问题，如怎样有效地衡量相关者利益最大化。其次，由于考虑的对象繁多，牵扯面过广，造成评价体系的核算模式过于烦琐，很难在短时间内，精确地计算出企业财务管理目标的实现情况。另外，由于利益相关者利益最大化的评价体系具有很强的个性特征，不同的企业根据其自身的情况、所处的环境、所处的生命周期不同，难以采用此评价系统对不同的企业进行横向比较。

(五) 企业价值与社会价值协同

当前主流财务管理目标的提出，虽然克服了传统财务管理目标的一些缺陷，但仍有一定的局限性。这些目标是以考虑经济价值为中心的，它们都忽视了企业应承担一定的社会责任，为社会创造价值，这样的观点可能会导致企业可持续能力的丧失，因此仍具有一定的缺陷。企业财务管理的最优目标应该是企业价值与社会价值协同[①]。这是以系统理论、财务目标理论、价值工程理论和企业社会责任理论作为理论基础，考虑了企业经济价值和社会价值的协同关系，提出了企业价值与社会价值已逐步从一个"零和博弈"向"非零和博弈"转化的观点，强调从可持续发展的角度合理构建企业的财务管理目标。

企业价值是指企业全部资产的市场价值，社会价值是指企业社会责任的合理量化。企业承担社会责任和追求经济利益殊途同归。企业实现了其经济价值，增强了自身的获利能力，就有更雄厚的财力进行投资，为社会价值的实现打下了雄厚的物质基础，为全社会创造了更多价值；企业承担了社会责任，实现了社会价值，树立了良好的社会形象，则更有利于企业经济价值的实现，提升企业的投资获利能力。从企业的长远发展来看，企业的目标是生存、发展、获利。企业价值和社会价值协同的财务管理目标是与企业的总体目标一致的。承担社会责任的一些行为虽然不能为企业直接带来经济效益，但会使企业树立良好的公众形象，获得社会各界的支持，从而为企业获取长期收益和长远发展准备了条件。而且符合社会公众利益的行为，会使企业因顾客的青睐而获得丰厚的利润。因此企业的经济目标和社会目标具有统一性，企业价值与社会价值是相互依存、相互发展的。

企业价值与社会价值协同的优点有：①有利于增强企业的社会责任意识，树立以人为本的人本管理理念。②有利于保护环境、节约资源，促进经济、社会的可持续发展。③有利于企业经济效益的提升，为企业创造财富。④有利于树立企业的良好形象，提高企业的声誉和核心竞争力。

---

① 肖婷，苏亚民. 企业财务管理目标新探：企业价值与社会价值协同[J]. 财会通讯，2010(02).

三、影响财务管理目标实现的内部因素

财务管理的目标是企业的价值和股东财富的最大化，股票的价格代表了股东财富，因此股价高低反映了财务管理目标的实现程度。

从公司管理当局的可控因素看，股价的高低取决于企业的报酬率和风险，而企业的报酬率和风险又是由企业的投资项目、资本结构和股利政策决定的。因此，以下五个因素影响企业的价值。

(1) 投资报酬率。在风险相同的情况下，投资报酬率可以体现股东财富。股东财富的大小要看投资报酬率，而不是盈利总和。财务管理正是通过投资决策、筹资决策和股利决策来提高报酬率，降低风险，实现其目标的。

(2) 风险。任何决策都是面向未来，并且会有或多或少的风险。决策时需要权衡风险和报酬，才能获得较好的结果。不能仅考虑每股盈余，不考虑风险。财务决策不能不考虑风险，风险与可望得到的额外报酬相称时，方案才是可取的。

(3) 投资项目。投资项目是决定企业报酬率和风险的首要因素。

(4) 资本结构。资本结构是所有者权益与负债的比例关系。资本结构会影响企业的报酬率和风险。一般情况下，企业借款的利息率低于其投资预期报酬率时，可以通过借贷取得短期资金而提高公司预期每股盈余。但也会同时扩大预期每股盈余的风险。因为一旦情况发生变化，如销售萎缩等，实际报酬率低于利率，则负债不但没有提高每股盈余，反而使每股盈余减少，企业甚至可能因不能按期支付本息而破产。资本结构不当是公司破产的一个重要原因。

(5) 股利政策也是影响企业报酬率和风险的重要因素。加大保留盈余，会提高未来的报酬率，但再投资的风险比立即分红要大。因此，股利政策会影响公司的报酬率和风险。

四、财务管理目标的协调

股东、经营者和债权人之间构成了企业最重要的财务关系。股东和债权人都为企业提供了财务资源，但是他们处在企业之外，只有经营者(即管理当局)在企业中直接从事财务管理工作。股东、经营者和债权人之间的目标不同，因此，公司只有协调这三方面的冲突，才能实现股东财富最大化的目标。

(一) 股东和经营者

1. 经营者目标

(1) 增加报酬。增加报酬包括物质报酬和精神报酬，如薪金、身份和社会地位的提高等。

(2) 增加闲暇时间。增加闲暇时间包括有效工作时间缩短、休息时间延长、劳动强度降低等。

(3) 避免风险。经营者努力工作得不到相应的报酬而产生风险，工作行为和工作结果可能不对称。经营者希望一分耕耘，一分收获，力图避免这种风险。

2. 经营者对股东目标的背离

经营者的目标和股东目标不完全一致，经营者有可能为了自身的目标而背离股东的利益。这种背离表现在以下两个方面。

(1) 道德风险。他们不做什么错事，只是不十分卖力，以增加自己的闲暇时间。

(2) 逆向选择。经营者为了自己的目标而背离股东的目标。

3. 防止经营者背离股东目标的方法

为了防止经营者背离股东的目标，一般有以下两种方法。

(1) 监督(Supervise)。经营者背离股东的目标，其条件是双方的信息不一致，主要是经营者了解信息比股东多。避免"道德风险"和"逆向选择"的出路是股东获取更多的信息，对经营者进行约束，在经营者背离股东目标实现前，减少其各种形式的报酬，甚至解雇他们。监督可以减少经营者违背股东意愿的行为，但不能解决全部问题。

(2) 激励(Motivate)。防止经营者背离股东利益的另一个出路是采用激励报酬计划，使经营者分享企业增加的财富，鼓励他们采取符合企业最大利益的行动。其缺点是：报酬过低，不足以激励经营者，股东不能获得最大利益；报酬过高，股东付出的激励成本过大，也不能实现自己的最大利益。因此，激励可以减少经营者违背股东意愿的行为，但也不能解决全部问题。通常，股东同时采取监督和激励两种办法来协调自己和经营者的目标。其多层次的激励成本和偏离股东目标的损失之间此消彼长，相互制约。股东要权衡轻重，力求找出能使三项之和最小的解决办法，它就是最佳的解决办法。

(二) 股东和债权人

当公司向债权人借入资金后，两者也形成了一种委托代理关系。债权人把资金交给企业，其目标是到期收回本金，并获得约定的利息收入。公司借款的目的是使用它扩大经营，投入有风险的生产经营项目，两者的目标并不一致。

债权人事先知道借出资金是有风险的，并把这种风险相应的报酬纳入利率。通常要考虑的因素包括：公司现有资产的风险、预计新增资产的风险、公司现有的负债比率、预期公司未来的资本结构。

股东可以通过经营者为了自身利益而伤害债权人利益，其常用方式有以下两种。

(1) 股东不经债权人的同意投资于比债权人预期风险要高的新项目。

(2) 公司为了提高利润，不征得债权人的同意而迫使管理当局发行新债，致使旧债券价值下降，使旧债权人蒙受损失。

债权人为了防止其利益被伤害，除了寻求立法保护(如破产时优先接管，优先于股东分配剩余财产)外，通常可采取以下措施。

(1) 在借款合同中加入限制性条款。

(2) 发现公司有剥夺其财产意图时，拒绝进一步合作，不再提供新的借款或提前收回借款。

第四节　财务管理的环境

财务管理环境又称理财环境，是指对企业财务管理活动产生影响的企业内外的各种条件，是企业开展财务管理工作的前提和平台，是推动财务管理发展、变革的根本动力。它会对企业的生产经营管理产生深远影响。

正确把握理财环境的变动趋势，是有效进行财务决策的前提。有效的财务决策来源于对企业财务环境走势的准确预测，以及在此基础上的理财措施的调整。在理财活动中，利率的变化、汇率的变动、法律规定的调整、外部竞争环境的变动等，对企业财务管理都会产生深刻的影响。例如，利率的升高会导致证券价格的下降，理财人员若能准确预测，则可以避免企业短期证券投资的损失；同样，利率的升高会导致高负债企业利息负担的加重和财务风险的加大。又如，原材料价格的升高和人工成本的升高，对企业收益会产生不利的影响，产品售价的波动会影响企业未来的现金净流量等。理财人员不能被动地适应财务环境的变动，而必须在对环境的变化准确预测的基础上，充分利用环境变化所带来的有利因素和针对不利因素采取相应的措施，来合理规划企业未来的财务活动及科学决策，才能使企业在适应环境变化的基础上，实现企业价值的增加。

财务管理的环境主要有经济环境、法律环境、金融市场环境、社会文化环境、道德环境和科技环境等，它也是影响企业价值的外部因素。经济环境影响企业财务的规模和质量，法律环境制约企业的财务行为，金融市场环境影响企业财务的内容和活动形式，社会文化环境影响企业理财活动。企业财务管理要想取得成功，必须认真研究和深刻认识所面临的环境。

一、经济环境

财务管理的经济环境主要包括经济周期、经济结构和宏观经济政策。

(一) 经济周期

在不同的经济周期，企业应相应采用不同的财务管理策略。

宏观经济周期性运行对社会经济生活产生深刻的影响，对企业的理财活动也会产生重大影响。准确地判断宏观经济运行周期及其影响，采取相应的经营或理财对策，是实现企业价值最大化理财目标的要求。

宏观经济运行周期影响企业的经营及理财对策。在萧条阶段，企业可采取的对策有：建立投资标准，尽力保持市场份额，放弃次要利益、消减管理费用、消减存货、裁减雇员、采取稳健的股利分配政策以储备现金存量等，尽力维持公司的生产经营能力；在复苏阶段，宏观经济从经济周期的谷底逐步回升，公司经营状况开始好转，业绩上升，投资者对公司投资的信心逐渐增强，企业财务状况趋于好转，资信能力有所提高，企业采取的对策有增加存货、劳动力、厂房设备等；在繁荣阶段，经济迅速增长达到周期的高峰，公司的经营业绩也在不断上升，财务状况良好，投资者的投资信息大为增强，证券价格大幅上扬，企业采取的对策有进一步扩充厂房设备投资、增加存货、提高销售价格，以增加公司未来的现金净流量；在衰退阶段，经济的发展从周期的顶峰逐步回落，可采取的措施有停止扩张、出售多余设备、停产不利产品、停止长期采购、消减存货、停止增加雇员等。

(二) 经济结构

经济结构一般是指从各个角度考察社会生产和再生产的构成，包括产业结构、地区结构、分配结构和技术结构等。

经济结构对企业财务行为的影响主要体现在产业结构上：一方面，产业结构会在一定程度上影响甚至决定财务管理的性质，不同产业所要求的资金规模或投资规模不同，资本结构也不一样；另一方面，产业结构的调整和变动要求财务管理做出相应的调整和变动，否则企业日常财务运作艰难，财务目标难以实现。

(三) 宏观经济政策

财税体制、金融体制、外汇体制、外贸体制、计划体制、价格体制、投资体制、社会保障制度、企业会计准则体系等改革措施，会深刻地影响企业的发展和财务活动的开展。根据宏观经济运行状况的不同，政府可采取扩张或紧缩的货币政策和财政政策，以促使经济健康稳定地发展，保持价格总水平的稳定，实现充分就业。这些宏观经济政策的调整对企业财务管理的影响是直接的。在企业理财中，必须根据不同时期国家对宏观经济的调整政策对企业理财的影响，而采取相应的对策。

1. 货币政策的调整会直接、迅速地影响企业的筹资与投资

中央银行贯彻货币政策、调节信贷和货币供应量的手段主要有：①调整法定存款准备金；②再贴现政策；③公开市场业务。当国家为了刺激经济的发展，防止经济衰退而实行扩张性货币政策时，中央银行就会通过降低法定存款准备金率、中央银行再贴现率，或者在公开市场买入国债的方式来增加货币供

应量，扩大社会的有效需求。当经济持续高涨、通货膨胀压力较重时，国家会采取相反的方式紧缩货币供应量，以实现社会需求与供给的平衡。

中央银行实行的货币政策对企业理财的影响如下。

(1) 利率的调整通过影响投资者要求的必要报酬率(资本成本)影响企业理财。利率提高时，投资者要求的报酬率提高，融资成本升高，股票价格下跌，企业价值相对下降，此时，企业对投资机会必须要求更高的报酬率；利率下降时，投资者要求的必要报酬率下降，融资成本降低，股票价格上升，企业价值相对增长，是企业投资的良好时机。当企业预计到未来利率上升时，一般通过发行长期固定利率债券进行融资；当企业预计到未来利率下降时，一般发行短期债券进行融资，以降低企业的利息负担。

(2) 当货币供应量增加时，企业筹集资金相对容易，证券市场价格上扬，在货币供应量增加的初期，是企业进行短期证券投资的良好机会。反之，当货币供应量下降时，企业筹集资金相对困难，证券市场价格也下降。

(3) 中央银行在市场上公开买进证券时，对证券的需求增加，促进证券价格上涨，由于此时证券投资者的增加，是企业发行股票、债券等进行融资的良好时机。

2. 财政政策的调整对企业理财具有持久而较为缓慢的影响

财政政策是通过财政收入和财政支出的变动影响宏观经济活动水平的经济政策。财政政策的手段主要包括改变政府购买水平、政府转移支付水平和税率。当经济增长持续放缓、失业增加时，政府要实行扩张性财政政策，增加财政性支出，提高政府购买水平，提高转移支付水平，降低税率，以增加总需求，解决衰退与失业问题。当经济增长强劲，通货膨胀严重时，政府要实行紧缩性财政政策，降低政府购买水平，降低转移支付水平，提高税率，以减少总需求，抑制通货膨胀。

当政府奉行扩张性财政政策时，财政支出增加，财政收入相对减少，政府购买水平提高，从而导致社会需求的增加；增加对道路、桥梁、港口等非竞争领域的投资，从而直接增加相关产业的投资，提高相关产业的需求，促进其他产业以乘数的方式发展；改变政府转移支付水平，如增加社会福利、增加为维持农产品价格对农民的拨款等，提高一部分人的收入水平，间接促进公司利润的增长；税率的调整直接影响公司的收益水平。扩张性的财政政策将导致公司的市场需求扩大，现金流量的增加，创造公司的投资机会，公司的生产经营业绩上升，是企业增加企业价值的良好时机。紧缩性财政政策对公司的影响正好与扩张性财政政策的影响相反。

政府财政政策与货币政策的传导机制不同，财政政策是通过控制政府的财政收入与财政支出，经过企业的投入与产出来影响总需求的，这与通过调节信贷和货币供应量影响需求的货币政策有明显的区别，财政政策传导过程比较长，因此，对企业财务管理具有缓慢而持久的影响。

二、法律环境

财务管理的法律环境是指企业组织财务活动、处理企业与有关各方的经济关系所必须遵循的法律规范的总和。广义的法律规范包括各种法律、法规和制度。财务管理作为一种社会活动，其行为要受到法律的约束，企业合法的财务活动也相应受到法律的保护。企业从事筹资、投资、股利分配活动，必须遵循相关法律的规定。

影响企业财务管理的主要法规包括以下几项。

(一) 企业组织法规

企业组织必须依法成立、组建不同组织形式的企业，必须遵循相关的法律规范，包括《中华人民共和国公司法》《中华人民共和国外资企业法》《中华人民共和国中外合资经营企业法》《中华人民共和国合伙企业法》等。这些法律既是企业的组织法，也是企业的行为法。在企业组织法规中，规定了企业组织的主要特征、设立条件、设立程序、组织机构、组织变更，以及终止的条件和程序等，涉及企业的资本组织形式、企业筹集资本金的渠道、筹资方式、筹资期限、筹资条件、利润分配等诸多理财内容的规范，也涉及不同的企业组织形式的理财特征，例如，合伙制与独资企业要承担无限债务偿还责任，而公司制企业承担有限责任。

(二) 公司治理

公司治理是有关公司控制权和剩余索取权分配的一套法律、制度以及文化的安排，涉及所有者、董事会和高级执行人员等之间的权力分配和制衡关系。其主要包括以下内容。

(1) 公司治理结构。公司治理结构是指明确界定股东大会、董事会、监事会和经理人员职责和功能的一种企业组织结构。

(2) 公司治理机制。公司治理机制是治理结构在经济运行中的具体表现，包括内部治理机制和外部治理机制。内部治理机制具体表现为公司章程、董事会议事规则、决策权力分配等一系列内部控制制度；外部治理机制是通过企业外部主体(如政府、中介机构)和市场监督约束发生作用的，这些外部的约束包括法律、法规、合同、协议等条款。

(3) 财务监管。公司治理结构和治理机制的有效实现是离不开财务监控的，公司治理结构中的每一个层次都有监控的职能，从监控的实务来看，最终要归结为包括财务评价在内的财务监控。

(4) 财务信息披露。信息披露特别是财务信息披露是公司治理的决定因素之一，而公司治理的体系和治理效果又直接影响信息披露的要求、内容和质量。

(三) 企业经营法规

企业经营法规是对企业经营行为所制定的法律规范，包括反垄断法、环境保护法、产品安全法等。这些法规不仅影响企业的各项经营政策，也影响企业的财务决策及实施效果，对企业投资、经营成本、预期收益都会产生重要的影响。

(四) 税收法律制度

企业理财决策要受到税收的直接影响和间接影响，因此，国家税收是企业理财的重要外部环境。税收是国家为实现其职能，强制地、无偿地取得财政收入的一种手段。任何企业都具有纳税的法定义务。税收对财务管理的投资、筹资、股利分配决策都有重要影响。在投资决策中，税收是一个投资项目的现金流出量，计算项目各年的现金净流量必须扣减这种现金流出量，才能正确反映投资所产生的现金净流量，进而对投资项目进行估价。在筹资中，债务的利息具有抵减所得税的作用，确定企业资本结构也必须考虑税收的影响。股利分配比例和股利分配方式影响股东个人交纳的所得税数额，进而可能对企业价值产生重要的影响。此外，税负是企业的一种费用，要增加企业的现金流出，企业无不希望减少税务负担。企业进行合法的税收筹划，也是理财工作的重要职责。

我国目前的主要税种有按收益额课征的所得税和按流转额课征的增值税、消费税、营业税等。

三、金融市场环境

金融市场是指资金供应者和资金需求者双方通过金融工具进行交易的场所。金融市场上的交易对象是资金，金融市场可以是有形市场，也可以是无形市场。金融市场对企业理财具有重要的意义：首先，金融市场是企业筹资和投资的场所，企业在符合有关法律规定的条件下，经过批准以发行股票、债券的方式筹集资金，也可以将企业的资金投放于有价证券，或者进行与证券相关的其他财务交易。其次，企业通过金融市场实现长期资金与短期资金的相互转化。企业所持有的长期股票和债券投资，随时可以通过出售有价证券使其转化为短期资金；同理，企业的短期资金也可以通过购买股票、债券而转化为长期投资。长短期资金的相互转化，在理财上从属于企业资产收益性与流动性关系的有效处理，从属于企业的经营发展战略。最后，由金融市场传递的信息，有助于企业进行财务管理的决策。

(一) 金融市场的构成要素

1. 金融市场的参加者——金融市场的交易主体

(1) 个人。其目的是调整自己的货币收支结构，追求消费的最佳满意度和投资收益最大化。

(2) 企业。其目的是取得所需资金，进行投资。

(3) 金融机构。金融机构是金融市场上的专业参加者，也是特殊参加者，其专业活动是为潜在的和实际的金融交易双方创造交易条件，它们的业务就是提供中介服务。金融机构包括银行业金融机构和其他金融机构。银行业金融机构主要包括各种商业银行及政策性银行。商业银行是以经营存款、放款、办理转账结算为主要业务，以营利为主要经营目标的金融企业。我国商业银行有国有独资商业银行、股份制商业银行。其他金融机构包括金融资产管理公司、信托投资公司、财务公司和金融租赁公司等。政策银行是指由政府设立，以贯彻国家产业政策、区域发展政策为目的，不以营利为目的的金融机构。我国目前有三家政策银行：国家开发银行、中国进出口银行、中国农业发展银行。

2. 金融市场工具

金融市场的交易对象就是资金。这里的资金是以多种多样的金融工具形式出现的，如股票、债券、票据、可转让存单、可变利率存单、可变利率抵押贷款、金融远期市场、金融期权市场、利率互换、货币互换(金融衍生工具)。

3. 金融交易的形式

(1) 拍卖方式。即在金融交易中，买卖双方通过公开竞价确定买卖的成交价格。

(2) 柜台方式。即通过作为交易中介机构的证券交易公司来买卖金融工具。买卖价格由证券交易公司根据市场行情和供求关系自行确定。

(二) 金融市场的分类

西方国家金融市场的划分一般采用按金融工具大类为标准的综合分类法，把金融市场分为六个市场：股票市场、债券市场、货币市场、外汇市场、商品期货市场、期权市场。其中股票市场、债券市场、货币市场统称有价证券市场，无论从市场功能还是从交易规模来看，有价证券市场构成了整个金融市场的核心部分。从公司财务的角度进行分析，有价证券市场是进行筹资、投资活动必不可少的市场。外汇市场是一国有价证券市场与另一国有价证券市场之间的纽带，一国投资人或筹资人要进入另一国有价证券市场，必须首先通过外汇市场这一环节(即是一个辅助性市场)。期货市场和期权市场是市场价格不稳定条件下有价证券市场和外汇市场的两个支点,它们提供保证金融市场稳定发展的机制(其辅助性质更为突出)。期货市场以其金融期货与有价证券市场和外汇市场相交,期权市场以其期权的各种基础证券与其他金融市场相交。

从不同的角度对金融市场进行分类,金融市场的类别主要有以下几种。

(1) 按交易的期限划分为短期资金市场和长期资金市场。短期资金市场是指期限不超过一年的资金交易市场,因为短期有价证券易于变成货币或作为货币使用,所以也叫货币市场。长期资金市场是指期限在一年以上的股票和债券交易市场,因为发行股票和债券主要用于固定资产等资本货物的购置,所以也叫资本市场。

(2) 按交割的时间划分为现货市场和期货市场。现货市场是指买卖双方成交后,当场或几天内买方付款、卖方交出证券的交易市场。期货市场是指买卖双方成交后,在双方约定的未来某一特定的时日才交割的交易市场。

(3) 按交易的性质分为发行市场和流通市场。发行市场是指从事新证券和股票等金融工具买卖的转让市场,也叫初级市场或一级市场。流通市场是指从事已上市的旧证券或票据等金融工具买卖的转让市场,也叫次级市场或二级市场。

(4) 按交易的直接对象分为同业拆借市场、国债市场、企业债券市场、股票市场、金融期货市场等。

(5) 按组织方式的不同可划分为两部分:一是有组织的、集中的场内交易市场,即证券交易所,它是证券市场的主体和核心;二是非组织化的、分散的场外交易市场,它是证券交易所的必要补充。

(三) 金融性资产的特点

金融性资产是指现金和有价证券等可以进入金融市场交易的资产。其具有以下几种属性。

(1) 流动性。流动性是指金融性资产能够在短期内不受损失地转变为现金的属性。流动性高的金融性资产的特征是:①容易兑现;②市场价格波动较小。

(2) 收益性。收益性是指金融性资产获取收益能力的属性。

(3) 风险性。风险性是指不能恢复其原投资价格的可能性。金融性资产的风险主要有违约风险和市场风险。违约风险是指证券的发行主体破产而导致的永远不能偿还的风险;市场风险是指由于投资的金融性资产的市场价格波动而产生的发行风险。

上述 3 种属性的关系是,资产的流动性与资产的收益性成反向变动,收益性与风险性相均衡,即流动性越强的资产,风险越小,其收益性就越低,反之亦然。

(四) 金融市场上利率的决定因素

在金融市场上,利率是进行资金交易的价格。一般而言,金融市场上资金的购买价格,可用下式表示:

$$利率 = 纯粹利率 + 通货膨胀附加率 + 变现力附加率 + 违约风险附加率 + 到期风险附加率$$

1. 纯粹利率(Pure Rate of Interest)

纯粹利率是在无风险、无通货膨胀情况下的平均利率,亦称为无风险报酬率。没有通货膨胀情况下的国债利率,可以作为纯粹利率。纯粹利率的高低主要受社会平均利润率、资金供求关系和国家宏观调控的影响。社会平均利润率是纯粹利率高低的一个基本影响因素,利息率的高低依附于社会平均利润率的高低。

资金供大于求时，利率下降，资金供小于求时，利率上升。政府为抑制经济发展过热，有可能削减资金的供应，从而使利率上升。反之，为刺激经济发展，政府有可能增加货币供应，从而使利率下降。

2. 通货膨胀附加率(Inflation Premium Rate)

通货膨胀会造成货币贬值，使投资者的真实报酬率下降，因此，为了补偿因通货膨胀所造成的货币贬值损失，投资者会对因承担通货膨胀损失而要求获得纯粹利率基础上的一种附加报酬，即通货膨胀附加率。

3. 变现力附加率(Liquidity Premium Rate)

资产的变现力是资产以合理的价格转化为现金的能力。不同证券的变现力是不同的。对于预期难以以合理的价格转化为现金的变现力风险，投资者要求相应的补偿，即变现力附加率。

4. 违约风险附加率(Default Risk Premium Rate)

违约风险是投资者承担的债务人到期无法还本付息的可能性。违约风险越大，投资者要求的报酬率就越高。违约风险与债务人的经营与财务状况有关，经营不善导致的企业财务状况不佳的债务人，到期不能清偿债务本金和利息的可能性就越大，违约风险就越大。根据债务人的经营与财务状况，由信用评定机构所确定的信用等级，代表了违约风险的大小。信用等级越低，违约风险就越高。

5. 到期风险附加率(Maturity Risk Premium Rate)

到期风险是指因到期时间长短不同而形成的利率变动的风险。一般而言，到期时间越长，利率变化的可能性就越大，利率变动导致证券价格波动，从而使投资者可能蒙受损失。如果利率上升，长期债券的价值下降，投资者就会遭受损失。到期风险附加率，就是对投资者承担利率变动风险的一种补偿。

一般而言，因受到期风险的影响，长期利率会高于短期利率，但有时也会出现相反的情况，这是因为进行短期投资，会承担再投资风险。再投资风险是指短期债券投资者在债券到期时，由于市场利率下降，难以找到当初相当于长期债券投资获利水平的投资机会，这种风险称为再投资风险。当再投资风险大于到期风险时，即预期市场利率持续下降，人们都在寻找长期投资机会，可能会出现短期利率高于长期利率的现象。

对于企业理财而言，准确地预测利率的变动趋势是非常必要的。在预期利率上升时，企业应使用长期资金；在预期利率下降时，企业应使用短期资金，以降低利息成本负担。由于利率趋势的预测较为困难，企业根据利率的变动使用资金的一种替代形式，就是合理确定长短期资金的结构，使企业在任何利率环境下，都不会遭受重大损失。

(五) 金融市场的作用

从公司财务角度来看，金融市场的作用主要有以下 4 个方面。

(1) 资金的筹集和投资。

(2) 分散风险。在金融市场的初级交易过程中，金融资产购买人在获得金融资产出售人(生产性投资人)一部分收益的同时，也有条件地分担了生产性投资人所面临的一部分风险，这样，金融资产购买人本身也变成了风险投资人，从而大大增加了风险承担者数量，减少了每个投资人所承担的风险量。在期货和期权市场上，可以通过期货、期权交易进行筹资、投资的风险防范与控制。

(3) 转售市场。金融资产的购买者可根据需要在金融市场上将尚未到期的金融资产转售给其他投资者，或用其交换其他金融资产。

(4) 确定金融资产价格。金融资产购销的存在，导致了其定价的必要。在金融市场交易中形成的各种参数，如市场利率、汇率、证券价格和证券指数等，是进行财务决策的前提和基础。

(六) 金融衍生工具市场

金融衍生工具是在基础性金融工具，如股票、债券、货币、外汇等基础上派生出来的金融工具。金融衍生工具通常以双边合约的面目出现，合约的价值取决于或衍生于基础性金融工具的价格及其变化。金融衍生工具产生于 20 世纪 70 年代，最早出现的是美国芝加哥商业交易所开办的外汇期货交易。金融衍生工具作为套期保值的工具，从根本上说是为了有效规避金融风险的需要而产生和发展的。而作为一种获利性投资工具，往往给投资者带来新的、更严重的金融风险。金融衍生工具具有高度的杠杆性——在金融衍生工具市场上，投机者能以小额资本从事巨额投机，从而用小额资本获取巨额收益。

近年来出现的金融衍生工具有以下几种。

(1) 期货市场。期货市场是指证券发行者同意在以后某一指定日期以协议价格向购买者提供远期证券的市场交易活动。

(2) 期权市场。期权市场是指按协议价格在一定期限内购买和出售某种金融资产的权利的交易活动，是一种选择权合约。其主要特征是具有非对称性风险，具体表现在权利义务不对称、获利概率不对称、遭受损失的风险不对称、收益水平不对称。

(3) 利率互换。利率互换是指交易双方按商定的条件，将双方同一种货币利率的不同债务以对方在利率上有利的基础上交换。其目的在于改善双方资产负债结构，降低资金成本和利率风险。

(4) 货币互换。货币互换是指有互补需要的双方按照协议安排，将不同倾向的债务或投资进行互利的交换。通过互换，使双方都可利用对方在市场上相对有利的地位，以较低的利率获得所需的货币贷款。

四、社会文化环境

社会文化环境是指人们在特定的社会环境中形成的习俗观念、价值观念、行为准则和教育程度，以及人们对经济、财务的传统看法等。社会文化环境包括教育、科学、文学、艺术、新闻出版、广播电视、卫生体育、世界观、习俗，以及同社会制度相适应的权利义务观念、道德观念、组织纪律观念、价值观念和劳动态度等。

财务管理与一定的社会文化有着密切关系，一定时期社会文化教育对财务管理的影响是具体和实在的。它影响财务管理人员的水平、职业素质、职业道德和社会地位，影响财务管理所运用的语言、文字和计量工具的先进程度，从而最终影响财务管理理论的研究和实践的发展[1]。

五、道德环境

道德环境是社会上人们逐渐形成或自觉遵守的观念、信念、道德规范等。社会各群体对理财的观念、看法不容忽视地影响着企业的理财。社会普遍认为理财工作至关重要，这有利于确定理财工作在企业管理工作中的中心地位，有利于越来越多的优秀人才加入理财队伍中来。企业领导对理财重要性有所认识，会有助于财务制度和财务方针的制定和执行，有助于财务预测、决策分析等作用的发挥。理财人员对自己工作的重要性充满信心和自豪感，有良好的职业道德，就会在理财工作中忠于职守，高度负责，坚持原则。良好的财务管理道德环境的形成，取决于全社会的共同努力，当然高等教育对此起着非常关键的作用，为适应财务管理工作的需要，必须深化高等教育改革，对传统的理财教学内容、教学方式和方法进行调整，从社会实践中提取实证教学素材，对学生实施道德教育和创新教育[2]。

---

① 石岩. 财务管理环境及发展趋势[J]. 山东省农业管理干部学院学报，2006(05).

② 赵绍光. 现代企业财务管理环境综述[J]. 辽宁师专学报(社会科学版)，2005(02).

六、科技环境

财务管理研究的许多新方法和新观点，是受了当代科学发展的影响，而许多研究是直接引进科技研究成果而形成的。同时，科学技术的发展还直接影响财务管理技术、方法的革新，甚至影响整个会计信息处理的全过程。例如，当前与财务管理密切相关的就有可扩展商业报告语言和大数据技术。

可扩展商业报告语言(XBRL)是基于互联网、跨平台操作，专门用于财务报告编制、披露和使用的计算机语言，基本实现数据的集成与最大化利用，会计信息数出一门，资料共享，是国际上将会计准则与计算机语言相结合，用于非结构化数据，尤其是财务信息交换的最新公认标准和技术。通过对数据统一进行特定的识别和分类，可直接供使用者或其他软件读取及进一步处理，实现一次录入、多次使用。它根据财务信息披露规则，将财务报告内容分解成不同的数据元(Data Elements)，再根据信息技术规则对数据元赋予唯一的数据标记，从而形成标准化规范，通过对网络财务报告信息的标准化处理，可以极大地方便使用者批量利用信息。

数据正在成为企业最重要的资产和生产要素，数据分析能力正在成为企业的核心竞争力。大数据技术包括大规模并行处理(MPP)数据库、数据挖掘电网、分布式文件系统、分布式数据库、云计算平台、互联网和可扩展的存储系统。大数据技术能将大规模数据中隐藏的信息和知识挖掘出来，为人类社会经济活动提供依据，提高各个领域的运行效率，甚至整个社会经济的集约化程度。大数据带给我们的 3 个颠覆性观念转变：是全部数据，而不是随机采样；是大体方向，而不是精确制导；是相关关系，而不是因果关系。随着大数据时代的到来，企业应该在内部培养以下 3 种能力：①整合企业数据的能力；②探索数据背后价值和制定精确行动纲领的能力；③进行精确快速实时行动的能力[①]。

第五节 财务管理的方法

财务管理方法是指为了实现财务管理目标，完成财务管理任务，在进行理财活动时所采取的各种技术和手段。财务管理的方法主要有以下几个方面。

一、财务预测方法

财务预测是财务人员根据历史资料，依据现实条件，运用特定的方法对企业未来财务活动和财务成果所做的科学预计和测算。财务预测的方法主要分为定性预测法和定量预测法。

(1) 定性预测法。定性预测法主要是利用直观材料，依靠个人经验的主观判断和综合分析能力，对事物未来的状况和趋势做出预测的一种方法。这种方法一般是在企业缺乏完备、准确的历史资料的情况下采用的。

(2) 定量预测法。定量预测法是根据变量之间存在的数量关系，建立数学模型来进行预测的方法。定量预测法又可细分为趋势预测法和因果预测法。

二、财务决策方法

财务决策是指财务人员在财务目标的总体要求下，从若干个可以选择的财务活动方案中选择最优方

---

① 辛儿伦. 大数据时代下的数据资产及其价值[J]. 多云数据，2016(03).

案的过程。在商品经济条件下，财务管理的核心是财务决策，财务预测是为财务决策服务的，财务计划是财务决策的具体化。财务决策的方法主要有以下几种。

(1) 优选对比法。优选对比法是把各种不同方案排列在一起，按其经济效益的好坏进行优选对比，进而做出决策的方法。优选对比法按其对比方式的不同，又可分为总量对比法、差量对比法、指标对比法等。

(2) 数学微分法。数学微分法是根据边际分析原理，运用数学微分方法，对具有曲线联系的极值问题进行求解，进而确定最优方案的一种决策方法。

(3) 线性规划法。线性规划法是根据运筹学原理，用来对有线性联系的极值问题进行求解，进而确定最优方案的一种方法。

(4) 概率决策法。概率决策法是根据财务决策方案出现的各种可能结果及其概率，计算各方案的期望报酬率和标准离差，进而做出决策的方法。

(5) 损益决策法。在进行不确定性决策时，通过计算最大的最大收益值、最大的最小收益值或最小的最大后悔值来进行决策的方法，叫作损益决策法。

三、财务计划方法

财务计划是指在一定的计划期内，以货币形式反映生产经营活动所需要的资金及其来源、财务收入和支出、财务成果及其分配的计划。财务计划的方法有以下几种。

(1) 平衡法。其是指在编制财务计划时，利用有关指标客观存在的平衡关系来计算确定有关计划指标的方法。

(2) 因素法。其是指在编制财务计划时，根据影响某项指标的各种因素，来推算有关计划指标的一种方法。

(3) 比例法。其是指在编制财务计划时，根据历史上已经形成而又比较稳定的各项指标之间的比例关系，来计算计划指标的方法。

(4) 定额法。其是指在编制财务计划时，以定额作为计划指标的一种方法。

四、财务控制方法

财务控制是指在财务管理过程中，利用有关信息和特定手段，对企业财务活动施加影响或调节，以便实现计划所规定的财务目标。财务控制的方法有以下几种。

(1) 防护性控制。防护性控制又称排除干扰控制，是指在财务活动发生前就制定一系列制度和规定，把可能产生的差异予以排除。

(2) 前馈性控制。前馈性控制又称补偿干扰控制，是指通过监视实际财务系统的运行，运用科学的方法预测可能出现的偏差，采取一定措施，使差异得以消除。

(3) 反馈控制。反馈控制又称平衡偏差控制，是在认真分析的基础上，发现实际与计划之间的差异，确定差异产生的原因，采取切实有效的措施，调整实际财务活动或调整财务计划，使差异得以消除或避免今后出现类似的差异。

五、财务分析方法

财务分析是根据有关信息资料，运用特定方法，对企业财务活动过程及其结果进行分析和评价的一项工作。财务分析的方法主要有以下几种。

(1) 对比分析法。对比分析法是指通过把有关指标进行对比来分析企业财务状况的一种方法。

(2) 比率分析法。比率分析法是指把有关指标进行对比，用比率来反映它们之间的财务关系，以揭示企业财务状况的一种分析方法。比率分析法有相关指标比率、构成比率、动态比率之分。

(3) 综合分析法。综合分析法是指把有关财务指标和影响企业财务状况的各种因素都有序地排列在一起，综合地分析企业财务状况和经营成果的一种方法。

第六节　财务管理原则

一、财务管理原则含义与特征

财务管理原则(Financial Principle)，也称理财原则，是进行企业财务管理所应遵循的指导性理念或标准，是人们对财务活动的共同的、理性的认识，它是联系理论与实务的纽带，是为实践所证明了的并为多数理财人员所接受的理财行为准则，它是财务理论和财务决策的基础。

理财原则具有以下几个特征。

(1) 理财原则是财务假设、概念和原理的推论。

(2) 理财原则必须符合大量观察和事实，被多数人所接受。

(3) 理财原则是财务交易和财务决策的基础。各种财务管理程序和方法是根据理财原则建立的。

(4) 理财原则为解决新的问题提供指引。

(5) 理财原则是一种认识，从哲学的层面看，人们对于客观世界的认识是一个逐步深化的过程。

二、财务管理的具体原则

(一) 资源合理配置原则

所谓资源合理配置，就是要通过对资源的组织和调节来保证各项物质资源具有最优化的结构比例关系。资源合理配置是企业持续、高效经营的必不可少的条件。在财务管理工作中，要把企业资源合理地配置在生产经营的各个阶段上，并保证各项资源能顺畅运行。

(二) 成本效益原则

所谓成本效益原则，就是要对经济活动中的成本和效益进行充分权衡，对经济行为的得失进行衡量，在讲求经济效益的基础上节约资金的占用和降低费用，与此同时不断增加产出，达到不断提高经济效益和社会效益的目的。实行成本效益原则，是直接与企业理财目标相联系的。财务管理主体在开展财务管理活动时讲求投入和产出的比较，要求用尽可能少的智力资源和财务资源，创造出尽可能多的财富。

(三) 风险与收益平衡原则

风险是指企业经营活动的不确定性所导致的财务成果的不确定性。从财务管理主体所面临的主客观条件来看，风险是客观存在的，但是可以通过技术分析、规范操作，达到规避风险，降低风险对财务决策的负面影响的目的。由此可见，在财务管理活动中，权衡风险与收益是每个财务管理主体必须认真面对的课题。风险与收益平衡原则要求企业不能只顾及最大收益而不顾风险，应当在风险与收益的比较中做出正确而谨慎的抉择，趋利避害，确保财务管理目标的实现[①]。

---

① 陆勇. 谈财务管理原则体系的构建[J]. 广西会计，2003(05).

(四) 有效组合原则

根据现代理财学的资产投资组合理论，不同类型的资产收益和风险是不同的，进行单一资产投资风险很大。如果我们能够科学地选择资产、确定各项资产在投资组合当中的比重，便能有效地消除其中部分风险，尽可能提高收益。坚持有效组合原则对于开展多种经营的大公司而言非常重要，因为公司事先无法确知某个(或某些)经营项目所在行业的好坏，无法预先确知项目生命周期不同阶段经营的好坏，所以只好采用投资组合这种方式消除风险。

(五) 利益关系协调原则

利益关系协调原则，就是要利用经济手段协调财务活动涉及的各方的经济利益，维护其各自的合法权益。财务关系为资金活动中产生的关系，表现为经济利益关系。要想恰当地处理好财务关系，应当从安排权利与责任归属、协调利益分配关系两个方面着手。权利与责任的安排体现在企业内部的经营管理职能的划分上，体现在由现代产权制度引发的财产权与经营权的划分上。利益分配关系主要体现在财务成果的分配上，换言之，要将实现的财务成果在国家、企业、投资者、劳动者等相关利益主体之间进行合理的分配。

本 章 小 结

1. 本章涉及财务管理的主体——谁来管；财务管理的对象——管什么；财务管理的目标——为什么管；财务管理的观念——依据；财务管理的环境——基础。

2. 财务管理是指运用价值形式对企业的财务活动和所体现的财务关系进行的管理，其本质是资本的价值管理。财务活动是指企业可以用货币表现的经济活动，包括筹资、投资、运营和分配四个阶段。企业财务关系是指企业在组织财务活动过程中与利益相关者所发生的经济利益关系。

3. 企业财务管理的基本内容包括企业筹资决策、投资决策、营运资金管理、股利分配决策等。

4. 财务管理的目标是企业理财活动所希望实现的结果，是评价企业理财活动是否合理的基本标准，主要有利润最大化、每股盈余最大化、股东财富最大化、企业价值最大化、利益相关者利益最大化。

5. 财务管理环境，又称理财环境，是指对企业财务管理活动产生影响作用的企业内外的各种条件，主要有经济环境、法律环境、金融市场环境、社会文化环境、道德环境和科技环境等，它也是影响企业价值的外部因素。

6. 财务管理方法是为了实现财务管理目标，完成财务管理任务，在进行理财活动时所采取的各种技术和手段。财务管理的方法主要有：财务预测方法、财务决策方法、财务计划方法、财务控制方法、财务分析方法。

7. 财务管理原则，也称理财原则，是指进行企业财务管理所应遵循的指导性的理念或标准，是人们对财务活动共同的、理性的认识，它是联系理论与实务的纽带，是为实践所证明并为多数理财人员所接受的理财行为准则，它是财务理论和财务决策的基础。

练 习 与 思 考

一、单项选择题

1. 财务管理是组织企业财务活动，处理各方面财务关系的一项(　　)。

    A. 人文管理工作   B. 社会管理工作   C. 物质管理工作   D. 价值管理工作

2. ( )是企业财务资金的转化场所。

    A. 商品市场   B. 货币市场   C. 资本市场   D. 劳务市场

3. 财务活动包括筹资、投资、( )、分配 4 个阶段。

    A. 运营   B. 统筹   C. 决策   D. 预测

4. ( )、经营者和债权人之间构成了企业最重要的财务关系。

    A. 职工   B. 股东(投资者)   C. 管理者   D. 合作伙伴

5. 没有风险和通货膨胀情况下的均衡点利率是指( )。

    A. 基准利率   B. 固定利率   C. 纯利率   D. 名义利率

二、多项选择题

1. 财务管理的经济环境主要包括( )。

    A. 经济周期   B. 经济结构   C. 公司治理

    D. 宏观经济政策   E. 科学技术

2. 筹资决策具体内容包括( )。

    A. 资金来源   B. 资金筹集方式   C. 资本成本

    D. 最佳资本结构   E. 项目选择

3. 财务关系包括( )之间的经济利益关系。

    A. 企业与社会环境   B. 企业与投资者   C. 企业与受资者

    D. 企业与债权人   E. 企业与债务人

4. 在金融市场上,利率是进行资金交易的价格,其构成内容包括( )。

    A. 纯粹利率   B. 通货膨胀附加率   C. 变现力附加率

    D. 违约风险附加率   E. 到期风险附加率

5. 财务管理方法包括( )。

    A. 财务预测方法   B. 财务决策方法   C. 财务计划方法

    D. 财务控制方法   E. 财务分析方法

三、判断题

1. 财务管理的基本内容有:企业筹资管理、企业投资管理、营运资金管理、利润及其分配管理。

                                           ( )

2. 财务的本质是资本的管理。   ( )

3. 企业的价值只有在报酬和风险达到较好的均衡时才能达到最大。   ( )

4. 纯粹利率是指无通货膨胀、无风险情况下的平均利率。纯粹利率的高低只受整个社会的平均资金利润率因素的影响。   ( )

5. 企业财务关系指的是企业在组织企业财务活动过程中产生并体现的与企业内外相互关联的各方面之间的经济利益关系。   ( )

6. 企业在追求自己的利润目标时,会使社会受益,因此企业目标和社会目标是完全一致的。

                                           ( )

案 例 点 击

荣事达的财务成功之路

荣事达集团在一次又一次的合资中，不断壮大了自身的实力，从1992年的1亿元到1999年的33亿元，它的总资产规模完成了令人惊叹的"核裂变"。

资产在买卖中增值。 以固定资产306万元抵押借贷2700万元是需要勇气的。荣事达在起步阶段就是这样冒着巨大风险积累了原始资本。他们用这些钱引进当时最先进的日本三洋洗衣机的技术、设备，改善了企业的"硬件"。在企业赢得一定市场份额后，如果不把这种无形资产拿到市场上去交换，它就一文不值，这是荣事达人的观点。荣事达在自身资产获利能力最强的时候将49%的股份主动让给港商詹培忠，从而获得资金1.04亿元，"卖"的价钱比最初的"企业市值"翻了将近4倍。回过头，荣事达拿这1.04亿元与日本三洋等4家企业合资建立了合肥三洋荣事达电器有限公司，引来日方一亿多元的资金投资，使公司资本在1993、1994两年内翻了两番，实现了二变四、四变八的几何级数扩张。

小富不能即安。 荣事达1996年出的一招"怪棋"令许多人不解，但事后证明这是个聪明的决策。其以1.55亿元的高价收购了先前出让给港商的49%的股权，让对方赚了一笔，自己拿回来股份后又与美国美泰克公司、香港爱瑞公司以49%、49.5%的比例合资，成立了6个企业，此举引进了8200万美元外资，总注册资本为13.4亿元人民币。在评估中，荣事达资本翻了一番，仅购回股份便获净收益7900万元。荣事达的发展也吸引了民间资本的注意力，1998年，合肥民营企业家姜茹把自己的2000万元投资给荣事达集团，此事在企业界引起极大反响。荣事达以信誉资本(占20%股权)、设备、土地、厂房等投入2040万元(占51%股权)与姜茹合资组建了荣事达电工有限责任公司。这2000万元不仅给荣事达带来了资金，更提高了其信誉度，许多民营企业找上门来要求与其合资合作，从而使荣事达的融资面更宽了。荣事达董事长陈荣珍谈资本运营时有句话很中肯："我们卖股份是为了更好地买，买又是为了更好地卖，资产在买卖的流动中才能不断增值。"那么，荣事达为什么要马不停蹄地买卖自己的信誉资本、实际资本，把负债率迅速降到30%呢？

"不能在一棵树上吊死。" 国有企业老板在概括国有企业困难时最时髦的一句话是："资金短缺。"许多破产企业最后都是跟银行赖账，为什么国有企业投资主体只能是银行，大家都得吊死在银行这"一棵树"上呢？荣事达之所以搞资本运营，就是在寻求多元化的融资渠道。其在不同时期，根据社会的资金大环境选择合资对象，解决发展中最紧迫的问题。第一次抵押借贷是1986年，当时市场处于短缺经济时代，只要项目选得准，形成规模快，产品获利能力强，就可迅速完成原始积累，实践证明，荣事达做到了。后来的3次合资主要是为了提高产品科技含量，扩大生产和市场规模，以自己的存量资产去吸引外商的增量资产，不仅吸引资本，也吸引国外的先进技术和管理经验。另外，荣事达在资本运营中将存量资产货币化，把股权卖给别人，把可能的风险转移，把资产以货币形态兑现，也是为了体现企业活力，通过买卖把企业的有形资产、无形资产组合到最佳状态。正如老总陈荣珍说的："港商买我的股份是因为企业经营得好，能赚钱，后来我投回去，他又可以赚一笔，而我再和美国人合资，是因为这样我赚的钱会更多。投资不是算计别人，而是'各算各的账，各赚各的钱'。"

必须具有国际领先的技术水平。 荣事达在合资中有一条重要原则，就是要求外方生产企业必须具有国际领先的技术水平。

资本运营的高风险促使荣事达不断提高企业的管理水平。在荣事达内部，中美合资、中日合资、中方资产呈三足鼎立之势，合资公司、中方企业都是独立法人实体，是规范的股份制公司，平等获利、风险共担。集团董事长陈荣珍说："如果你管不好，人家就管。不管谁的资金，送到我们手里，就要让它增值、获利，做不到这一点，股权结构就会改变。"目前改制后的荣事达已明确了集体资产归属权，并按我国《公司法》明确了劳资、人事、财务关系，初步建立起现代企业制度。

(资料来源：《中国财经报》2000 年 8 月 29 日)

讨论：

1. 如何认识企业财务管理的重要作用？
2. 荣事达集团是如何管理资金的？荣事达公司在发展中进行了哪些财务管理活动？
3. 荣事达公司如何处理筹资和投资的关系？

点 石 成 金

(1) 在现代企业发展的过程中，财务管理扮演着非常重要的角色，它在应变资金筹集、投放和资产管理等方面的能力将影响公司的成败，最终还会影响整个经济的兴衰。

案例中，荣事达集团在一次又一次的财务管理中，不断壮大自身的实力，从 1992 年的 1 亿元增至 1999 年的 33 亿元，它的总资产规模完成了令人惊叹的"核裂变"，充分体现了财务管理在企业发展中的重要作用。

(2) 财务管理是管理资金的学问。资金的运动过程——筹集、投放和使用及回收和分配，决定了财务管理内容为筹资、投资、资金营运和股利分配 4 个方面的内容。一般而言，筹资是财务管理最基本的环节，在公司理财中，企业首先要采用适当的方式，以较低的成本和较小的风险筹集到所需要的资金，为投资和股利分配做好准备。企业的筹资成本低、风险小，就有可能找到更多有利的机会去营利，也可以将更多的股利分配给股东。反之，如果筹资成本高，资本来源有限，就限制了企业的投资机会，也限制了企业股利发放的数额。同样，投资也会影响资金的筹集和股利的分配。如果企业有较多的有利可图的投资机会，对筹集资金的数量要求就较多，筹集资金的归还就有了保证，在股利分配和保留盈余之间，股东更愿意选择将资金留在企业进行进一步的内部投资。反之，如果企业有利可图的投资机会较少，筹集资金也就不重要了，股东更愿意选择将资金发放股利。

(3) 案例中，荣事达集团较好地解决了筹资和投资的关系。荣事达集团在资金短缺时，先是以固定资产 306 万元抵押借贷 2700 万元，后又在自身资产获利最强的时候把 49%的股份主动让给港商，从而获得资金 1.04 亿元，荣事达采取多元化的融资渠道，在不同时期，根据社会的资金大环境选择融资对象，解决发展中最紧迫的资金短缺问题，使资产在买卖中得到增值。荣事达企业通过筹资为经营发展做好了准备，通过有效的投资和资金营运将筹集的资金不断增值，保证了筹集资金的归还和升值。荣事达集团成功的财务管理经验值得许多处于困境中的企业借鉴[①]。

---

① 刘淑茹，赵晓明，等 编著. 财务管理案例精选精析[M]. 北京：中国社会科学出版社，2008.

第二章

财务管理的基础观念

案例导入

拿破仑1797年3月在卢森堡第一国立小学演讲时说了这样一番话：“为了答谢贵校对我，尤其是对我夫人约瑟芬的盛情款待，我不仅今天呈上一束玫瑰花，并且在未来的日子里，只要我们法兰西存在一天，每年的今天我将亲自派人送给贵校一束价值相等的玫瑰花，作为法兰西与卢森堡友谊的象征。”时过境迁，拿破仑穷于应付连绵的战争和此起彼伏的政治事件，最终惨败而流放到圣赫勒拿岛，把当初在卢森堡许下的诺言忘得一干二净。

可卢森堡这个小国对这位“欧洲巨人与卢森堡孩子亲切、和谐相处的一刻”念念不忘，并载入他们的史册。1984年年底，卢森堡旧事重提，向法国提出违背“赠送玫瑰花”诺言的索赔；要么从1797年起，用3路易作为一束玫瑰花的本金，以5厘复利(即利滚利)计息全部清偿这笔玫瑰花案；要么法国政府在法国各大报刊上公开承认拿破仑是个言而无信的小人。

起初，法国政府准备不惜重金赎回拿破仑的声誉，但却又被计算机算出的数字惊呆了：原本3路易的许诺，本息竟高达1 375 596法郎。

经苦思冥想，法国政府斟词酌句的答复是：“以后，无论在精神上还是在物质上，法国将始终不渝地对卢森堡大公国的中小学教育事业予以支持与赞助，来兑现我们拿破仑将军那一诺千金的玫瑰花信誉。”这一措辞最终得到了卢森堡人民的谅解。

原本3路易的许诺，本息竟高达1 375 596法郎。这就是货币时间价值的惊人魅力。特别是复利方式计算的利息，随着时间的延长，将有惊人数量的积累。

关键概念

货币的时间价值(the Time Value of Money)　终值(Future Value)　现值(Present Value)　年金(Annuity)　风险报酬率(Risk Return Rate)

一般而言，财务管理应具备的观念很多，如时间价值观念、投资风险观念、机会损益观念、边际观念、弹性观念等，而其中的时间价值观念和投资风险观念，是现代财务管理的两个基础观念。这两个基础的财务管理观念对于证券估价、筹资管理、营运资本管理都有重要影响。

第一节　货币的时间价值

某地已探明有一种矿产资源，如目前立即开发可获利两百亿元，若5年后开发，由于价格的上涨等因素的影响可获得三百亿元。试问何时开发更有利？要正确地回答这个问题，就必须考虑货币的时间价值。那么，什么是货币的时间价值呢？

一、货币时间价值的概念

货币的时间价值，是指货币经历一定时间的投资和再投资所增加的价值，也称为资金的时间价值。

在商品经济中，有这样一种现象，即现在的 1 元钱和一年后的 1 元钱其经济价值是不相等的。现在的 1 元钱，比一年后的 1 元钱经济价值要大一些，即使不存在通货膨胀也是如此。为什么会这样呢？例如，将现在的 1 元钱存入银行，一年后可得 1.05 元(假定存款利率为 5%)，这 1 元钱经过一年时间的投资增加 0.05 元，这就是货币的时间价值。也可以这样理解货币的时间价值，即将货币闲置在手中，货币不会增值，只会贬值，因为考虑通货膨胀时，等额资金的货币购买力会下降。只有放弃现在使用资金的权利，将资金投资和再投资出去，资金才能增值。因此，货币时间价值的真正来源不是时间，而是生产过程中创造的剩余价值。

货币时间价值可以用绝对数表示，也可以用相对数表示，其绝对形式是利息，相对形式是利率，由于利息是一个绝对数，其金额受投资额大小的影响，投资额大则利息多，投资额小则利息少，因此当投资额不同时，利息这个指标不具有可比性，不宜以此考评货币时间价值的大小，而利率是一个相对指标，当投资额不同时，它仍具有可比性。因此，一般用利率来考核货币的时间价值。

我们在理解货币时间价值时应注意两个问题：①货币是有时间价值的，因此不同时点上的资金不能简单相加，必须换算为同一时点才能相加；②货币等效，即不同时点上的货币虽然金额不等，但是其效用相同。因此在实际工作中不同时间的货币收入不宜直接进行比较，需要把它换算到同一时点基础上，然后才能进行大小的比较和比率的计算。

二、货币时间价值的计算

在企业财务管理中要正确进行财务决策就必须弄清楚不同时点上收到或付出的资金价值之间的数量关系，由于货币在不同时点上的价值不同，因而货币时间价值指标主要有两大类，即现值(Present Value)和终值(Future Value)。

现值是指未来一定时间特定货币按一定利率计算到现在的价值，又称本金。终值则是指现在一定数额的货币按一定利率计算的一定时间后的价值，利息的计算方式通常有两种，即单利和复利。在单利计算方式下，本能生利，而利息不能生利，在复利计算方式下，本能生利，利息在下期则转为本金，与原有的本金一起计算利息，即通常说的"利滚利"。在进行财务决策时，考虑到企业货币的增加值多数作为追加资本，故一般用复利计算货币的时间价值。

(一) 单利的计算

在单利计算中，经常使用以下符号：

P——本金，又称期初金额或现值；

i——利率；

I——利息；

F——终值，即本金和利息之和；

n——时间，通常以年为单位。

1. 单利利息的计算

在单利方式下本金能带来利息，利息必须在提出以后再以本金形式投入才能生利，否则不能生利。

单利利息的计算公式为：

$$I = P \cdot i \cdot n$$

【例2-1】某企业有一张带息票据，面额为40 000元，票面利率为6%，出票日期为3月1日，到期日为9月1日，则到期利息为：

$$I = 40\,000 \times 6\% \times \frac{6}{12} = 1200\,(元)$$

2. 单利终值的计算

单利终值的计算公式为：

$$F = P + P \cdot i \cdot n = P \cdot (1 + i \cdot n)$$

【例2-2】假设例2-1带息票据到期，则该票据的终值为：

$$F = 40\,000 \times \left(1 + 6\% \times \frac{6}{12}\right) = 41\,200\,(元)$$

3. 单利现值的计算

单利现值的计算公式为：

$$P = \frac{F}{1 + i \cdot n}$$

【例2-3】假设银行存款年利率为6%，5年后要从银行取出50 000元，则现在需要存入多少钱？

$$P = \frac{50\,000}{1 + 6\% \times 5} \approx 38\,462\,(元)$$

(二) 复利的计算

在复利方式下，本能生利，利息在下期则转列为本金与原来的本金一起生息，即通常所说的"利滚利"。

1. 复利终值

复利终值(Future Value，FV)是指若干期后包括本金和利息在内的未来价值。复利终值的计算公式为 $FV_n = PV(1+i)^n$，式中$(1+i)^n$被称为复利终值系数，为简化计算，可直接查复利终值系数表，来确定不同利率、不同期限的1元本金的复利终值，复利终值系数的英文为Future Value Interest Factor，可简写为$FVIF_{i,n}$。另外，由于复利终值系数为FV_n / PV，为便于书写，本章FV、PV分别用F、P代替，所以也可以将复利终值系数表示为$(F/P, i, n)$，注册会计师考试《财务成本管理》一书，则将复利终值系数表示为$(S/P, i, n)$，虽然表示符号有所不同，但其实质是一样的。

【例2-4】某企业将200 000元存入银行，准备3年后对设备进行更新，若3年期银行存款年利率为8%，问3年期存期满后企业在银行的存款是多少？

根据复利终值系数表，利率i为8%，期限n为3的复利终值系数是1.260，即$(F/P, 8\%, 3) = 1.26$。则$FV = 200\,000 \times 1.26 = 252\,000(元)$。

2. 复利现值

复利现值是复利终值的对称概念，是指未来一定时间的特定资金按复利计算的现在价值，或者说是为取得将来一定本利和现在所需要的本金。

根据复利终值的计算公式，可导出复利现值的计算公式。即 $P = \dfrac{F}{(1+i)^n}$ 或 $P = F(1+i)^{-n}$。其中，

$\dfrac{1}{(1+i)^n}$ 叫作复利现值系数或折现系数，表示 n 期后的 1 元资金按折现率 i 折算成现在的价值，也可以用 $(P/F, i, n)$ 或 $\mathrm{PVIF}_{i,n}$ 的形式表示。$(1+i)^{-n}$ 可以直接查阅复利现值系数表。

【例 2-5】 某企业计划现在存入一笔资金，3 年后取出的本利和要达到 500 000 元，以便进行技术改造，按 9% 的折现率计算，现在应该存入多少钱？

根据复利现值系数表，$(F/P, 9\%, 3) = 0.772$。

则 $P = 500\,000 \times (1 + 9\%)^{-3} = 500\,000 \times 0.772 = 386\,000$（元）。

(三) 年金的计算

年金是指等额定期的系列收支，如分期付款赊购、分期偿还货款、分期向保险公司交纳保费、按直线法提取折旧、按期收付利息等，都属于年金收付形式。按照收付次数和支付时间的不同，可将年金分成四类，即普通年金、预付年金、递延年金和永续年金。

1. 普通年金终值和现值的计算

普通年金又称后付年金，是指各期期末收付的年金。

(1) 普通年金终值的计算。

普通年金终值是指定期、等额、系列每次收支的复利终值之和，其终值计算示意图如图 2-1 所示。

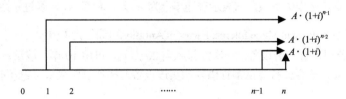

图 2-1 普通年金终值计算示意图

设每年的支付金额为 A，利率为 i，期数为 n，则按复利计算的普通年金终值 F 为：

$$F = A + A \cdot (1+i) + A \cdot (1+i)^2 + \cdots + A \cdot (1+i)^{n-1}$$
$$= A \cdot \sum_{t=1}^{n} (1+i)^{t-1}$$
$$= A \cdot \frac{(1+i)^n - 1}{i}$$

式中的 $\dfrac{(1+i)^n - 1}{i}$ 是普通年金为 1 元，利率为 i，经过 n 期的年金终值，记作 $(F/A, i, n)$，为简化计算可查普通年金终值系数表。普通年金终值系数(Future Value Interest Factor of Annuity)可简写为 $\mathrm{FVIFA}_{i,n}$。

【例 2-6】 红星公司准备每年年末从净利润中提取 100 000 元存入银行，5 年后，将该笔存款提出用于更新设备。如果存款的利率为 6%，问 5 年后这笔资金的本利和是多少？

根据年金终值系数表，$(F/A, 6\%, 5) = 5.637$

则 $F = 100\,000 \times (F/A, 6\%, 5) = 100\,000 \times 5.637 = 563\,700$（元）

(2) 普通年金现值计算。

普通年金现值是指定期等额每次收支的复利现值之和，其现值计算示意图如图 2-2 所示。

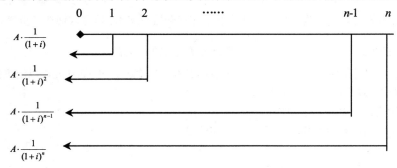

图 2-2　普通年金现值计算示意图

从图 2-2 可知，普通年金现值的计算公式为：

$$P = A \cdot (1+i)^{-1} + A \cdot (1+i)^{-2} + \cdots + A \cdot (1+i)^{-n}$$
$$= A \cdot \sum_{t=1}^{n} \frac{1}{(1+i)^t}$$
$$= A \cdot \frac{1-(1+i)^{-n}}{i}$$

式中 $\dfrac{1-(1+i)^{-n}}{i}$ 是年金现值系数，它表示普通年金为 1 元，利率为 i，经过 n 期的年金现值，记作 $(P/A,i,n)$。年金现值系数(Present Value Interest Factor of Annuity)可简写为 PVIFA$_{i,n}$。

【例 2-7】红星公司购置一台设备，一次性付款需 20 万元，可用 10 年，该设备投入使用后，每年年末可增加收入 3 万元，该企业打算从银行借款购买该设备，年利率为 8%，按复利计息。问该方案是否可行？

10 年共增加收入的现值之和为：

$$P = A \cdot (P/A,i,n)$$
$$= 3 \times 6.7101$$
$$= 20.1303(万元)$$

由于 20.1303＞20，所以不考虑风险因素的话，该方案是可行的。

2. 预付年金终值和现值的计算

预付年金是指在每期期初支付的年金，又称即付年金或先付年金，其终值计算示意图如图 2-3 所示。

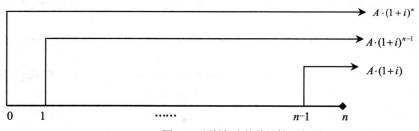

图 2-3　预付年金终值计算示意图

(1) 预付年金终值的计算。

预付年金终值是指一定时期内每期期初等额收付款项最后一期期末复利终值的和。

预付年金终值的计算公式为：

$$F = A \cdot (1+i) + A \cdot (1+i)^2 + \cdots + A \cdot (1+i)^n$$

式中各项为等比数列，首项为 $A \cdot (1+i)$，公比为 $(1+i)$:

$$F = \frac{A \cdot (1+i) \cdot [1-(1+i)^n]}{1-(1+i)}$$

$$= A \cdot \frac{(1+i)-(1+i)^{n+1}}{-i}$$

$$= A \cdot \left[\frac{(1+i)^{n+1}-1}{i} - 1 \right]$$

式中的 $\left[\dfrac{(1+i)^{n+1}-1}{i} - 1 \right]$ 是预付年金终值系数，它和普通年金终值系数 $\left[\dfrac{(1+i)^n-1}{i} \right]$ 相比，期数加 1，而系数减 1，可记作 $[(F/A,i,n+1)-1]$，并可利用普通年金终值系数来计算预付年金终值系数。

【例 2-8】某人以零存整取方式于每年年初存入银行 10 000 元，假设银行存款利率为 5%，问第五年年末的本利和是多少？

$$F = A \cdot [(F/A,i,n+1)-1]$$

$$= 10\,000 \times [(F/A,5\%,5+1)-1]$$

$$= 10\,000 \times (6.8019-1)$$

$$= 58\,019 \,(元)$$

(2) 预付年金现值的计算。

预付年金现值是指一定时期内每期期初等额收付款项复利现值的和。

预付年金现值的计算公式为：

$$P = A + A \cdot (1+i)^{-1} + A \cdot (1+i)^{-2} + \cdots + A \cdot (1+i)^{-(n-1)}$$

根据等比数列，求和公式为：

$$P = A \cdot \left[\frac{1-(1+i)^{-(n-1)}}{i} + 1 \right]$$

式中 $\left[\dfrac{1-(1+i)^{-(n-1)}}{i} + 1 \right]$ 是预付年金现值系数，它和普通年金现值系数 $\left[\dfrac{1-(1+i)^{-n}}{i} \right]$ 相比，期数要减 1，而系数要加 1，可记作 $[(P/A,i,n-1)+1]$，并可利用"年金现值系数表"查得 $(n-1)$ 期的值，然后加 1，得出 1 元的预付年金现值。

【例 2-9】某企业租赁一台设备，租期为 5 年，从现在起每年年初支付一年的租金 12 000 元，年利息率为 6%，问 5 年租金的现值是多少？

$$P = A \cdot [(P/A,i,n-1)+1]$$

$$= 12\,000 \times [(P/A,6\%,4)+1]$$

$$= 12\,000 \times (3.465+1)$$

$$= 53\,580(元)$$

3. 递延年金的计算

递延年金是指在最初若干期没有收付款项，但后面若干期发生了等额的系列收支款项。假设最初没有款项收付的期限为 m 期，后面 n 期有等额的收付款项，则递延年金的终值就是 n 期后付年金的终值，它不受前面的递延期 m 期的影响。递延年金终值的计算方法和普通年金终值计算方法相同，递延年金的现值则为 n 期年金贴现至第 m 期的第 1 期期初的现值，如图 2-4 所示。

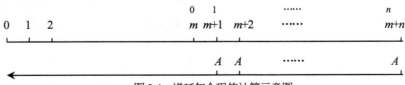

图 2-4　递延年金现值计算示意图

递延年金现值的计算方法有以下两种。

(1) 利用 n 期普通年金的现值公式。先求出递延年金在 n 期期初(即 m 期期末)的现值，再将这个现值折现到 m 期的第 1 期期初，也即 $m+n$ 期的期初，其计算公式如下：

$$P = A \cdot (P/A, i, n) \cdot (P/F, i, m)$$

(2) 先求出 $m+n$ 期普通年金的现值，再减去没有收付款的前 m 期普通年金的现值，其差额便是递延年金在 $m+n$ 期期初的现值，其计算公式如下：

$$P = A \cdot [(P/A, i, m+n) - (P/A, i, m)]$$

【例 2-10】某投资者在第 4～7 年年末都收到投资收益 5 万元，投资收益率为 10%，求该投资者收益的总现值。

方法一：
$$\begin{aligned}
P &= A \cdot (P/A, i, n) \cdot (P/F, i, m) \\
&= 50\,000 \times (P/A, 10\%, 4) \times (P/F, 10\%, 3) \\
&= 50\,000 \times 3.1699 \times 0.7513 \\
&= 119\,077.294\,(元)
\end{aligned}$$

方法二：
$$\begin{aligned}
P &= A \cdot [(P/A, i, m+n) - (P/A, i, m)] \\
&= 50\,000 \times [(P/A, 10\%, 7) - (P/A, 10\%, 3)] \\
&= 50\,000 \times (4.8684 - 2.4869) \\
&= 119\,075\,(元)
\end{aligned}$$

4. 永续年金的计算

无限期定额支付的年金，称为永续年金，现实中的存本取息，可视为永续年金的例子。

永续年金没有终止的时间，也就没有终值。永续年金的现值可以通过普通年金现值的计算公式导出。

$$P = A \cdot \frac{1 - (1+i)^{-n}}{i}$$

当 $n \to \infty$ 时，$(1+i)^{-n}$ 的极限为零，故 $P = A \cdot \dfrac{1}{i}$，即永续年金的现值系数 $(P/A, i, \infty) = \dfrac{1}{i}$。

【例 2-11】某高校拟建立一项永久性奖学金，每年计划颁发 100\,000 元奖金，若利率为 10%，则现在应存入多少钱？

$$P = 100\ 000 \times \frac{1}{10\%} = 1\ 000\ 000\ (元)$$

5. 货币时间价值计算中的几个特殊问题

(1) 不等额系列款项现值的计算。

前面我们介绍的都是等额现金流量的情况，但大多数财务决策问题面对的系列现金流量是不完全相等的，这就需要计算不等额的系列款项现值之和。

为求得不等额系列款项现值之和，可先计算每次收付款的复利现值，然后加总。不等额系列款项现值的计算公式如下：

$$P = \frac{A_1}{1+i} + \frac{A_2}{(1+i)^2} + \cdots + \frac{A_{n-1}}{(1+i)^{n-1}} + \frac{A_n}{(1+i)^n} = \sum_{t=1}^{n} \frac{A_i}{(1+i)^t}$$

式中：A_i——表示第 i 年年末的收付款项。

【例2-12】某系列款项如表2-1所示，贴现率为10%，求这一系列款项的现值。

在这个例子中，1～3年为等额款项，可求3年期的年金现值，4～9年为等额款项，可求9年期的年金现值，但要扣除前三年的年金现值，第10年的款项可计算其复利现值，该项不等额的系列款项的现值可按下述公式计算：

$$P = 3000 \times (P/A, 10\%, 3) + 2000 \times [(P/A, 10\%, 9) - (P/A, 10\%, 3)] + 1000 \times (P/F, 10\%, 10)$$
$$= 3000 \times 2.487 + 2000 \times (5.7590 - 2.487) + 1000 \times 0.3855$$
$$= 14\ 390.5\ (元)$$

表2-1　款项系列　　　　　　　　　　　　　　　　　　单位：元

年	1	2	3	4	5	6	7	8	9	10
款项	3000	3000	3000	2000	2000	2000	2000	2000	2000	1000

(2) 名义利率和实际利率的换算。

终值和现值通常是按年来计算，但在有些时候，也会遇到计息期短于1年的情况，如银行之间的拆借资金有的为每年计息一次，有的为每季计息一次，有的按月计息一次；某些债券每半年计息一次。当利息在一年内要复利几次时，给出的年利率叫作名义利率，其实际利率要比名义利率高。

实际利率和名义利率的关系如下：

$$1 + i = \left(1 + \frac{r}{m}\right)^m$$
$$i = \left(1 + \frac{r}{m}\right)^m - 1$$

式中：i——实际利率；

r——名义利率；

m——每年复利次数。

从上式可以推断：①当 $m=1$ 时，实际利率=名义利率；②当 $m>1$ 时，实际利率>名义利率。

【例2-13】假设本金为100 000元，投资3年，年利率为8%，每季复利一次，求实际利率。

利用实际利率和名义利率的等式关系可得：

$$i = \left(1 + \frac{r}{m}\right)^m - 1 = \left(1 + \frac{8\%}{4}\right)^4 - 1 = 1.0824 - 1 = 8.24\%$$

(3) 利率或期数的计算。

货币时间价值的计算主要涉及 4 个因素：终值、现值、利率、计息期数。前面主要介绍终值和现值的计算，在实际工作中还会遇到利率或期数的计算问题。

【例 2-14】某投资者现有 200 000 元，欲在 5 年后使其达到原来的 2 倍，问该投资者投资时最低可接受的报酬率是多少？

$$F = 200\,000 \times 2 = 400\,000\,(元)$$
$$F = P \cdot (1+i)^n$$
$$400\,000 = 200\,000 \times (1+i)^5$$
$$(1+i)^5 = 2$$
$$(F/P, i, 5) = 2$$

查"复利终值系数表"得 $i \approx 15\%$，即该投资者的最低报酬率为 15%，才有可能使资产 5 年后达到 2 倍。

【例 2-15】某投资者现有 200 000 元，拟投入报酬率为 9% 的投资机会，问经过多少年才可使现有货币增加 2 倍？

$$F = 200\,000 \times 3 = 600\,000$$
$$F = P \cdot (1+i)^n$$
$$600\,000 = 200\,000 \times (1+9\%)^n$$
$$(1+9\%)^n = 3$$
$$(F/P, 9\%, n) = 3$$

查"复利终值系数表"得 $n \approx 13$，即 13 年后该投资者的货币增加 2 倍。

第二节　投资风险价值

货币时间价值是在没有风险和通货膨胀情况下的投资报酬率，然而在实际财务活动中，风险是客观存在的，不考虑风险就无法正确评价投资报酬的高低。例如，你持股的公司有两个投资机会，第一方案可使每股盈余增加 0.5 元，其风险极低；第二方案可使每股盈余增加 1 元，但是有一定风险，若方案失败则每股盈余不会增加，你应赞成哪一个方案呢？回答是要看第二方案的风险有多大。由此可见，财务决策不能不考虑风险，只有当风险与冒险可望得到的额外报酬相称时，方案才是可取的。投资者由于冒风险进行投资而获得的超过货币时间价值的额外收益，称为投资的风险价值，或风险报酬。企业理财时，必须研究风险、计量风险，并设法控制风险，以求最大限度地增加企业财富。

一、风险的概念

如果企业的一项行动有多种可能的结果，其将来的财务后果是不肯定的，则存在风险。如果这项行动只有一种结果，就没有风险。例如，现在将一笔款项存入银行，可以确知一年后将得到的本利和是多少，几乎没有风险，这种情况在企业投资中是很罕见的，它的风险固然少，但是报酬也很低，很难称为真正意义上的投资。

一般来说，风险是指在一定条件下和一定时期内可能发生的各种结果的变动程度。例如，我们在预计一个投资项目的报酬时，不可能十分精确，也没有百分之百的把握。有些事情的未来发展我们事先不能确知，如股票价格我们既无法预知，也无法控制其涨跌。

风险是事件本身的不确定性，具有客观性。例如，投资者投资于国库券，其收益的不确定性较小，如果是投资于股票，则收益的不确定性要大得多。这种风险是"一定条件下"的风险，你在什么时间，买哪一种或哪几种股票，各买多少，风险是不一样的。这些问题一旦决定下来，风险大小就无法改变了。这就是说，特定投资的风险大小是客观的，你是否去冒风险及冒多大风险，是可以选择的，是主观的。

风险的大小随时间延续而变化，是"一定时期内"的风险。我们对一个投资项目成本，事先的预计可能不很准确，越接近完工则预计越准确。随着时间延续，事件的不确定性在缩小，事件完成，其结果也就完全肯定了。因此，风险总是"一定时期内"的风险。

风险可能给投资人带来超出预期的收益，也可能带来超出预期的损失。一般来说，投资人对意外损失的关切，比对意外收益强烈得多，因此人们研究风险时侧重减少损失，主要从不利的方面来考察风险，经常把风险看成是不利事件发生的可能性。从财务的角度来看，风险主要是指无法达到预期报酬的可能性。

二、风险的分类

从个别投资主体的角度来看，风险可分为市场风险和公司特有风险两大类。

1. 市场风险

市场风险又称不可分散风险或系统风险，是指对所有投资的主体都会产生影响因素而引起的风险，如战争、经济衰退、通货膨胀、利率变化等。这类风险涉及所有的投资对象，不能通过多元化经营予以分散。例如，一个人投资于股票，不论他购买何种股票，都要承担市场风险，经济发生变化时，各种股票的价格都将受到影响。

2. 公司特有风险

公司特有风险又称可分散风险或非系统风险，是指发生于个别公司的特有事件而引起的风险，例如，某公司的职员罢工，试制新产品的失败，某一案件的诉讼失败，没有争取到重要的合同等。这类事件只与个别公司有关，与整个市场无关，它们的发生是随机的，可以通过多角化投资来分散这类风险，如投资者投资股票时，买几种不同的股票，比只买一种风险小。

从公司本身的角度来看，公司特有风险又可以分为经营风险和财务风险。

(1) 经营风险。经营风险是指公司在未来获取经营利润的过程中，由于存在不确定性而产生的风险。经营风险主要是在生产经营活动中产生的，其原因如下。

① 市场销售。由于市场需求的变化，市场价格的波动，造成企业生产数量的变化，这种产销量的不确定性，使企业的风险增大。

② 生产成本。由于原材料的供应和价格，工人的劳动积极性和机器的生产率，工人的工资和奖金具有不确定性，因而产生风险。

③ 生产技术。设备发生事故，产品发生质量问题，新技术取代旧技术等，这些事情的出现很难估计，从而会产生风险。

④ 其他。由于天灾、经济不景气、通货膨胀等外部环境的变化而产生的风险。

(2) 财务风险。财务风险是指公司因举债而形成的风险。公司财务风险的大小不仅取决于负债总额，而且还取决于资产负债比。债务实际上是公司在未来要履行的一种义务，债务越多，公司不能如期偿还的可能性就越大，企业所承担的风险就越高。例如，某公司股本为 100 万元，好年景时每年盈利 20 万元，股东资本报酬率为 20%；坏年景时亏损 10 万元，股东资本报酬率为负 10%。假设该公司预期今年是好年景，借入资本 100 万元，利息率为 10%，则预期盈利 40 万元，付息后的盈利为 30 万元，资本报酬率上升为 30%。这就是负债经营的好处。但是这个借款决策加大了原有的风险。如果借款后碰上的是坏年景，企业付息前应当是 20 万元，付息 10 万元后亏损 30 万元，股东的资本报酬率是负 30%。这就是负债经营的风险。举债加大了企业的风险，那么企业应不应该举债经营呢？应举债多少呢？那要看其风险有多大，冒风险预期得到的报酬有多少，以及企业愿不愿意冒风险。

三、风险的衡量

在财务管理中，任何决策都是根据对未来事件的预测做出的，而未来的情况往往是不确定的，由于不确定性的存在，将来出现的实际结果可能与我们期望的结果不一致，这种实际结果与期望结果的偏离程度往往被用来衡量风险。在财务决策过程中，风险衡量的指标主要有方差、标准差和标准离差率等。

1. 概率与概率分布

在经济活动中，某一事件在相同的条件下可能发生也可能不发生，这类事件称为随机事件。概率就是用来表示随机事件发生可能性大小的数值。通常，把必然发生的事件的概率定为 1，把不可能发生的事件的概率定为 0，而一般随机事件的概率介于 0 与 1 之间，概率越大，就表示该事件发生的可能性越大。

一般认为概率必须符合以下两个要求。

(1) 所有的概率即 P_i 都在 0 和 1 之间，即 $0 \leqslant P_i \leqslant 1$。

(2) 所有结果的概率之和为 1，即 $\sum_{i=1}^{n} P_i = 1$。

概率分布则是指一项活动可能出现的所有结果的概率的集合。

【例 2-16】假设股票 A 一年后的投资收益率会根据未来不同的经济情况发生变化，具体预测如表 2-2 所示。

表2-2　股票A一年后预期收益率情况

经济情况	发生概率(P_i)	股票 A 一年后预期收益率(K_i)
经济繁荣	0.5	20%
经济稳定	0.1	5%
经济衰退	0.4	−10%

以上表明，经济繁荣的可能性是 50%，股票 A 的收益率为 20%；经济稳定的可能性是 10%，股票 A 的收益率为 5%；经济衰退的可能性是 40%，股票 A 的收益率为 -10%，它满足：① $0 \leqslant P_i \leqslant 1$；② $\sum_{i=1}^{n} P_i = 1$。

2. 预期值(期望值)

随机变量的各个取值，以相应的概率为权数的加权平均数，叫作随机变量的预期值(数学期望或均值)，它反映随机变量取值的平均化。离散性概率分布的期望值按下面所示的公式计算：

$$报酬率的预期值(\overline{K}) = \sum_{i=1}^{n} P_i \cdot K_i$$

式中：P_i ——第 i 种结果出现的概率；

$\quad\quad K_i$ ——第 i 种结果出现后的预期报酬率；

$\quad\quad n$ ——所有可能结果的数目。

期望值反映同一事物大量发生或多次重复发生所产生的结果的统计平均。

根据例 2-16 资料，股票 A 的期望收益率为：

$$\overline{K_A} = \sum_{i=1}^{n} P_i \cdot K_i = 0.5 \times 20\% + 0.1 \times 5\% + 0.4 \times (-10\%) = 6.5\%$$

这说明股票 A 未来一年的市场报酬率可达 6.5%。

3. 方差和标准差

方差是用来表示随机变量与期望值之间离散程度的一个指标。

$$方差(\sigma)^2 = \sum_{i=1}^{n} (K_i - \overline{K})^2 \cdot P_i$$

标准差也叫均方差，是方差的平方根。

$$标准差(\sigma) = \sqrt{\sum_{i=1}^{n} (K_i - \overline{K})^2 \cdot P_i}$$

根据例 2-16 资料，股票 A 的方差为：

$$\sigma_A{}^2 = \sum_{i-1}^{n} (K_i - \overline{K})^2 \cdot P_i$$
$$= (20\% - 6.5\%)^2 \times 0.5 + (5\% - 6.5\%)^2 \times 0.1 + (-10\% - 6.5\%)^2 \times 0.4$$
$$= 0.020\ 025$$

股票 A 的标准差为：

$$\sigma_A = \sqrt{\sum_{i=1}^{n} (K_i - \overline{K})^2 \cdot P_i} = \sqrt{0.020\ 025} = 0.1415 = 14.15\%$$

方差和标准差的大小取决于两个因素：①各种可能的结果与期望值的绝对偏离程度，偏离越大，对方差和标准差的影响越大；②每一种可能的结果发生的概率越大，对方差和标准差的影响越大。

方差和标准差越大，说明各种可能的结果相对其期望值的离散程度越大，即不确定性越大，风险越大，由于方差和标准差的这种特征，人们通常用它们作为衡量投资风险的基础。

例 2-16 中，由于收益率只有三种可能的情况出现，故股票 A 的收益率是离散分布。如果股票 A 的收益率为连续型分布，有无限的可能结果，就需要根据连续型分布的特征，运用积分计算期望收益率以及方差和标准差。对收益率的一个经常的假设是它符合正态分布。正态分布是对称分布，其特点是只有两个特征变量，即期望值和方差，因此，如果我们已知股票 A 收益率的期望值与方差，并且符合正态分布，就可以知道预期收益率的所有变化情况。

4. 标准离差率

利用标准差的大小来比较不同投资的风险大小的前提是不同投资的期望收益相同。实际投资决策中常常要比较期望收益不同的投资项目的风险大小，因此引入了标准离差率的概念。

标准离差率是标准差与期望值的比值，它反映了不同投资方案或项目间相对风险的大小。它衡量的是每单位报酬所承担的风险，其计算公式如下：

$$标准离差率(V) = \frac{\sigma}{K} \times 100\%$$

标准离差率越小，则风险越小，反之风险越大。必须指出的是，若两个方案的期望报酬率相等，则可以直接根据标准差来比较风险程度，但如果两个方案的期望报酬率不等，则必须计算标准离差率才能对比风险程度。

【例2-17】股票A和股票B的相关信息如表2-3所示，试问投资者购买哪只股票的风险小些？

表2-3　股票A和股票B的相关信息

经济情况	发生概率(P_i)	股票A的预期收益率(K_A)	股票B的预期收益率(K_B)
经济繁荣	0.5	20%	40%
经济稳定	0.1	5%	10%
经济衰退	0.4	−10%	−20%

经计算得到：$\overline{K}_A = 6.5\%$ 　　　　$\overline{K}_B = 13\%$

$\sigma_A^2 = 0.020\,025$ 　　　　$\sigma_B^2 = 0.0801$

$\sigma_A = 14.15\%$ 　　　　$\sigma_B = 28.30\%$

由于两个方案的期望收益率不相等，故必须进一步计算标准离差率。

股票A的标准离差率 $V_A = \dfrac{\sigma_A}{K_A} = \dfrac{14.15\%}{6.5\%} = 217.69\%$

股票B的标准离差率 $V_B = \dfrac{\sigma_B}{K_B} = \dfrac{28.3\%}{13\%} = 217.69\%$

经计算无论购买A股票还是B股票，其投资风险是相同的。

【例2-18】已知某项投资有甲、乙两个方案可供选择，其中甲方案净现值的期望值为1000万元，标准差为300万元；乙方案净现值的期望值为1200万元，标准差为330万元，问哪个方案投资风险小些？

当两个方案期望值不同时，决策方案只能借助于标准离差率这个指标。

甲方案的标准离差率 $= 300 \div 1000 \times 100\% = 30\%$

乙方案的标准离差率 $= 330 \div 1200 \times 100\% = 27.5\%$

显然甲方案的风险大于乙方案。

四、投资组合的风险度量

前面研究的只是一个投资项目的风险，实际上很少有人只选取一个投资项目。投资者往往将不同的投资结合在一起，以减少总投资的风险程度，这种将不同的投资结合在一起构成的总投资，称为投资组合。

(1) 协方差与相关系数。

当我们从事两个或两个以上的投资组合时，需要考虑总投资的报酬和风险。若企业将 X_1 比例的资金投资于项目1，X_2 比例的资金投资于项目2，则总投资的期望收益值为：

$$\overline{K} = X_1\overline{K}_1 + X_2\overline{K}_2$$

其中 $\overline{K}_1$、$\overline{K}_2$ 分别代表项目 1 和项目 2 的期望报酬，即总投资的期望报酬为两项投资的期望报酬按比例相加(加权平均数)。

但一个投资组合的标准差并不是像期望值那样根据两个单独标准差的简单加权平均数计算出来的，而是要考虑投资组合中的相互反应，即一个投资在某种情况下收益高，而另一个却差，反过来也一样。这样两种投资的混合才可能会减少风险，使这种投资组合的标准差比其中任何一个投资的标准差都要小。由概率统计知识可知两个投资项目组合的标准差公式为：

$$\sigma = \sqrt{X_1^2 \sigma_1^2 + 2 X_1 X_2 \sigma_{12} + X_2^2 \sigma_2^2}$$

式中：σ_{12}——协方差。

协方差是用来描述投资项目 1 与投资项目 2 之间的相互关联程度的。若两者不相关，协方差为零；若两者正相关，协方差大于零；若两者负相关，协方差小于零。

协方差可用以下公式计算：

$$\sigma_{12} = \sum (\overline{K}_1 - K_1)(\overline{K}_2 - K_2) \cdot P$$

协方差给出的是两个变量相对运动的绝对值，有时，投资者更需要了解这种相对运动的相对值，这个相对值，就是相关系数 ρ。

$$\text{相关系数 } \rho_{12} = \frac{\sigma_{12}}{\sigma_1 \sigma_2}$$

相关系数永远满足 $-1 \leqslant \rho \leqslant 1$ 的条件。

从期望值公式和方差公式可知，投资组合的期望收益与不同投资间的相关程度无关，投资组合的标准差大小，取决于不同投资各自标准差的大小和它们之间相关系数的大小。因此，投资组合的风险大小，不仅与不同投资的风险大小有关，而且与这些投资风险间相互影响、相互联系的方式有关。

根据公式：

$$\sigma = \sqrt{(X_1 \sigma_1)^2 + 2 X_1 X_2 \rho_{12} \sigma_1 \sigma_2 + (X_2 \sigma_2)^2}$$

可知：

当 $\rho_{12} = 1$，完全正相关时：

$$\sigma = \sqrt{(X_1 \sigma_1)^2 + 2 X_1 X_2 \sigma_1 \sigma_2 + (X_2 \sigma_2)^2} = \sqrt{(X_1 \sigma_1 + X_2 \sigma_2)^2} = X_1 \sigma_1 + X_2 \sigma_2$$

当 $0 < \rho_{12} < 1$，即不完全正相关时：

$$\sigma = \sqrt{(X_1 \sigma_1)^2 + 2 X_1 X_2 \rho_{12} \sigma_1 \sigma_2 + (X_2 \sigma_2)^2} < \sqrt{(X_1 \sigma_1 + X_2 \sigma_2)^2} = X_1 \sigma_1 + X_2 \sigma_2$$

当 $\rho_{12} = 0$，即无相关性时：

$$\sigma = \sqrt{(X_1 \sigma_1)^2 + (X_2 \sigma_2)^2} < X_1 \sigma_1 + X_2 \sigma_2$$

当 $-1 < \rho_{12} < 0$，即不完全负相关时：

$$\sigma = \sqrt{(X_1\sigma_1)^2 - 2X_1X_2\,|\,\rho_{12}\,|\,\sigma_1\sigma_2 + (X_2\sigma_2)^2} < X_1\sigma_1 + X_2\sigma_2$$

当 $\rho_{12} = -1$，即完全负相关时：

$$\sigma = \sqrt{(X_1\sigma_1)^2 - 2X_1X_2\sigma_1\sigma_2 + (X_2\sigma_2)^2} = \sqrt{(X_1\sigma_1 - X_2\sigma_2)^2} = X_1\sigma_1 - X_2\sigma_2 \ 或 \ X_2\sigma_2 - X_1\sigma_1$$

从而可以得出结论：$\rho_{12} = 1$ 时，不减少风险；$\rho_{12} < 1$ 时，投资组合风险可以减少；$\rho_{12} = -1$ 时，投资组合风险可以减少。

从上述结论不难看出，投资者可以通过将不完全相关的投资项目组合在一起减少风险。当投资收益变化不完全正相关时，某一项目收益的大幅度减少可以为其他项目收益的较小幅度减少(不完全正相关)或一定幅度的增加(负相关)所缓和或抵消，从而使总投资收益保持一定程度的稳定。

(2) 多个投资项目的投资组合期望收益和风险的计算。

对于三个或更多投资项目的组合，同样可以应用概率统计方法求得总投资组合的期望收益和标准差，从而对其风险状况做出评价。

根据前面介绍两个投资项目构成的投资组合的期望收益和方差的计算，同理可推导出 N 项投资组成的投资组合的期望值及其方差。

N 项投资组成的投资组合的期望值为：

$$\overline{K} = \sum_{i=1}^{n} X_i \overline{K_i}$$

式中：X_i——投资项目 i 在总投资中所占比例；

$\overline{K_i}$——投资项目 i 的期望收益。

N 项投资组成的投资组合方差为：

$$\sigma^2 = \sum_{i=1}^{n}\sum_{j=1}^{n} X_i X_j \sigma_{ij}$$

五、投资的风险价值及计算

(一) 投资风险价值的概念

投资风险价值是指投资者冒风险进行投资所获得的报酬，投资风险越大，投资者对投资报酬率的要求就越高。

投资风险价值的表现形式有两种，即风险报酬额和风险报酬率。风险报酬额是投资的风险价值的绝对数形式，指的是由于冒风险进行投资而取得的超过正常报酬的额外报酬；风险报酬率是投资风险价值的相对数形式，指的是额外报酬占原投资额的比重。

(二) 投资风险价值的计算

计算投资风险价值的模型有多种，本节介绍其中两种：一种是风险报酬率模型；另一种是资本资产定价模型。

1. 风险报酬率模型

除了被认为没有风险的国债投资外，其他各种投资的投资报酬率一般是货币时间价值(利率)与风险投资价值(风险报酬率)之和，即"投资报酬率=利率+风险报酬率"。等式中的利率也称为无风险报酬率，它是最低的社会平均报酬率。而风险报酬率与风险大小有关,风险越大则要求的报酬率越高,是风险的函数。风险报酬率认为,风险报酬率的大小取决于两个因素——风险程度和风险报酬斜率。其中,风险报酬斜率表示单位程度的风险获得的风险报酬率。一般认为,当风险报酬率斜率固定时,风险程度越大,风险报酬率越大;当风险程度固定时,风险报酬斜率越大,风险报酬率越大。

$$风险报酬率 = f(风险程度)$$

由于风险与风险报酬率成正比,故:

$$风险报酬率 = 风险报酬斜率 \times 风险程度$$

风险报酬率模型可以表示为:

$$R_R = b \cdot V$$

式中: R_R ——风险报酬率;

b ——风险报酬系数;

V ——标准离差率。

投资的总报酬率应当包括两部分(见图2-5),可表示为:

$$R = R_F + R_R = R_F + b \cdot V$$

式中: R ——投资总报酬率;

R_F ——无风险报酬率。

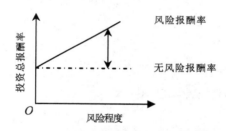

图2-5 投资总报酬率和风险程度的关系

其中,风险程度用标准离差率来计量,风险报酬斜率取决于全体投资者的风险回避态度,可通过统计方法来测定。如果大家都愿意冒险,风险报酬斜率就小,风险溢价不大;如果大家都不愿意冒险,风险报酬斜率就大,风险附加率就比较大。事实上,它是一个经验数字,一般来说,中等风险对应的风险报酬斜率为0.1,实际工作中,可通过下面的公式来测定风险报酬斜率的大小。

$$风险报酬斜率 = \frac{含有风险的最低报酬率 - 无风险的最低报酬率}{标准离差率}$$

【例2-19】甲、乙两个投资方案的相关信息如表2-4所示。

表2-4 甲、乙两个投资方案的相关信息

经济情况	发生的概率(P_i)	预期报酬率(K_i)	
		甲方案	乙方案
经济繁荣	0.4	50%	80%
经济一般	0.2	30%	30%
经济衰退	0.4	0	-40%

另外，已知 $R_F = 3\%$ ， $b(甲) = 0.08$ ， $b(乙) = 0.4$ ，试分别计算甲、乙方案的风险程度、风险报酬率及总的期望报酬率。

$$\overline{K}(甲) = 50\% \times 0.4 + 30\% \times 0.2 + 0 \times 0.4 = 26\%$$

$$\overline{K}(乙) = 80\% \times 0.4 + 30\% \times 0.2 + (-40\% \times 0.4) = 22\%$$

$$\sigma(甲) = \sqrt{(50\% - 26\%)^2 \times 0.4 + (30\% - 26\%)^2 \times 0.2 + (0 - 26\%)^2 \times 0.4}$$

$$= 22.45\%$$

$$\sigma(乙) = \sqrt{(80\% - 22\%)^2 \times 0.4 + (30\% - 22\%)^2 \times 0.2 + (-40\% - 22\%)^2 \times 0.4}$$

$$= 53.81\%$$

$$V(甲) = \frac{22.45\%}{26\%} = 86.35\%$$

$$V(乙) = \frac{53.81\%}{22\%} = 244.59\%$$

$$R_R(甲) = 86.35\% \times 0.08 = 6.908\%$$

$$R_R(乙) = 244.59\% \times 0.4 = 97.836\%$$

$$R(甲) = R_F(甲) + R_R(甲)$$

$$= 3\% + 6.908\%$$

$$= 9.908\%$$

$$R(乙) = R_F(乙) + R_R(乙)$$

$$= 3\% + 97.836\%$$

$$= 100.836\%$$

经计算可以看出乙方案的投资报酬率高于甲方案。

2. 资本资产定价模型

资本资产定价模型(Capital Asset Pricing Model，CAPM)是由美国学者夏普(William Sharpe)、林特尔(John Lintner)、特里诺(Jack Treynor)和莫辛(Jan Mossin)等人在资产组合理论的基础上发展起来的，是现代金融市场价格理论的支柱，广泛应用于投资决策和公司理财领域。

资本资产定价模型就是在投资组合理论和资本市场理论基础上形成发展起来的，主要研究证券市场中资产的预期收益率与风险资产之间的关系，以及均衡价格是如何形成的。

资本资产定价模型的假设：①在一期时间模型里，投资者以期望回报率和标准差作为评价证券投资组合好坏的标准；②所有的投资者都是非满足的；③所有的投资者都是风险厌恶者；④每一种证券都是无限可分的，即投资者可以购买到他想要的一种证券的任何一部分；⑤无税收和交易成本；⑥投资人可以以无风险利率自由借贷；⑦所有投资者的投资周期相同；⑧对于所有的投资者而言，无风险利率相同；⑨对于所有的投资者而言，信息可以无偿地自由获得；⑩投资者有相同的预期，即他们对证券回报率的期望、方差，以及相互之间的协方差的判断一致。

基于这样的假设，资本资产定价研究在市场均衡条件下期望收益率和风险的关系。

资本资产定价模型可以表示为：

$$R_i = R_f + (R_m - R_f) \cdot \beta_i$$

式中： R_i ——个股的总的期望报酬率；

R_m ——整个市场(所有股票)的平均报酬率，它是所有股票的有风险报酬率和无风险报酬率之和；

β_i——个股的市场风险程度，表示个别公司的市场风险是整个市场的多少倍，由于风险和收益相对称，所以也表示个股的收益是整个市场收益的多少倍；

R_m-R_f——整个市场(所有股票)的风险报酬率；

$(R_m-R_f)\cdot\beta_i$——个股的风险报酬率。

由上式可知，风险资产的收益由两部分构成：一是无风险资产的收益率 R_f；二是市场风险溢价收益率 (R_m-R_f)。它表明：①风险资产的收益率高于无风险资产的收益率；②只有系统性风险需要补偿，非系统性风险可以通过投资多样化减少甚至消除，因而不需要补偿；③风险资产实际获得的市场风险溢价收益取决于 β_i 的大小，β_i 值越大，则风险溢价就越大，反之，β_i 越小，风险溢价就越小。对于投资组合的 β 系数，则是投资组合中单项证券的 β 系数的加权算术平均数，权数为各种证券在证券组合中所占的比例，可用公式表示为：$\beta=\sum W_i\beta_i$。

该模型清晰地描述了个股所冒的市场风险与风险报酬率之间的关系，指明投资人要求的资本资产的最低报酬率是无风险报酬率与风险报酬率两者之和。该模型自产生以来，一直被证券界人士认为是一个概念简单、贴近现实地反映资本资产风险和收益关系的好方式。

资本资产定价模型(CAPM)的图示形式称为证券市场线(Security Market Line，SML)，证券市场线就是关系式 $R=R_f+\beta\cdot(R_m-R_f)$ 所代表的直线。进一步还可用图 2-6 展开说明：该直线的横坐标是 β 系数，纵坐标是必要收益率。证券市场线上每个点的横、纵坐标对应着每一项资产(或资产组合)的系统风险系数和必要收益率。因此，证券市场上任意一项资产或资产组合的系统风险系数和必要收益率都可以在证券市场线上找到对应的点。证券市场线主要用来说明投资组合报酬率与系统风险程度 β 系数之间的关系，它清晰地反映了风险资产的预期报酬率与其所承担的系统风险 β 系数之间呈线性关系，充分体现了高风险、高收益的原则，揭示了市场上所有风险性资产的均衡期望收益率与风险之间的关系。

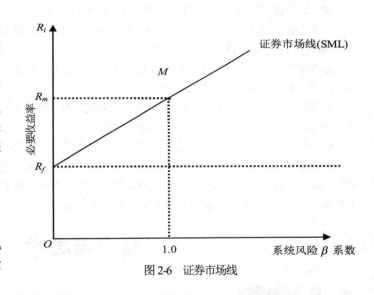

图 2-6　证券市场线

【例 2-20】某投资者持有三种股票构成的证券组合，它们的系数风险 β 系数分别为 1.8、1.0、0.6，在证券组合中所占的比例分别为 50%、30% 和 20%，如无风险报酬率为 6%，市场投资组合的预期收益率为 12%，求该投资组合预期收益率。

该证券组合的 β 系数为：

$$\beta=50\%\times1.8+30\%\times1.0+20\%\times0.6=1.32$$

该投资组合预期收益率为：

$$R=6\%+1.32\times(12\%-6\%)=13.92\%$$

3. 资本资产定价模型的有效性和局限性

从 CAPM 产生以来，由于其简单直观的特点，这种定价模型得到了广泛的应用。在实际操作中，我们应该估计三个指标：无风险利率、市场证券组合的期望收益率以及被定价证券的 β 值。我们可以用中、长期国债利率来近似地代替无风险利率，用某种市场指标或证券市场指数的回报率来代替市场证券组合的期望收益率，证券的 β 值可以利用历史数据通过统计回归方法得到。

CAPM 在实际运用中也存在着一些局限，主要表现在以下几个方面。

(1) 某些资产或企业的 β 值难以估计，特别是对一些缺乏历史数据的新兴行业。

(2) 由于经济环境的不确定性和不断变化，使得依据历史数据估算的 β 值对未来的指导作用必然要大打折扣。

(3) CAPM 和 SML 是建立在一系列假设之上的，其中一些假设与实际情况有较大的偏差，使得 CAPM 的有效性受到质疑。

本 章 小 结

1. 时间价值观念和投资风险观念，是现代财务管理的两个基础观念。货币的时间价值，是指货币经历一定时间的投资和再投资所增加的价值，也称为资金的时间价值。

2. 利息的计算方式通常有两种，即单利和复利。在单利计算方式下，本能生利，而利息不能生利，在复利计算方式下，本能生利，息又生息。

3. 年金是指等额定期的系列收支，按照收付的次数和支付的时间不同，可将年金分成四类，即普通年金、预付年金、递延年金和永续年金。

4. 风险是指在一定条件下和一定时期内可能发生的各种结果的变动程度。从个别投资主体的角度来看，风险可分为市场风险和公司特有风险两大类。

5. 在财务决策过程中，风险衡量的指标主要有方差、标准差和标准离差率等。

6. 投资风险价值是指投资者冒风险进行投资所获得的报酬，投资风险越大，投资者对投资报酬率的要求就越高。投资风险价值的表现形式有两种，即风险报酬额和风险报酬率。计算投资风险价值的模型主要有两种，即风险报酬率模型和资本资产定价模型。

练习与思考

一、单项选择题

1. 甲拟存入一笔资金以备 3 年后使用。假定银行三年期存款年利率为 5%，若目前存到银行的是 30 000 元，3 年后的本利和为(　　)元。

    A. 34 500   B. 35 000   C. 34 728.75   D. 35 800

2. 甲拟存入一笔资金以备 3 年后使用。假定银行三年期存款年利率为 5%，甲 3 年后需用的资金总额为 34 500 元，则在单利计息情况下，目前需存入的资金为(　　)元。

    A. 30 000   B. 29 803.04   C. 32 857.14   D. 31 500

3. 一定时期内每期期初等额收付的系列款项是(　　)。

    A. 预付年金   B. 永续年金   C. 递延年金   D. 普通年金

4. 某公司从本年度起每年年末存入银行一笔固定金额的款项，若按复利制用最简便的算法计算第 n 年年末可从银行取出的本利和，则应选用的时间价值系数是(　　)。

    A. 复利终值系数　　　　　　　　　　　B. 复利现值系数

    C. 普通年金终值系数　　　　　　　　　D. 普通年金现值系数

5. 普通年金终值系数的倒数称为(　　)。

    A. 复利终值系数　　　　　　　　　　　B. 偿债基金系数

    C. 普通年金现值系数　　　　　　　　　D. 投资回收系数

6. 某企业拟建立一项基金，每年年初投入 100 000 元，若利率为 10%，5 年后该项基金本利和将为(　　)元。

    A. 671 560　　　　　　　　　　　　　B. 564 100

    C. 871 600　　　　　　　　　　　　　D. 610 500

7. 已知 $(F/A,10\%,9)=13.579$，$(F/A,10\%,11)=18.531$，则 $n=10$，$i=10\%$ 的预付年金终值系数为(　　)。

    A. 17.531　　　　　　B. 15.937　　　　　　C. 14.579　　　　　　D. 12.579

8. 有一项年金，前 3 年无流入，后 5 年每年年初流入 500 万元，假设年利率为 10%，则其现值为(　　)万元。

    A. 1994.59　　　　　　B. 1565.68　　　　　　C. 1813.48　　　　　　D. 1423.21

9. 下列各项中，不能通过证券组合分散的风险是(　　)。

    A. 非系统性风险　　　　B. 公司特有风险　　　　C. 可分散风险　　　　D. 市场风险

10. 某种股票的期望收益率为 10%，其标准差为 0.04，风险报酬斜率为 30%，则该股票的风险报酬率为(　　)。

    A. 40%　　　　　　　　B. 12%　　　　　　　　C. 6%　　　　　　　　D. 3%

二、多项选择题

1. 年金按付款方式不同分为(　　)。

    A. 普通年金　　　　　　　　　　　　　B. 即付年金

    C. 递延年金　　　　　　　　　　　　　D. 永续年金

2. 在利率和计息期相同的条件下，复利现值系数与复利终值系数(　　)。

    A. 互为倒数　　　　　　　　　　　　　B. 两者乘积为 1

    C. 两者之和为 1　　　　　　　　　　　D. 两者互为反比例变动关系

3. 下列各项中，属于年金形式的项目有(　　)。

    A. 零存整取储蓄存款的整取额　　　　　B. 定期定额支付的养老金

    C. 年投资回收额　　　　　　　　　　　D. 偿债基金

4. 递延年金的特点有(　　)。

    A. 年金的第一次支付发生在若干期之后　B. 没有终值

    C. 年金的现值与递延期无关　　　　　　D. 年金的终值与递延期无关

5. 在下列各种情况下，会给企业带来经营风险的有(　　)。

    A. 企业举债过度　　　　　　　　　　　B. 原材料价格发生变动

    C. 企业产品更新换代周期过长　　　　　D. 企业产品的生产质量不稳定

6. 关于概率，下列说法中正确的有(　　)。

    A. 必然发生的事件，其概率为 1　　　　B. 不可能发生的事件，其概率为 0

    C. 随机事件的概率一般介于 0 与 1 之间　　D. 概率越小，表示该事件发生的可能性越大

7. 期望投资报酬率应当包括(　　)。

    A. 平均资金利润率　　　　　　　　　　B. 风险报酬率

    C. 通货膨胀补偿　　　　　　　　　　　D. 无风险报酬率

8. 下列各项中，能够衡量风险的指标有(　　)。

    A. 方差　　　　　　　B. 标准差　　　　　　C. 期望值　　　　　　D. 变化系数

三、判断题

1. 并非所有货币都有时间价值，只有把货币作为资金投入生产经营过程才能产生时间价值。

    (　　)

2. 年金现值系数与年金终值系数互为倒数。(　　)

3. 在本金和利率相同的情况下，若只有一个计息期，单利终值与复利终值是相同的。(　　)

4. 递延年金没有第一期的支付额。(　　)

5. 永续年金没有终值。(　　)

6. 在利率和计息期相同的条件下，复利现值系数与复利终值系数互为倒数。(　　)

7. 风险可能给投资人带来超出预期的收益，也可能带来超出预期的损失。(　　)

8. 在现值和计息期数一定的情况下，利率越高，则复利终值越大。(　　)

9. 两个方案对比时，标准差越大，证明风险也一定越大。(　　)

10. 递延年金的终值大小，与递延期无关，计算方法和普通年金终值相同。(　　)

四、计算分析题

1. 某企业于年初存入 10 万元，在年利率为 10%，半年复利一次的情况下，到第 10 年年末，该企业能得到多少本利和？

2. 某人持有的某公司优先股，每年每股股利为 2 元，若此人想长期持有，在利率为 10%的情况下，请对该股票投资进行估价。

这是一个求永续年金现值的问题，假设该优先股每年股利固定且持续较长时期，计算出这些股利的现值之和，即为该股票的估价。

3. 某公司拟购置一处房产，房主提出以下两种付款方案。

(1) 从现在起，每年年初支付 20 万元，连续支付 10 次，共 200 万元。

(2) 从第 5 年开始，每年年初支付 25 万元，连续支付 10 次，共支付 250 万元。

假设该公司的资金成本率(即最低报酬率)为 10%，你认为该公司应选择哪个方案？

4. 某企业拟建立一项基金，每年年末投入 100 000 元，若利率为 10%，6 年后该项基金的本利和将是多少？

5. 某企业拟在 4 年后得到 10 000 元，银行年利率为 10%，问其应在每年年末往银行存入多少元？ $(F/A, 10\%, 4) = 4.6410$。

6. 某人准备存入银行一笔钱，以便在以后 10 年中每年年底得到 2000 元，如果银行存款利率为 9%，问该人现在应存入多少钱？

7. 某企业在第 1 年年初向银行借入 10 万元，银行规定从第 5 年起至第 10 年，每年年末等额偿还，借款利率为 10%，要求计算每年年末等额还款的数额。

8. 某企业有一付款业务，有甲、乙两种付款方式可供选择。

甲方案：现在付款 10 万元，一次性结清。

乙方案：分 3 年付款，每年年初付款额分别为 3 万元、4 万元、4 万元。

假定年利率为 10%，要求按现值计算，从两种方案中选优。

9. 清河工厂 2011 年年初对乙设备投资 100 000 元，该项目 2013 年年初完工投产；2013 年、2014 年、2015 年、2016 年各年年末现金流量各为 50 000 元、40 000 元、30 000 元、20 000 元；银行借款复利利率为 9%。

要求：

(1) 按复利计算 2013 年年初投资额的终值；

(2) 按复利计算各年现金流入量 2013 年年初的现值之和。

10. 环宇工厂准备以 500 万元进行投资，根据市场预测，预计每年可获得的收益及其概率的资料如表 2-5 所示。

表 2-5　环宇工厂每年可获得的收益及概率

市场情况	预计每年收益(万元)	概率(%)
经济繁荣	120	0.2
经济一般	100	0.5
经济较差	60	0.3

若该投资项目的风险系数为 6%，计划年度利率(资金时间价值)为 8%。

要求：

(1) 计算该项投资的收益期望值；

(2) 计算该项投资的标准差；

(3) 计算该项投资的标准离差率；

(4) 导入风险价值系数，计算该方案要求的风险价值；

(5) 计算该方案预测的风险价值，评价该方案是否可行。

案 例 点 击

凯丰集团货币时间价值的计算

凯丰集团是一家专门从事机械产品研发与生产的企业集团。2000 年 3 月，该集团拟扩展业务，欲投资 6000 万元研制生产某种型号的机床。企业有以下两套方案。

第一套方案，设立甲、乙、丙三个独立核算的子公司，彼此间存在购销关系。甲生产的产品可作为乙的原材料，而乙生产的产品全部提供给丙。经调查预算，甲提供的原材料市场价格每单位 10 000 元(此处，一单位是指生产一件最终产成品所需的原材料数额)，乙以每件 15 000 元提供给丙，丙以 20 000 元价格向市场出售。预计甲为乙生产的每单位原材料会涉及 850 元进项税额，并预计年销售量为 1000 台(以上价格均不含税)。那么，甲每年应纳增值税税额为 10 000×1000×17%-850×1000＝850 000(元)，乙每年应纳增值税税额为 15 000×1000×17%-10 000×1000×17%＝850 000(元)，丙每年应纳增值税税额为 20 000×1000×17%-15 000×1000×17%＝850 000(元)，由此，在第一套方案下，每年应纳增值税税额是 850 000×3＝2 550 000(元)。

第二套方案，设立一综合性公司，设甲、乙、丙三个部门，基于上述市场调查，可求出该企业大致每年应纳增值税税额为 20 000×1000×17%-850×1000＝2 550 000(元)，其数额和上套方案一样，看似效果一样，其实不然，因为货币存在时间价值，所以，凯丰集团应选择第二套方案。在第一套方案中，甲生产的原材料，在一定的时间内会出售给乙，这时要缴纳一定数量的增值税和企业所得税，而采取第二套方案，则这笔业务由企业甲部门转向乙部门时，不用缴纳企业所得税和增值税，当然这笔款就算要缴税，数额也不会变化，但是根据货币时间价值原理，今天的 1 元钱比明天的 1 元钱更值钱，所以这部分迟缴的税款的价值小于早缴的税款，而且推迟纳税时间，相对于资金较紧张的企业来说更是如此。

点石成金

货币时间价值是一个重要的经济概念，不管是涉及个人的投资决策，还是涉及企业的投资决策，都将会产生重要的影响，我们要时刻谨记，在进行投资决策时，一定要考虑到货币时间价值的影响，重视货币时间价值，做科学的投资决策。对个人投资来说，我们要掌握货币时间价值的计算方法，也就是将不同时点的资金换算到相同时点上的方法，搞清楚资金到底处在何时点上，在日常生活中多考虑时间价值的影响就差不多了。对企业来说，企业应有一批专业的财务管理人员，还应有一批效率高、能力强的市场调查人员，收集决策所需的资料，以便决策人员进行周密的市场和全面的可行性论证，保证决策的安全性和科学性。企业应对投资权限加以控制，严格审批权限，要求职能部门按程序工作，在严密科学论证的基础上进行严格审查，制约乱投资行为，提高投资可靠性，增加效益。企业还必须建立相关制度保证其投资决策的贯彻实施，对投资进行规范管理。职工的作用也不可忽视。此外，企业还需在决策实施后，跟踪实施结果，及时根据市场的变化进行新的决策。当然，企业的投资决策不能只考虑货币的时间价值，还应当考虑项目自身的一些因素以及政府的政策等因素。

第三章

筹资概论

╭─ 案例导入 ─╮

　　企业筹集资金，是指企业作为筹资主体根据其生产经营、对外投资和调整资本结构等需要，通过筹资渠道和金融市场，运用筹资方式，经济有效地筹措和集中资本的活动。

　　无论对于传统的企业、以国资为主的大型企业及民营中小型企业，还是现代股份制公司、新兴的高科技公司，都面临着类似的问题，那就是如何以最低的成本获取企业发展所需的资金，从何种渠道、利用何种方式来获得资金，又如何利用这些资金为企业创造最大的财富。因此企业融资问题成为企业投资、发展的前提和重要条件。

　　2017 年 12 月 18 日，腾讯和京东将向唯品会投资 8.63 亿美元，股权认购价格较唯品会上周五收盘价溢价 55%。交易结束后，腾讯和京东在唯品会将分别持股 7%和 5.5%。根据战略合作协议，腾讯将在其微信钱包界面给予唯品会入口。京东也将会在其手机 APP 主界面和微信购物一级入口的主界面接入唯品会，帮助唯品会在京东渠道上达成一定的交易额目标。这次合作意味着唯品会与腾讯、京东达成战略合作伙伴关系，三家公司将进行资源互换，战略协同，以谋求共同发展。

　　对于腾讯：腾讯平台用户对于发现、讨论、购买品牌服装有着巨大的需求，与唯品会优质商品深度对接，可以更好地满足平台用户需求和体验；与此同时，入股唯品会可以强化腾讯的电商变现能力，打造线上线下的、健康并且多元的零售生态体系。对于京东：唯品会在闪购电商和服饰品类的优势，可以加强京东服务女性消费者的能力，延展京东在服饰品类电商业务的广度和深度；此外，唯品会 80%以上为女性用户，与京东男性为主的用户结构形成互补。

　　此举将对中国电商的生态及格局产生重大影响。

(本案例取自腾讯网 2017 年 12 月 18 日)

╭─ 关键概念 ─╮

权益资本(Equity Capital)　　长期借款(Long-term Debt)　　融资租赁(Financial Lease)　　可转换证券(Convertible Security)　　商业信用(Commercial Credit)

第一节　筹资渠道与筹资方式

一、资金筹集的动机

　　筹资动机是企业进行筹资活动的基本出发点。企业筹资的基本目的是自身的生存与发展。企业具体的筹资活动通常受特定的动机所驱使。由于企业经营对资金需求的复杂性，企业筹资的具体动机是多种多样的，概括起来主要有以下几种类型。

(一) 扩张筹资动机

扩张筹资动机是指企业因扩大生产经营规模或追加对外投资的需要而产生的筹资动机。企业自筹建完成开始营业之后，生产经营规模就确定下来，此时一般已具备了维持现有规模的资金量。但是，随着企业的生产经营活动日趋活跃，以及市场经济的发展，尤其是应付激烈竞争的需要和对经济效益无限追求的心理，以及受到不安于现状，不断扩充增大经营实力的心理驱使，就会产生扩大生产经营规模的现实需要。这时，原有规模下的资金量就难以满足需要，唯一的办法就是尽快重新筹措资金。具有良好发展前景、处于成长时期的企业通常会产生这种筹资动机。例如：企业生产经营的产品供不应求，需要增加市场供应；开发生产适销对路的新产品；追加有利的对外投资规模；开拓有发展前途的对外投资领域；等等。这种扩张性筹资会使企业资产规模有所扩大，从而给企业带来收益增长的机会。但扩张性筹资筹措资金的量往往比较大，负债规模亦有所扩大，还常常会改变资金结构，承担的筹资风险也较大。

(二) 偿债筹资动机

偿债筹资动机是指企业为了偿还某些债务而产生的筹资动机。偿债筹资可分为两种情况：一是调整性偿债筹资，即企业虽有足够的能力支付到期旧债，但如果企业原有债务结构不合理，或者某种债务成本过高，而又有新的较低债务成本的债务来源出现时，企业就可能为了调整和优化债务结构而增加举债筹资；二是恶化性偿债筹资，即企业现有的支付能力已不足以偿付到期旧债，而不得不借新债还旧债。调整性偿债筹资是一种积极主动的筹资策略，而恶化性偿债筹资则表明企业的财务状况已经恶化。

(三) 解困筹资动机

解困筹资动机是指企业为了缓解临时财务困境而产生的筹资动机。企业在生产经营中总是会面临各种各样临时性的财务困境，例如：市场物价上涨时需要大量储备存货，以消除涨价风险；临时季节性采购导致库存的大量增加；发放工资或支付股利已迫在眉睫；等等。这些都会使资金需求骤然增加，这时就必然驱使企业设法去筹措资金，以解燃眉之急。

(四) 混合筹资动机

混合筹资动机是指企业为了满足多种需要而产生的筹资动机。通过混合性筹资，企业既可以扩大自己的资金规模，又可以偿还部分旧债，还可以缓解临时财务困境，即在这种筹资中混合了扩张性筹资、偿债性筹资和解困性筹资三种筹资动机。

二、资金筹集的要求

企业筹资的基本要求，是通过分析评价影响筹资的各种因素，确定筹资的数量和比例。根据企业理财的实践，筹资的具体要求如下。

(一) 合理确定资金需要量，努力提高筹资效果

不论通过什么渠道、采取什么方式筹集资金，都应预先确定资金的需要量。筹集资金固然要广开财路，但必须要有一个合理的界限。资金不足，会影响生产经营发展；资金过剩，也会影响资金使用效果。企业筹措资金的客观动机，是企业存在着资金供应上的短缺。而这种短缺可能是局部的，也可能是全面的；可能是临时性的，也可能是长期的。因此，要正确地进行筹资决策，首先必须准确地测定出资金的需要量，为筹措资金提供定量依据，以克服筹资的盲目性。只有使资金的筹集量与需要量达到平衡，才能防止因筹资不足而影响生产经营或因筹资过剩而降低筹资效益。

(二) 周密研究投资方向，大力提高投资效果

资金的投向是企业确定筹资数量的基本依据，既决定资金需要量的多少，又决定投资效果的大小。

企业对每一个投资项目都要进行可行性研究，以确定投资项目在技术上是否先进，有无发展前途，竞争能力的大小，这种投资有什么样的经济效果。对于市场吸引力不大、竞争力不强的项目，则不应继续投资，甚至要抽回资金；对于市场发展前途好、竞争能力强、投资效果好的项目，则应投入资金加以开拓。筹资是为了投资，只有确定了有利的资金投向，才能选择筹资的渠道和方式，才能确定筹资的数量，从而避免不顾投资效果的盲目筹资。

(三) 认真选择筹资来源，力求降低资金成本

企业筹集资金的渠道和方式多种多样，不同筹资渠道和方式的筹资难易程度、资金成本和筹资风险各不相同，为此就要选择最佳的资金来源。而各种筹资渠道和方式往往各有利弊，有的取得比较方便，有的资金成本较低，有的资金供应比较稳定，有的筹资风险较小，等等。所以，要综合考虑各种筹资渠道和筹资方式，研究各种资金来源的构成，求得筹资方式的最优组合，以便降低综合的资金成本。

(四) 适时取得资金来源，保证资金投放需要

筹措资金要按照资金的投放使用时间来合理安排，使筹资与用资在时间上相衔接，避免因取得资金过早而造成投放前的闲置或因取得资金滞后而贻误投放的有利时机。

(五) 合理安排资本结构，正确运用负债经营

企业的资本结构一般是由自有资本和借入资本构成的。企业依靠负债开展生产经营活动，能够缓解企业自有资金不足的矛盾，提高自有资本的收益水平。但如果负债过多，就会导致财务风险过大，偿债能力过低，甚至丧失偿债能力而面临破产。因此，企业既要利用负债经营的积极作用，又要避免可能产生的债务风险。借债数额要适当，要以一定的自有资金比例为条件。也就是说，企业不仅要从个别资金成本角度选择筹资来源，而且要从总体上合理配置自有资本和借入资本，既要利用负债经营的作用来提高企业的收益水平，又要维护企业的财务信誉，减少财务风险。

(六) 遵守国家有关法规，维护各方合法权益

企业筹资的数量和投资的方向，关系到国家的建设规模和产业结构。为此，企业筹集资金必须接受国家宏观指导与控制，企业筹资的方式和额度要经国家有关部门批准，筹资活动的具体工作要遵守国家有关财经法规。企业的筹资活动，影响着社会资金的流向和流量，涉及有关方面的经济权益。因此，企业在筹资过程中，应实行公开、公平、公正的原则，履行约定的责任，维护有关各方的合法权益。

三、资金筹集的渠道和方式

确定筹资渠道和选择筹资方式是企业筹资中的两个重要问题。明确筹资渠道是解决资金从哪里来的问题；明确筹资方式是解决如何取得资金的问题。筹资渠道与筹资方式既有联系，又有区别。同一来源渠道的资金往往可以采用不同的筹资方式取得，而同一筹资方式又往往可以从不同的来源渠道去筹措资金。只有分析研究筹资渠道和筹资方式的特点，才能合理地确定资金来源的结构。

(一) 企业筹资的渠道

筹资渠道是指企业筹措资金来源的方向和通道，它体现着企业可利用资金的源泉和流量。筹资渠道是企业筹资的客观条件，为企业筹资提供了各种可能性。认识筹资渠道的种类及每种渠道的特点，有利于企业充分开拓和正确利用筹资渠道。目前，企业筹资渠道主要有以下几种。

1. 国家财政资金

国家对企业的投资，历来是国有企业，包括国有独资公司的主要资金来源。国家按照投资规划对国

有企业进行投资，可通过拨款方式向企业投入，也可通过基建贷款的形式向企业投入，然后再以减债增资的形式转变为企业的资本金。国家财政资金具有广阔的源泉和稳固的基础，今后仍然是国有企业筹集资金的重要渠道。

2. 银行信贷资金

银行对企业的各种贷款，是各类企业重要的资金来源。银行一般分商业性银行和政策性银行。前者可以为各类企业提供商业性贷款，后者主要为特定企业提供政策性贷款。银行信贷资金有居民储蓄、单位存款等经常性的资金源泉，贷款方式多种多样，可以适应各类企业的多种资金需要。

3. 非银行金融机构资金

非银行金融机构主要有信托投资公司、租赁公司、保险公司、证券公司、企业集团的财务公司等。这些金融机构可为一些企业直接提供部分资金或为企业筹资提供服务。这种筹资渠道的财力比银行要小，但具有广阔的发展前景。

4. 其他企业资金

企业在生产经营过程中，往往形成部分暂时闲置的资金，可在企业之间相互调剂使用。随着横向经济联合的发展，企业与企业之间资金联合和资金融通也有了广泛发展。其他企业投入资金的方式包括联营、入股、债券及各种商业信用，既有长期稳定的联合，又有短期临时的融通。其他企业投入资金往往同本企业的生产经营活动有密切联系，它有利于促进企业之间的经济联系，也有利于开拓本企业的经营业务。

5. 民间资金

企业职工和城乡居民节余的货币，可以对企业进行投资，形成民间资金渠道。随着证券市场的发展和股份经济的推广，这一筹资渠道将会发挥越来越大的作用。

6. 企业自留资金

企业内部形成的资金，主要有计提折旧形成的临时沉淀资金，提取公积金和未分配利润而形成的资金。这是企业的"自动化"筹资渠道。随着企业经济效益的提高，企业自留资金的数额将日益增加。

7. 外商资金

外商资金是外国投资者以及我国香港、澳门、台湾地区投资者投入的资金，这是引进外资以及外商投资企业的主要资金来源。吸收外资，不仅可以满足我国建设资金的需要，而且能够引进先进技术和管理经验，促进我国技术的进步和产品水平的提高。为了加快我国现代化建设，有必要进一步开拓外资渠道，积极吸引外商投资。

(二) 企业筹资的方式

筹资方式是指企业取得资金所采取的具体方法和形式。筹资方式不仅受到筹资渠道的制约，还会受到企业内外各种其他因素的制约。随着中国市场经济的不断发展和完善、资金市场的日趋活跃、筹资渠道的逐渐增多，企业可采用的筹资方式也将会越来越呈现出多元化。认识筹资方式的种类和每种筹资方式的特性，有利于企业选择适宜的筹资方式和进行筹资组合。目前可供企业选择的筹资方式主要有以下几种。

1. 吸收直接投资

吸收直接投资是指企业以协议等形式吸收国家、其他企业、个人和外商等直接投入资金，形成企业资本金的一种筹资方式。吸收直接投资不以股票为媒介，适用于非股份制企业，它是非股份制企业筹措自有资本的一种基本方式。

2. 发行股票

发行股票是指股份有限公司经国家批准以发行股票的形式向国家、其他企业和个人筹集资金，形成企业资本金的一种筹资方式。发行股票是股份公司筹措自有资本的基本方式。

3. 发行债券

发行债券是指企业以发行各种债券的形式筹集资金。它是企业筹措资金的又一种重要方式。

4. 银行借款

银行借款是指企业向银行申请贷款，通过银行信贷形式筹集资金。它也是企业筹措资金的一种重要方式。

5. 商业信用

商业信用是指企业在商品交易中以延期付款或预收货款进行购销活动而形成的借贷关系，是企业之间的直接信用。它是企业筹集短期资金的一种方式。

6. 租赁筹资

租赁是出租人以收取租金为条件，在契约或合同规定的期限内，将资产租借给承租人使用的一种经济行为。现代租赁是企业筹集资金的一种方式，用于补充或部分替代其他筹资方式。

7. 内部积累

内部积累是指企业通过利润分配形成的留存收益，即盈余公积金、公益金和未分配利润。它是企业筹集内部资金的一种筹资方式。

企业的筹资方式与筹资渠道有着密切的关系。一定的筹资方式可能只适用于某一特定的筹资渠道，但是同一渠道的资金往往可以采取不同的方式取得，而同一筹资方式又往往适用于不同的筹资渠道。所以，企业筹集资金时，必须实现两者的合理配合。筹资方式与筹资渠道的配合情况见表 3-1。

表3-1　筹资方式与筹资渠道的配合

渠道＼方式	吸收直接投资	发行股票	发行债券	银行借款	商业信用	租赁筹资
国家财政资金	*	*				
银行信贷资金				*		
非银行金融机构资金	*	*	*	*		*
其他企业资金	*	*	*		*	
民间资金	*	*	*			
企业自留资金						
外商资金	*	*				*

第二节　短期筹资方式

企业的资金来源，可以按期限的不同分为短期资金与长期资金，两者构成企业全部资金的期限结构。其中，短期资金是指使用期限在 1 年以内的资金。企业由于生产经营过程中资金周转的暂时短缺，往往需要一些短期资金。短期资金主要投资于现金、应收账款、存货等，一般在短期内可收回。企业的短期资金，可以通过短期借款、商业信用等方式来筹集。

一、短期借款

短期借款是指企业向银行和其他非银行金融机构借入的期限在 1 年以内的资金。

(一) 短期借款的种类

短期借款主要有生产周转借款、临时借款、结算借款等。短期借款还可依偿还方式的不同，分为一次性偿还借款和分期偿还借款；依利息支付方法的不同，分为收款法借款、贴现法借款和加息法借款；依有无担保，分为抵押借款和信用借款。

1. 信用贷款

信用贷款是银行依据借款人信用向其提供贷款的一种贷款方式。在该方式下，银行不要求借款人提供经济担保和财产抵押。这种贷款具有自偿性的特点，使用这种贷款的公司应能在 1 年内产生出足以偿还贷款的现金流量。

2. 担保贷款

所谓担保贷款是指借款公司根据银行的要求，向银行提供担保品后方可取得贷款的一种信贷方式。短期借款的担保品通常包括应收账款及存货等。

(二) 短期借款的信用条件

银行发放短期贷款时，主要信用条件包括以下几个。

(1) 信贷额度。信贷额度亦即贷款限额，是银行对借款人规定的无担保贷款的最高限额。

(2) 周转信贷协定。它是银行从法律上承诺向企业提供不超过某一最高限额的贷款协定。

(3) 补偿性余额。它是银行要求借款人在银行中保持按贷款限额或名义借款额的一定百分比计算的最低存款余额。补偿性余额的要求提高了借款的实际利率。实际利率的计算公式为：

$$实际利率 = \frac{名义借款金额 \times 名义利率}{名义借款金额 \times (1 - 补偿性余额比例)} = \frac{名义利率}{1 - 补偿性余额比例}$$

(4) 借款抵押。银行向财务风险较大、信誉不好的企业发放贷款，往往需要有抵押品担保，以减少自己蒙受损失的风险。借款的抵押品通常是借款企业的办公楼、厂房等。

(5) 偿还条件。不论何种借款，银行一般都会规定还款的期限。根据我国金融制度的规定，贷款到期后仍无能力偿还的，视为逾期贷款，银行要照章加收逾期罚息。

(6) 以实际交易为贷款条件。当企业发生经营性临时资金需求，向银行申请贷款以求解决时，银行则以企业将要进行的实际交易为贷款基础，单独立项，单独审批，最后做出决定并确定贷款的相应条件和信用保证。

(三) 银行短期信贷融资成本

银行短期信贷利率按照中国人民银行制定的利率政策和贷款利率浮动幅度来确定。银行短期贷款利率的高低通常会随借款人的类型、贷款的金额与时间的变化而变化。

银行短期贷款的本息偿还方式通常有 3 种：收款法；贴现法；加息分摊法。

(四) 借款利息的支付方式

1. 利随本清法

利随本清法，又称收款法，是在借款到期时向银行支付利息的方法。采用这种方法，借款的名义利率等于其实际利率。

2. 贴现法

贴现法，是银行向企业发放贷款时，先从本金中扣除利息部分，在贷款到期时借款企业再偿还全部本金的一种计息方法。贴现法的实际贷款利率公式为：

$$贴现贷款实际利率 = \frac{利息}{贷款金额 - 利息} \times 100\%$$

(五) 银行短期信贷筹资的评价

在短期筹资方式下，银行短期信贷的重要性仅次于商业信用，其具有以下优缺点。

1. 银行短期信贷的优点

(1) 筹资速度快。银行资金充实，实力雄厚，能随时为公司提供比较多的短期贷款。

(2) 银行短期信贷具有较好的弹性。可在资金需求增加时借入，在资金需要减少时还款。

2. 银行短期信贷的缺点

(1) 资金成本较高。尤其是存在补偿性余额和附加利率情况时，实际利率通常高于名义利率。

(2) 受金融管制影响，限制较多，筹资风险大，数额有限。

二、商业信用

商业信用是指在商品交易中由于延期付款或预收货款所形成的公司间的借贷关系。商业信用产生于一般商品交易中，是一种自发的融资渠道。根据商业信用的条件，即销货人对付款时间和现金折扣所做的具体规定，商业信用主要有以下几种形式：预收货款；延期付款，但不涉及现金折扣；延期付款，包括应付账款、应付票据等，其中应付账款早付款可享受现金折扣。

(一) 应付账款

应付账款是公司购买货物暂未付款而欠下对方的款项，是卖方允许买方在购货后一定时期内支付货款的一种形式。卖方利用这种方式促销，而对买方来说延期付款则等于向卖方借用资金购进商品，可以满足短期的资金需要。

1. 应付账款的成本

$$放弃现金折扣的机会成本 = \frac{折扣百分比}{1 - 折扣百分比} \times \frac{360}{信用期 - 折扣期}$$

2. 利用现金折扣的决策

在附有信用条件的情况下，因为获得不同信用要负担不同的代价，买方公司便要在利用哪种信用之间做出决策。

(二) 应付票据

应付票据是指公司进行延期付款商品交易时开具的反映债权债务关系的票据。根据承兑人的不同，应付票据分为商业承兑汇票和银行承兑汇票两种，支付期最长不超过 9 个月。

(三) 预收货款

预收货款是卖方公司在交付货物之前向买方预先收取部分或全部货款的信用形式。对于卖方来讲，预收货款相当于向买方借用资金后用货物抵偿。

(四) 商业信用融资的评价

1. 商业信用融资的优点

(1) 商业信用非常方便。

(2) 如果没有现金折扣，或公司不放弃现金折扣，或使用不带息票据，则利用商业信用融资不负担成本。

(3) 限制少。

2. 商业信用融资的缺点

商业信用的时间一般较短，如果公司取得现金折扣，则时间会更短，如果放弃现金折扣，则要付出较高的资金成本。

三、短期融资券

(一) 短期融资券的含义、特征及种类

1. 短期融资券的含义及特征

短期融资券，又称商业票据或短期债券，是由企业发行的无担保短期本票。在我国，短期融资券是指企业依照《短期融资券管理办法》的条件和程序在银行间债券市场发行和交易并约定在一定期限内还本付息的有价证券，是企业筹措短期(1 年以内)资金的直接融资方式。其到期日一般在 2 个月至 1 年间变动，平均期限约为 5 个月。商业票据发行可直接使用自己的销售力量或委托商业票据代理商。代理商的服务费用一般为面值的 0.125%。

发行短期融资券还有一些附加成本，包括：①支持信用额度；②信用评级费用。

2. 短期融资券的种类

(1) 按发行方式分类，可将短期融资券分为经纪人代销的融资券和直接销售的融资券。

(2) 按发行人的不同分类，可将短期融资券分为金融企业的融资券和非金融企业的融资券。

(3) 按融资券的发行和流通范围分类，可将短期融资券分为国内融资券和国际融资券。

(二) 短期融资券的发行

在我国，短期融资券的发行必须符合《短期融资券管理办法》中规定的发行条件。

短期融资券的发行程序是：①公司做出发行短期融资券的决策；②办理发行短期融资券的信用评级；③向有关审批机构提出发行申请；④审批机关对企业提出的申请进行审查和批准；⑤正式发行短期融资券，取得资金。

(三) 短期融资券筹资的优缺点

1. 短期融资券筹资的优点

(1) 短期融资券的筹资成本较低。

(2) 短期融资券筹资数额比较大。

(3) 发行短期融资券可以提高企业信誉和知名度。

2. 短期融资券筹资的缺点

(1) 发行短期融资券的风险比较大。

(2) 发行短期融资券的弹性比较小。

(3) 发行短期融资券的条件比较严格。

四、应收账款转让

(一) 应收账款转让的含义及种类

应收账款转让，是指企业将应收账款出让给银行等金融机构以获取资金的一种筹资方式。应收账款转让筹资数额一般为应收账款扣减以下内容后的余额：①允许客户在付款时扣除的现金折扣；②贷款机构扣除的准备金、利息费用和手续费。其中准备金是指因在应收账款收回过程中可能发生销货退回和折让等而保留的扣存款。

按是否具有追索权，应收账款转让可分为附加追索权的应收账款转让和不附加追索权的应收账款转让。其中，附加追索权的应收账款转让，是指企业将应收账款转让给银行等金融机构，在有关应收账款到期无法从债务人处收回时，银行等金融机构有权向转让应收账款的企业追偿，或按照协议规定，企业有义务按照约定金额从银行等金融机构回购部分应收账款，应收账款的坏账风险由企业承担；不附加追索权的应收账款转让，是指企业将应收账款转让给银行等金融机构，在有关应收账款到期无法从债务人处收回时，银行等金融机构不能向转让应收账款的企业追偿，应收账款的坏账风险由银行承担。

(二) 应收账款转让筹资的优缺点

1. 优点

(1) 及时回笼资金，避免企业因赊销造成的现金流量不足。

(2) 节省收账成本，降低坏账损失风险，有利于改善企业的财务状况、提高资产的流动性。

2. 缺点

(1) 筹资成本较高。

(2) 限制条件较多。

第三节　长期筹资方式

长期资金是指使用期限在 1 年以上的资金。企业所需长期资金的来源有两个：权益资金和负债资金。长期资金主要投资于新产品的开发和推广、生产规模的扩大、厂房和设备的更新，一般需要几年甚至十几年才能收回。长期资金通常采用吸收直接投资、发行股票、发行债券、长期借款、融资租赁、留存收益等方式来筹集。

一、吸收直接投资

吸收直接投资是一般非股份制企业和股份制企业在筹集自有资金时常采用的方式。

(一) 吸收直接投资的种类

1. 吸收国家投资

特点：产权归属国家；资金的运用和处置受国家的约束比较大；在国有企业当中运用比较广泛。

2. 吸收法人投资

特点：发生在法人单位之间；以参与企业利润分配为目的；出资方式灵活多样。

3. 吸收个人投资

特点：参与人员较多；每人投资的数额相对较少；以参与企业利润分配为目的。

吸收法人投资和吸收个人投资之间的共同特点是以参与企业利润分配为目的。

(二) 吸收直接投资的出资方式

1. 现金出资

外国的《公司法》或《投资法》对现金投资占资金总额的多少，一般都有规定，但是我国目前尚无这方面的规定，所以需要在投资过程中由双方协商加以确定。

2. 实物出资

出资条件：确为企业科研、生产、经营所需；技术性能比较好；作价公平合理。

3. 工业产权出资

出资条件：能帮助研究和开发出新的高科技产品；能帮助生产出适销对路的高科技产品；能帮助改进产品质量，提高生产效率；能帮助大幅度降低各种消耗；作价比较合理。

4. 土地使用权出资

出资条件：确为企业科研、生产销售活动所需要的；交通、地理条件比较适宜；作价比较合理。

(三) 吸收直接投资的优缺点

1. 优点

(1) 有利于增强企业信誉。吸收直接投资所筹资本属于企业的自有资本，与借入资本相比较，能够提高企业的资信和借款能力。

(2) 有利于尽快形成生产能力。吸收直接投资不仅可以取得一部分现金，而且能够直接获得所需的先进设备和技术，尽快形成生产经营能力。

(3) 吸收直接投资的财务风险较低。

2. 缺点

(1) 资本成本较高。

(2) 产权关系不易明确，容易分散企业控制权。

(3) 投资者资本进入容易、出来难，难以吸收大量的社会资本参与，融资规模受到限制。

二、发行股票

股票是股份公司为筹集自有资金而发行的有价证券，是投资者入股并取得股息、红利的凭证，它代表了对股份制公司的所有权。

(一) 股票的分类

(1) 按股东享受权利和承担义务的大小，可把股票分为普通股和优先股。

(2) 按股票票面上有无记名，可分为记名股和不记名股。

(3) 按股票是否标明金额，可分为面值股票和无面值股票。

(4) 按投资主体的不同，可分为国家股、法人股、个人股和外资股。

(5) 按发行对象和上市地区，可将股票分为 A 股、B 股、H 股和 N 股等。

(二) 普通股持有人的一般权利

(1) 对公司的管理权。普通股股东的管理权主要体现在其在董事会选举中有选举权和被选举权。普通股股东的管理权主要表现为：①投票权；②查账权；③阻止越权的权利。

(2) 分享盈余的权利。

(3) 出售或转让股份的权利。

(4) 优先认股权。

(5) 剩余财产的要求权。

(三) 股票发行与上市

我国股份公司发行股票必须符合《证券法》和《上市公司证券发行管理办法》规定的发行条件。股票的发行方式有公募发行和私募发行，公募发行有自销方式和承销方式，承销方式具体分为包销和代销。

股票上市是指股份有限公司公开发行的股票经批准在证券交易所挂牌交易。

股票上市的有利影响主要有：①有助于改善财务状况；②利用股票收购其他公司；③利用股票市场客观评价企业；④利用股票可激励职员；⑤提高公司知名度，吸引更多顾客。

股票上市的不利影响主要有：①使公司丧失隐私权；②限制经理人员操作的自由度；③公开上市需要很高的费用。

(四) 普通股筹资的评价

普通股筹资的优点主要表现在：①没有固定利息负担，不构成固定费用；②没有固定到期日，不用偿还；③筹资风险小；④普通股可作为债权人损失的缓冲，发行普通股能增加公司的信誉；⑤筹资限制较少。

普通股筹资的缺点主要有：①资金成本较高；②出售普通股将使投票权和控制权分散给新股东，容易分散控制权。

(五) 优先股

1. 优先股按不同的标准分为以下几种

(1) 累积优先股和非累积优先股。

(2) 可转换优先股与不可转换优先股。

(3) 参加优先股和不参加优先股。

① 参加优先股。参加优先股是指不仅能取得固定股利，还有权与普通股一同参加利润分配的股票。

② 不参加优先股。不参加优先股是指不能参加剩余利润分配，只能取得固定股利的优先股。

(4) 可赎回优先股与不可赎回优先股。

2. 优先股股东的权利

优先股的"优先"是相对普通股而言的，这种优先主要表现在以下几个方面。

(1) 优先分配股利的权利。

(2) 对资产的优先要求权。

(3) 管理权。

3. 优先股融资的评价

(1) 利用优先股融资的优点。

① 优先股没有固定的到期日，不用偿还本金。

② 股利的支付既固定，又有一定弹性。

③ 保持普通股股东的控制权。

④ 从法律上讲，优先股属于自有资金，因而，优先股扩大了权益基础，可适当增加公司的信誉，加强公司的借款能力。

(2) 利用优先股融资的缺点。

① 优先股成本很高。

② 优先股融资的限制较多。

③ 可能会成为一项较重的财务负担。

三、发行债券

债券是经济主体为筹集资金而发行的、用以记载反映债权债务关系的有价证券。由公司发行的债券称为公司债券。这里所说的债券，指的是期限超过 1 年的公司债券，其发行目的通常是为建设大型项目筹集大笔长期资金。

(一) 债券的种类

(1) 按债券上是否记有持券人的姓名或名称，分为记名债券和无记名债券。

(2) 按能否转换为公司股票，分为可转换债券和不可转换债券。

(3) 按有无特定的财产担保，分为抵押债券和信用债券。

(4) 按利率的不同，分为固定利率债券和浮动利率债券。

(5) 按照其他特征，分为收益公司债券、附认股权债券、附属信用债券等。

(二) 债券的发行方式

债券的发行方式通常分为公开发行、私下募集发行两种。

1. 公开发行

以不特定的多数投资者作为募集对象所进行的债券发行，称为公开发行，又称为公募发行。

2. 私下募集发行

以特定的少数投资者为募集对象所进行的债券发行，称为私下募集发行，又称私募发行。

(三) 债券的发行价格

债券的发行价格是债券发行时使用的价格，即投资者购买债券时所支付的价格。公司债券的发行价格通常有 3 种，即平价、溢价和折价。

平价是指以债券的票面金额为发行价格；溢价是指以高出债券票面金额的价格为发行价格；折价是指以低于债券票面金额的价格为发行价格。债券发行价格的形成受诸多因素的影响，其中主要的是票面利率与市场利率的一致程度。

一次还本，分期付息时债券的发行价格计算公式为：

$$债券发行价格 = \frac{票面金额}{(1+市场利率)^n} + \sum_{t=1}^{n} \frac{票面金额 \times 票面利率}{(1+市场利率)^t}$$

式中：n ——债券期限；

t ——付息期数。

市场利率是指债券发行时的市场利率。

(四) 债券的发行

我国发行公司债券，必须符合《公司法》《证券法》规定的有关条件。

债券发行的基本程序如下：①做出发行债券的决议；②提出发行债券的申请；③公司债券募集办法；④委托证券机构发售；⑤交付债券，收缴债券款，登记债券存根簿。

(五) 债券的还本付息

1. 债券的偿还

债券偿还时间按其实际发生与规定的到期日之间的关系，分为到期偿还、提前偿还与滞后偿还三类。

(1) 到期偿还。到期偿还是指当债券到期时履行债券所载明的义务，又包括分批偿还和一次偿还两种。

(2) 提前偿还。提前偿还又称提前赎回或收回，是指在债券尚未到期之前就予以偿还。只有在企业发行债券的契约中明确规定了有关允许提前偿还的条款，企业才可以进行此项操作。提前偿还所支付的价格通常要高于债券的面值，并随到期日的临近而逐渐下降。具有提前偿还条款的债券可使企业融资有较大的弹性。当企业资金有结余时，可提前赎回债券；当预测利率下降时，也可提前赎回债券，而后以较低的利率来发行新债券。

赎回有 3 种形式：强制性赎回、选择性赎回和通知赎回。

(3) 滞后偿还。债券在到期日之后偿还叫滞后偿还。这种偿还条款一般在发行时便订立，主要是给予持有人以延长持有债券的选择权。滞后偿还有转期和转换两种形式。

① 转期。转期是指将较早到期的债券换成到期日较晚的债券，实际上是将债务的期限延长。常用的方法有两种：直接以新债券兑换旧债券；用发行新债券得到的资金来赎回旧债券。

② 转换。转换通常是指股份有限公司发行的债券可以按一定的条件转换成本公司的股票。

2. 债券的付息

债券的付息主要表现在利息率的确定、付息频率和付息方式 3 个方面。利息率的确定有固定利率和浮动利率两种形式。债券付息频率主要有按年付息、按半年付息、按季付息、按月付息和一次性付息(利随本清、贴现发行)5 种。付息方式有两种：一种是采取现金、支票或汇款的方式；另一种是息票债券的方式。

(六) 债券的信用等级

债券违约风险的大小与投资者利益密切相关。债券的信用等级表示债券质量的高低。债券的信用等级通常由独立的中介机构进行评估。投资者根据这些中介机构的评级结果选择债券进行投资。

不同国家对债券的评级不尽相同，即使同一个国家的不同评级机构，其评级也有差异。但有一点是相同的，即都将债券按发行公司还本付息的可靠程度、财务质量、项目状况等因素，用简单的符号、文字说明等公开提供给广大投资者。

目前，世界各国已基本对债券信用评级形成惯例，即将其划分为三等九级。以美国著名的债券评级机构标准普尔公司的评级为例，其将债券级别从高到低分为以下九个等级。

(1) AAA：该债券到期具有极高的还本付息能力，没有风险。

(2) AA：该债券到期具有很高的还本付息能力，基本没有风险。

(3) A：该债券到期具有一定的还本付息能力，经采取保护措施后，有可能按期还本付息，风险较低。

(4) BBB：债券到期还本付息资金来源不足，发行企业对经济形势的应变能力较差，有可能延期支付本息，投资者有一定的风险。

(5) BB：债券到期还本付息能力低，投资风险较大。

(6) B：债券到期还本付息能力脆弱，投资风险很大。

(7) CCC：债券到期还本付息能力很低，投资风险极大。

(8) CC：债券到期还本付息能力极低，投资风险最大。

(9) C：发行企业面临破产，投资者可能血本无归。

(七) 债券融资的评价

1. 债券融资的优点

(1) 资金成本较低。

(2) 保证控制权。

(3) 财务杠杆作用。

(4) 公司可以在债券契约上订明收回条款，以便其财务结构较有弹性。

2. 债券融资的缺点

(1) 风险高。

(2) 限制条件多。

(3) 筹资的有限性。

四、长期借款

长期借款是指公司向银行或其他非银行金融机构借入的使用期限超过 1 年的借款，主要用于购建固定资产和满足长期流动资金的占用需要。

(一) 长期借款的种类

我国目前各金融机构的长期借款主要有以下几种。

(1) 按照用途，分为固定资产投资借款、更新改造借款、科技开发和新产品试制借款等。

(2) 按提供贷款的机构，分为政策性银行贷款、商业银行贷款、保险公司贷款等。

(3) 按有无担保，分为信用贷款和抵押贷款。

(二) 取得长期借款的条件

我国金融部门对公司发放贷款的原则是：按计划发放、择优扶植、有物资保证、按期归还。企业取得长期借款需要下列条件。

(1) 独立核算、自负盈亏、有法人资格。

(2) 经营方向和业务范围符合国家产业政策，借款用途属于银行贷款办法规定的范围。

(3) 借款企业具有一定的财物保证，担保单位具有相应的经济实力。

(4) 有还贷能力。

(5) 财务管理和经济核算制度健全，资金使用效益及企业经济效益良好。

(6) 在银行开设账户，办理结算。

(三) 长期借款的程序

具备上述 6 个条件的企业若贷款，要按照以下长期借款的程序进行：①企业提出申请。②金融机构进行审批。③签订借款合同。借款合同是规定借贷各方权利和义务的契约，其内容分基本条款和限制条款，限制条款又有一般性限制条款、例行性限制条款和特殊性限制条款之分。④企业取得借款。⑤企业偿还借款。企业偿还借款的方式通常有 3 种：定期支付利息、到期一次性偿还本金的方式；定期等额还本付息；分批偿还，每批金额不等。

(四) 长期借款的保护性条款

由于长期借款的期限长、风险大，按照国际惯例，银行通常对借款公司提出一些有助于保证贷款按时足额偿还的条件。这些条件写进借款合同中，形成了合同的保护性条款。归纳起来，保护性条款大致分为一般性保护条款、例行性保护条款以及特殊性保护条款 3 种。

1. 一般性保护条款

一般性保护条款是对贷款企业资产的流动性及偿债能力等方面的要求条款，这类条款应用于大多数借款合同。其主要包括以下几项。

(1) 企业需要持有一定限额的货币资金及其他流动资产，以保持企业资金的流动性和偿债能力，一般规定企业必须保持最低营运资本净值和最低的流动比率。

(2) 限制企业支付现金股利、再购入股票和职工加薪规模，以减少企业资本的过分外流。

(3) 限制企业资本支出的规模，以减少企业日后不得不变卖固定资产以偿还贷款的可能性(其结果仍然是着眼于保持企业资产较高的流动性)。

(4) 限制企业再举债规模，以防止其他债权人取得对企业资产的优先索偿权。

(5) 限制企业的投资。如规定企业不准投资于短期内不能收回资金的项目，不能未经银行等债权人同意而与其他企业合并以确保借款方的财务结构和经营结构。

2. 例行性保护条款

这类条款作为例行常规，在大多数借款合同中都会出现，它可以堵塞因一般条款规定不够完善而遗留的漏洞，以确保贷款的安全。其主要包括以下几项。

(1) 借款方定期向提供贷款的银行或其他金融机构提交财务报表，以使债权人随时掌握企业的财务状况和经营成果。

(2) 不准在正常情况下出售较多的非产成品(商品)存货，以保持企业正常的生产经营能力。

(3) 如期清偿应缴纳的税金和其他到期债务，以防被罚款而造成不必要的现金流失。

(4) 不准以任何资产作为其他承诺的担保或抵押，以避免企业过重的负担。

(5) 不准贴现应收票据或出售应收账款，以避免或有负债。

(6) 限制借款方租赁固定资产的规模，其目的在于防止企业负担巨额租金以致削弱其偿债能力，还在于防止企业以租赁固定资产的办法摆脱债权人对其资本支出和负债的约束。

(7) 做好固定资产的维修保护工作，使之处于良好的运行状态，以保证生产经营能正常、持续地运行。

3. 特殊性保护条款

这类条款就是针对某些特殊情况而出现在部分借款合同中的条款，只有在特殊情况下才能生效。其主要包括以下几项。

(1) 专款专用。

(2) 不准投资于短期内不能回收资金的项目。

(3) 限制企业高级职员的薪金和奖金总额。

(4) 要求企业主要领导在合同有效期内担任领导职务。

(5) 要求企业主要领导购买人身保险等。

(五) 长期借款的成本

长期借款的利息率通常高于短期借款。长期借款利率有固定利率和浮动利率两种。浮动利率通常有最高、最低限，并在借款合同中明确。

除了利息之外，银行还会向借款公司收取其他费用，这些费用会加大长期借款的成本。

(六) 长期借款的偿还方式

长期借款的偿还方式不一，包括：定期支付利息，到期一次性偿还本金的方式；定期等额偿还方式；平时逐期偿还小额本金和利息，期末偿还余下的大额部分的方式。

(七) 长期借款融资的评价

1. 长期借款融资的优点

长期借款融资的优点包括：①融资速度快；②借款成本较低；③借款的弹性较大。

2. 长期借款融资的缺点

长期借款融资的缺点包括：①风险大；②限制条款较多，约束了公司的生产经营和借款的使用；③筹资数额有限。

五、融资租赁

融资租赁又叫财务租赁或资本租赁。融资租赁是公司的一种融资来源，承租人按租赁合同规定的方式承担分期付款的义务，这好比资产使用者向出租人借了购买这项资产的钱，然后向借款者承担支付利息和本金的义务。

其主要有以下几个特点。

(1) 一般由承租人向出租人提出正式申请，由出租人融通资金，引进用户所需设备，然后再租给用户使用。

(2) 租期较长。

(3) 租赁合同比较稳定。

(4) 租约期满后，可采用以下办法处理租赁财产：①将设备作价转让给承租人；②由出租人收回；③延长租期，继续租赁。

(5) 在租赁期内，出租人一般不提供维修和保养设备方面的服务。

(一) 融资租赁的种类

融资租赁分为售后租回、直接租赁和杠杆租赁三类。

(1) 售后租回。售后租回，即根据协议，企业将某资产卖给出租人，再将其租回使用。

(2) 直接租赁。直接租赁，即承租人直接向出租人租入所需要的资产，并付出租金。

(3) 杠杆租赁。杠杆租赁要涉及承租人、出租人和资金出借者三方当事人。从承租人的角度看，这种租赁与其他租赁形式并无区别，同样是按合同的规定，在基本租赁期内定期支付定额租金，取得资产的使用权。但对出租人却不同，出租人只出购买资产所需的部分资金作为自己的投资；另外以该资产作为担保向资金出借者借入其余资金。因此，它既是出租人又是贷款人，同时拥有对资产的所有权，既要收取租金又要偿付债务。如果出租人不能按期偿还借款，资产的所有权就要转归资金的出借者。

(二) 融资租赁的程序

融资租赁的程序是：①选择租赁公司；②办理租赁委托；③签订购货协议；④签订租赁合同；⑤办理验货与投保；⑥支付租金；⑦处理租赁期满的设备。

(三) 融资租赁的租金

1. 融资租赁租金的构成

融资租赁租金包括设备价款和租息两部分，租息又可分为租赁公司的融资成本、租赁手续费等。

2. 融资租赁租金的支付形式

租金通常采用分次支付的方式，具体类型如下。

(1) 按支付间隔期的长短，可分为年付、半年付、季付和月付等方式。

(2) 按支付时期先后，可分为先付租金和后付租金两种。

(3) 按每期支付金额，可分为等额支付和不等额支付两种。

(四) 融资租赁的评价

1. 融资租赁的优点

(1) 能迅速获得所需资产。

(2) 租赁可提供一种新的资金来源。

(3) 租赁可保存公司的借款能力。

(4) 租赁集资限制较少。

(5) 租赁能减少设备陈旧过时的风险。

(6) 租金在整个租期内分摊，不用到期归还大量本金。

(7) 租金可在税前扣除，能减少所得税上交。

2. 融资租赁的缺点

融资租赁的主要缺点是资金成本较高。一般来说，其租金要比举借银行借款或发行债券所负担的利息高得多。

六、留存收益筹资

(一) 留存收益筹资的渠道

留存收益来源渠道有盈余公积和未分配利润。未分配利润是指对公司生产经营活动取得的利润进行分配时，通过公司留存一部分利润用于扩大公司的生产经营规模。这部分积累称为公积金，公积金可以按规定转作资本金，作为投资者向公司的投资，它是公司增加资本金的重要来源。

(二) 留存收益筹资的优缺点

留存收益筹资的优点主要有：①资金成本较普通股低；②保持普通股股东的控制权；③增强公司的信誉。

留存收益筹资的缺点主要有：①筹资数额有限制；②资金使用受制约。

七、混合筹资

(一) 发行可转换债券

1. 可转换债券的概念、特点

(1) 可转换债券的概念。

可转换债券是指由发行公司发行并规定债券持有人在一定期间内依据约定条件可将其转换为发行公司股票的债券。可转换债券是一种混合型金融产品，可以被看作是普通公司债券与期权的组合体。其特殊性在于它所特有的转换性。作为现代金融创新的一种产物，可转换债券在某种程度上兼具了债务性证券与所有权证券的双重功能。从证券权利角度来分析，可转换债券赋予持有者一种特殊的选择权，即按事先约定在一定时间内将其转换为公司股票的选择权，这样可转换债券就将传统的债券与股票的筹资功能结合起来，在转换权行使之前属于公司的债务资本，权利行使之后则成为发行公司的所有权资本。

(2) 可转换债券的特点。

① 可转换债券授予持有人在未来某个时间成为股东的选择权。

② 可转换债券售出后，通常都要随股票拆细而调整转换比例和转换价格。

③ 可转换债券和认股权证一样，均是公司给予持有人成为股东的选择权。

2. 可转换债券的发行条件

根据《可转换公司债券管理暂行办法》，上市公司和重点国有公司具有发行可转换债券的资格，但应经省级政府或者国务院有关主管部门推荐，报证监会审批。

3. 可转换债券的价值

可转换债券是一种特殊债券，它相当于普通债券与买进期权的组合。因此，其价值取决于普通债券和期权的价值。可转换债券的价值涉及原始债券价值、转换价值和选择权价值三部分内容。

4. 可转换债券筹资的优缺点

发行可转换债券是一种特殊的筹资方式，其优点主要有以下几项。

(1) 有利于降低资金成本。

(2) 有利于筹集更多资金。

(3) 有利于稳定股票价格和减少对每股收益的稀释，利于调整资本结构。

(4) 减少筹资中的利益冲突。

(5) 强制赎回条款的规定可以避免公司的筹资损失。

可转换债券筹资的缺点主要有以下几项。

(1) 转股后可转换债券筹资将失去利率较低的好处。

(2) 若确需股票筹资，但股价并未上升，可转换债券持有人不愿转股时，发行公司将承受债务压力。

(3) 若可转换债券转股时股价高于转换价格，则发行公司将遭受筹资损失。

(4) 回售条款的规定可能使发行公司遭受损失。

(二) 发行认股权证

1. 发行认股权证筹资的特征

用认股权证购买发行公司的股票，其价格一般低于市场价格，因此股份公司发行认股权证可增加其所发行股票对投资者的吸引力。发行依附于公司债券、优先股或短期票据的认股权证，可起到明显的促销作用。

2. 认股权证的种类

(1) 按允许购买的期限长短分类，可将认股权证分为长期认股权证与短期认股权证。短期认股权证的认股期限一般在 90 天以内；长期认股权证认股期限通常在 90 天以上。

(2) 按认股权证的发行方式分类，可将认股权证分为单独发行认股权证与附带发行认股权证。

依附于债券、优先股、普通股或短期票据发行的认股权证，为附带发行认股权证。单独发行认股权证是指不依附于公司债券、优先股、普通股或短期票据而单独发行的认股权证。认股权证的发行，最常用的方式是认股权证在发行债券或优先股之后发行。这是将认股权证随同债券或优先股一同寄往认购者。在无纸化交易制度下，认股权证将随同债券或优先股一并由中央登记结算公司划入投资者账户。

(3) 按认股权证认购数量的约定方式，可将认股权证分为备兑认股权证与配股权证。

备兑认股权证是每份备兑证按一定比例含有几家公司的若干股股票。配股权证是确认老股东配股权的证书，它按照股东持股比例定向派发，赋予其以优惠价格认购公司一定份数的新股。

3. 认股权证筹资的优缺点

认股权证筹资的优点主要有：①为公司筹集额外的资金；②促进其他筹资方式的运用。

认股权证筹资的缺点主要有：①稀释普通股收益；②容易分散企业的控制权。

第四节　资本需要量的预测

企业的资本需要量是筹集资金的数量依据。企业在筹资之前，应当采用一定的方法预测资金需要的数量，只有这样，才能使筹集来的资金既能保证生产经营的需要，又不会有太多的闲置。下面介绍预测资金需要量常用的方法。

一、定性预测法

定性预测法主要是利用有关资料，依靠个人经验和主观分析、判断能力，对企业未来资金的需要量进行测定。这种方法一般是在企业缺乏完备、准确的历史资料的情况下采用的。其预测过程如下：首先，由熟悉财务情况和生产经营情况的专家，根据以往所积累的经验，进行分析判断，提出预测的初步意见；其次，通过召开座谈会或发出各种表格等形式，对预测的初步意见进行修正补充。这样进行一次或几次以后，得出预测的最终结果。

定性预测法是十分有用的，但它不能揭示资金需要量与有关因素之间的数量关系。预测资金需要量应和企业生产经营规模相联系。生产规模扩大，销售数量增加，会引起资金需求量增加；反之，则会使资金需求量减少。因此，企业在历史、现状和未来数据资料比较完备、准确的情况下，应尽量采用各种定量预测法预测资金需要量。

二、趋势预测法

趋势预测法是指根据事物发展变化的趋势和有关资料推测未来的方法。采用这种方法首先必须掌握事物发展变化的趋势，而且这种趋势能持续到需要预测的未来。例如，某企业 2010—2017 年平均每年资金需要量以 10% 的幅度增长，2017 年占用资金数量为 1000 万元，若运用趋势预测法，则 2018 年的资金需要量预测为 1100 [1000×(1+10%)] 万元。趋势预测法通常适用于事物发展变化呈现长期稳定的上升或下降趋势的情况。由于财务环境日益复杂化，事物发展变化的未来趋势往往难以把握，这种方法受到越来越多的挑战，适用范围受到限制。

三、销售百分比法

销售百分比法是指根据销售与资产负债表和损益表项目之间的比例关系，预测资金需要量的方法。例如，某企业每年要销售 100 元货物，必须有 40 元存货，即存货与销售的百分比是 40%(40÷100)，若销售增至 200 元，那么该企业需有 80(200×40%) 元存货。可见，在已知某项目与销售的比率固定不变的情况下，便可预测未来一定销售额下该项目的资金需要量。

运用销售百分比法，一般需借助预计损益表和预计资产负债表。通过预计损益表可以预测企业留存收益(留存收益包括盈余公积和未分配利润)这种内部资金来源的增加额；通过预计资产负债表可以预测企业资金需要总额和外部筹资的增加额。

(一) 预计损益表法

预计损益表是运用销售百分比法的原理预测留存收益的一种报表。通过编制预计损益表，可以预测留存收益这种内部筹资的数额，也可以为编制预计资产负债表预测外部筹资数额提供依据。

预计损益表法的基本步骤如下。

(1) 收集基年实际损益表资料，计算确定损益表各项目与销售额的百分比。

(2) 确定预测年度销售额预计数，根据基年实际损益表各项目与实际销售额的比率，计算预测年度预计损益表各项目的预计数，并编制预测年度预计损益表。预计损益表与实际损益表的内容、格式相同。

(3) 根据预测年度净利润预计数和预定的留存比例，测算留存收益的数额。

下面举例说明预计损益表的编制。

某企业 2017 年实际损益表及有关项目与销售额的百分比如表 3-2 所示。

表3-2　2017年实际损益表

项目	金额(元)	占销售收入的百分比(%)
销售收入	10 000 000	100.00
减：销售成本	7 500 000	75.00
销售费用	150 000	1.50
销售利润	2 350 000	23.50
减：管理费用	1 200 000	12.00
财务费用	150 000	1.50
利润总额	1 000 000	10.00
减：所得税	250 000	
净利润	750 000	

若该企业 2018 年预计销售收入为 14 000 000 元，则 2018 年预计损益表经测算编制如表 3-3 所示。

表3-3　2018年预计损益表

项目	金额(元)	占销售收入的百分比(%)	2018 年预计数(元)
销售收入	10 000 000	100.00	14 000 000
减：销售成本	7 500 000	75.00	10 500 000
销售费用	150 000	1.50	210 000
销售利润	2 350 000	23.50	3 290 000
减：管理费用	1 200 000	12.00	1 680 000
财务费用	150 000	1.50	210 000
利润总额	1 000 000	10.00	1 400 000
减：所得税	250 000		350 000
净利润	750 000		1 050 000

若该企业净利润的留存比例为40%，则2018年预测企业留存收益额为420 000元，即1 050 000 ×40%＝420 000(元)。

(二) 预计资产负债表法

预计资产负债表是运用销售百分比法的原理预测外部筹资额的一种报表。通过编制预计资产负债表，可以预测资产和负债及留存收益等有关项目的数额，进而预测企业需要的外部筹资数额。

预计资产负债表法的基本步骤如下。

(1) 取得基年资产负债表资料，并计算其敏感项目与销售收入的百分比。

运用销售百分比法时，要选定与销售有直接关系的资产负债表项目，这些项目称为敏感项目。敏感资产项目包括现金、应收账款、存货、固定资产净值等；敏感负债项目包括应付账款、应付费用等。使用固定资产净值指标是假定折旧产生的现金即用于更新资产。对外投资、短期借款、长期负债和实收资本通常不属于在短期内的敏感项目，留存收益也不是直接的敏感项目。

(2) 确定预测年度销售收入预计数，编制预测年度预计资产负债表。

预计资产负债表与实际资产负债表的内容、格式相同。预测年度预计资产负债表敏感项目的预计数，可根据预测年度销售收入预计数和基年实际资产负债表各项目与实际销售收入的百分比计算确定；预测年度预计资产负债表非敏感项目，则按基年实际资产负债表各有关项目直接填列；预测年度预计资产负债表中留存收益项目，应根据基年实际资产负债表中留存收益项目的数额和预测年度预计留存收益增加额合并填列；预测年度预计留存收益增加额可根据预测年度利润总额、所得税税率和留存收益比例来确定。

(3) 利用预测年度预计资产负债表中预计资产总额和预计负债及所有者权益总额的差额，测算预测年度需要外部筹资的数额。

下面举例说明预计资产负债表的编制。

某企业2017年实际销售收入为10 000 000元，2018年预计销售收入为14 000 000元，则2017年实际资产负债表及其敏感项目与销售收入的比率如表3-4所示，2018年的预计资产负债表如表3-5所示。

表3-4　2017年实际资产负债表

项目	金额(元)	占销售收入的百分比(%)
资产：		
现金	65 000	0.65
应收账款	2 000 000	20.00
存货	2 400 000	24.00
预付款项	10 000	—
固定资产净值	300 000	3.00
资产总额	4 775 000	47.65
负债及所有者权益：		
应付票据	400 000	—
应付账款	2 540 000	25.40
应付费用	114 000	1.14
长期负债	46 000	—
负债合计	3 100 000	26.54
实收资本	1 000 000	—
留存收益	675 000	

(续表)

项目	金额(元)	占销售收入的百分比(%)
所有者权益合计	1 675 000	—
负债及所有者权益总额	4 775 000	—

从 2017 年资产负债表中可以看出，该企业销售每增长 100 元，资产将增加 47.65 元。这种每实现 100 元销售所需的资金量，可由敏感负债解决 26.54 元。这里增加的敏感负债是自动增加的，与应付账款的差额为 21.11 (47.65-26.54)元，表示销售每增长 100 元而需追加的资金净额。它需要从企业内部和外部来筹措。

表3-5　2018年预计资产负债表

项目	2017 年实际数(元)	占销售收入的百分比(%)	2018 年预计数(元)
资产:			
现金	65 000	0.65	91 000
应收账款	2 000 000	20.00	2 800 000
存货	2 400 000	24.00	3 360 000
预付款项	10 000	—	10 000
固定资产净值	300 000	3.00	420 000
资产总额	4 775 000	47.65	6 681 000
负债及所有者权益:			
应付票据	400 000		400 000
应付账款	2 540 000	25.40	3 556 000
应付费用	114 000	1.14	159 600
长期负债	46 000	—	46 000
负债合计	3 100 000	26.54	4 161 600
实收资本	1 000 000	—	1 000 000
留存收益	675 000		1 095 000
所有者权益合计	1 675 000	—	2 095 000
追加外部筹资额			424 400
负债及所有者权益总额	4 775 000		6 681 000

在本例中，销售增长 4 000 000(14 000 000-10 000 000)元需净增资金来源 844 400(4 000 000×0.2111) 元。根据前述预计损益表(表 3-3)可知，该企业 2018 年度预计利润总额为 1 400 000 元，所得税税率为 25%，净利润留存比例为 40%，则 2018 年度留存收益增加额为：

$$1\ 400\ 000×(1-25\%)×40\%=420\ 000(元)$$

2018 年度累计留存收益为：

$$675\ 000+420\ 000=1\ 095\ 000(元)$$

从需要筹资总额 844 400 元中减去内部筹资额 420 000 元，则可求得需要的外部筹资额为 424 400 元。

上述预测过程可用下列公式表示：

需要追加的外部筹资额 $= (\Delta S) \cdot \sum (A/S) - (\Delta S) \cdot \sum (B/S) - \Delta RE$

式中：ΔS——预测年度销售增加额；

$\sum (A/S)$——基年敏感资产总额占基年销售额的百分比；

$\sum (B/S)$——基年敏感负债总额占基年销售额的百分比；

ΔRE——预测年度留存收益增加额。

根据上例中的数据，运用上列公式预测该企业 2018 年需要追加的外部筹资额为：

$$4\,000\,000 \times 47.65\% - 4\,000\,000 \times 26.54\% - 420\,000$$
$$= 1\,906\,000 - 1\,061\,600 - 420\,000$$
$$= 424\,400(元)$$

上述销售百分比法，是假定预测年度非敏感项目、敏感项目及其与销售百分比均与基年保持不变。但在实践中，非敏感项目、敏感项目及其与销售百分比均有可能发生变动，如敏感资产、敏感负债项目的构成以及与销售百分比发生增减变动，或者是非敏感资产、非敏感负债项目的构成以及数量发生增减变动。这些变动都会对资金需要总额和追加外部筹资额的预测产生一定的影响，必须相应地予以调整。

第五节 企业风险与筹资策略

一、企业风险

对于企业的整个经济活动而言，企业面临的风险划分为经营风险和财务风险。

(一) 经营风险

企业经营风险是指企业息税前净收益发生负数的可能性。

经营风险，是指企业不使用债务时的经营风险，即经营亏损导致股东收益成为负数。经营风险主要来自以下几个方面：①销售方面。由于市场需求千变万化，产品的规格及品种经常翻新，因此，企业难以使自己的产品在质量和数量两方面完全与市场需求相吻合，这就不可避免地产生销售风险。对于竞争性较强的企业，如轻工业和零售商业企业，销售风险的威胁是很大的。②投资方面。投资方面所面临的风险是指选择投资项目和确定投资数量时所面临的风险。在一定时间内，同时存在多种投资机会，选择哪一个项目来投资，投资多少，所有这一切都要冒风险。③生产方面。由于企业的技术条件、管理水平、人事关系及社会环境条件经常处在不断变化之中，因此，企业将各要素投入生产过程之后，产品的质量如何、是否能如期完成生产计划、是否能按期交货等，都是生产过程中的不确定因素。

由于经营杠杆是对企业经营风险影响的综合，因此经营杠杆常用来衡量企业经营风险的大小。经营杠杆的大小一般用经营杠杆系数表示，它是企业息税前盈余变动率与销售额变动率之间的比率，计算公式为：

$$DOL = \frac{\Delta EBIT / EBIT}{\Delta S / S}$$

式中：DOL——营业杠杆系数；

EBIT——营业利润，即息税前利润；

$\Delta EBIT$——营业利润的变动额；

S——营业额;

ΔS——营业额的变动额。

$$DOL_Q = \frac{\Delta EBIT / EBIT}{\Delta Q / Q}$$

$$= \frac{(P-V) \cdot Q}{(P-V) \cdot Q - F}$$

式中: DOL_Q——按销售量确定的营业杠杆系数;

Q——变动前销售量;

$\triangle Q$——销售量的变动额;

P——销售单价;

V——单位销量的变动成本额;

F——固定成本总额。

$$DOL_S = \frac{S-C}{S-C-F}$$

式中: DOL_S——按销售金额确定的营业杠杆系数;

C——变动成本总额,可按变动成本率乘以销售总额来确定。

【例3-1】XYZ公司的产品销量为40 000件,单位产品售价为1000元,销售总额为4000万元,固定成本总额为800万元,单位产品变动成本为600元,变动成本率为60%,变动成本总额为2400万元。其营业杠杆系数测算如下:

$$DOL_Q = \frac{40\,000 \times (1000 - 600)}{40\,000 \times (1000 - 600) - 8\,000\,000} = 2\,(倍)$$

$$DOL_S = \frac{40\,000\,000 - 24\,000\,000}{40\,000\,000 - 24\,000\,000 - 8\,000\,000} = 2\,(倍)$$

在此例中营业杠杆系数为2的意义在于:当公司销售增长1倍时,息税前利润将增长2倍;反之,当公司销售下降1倍时,息税前利润将下降2倍。前一种情形表现为营业杠杆利益,后一种情形则表现为营业风险。一般而言,公司的营业杠杆系数越大,营业杠杆利益和营业风险就越高;公司的营业杠杆系数越小,营业杠杆利益和营业风险就越低。

企业经营风险的大小常常使用经营杠杆来衡量,经营杠杆的大小一般用经营杠杆系数表示,它是企业计算利息和所得税之前的盈余变动率与销售额变动率之间的比率。企业经营网络和经营杠杆的关系如下。

(1) 它体现了利润变动和销量变动之间的变化关系。

(2) 经营杠杆系数越大,经营杠杆作用和经营风险越大。

(3) 固定成本不变,销售额越大,经营杠杆系数越小,经营风险越小,反之,则相反。

(4) 当销售额达到盈亏临界点时,经营杠杆系数趋近于无穷大。

企业一般可通过增加销售额,降低单位变动成本和固定成本等措施来降低经营杠杆和经营风险。

(二) 财务风险

负债经营是企业通过银行借款、发行债券、租赁和商业信用等方式来筹集资金的经营方式,因此只有通过借入方式取得的债务资金才构成负债经营的内涵。

负债经营能给公司的所有者带来收益上的好处。对于企业的所有者来说，负债经营能有效地降低企业的加权平均资金成本；同时，由于对债权人支付的利息是一项与企业盈利水平高低无关的固定支出，在企业的总资产收益率发生变动时，会给每股收益带来幅度更大的波动，即"财务杠杆效应"；在通货膨胀环境中，货币贬值、物价上涨，而企业负债的偿还仍然以账面价值为标准而不考虑通货膨胀因素，这样，企业实际偿还款项的真实价值必然低于其所借入款项的真实价值，使企业获得货币贬值的好处；而且，负债筹资在增加企业资金来源的同时不影响企业控制权，有利于保持现有股东对于企业的控制。

负债经营还可以起到节税的作用。因为按现行制度规定，负债利息要计入财务费用，并且在所得税前扣除，故可产生节税作用，使企业少纳所得税，从而增加权益资本收益。节税额的计算公式为：节税额＝利息费用×所得税税率。由此可见，只要有债务资本，便可产生节税效应，且利息费用越高，节税额越大。

负债经营能给公司的所有者带来收益上的好处，但同时又增大了财务风险。过度的负债经营会给企业的经营带来极大的危害，这种危害产生的根本原因在于负债经营本身所含有的风险因素。

财务杠杆作用的大小通常用财务杠杆系数表示。财务杠杆系数越大，表明财务杠杆作用越大，财务风险也就越大；财务杠杆系数越小，表明财务杠杆作用越小，财务风险也就越小。财务杠杆系数的计算公式为：

$$DFL＝权益资本收益变动率÷息税前利润变动率$$

通过数学变形后公式可以变为：

$$财务杠杆系数＝息税前利润÷(息税前利润-负债×利息率)$$
$$＝息税前利润率÷(息税前利润率-负债比率×利息率)$$

根据这两个公式计算的财务杠杆系数，后者揭示负债比率、息税前利润以及负债利息率之间的关系，前者可以反映出主权资本收益率变动相当于息税前利润变动率的倍数。企业利用债务资金不仅能提高主权资金的收益率，也能使主权资金收益率低于息税前利润率，这就是财务杠杆作用产生的财务杠杆利益(损失)。

财务杠杆效应能有效地提高权益资本收益率，但风险与收益是一对"孪生兄弟"，杠杆效应同样可能带来权益资本收益率的大幅度下滑。当企业面临经济发展的低潮，或者其他原因带来的经营困境时，由于固定额度的利息负担，在企业资本收益率下降时权益资本收益率会以更快的速度下降。

(三) 综合杠杆与企业总风险

如前所述，由于固定成本的存在，产生经营杠杆的作用，从而使息税前利润的变动率大于销售量的变动率；同时，在负债经营情况下，由于固定性债务成本的存在产生财务杠杆的作用，从而使普通股每股净收益的变动率大于息税前利润的变动率。如果两种杠杆共同起作用，那么，销售量的变动率通过两级杠杆的放大效应，将对每股净收益的变化产生更大的作用。这种在某一固定成本比率和某一债务资本比率下，销售量变动对每股净收益所产生的作用，称为综合杠杆。

对综合杠杆作用的计量，是通过计算综合杠杆系数(DTL)指标表示的。该指标的经济含义是每股净收益变动率相对于销售量变动率的比率。其计算公式为：

$$DTL＝DOL \cdot DFL＝\frac{Q \cdot (P-V)}{Q \cdot (P-V)-F-I}＝\frac{S-VC}{S-VC-F-I}$$

式中：DTL——综合杠杆系数；

DOL——经营杠杆系数；

DFL——财务杠杆系数；

Q——销售数量；

P——销售单价；

V——单位销量的变动成本额；

F——固定成本额；

I——利息；

S——营业额；

VC——变动成本总额，可按变动成本率乘以销售额来确定。

例如，甲公司的经营杠杆系数为2，财务杠杆系数为1.5，总杠杆系数即为：2×1.5＝3。

总杠杆系数的意义：首先，在于能够估计出销售额变动对每股收益造成的影响，如上例中销售额每增长(减少)1倍，就会造成每股收益增长(减少)3倍。其次，它使我们看到了经营杠杆与财务杠杆之间的相互关系，即为了达到某一总杠杆系数，经营杠杆和财务杠杆可以有很多不同的组合，例如，经营杠杆度较高的公司可在较低的程度上使用财务杠杆，充分发挥固定成本对提高盈利水平的作用，相对减少财务杠杆系数，回避财务风险；财务状况良好、经营杠杆度较低的公司可以在较高的程度上使用财务杠杆，充分发挥负债经营对提高权益资本报酬率的作用，相对减少经营杠杆系数，回避经营风险等。

二、筹资策略

(一) 适中型筹资策略

适中型筹资策略也称配合型筹资策略。其特点是：对于临时性流动资产，应用流动负债筹资来满足其资金需要，即利用自然性筹资和协议性短期筹资；对于永久性流动资产和固定资产则用长期负债和权益资本筹资来满足其资金需要。例如，某企业在经营的淡季，需要占用1000万元的流动资产和2000万元的固定资产，在经营的旺季，需要额外增加200万元的季节性存货。适中型筹资策略的做法是：企业只有在经营的旺季才借入200万元的短期借款，不论何时，3000万元的永久性资产由长期负债和权益性资本解决资金需要。

适中型筹资策略要求企业的临时性筹资计划严密，实现现金流动与预期安排一致。在季节性低谷的时候没有流动负债；只有临时性流动资产的需求高峰期，企业才举借各种流动负债。这种筹资策略的基本思想是将资产和负债的期间相配合，以降低企业不能偿还到期债务的风险和尽可能降低债务的资本成本。但是，事实上由于资产存续寿命的不确定性，往往做不到资产与负债的完全配合。一旦出现企业生产经营高峰期的销售不理想，未能按计划取得销售现金收入，便会发生偿还临时性负债的困难。因此，适中型筹资策略是一种理想的、有着较高资金管理要求的流动资产筹资策略。

(二) 进取型筹资策略

进取型筹资策略也称激进型筹资策略。其特点是：流动负债不仅满足临时性流动资产的资金需要，而且还要解决一部分永久性资产的资金需要。例如，某企业在经营的淡季，需要占用1000万元的流动资产和2000万元的固定资产，在经营的旺季，需要额外增加200万元的季节性存货。在进取型筹资策略下，公司的长期负债和权益性资本筹资的金额低于3000万元，如只有2700万元甚至更少，那么就会有300万元甚至更多的永久性资产和200万元的临时性流动资产要由流动负债来满足。

在进取型筹资策略下，流动负债在企业全部资金来源中所占比重大于适中型筹资策略。在现实生活中，一些企业因为很难吸收到长期负债筹资，权益性资本不能满足其发展需要，所以用流动负债满足一部分永久性资产。在进取型筹资策略下，企业必须在这些债务到期时进行再筹资，这就造成了不能按计划筹资和由于流动负债利率变动而增加企业资本成本的风险。但由于流动负债的资本成本低于长期负债和权益资本成本，因而进取型筹资策略的资本成本较低，企业总资产的收益率较高。因此，进取型筹资策略是一种风险性与获利性均较高的流动资产筹资策略。

(三) 保守型组合策略

保守型筹资策略的特点是：流动负债只满足一部分临时性流动资产的资金需要，另一部分临时性流动资产和永久性流动资产由长期负债和权益性资本作为其资金来源。例如，某企业在经营的淡季，需要占用 1000 万元的流动资产和 2000 万元的固定资产，在经营旺季，需要额外增加 200 万元的季节性存货。在保守型筹资策略下，公司只是在经营的旺季借入低于 200 万元的资金，如借入 100 万元的短期款项，公司的长期负债和权益性资本筹资的金额总是高于 3000 万元，达到 3100 万元，那么企业在经营旺季的资金需要只有一部分依靠短期借款解决，经营旺季需要的其余资金、永久性流动资产和固定资产则由长期负债和权益性资本提供。

保守型筹资策略克服了企业临时性资金计划的非严密性，给流动负债的偿还提供了保障，但是，采用这一策略，企业将在资金需求量减少时，为多余的债务支付利息，企业的总资产的收益率将会降低。

本 章 小 结

1. 企业融资是指企业根据其生产经营、对外投资、调整资金结构和其他需要，通过合理的渠道，采用适当的方式，获取所需资金的一种行为。

2. 确定筹资渠道和选择筹资方式是企业筹资中的两个重要问题。明确筹资渠道是解决资金从哪里来的问题；明确筹资方式是解决如何取得资金的问题。筹资渠道与筹资方式既有联系，又有区别。同一来源渠道的资金往往可以采用不同的筹资方式取得，而同一筹资方式又往往可以从不同的来源渠道去筹措资金。

3. 企业的资金来源，可以按期限的不同分为短期资金与长期资金，两者构成企业全部资金的期限结构。其中，短期资金是指使用期限在一年以内的资金。企业由于生产经营过程中资金周转的暂时短缺，往往需要一些短期资金。

长期资金是指使用期限在一年以上的资金。长期资金主要投资于新产品的开发和推广、生产规模的扩大、厂房和设备的更新，一般需要几年甚至十几年才能收回。

另外，也有发行可转换债券和认股权证等混合筹资方式。

4. 企业筹资当中应注意长期筹资和短期筹资的搭配使用。

5. 企业的资本需要量是筹集资金的数量依据。企业在筹资之前，应当采用一定的方法预测资金需要的数量，只有这样，才能使筹集来的资金既能保证生产经营的需要，又不会有太多的闲置。

6. 筹资风险是指企业因借入资金而增加的丧失偿债能力的可能和企业利润(股东收益)的可变性。企业筹资风险形成的原因主要有以下几个方面：一是由于经营产生的筹资风险；二是由于企业资金调度不当产生的筹资风险；三是由于汇率变动产生的筹资风险。企业筹资过程中应正确选择筹资方式，规避上述风险。

7. 筹资决策的核心，就是在多种渠道、多种方式的筹资条件下，如何利用不同的筹资方式力求筹集到最经济、资金成本最低的资金来源，其基本思想是实现资金来源的最佳结构(使公司平均资金成本率达到最低限度时的资金来源结构)。

练习与思考

一、单项选择题

1. 相对于普通股股东而言,优先股股东所拥有的优先权是(   )。
   A. 优先表决权   B. 优先购股权
   C. 优先分配股利权   D. 优先查账权

2. 相对于借款购置设备而言,融资租赁设备的主要缺点是(   )。
   A. 筹资速度较慢   B. 融资成本较高
   C. 到期还本负担重   D. 设备淘汰风险大

3. 下列各项资金,可以利用商业信用方式筹措的是(   )。
   A. 国家财政资金   B. 银行信贷资金
   C. 其他企业资金   D. 企业自留资金

4. 在下列各项中,不属于商业信用融资内容的是(   )。
   A. 赊购商品   B. 预收货款
   C. 办理应收票据贴现   D. 用商业汇票购货

5. 相对于负债融资方式而言,采用吸收直接投资方式筹措资金的优点是(   )。
   A. 有利于降低资金成本   B. 有利于集中企业控制权
   C. 有利于降低财务风险   D. 有利于发挥财务杠杆作用

二、多项选择题

1. 相对权益资金的筹资方式而言,长期借款筹资的缺点主要有(   )。
   A. 财务风险较大   B. 资金成本较高
   C. 筹资数额有限   D. 筹资速度较慢

2. 下列各项中,属于经营租赁特点的有(   )。
   A. 租赁期较短
   B. 租赁合同较为稳定
   C. 出租人提供租赁资产的保养和维修等服务
   D. 租赁期满后,租赁资产常常无偿转让或低价出售给承租人

3. 下列各项中,属于"吸收直接投资"与"发行普通股"筹资方式所共有的缺点有(   )。
   A. 限制条件多   B. 财务风险大
   C. 控制权分散   D. 资金成本高

4. 吸收直接投资的优点包括(   )。
   A. 有利于降低企业资金成本   B. 有利于加强对企业的控制
   C. 有利于壮大企业经营实力   D. 有利于降低企业财务风险

5. 相对于普通股股东而言,优先股股东可以优先行使的权利有(   )。
   A. 优先认股权   B. 优先表决权

C. 优先分配股利权　　　　　　D. 优先分配剩余财产权

三、判断题

　　1. 企业在初创期通常采用外部筹资，而在成长期通常采用内部筹资。（　　）

　　2. 某投资者进行间接投资，与其交易的筹资者是在进行直接筹资；某投资者进行直接投资，与其交易的筹资者是在进行间接筹资。（　　）

　　3. 企业财务管理的目标理论包括利润最大化、股东财富最大化、公司价值最大化和相关者利益最大化等，其中，公司价值最大化、股东财富最大化和相关者利益最大化都是以利润最大化为基础的。

（　　）

　　4. 由于未来金融市场的利率难以准确地预测，因此，财务管理人员不得不合理搭配长短期资金来源，以使企业适应任何利率环境。（　　）

　　5. 债券价格由面值和票面利率决定。（　　）

四、计算题

　　1. 某企业按(2/10,N/30)条件购入一批商品，即企业如果在 10 日内付款，可享受 2%的现金折扣，倘若企业放弃现金折扣，货款应在 30 天内付清。

　　要求：

　　(1) 计算企业放弃现金折扣的机会成本；

　　(2) 若企业准备放弃折扣，将付款日推迟到第 50 天，计算放弃现金折扣的机会成本；

　　(3) 若另一家供应商提供(1/20, N/30)的信用条件，计算放弃现金折扣的机会成本；

　　(4) 若企业准备要折扣，应选择哪一家？

　　2. 某企业按照年利率 10%，从银行借入款项 800 万元，银行要求按贷款限额的 15%保持补偿性余额，求该借款的实际年利率。

　　3. 3C 公司拟购置一台设备，销售方提供如下 3 种付款方案：①现在一次性支付 200 万元。②从现在起每年年初支付 30 万元，连续支付 10 次，共 300 万元。③从第五年开始，每年年末支付 36 万元，连续支付 10 次，共 360 万元。 假设该公司的资本成本为 10%，则该公司选择哪个方案对自己最有利？

　　4. 丰华公司资金总额为 5000 万元，其中负债总额为 2000 万元，负债利息率为 10%，该企业发行普通股 60 万股，息税前利润为 750 万元，所得税税率为 25%。

　　计算：

　　(1) 该企业的财务杠杆系数和每股收益；

　　(2) 如果息税前利润增长 15%，则每股收益增加多少？

　　5. 某企业销售净额为 280 万元，息税前利润为 80 万元，固定成本为 32 万元，变动成本率为 60%；资本总额为 200 万元，债务资本比率为 40%，债务利率为 12%。试计算经营杠杆系数、财务杠杆系数和总杠杆系数。

案 例 点 击

公司筹资方案选择

某公司目前的资本来源包括每股面值1元的普通股800万股和平均利率为10%的3000万元债务。该公司现在拟增加投资4000万元，预期投资后每年可增加息税前利润400万元。增加投资需要的4000万元资金的筹资方案有以下两个。

(1) 按11%的利率平价发行债券。

(2) 按20元/股的价格增加发行普通股。

该公司目前的息税前利润为1600万元，公司适用的所得税税率为25%。证券发行费可忽略不计。

要求：

(1) 计算按不同方案筹资后的每股收益；

(2) 计算增发普通股和债券筹资的每股收益无差别点的息税前利润；

(3) 计算筹资前的财务杠杆系数和按两个方案筹资后的财务杠杆系数；

(4) 根据以上计算结果分析，该公司应当选择哪一种筹资方式；

(5) 如果增加投资可提供1000万元的息税前利润，在不考虑财务风险的情况下，公司应选择哪一种筹资方式？

点 石 成 金

(1) 计算普通股每股收益

项目	发行债券	增发普通股
息税前利润(万元)	1600＋400＝2000	2000
现有债务利息	3000×10%＝300	300
新增债务利息	4000×11%＝440	0
税前利润	1260	1700
所得税	1260×25%＝315	425
税后利润	945	1275
股数(万股)	800	800＋4000/20＝1000
每股收益(元/股)	1.18	1.28

(2) 增发普通股和债券筹资的每股收益无差别点：

$$(EBIT - 300) \times (1 - 25\%) \div 1000 = (EBIT - 740) \times (1 - 25\%) \div 800$$

$$EBIT = 2500(万元)$$

(3) 筹资前的财务杠杆系数＝1600÷(1600−300)＝1.23

发行债券的财务杠杆系数＝2000÷(2000−740)＝1.59

增发普通股的财务杠杆系数＝2000÷(2000−300)＝1.18

(4) 由于增发普通股方案的每股收益(1.28元)大于发行债券方案的每股收益(1.18元),且其财务杠杆系数(1.18)小于债券筹资方案的财务杠杆系数(1.59),即增发普通股方案每股收益高且风险低,所以应该选择增发普通股方案。

(5) 如果增加投资后可提供1000万元的新增息税前利润,即息税前利润变为2600万元,由于大于每股收益无差别点的息税前利润(2500万元),因此,在不考虑财务风险的情况下,公司应选择方案1(发行债券)。

第四章

资本成本和资本结构

┌• **案例导入** •┐

某电扇厂是以生产风凉牌电风扇为主的集体企业。近年来，由于公司资金紧张，拖欠贷款严重，造成该厂产品不能及时收回货款，导致企业生产徘徊，产品产量上不去，危及企业发展前途。财务人员根据目前情况及新的发展计划提出了三种筹资方式，供厂部领导决策。新的计划如下：准备增加产品产量，试制的新产品要批量生产，所需材料物资、设备和劳务等耗资约595万元。

电风扇厂筹资方式有以下几种。

(1) 银行贷款。企业急需资金，可同银行协商解决，上一年年底的贷款利率为 9.2%，筹资费率估计为 1%，以后贷款利率可能会提高，本企业的所得税税率为 33%。

(2) 股票集资。由于产品质量享有盛誉，发行股票有良好的基础，可以发行普通股，筹资费率为 4%。普通股的股利是不固定的，现假定发行当年的股利率为 12%，以后根据企业经营情况确定。

(3) 联合经营集资。建议以本厂为主体，与有一定生产设备基础的若干个企业联合经营。这样本厂试制成功的新产品可利用成员厂的场地、劳力、设备和资源等进行批量生产，从而形成风凉牌电扇专业化生产能力，可保证企业的稳定增长。

试问：如果你是电扇厂的财务主管，将采取什么样的筹资方式？

┌• **关键概念** •┐

资本成本(the Cost of Capital)　综合资本成本(Comprehensive Cost of Capital)　边际资本成本(the Marginal Cost of Capital)　资本结构(Capital Structure)　每股收益无差别点(Non-point of Earnings Per Share)

第一节　资本要素与成本计算

一、资本成本概述

(一) 什么是资本成本

资本成本是指企业为筹集和使用资金而付出的代价。广义上讲，即企业筹集和使用任何资金，无论短期的还是长期的，都要付出代价。狭义的资本成本仅指筹集和使用长期资金(包括自有资本和借入长期资金)的成本。由于长期资金也被称为资本，所以长期资金成本也称为资本成本。

资本成本是财务管理中的重要概念。首先，资本成本是企业的投资者(包括股东和债权人)对投入企业的资本所要求的收益率；其次，资本成本是投资本项目(或本企业)的机会成本。

资本成本的概念广泛运用于企业财务管理的许多方面。对于企业筹资来讲，资本成本是选择资金来源、确定筹资方案的重要依据，企业力求选择资本成本最低的筹资方式。对于企业投资来讲，资本成本是评价投资项目、决定投资取舍的重要标准。资本成本还可用作衡量企业经营成果的尺度，即经营利润率应高于资本成本，否则表明业绩欠佳。

(二) 中西方对资本成本的不同理解

1. 我国对资本成本的误解

在我国理财学中，资本成本可能是理解最为混乱的一个概念。人们对它的理解往往是基于表面上的观察。例如，许多人觉得借款利率是资本成本的典型代表，为数不少的上市公司由于可以不分派现金股利而以为股权资本是没有资本成本的。

出现这种情况是因为，我国的财务管理理论是从苏联引进的，因此按照苏联的做法，将财务作为国民经济各部门中客观存在的货币关系包括在财政体系之中。虽然其后的学科发展打破了苏联的财务理论框架，但财务一直是在大财政格局下的一个附属学科。学术界普遍认为，财务管理分为宏观财务和微观财务两个层次，并把微观财务纳入宏观财务体系，以财政职能代替财务职能。在这种学科背景下，企业筹措资金时只考虑资金筹集和使用成本，没有市场成本意识和出资者回报意识，从而得出与西方理论界迥异的资本成本概念。

2. 西方理论界对资本成本的界定

现代财务管理思想来自西方微观经济学，财务管理与公共财政完全分离，是一种实效性的企业财务，即西方的财务概念都是指企业财务。财务管理以资本管理为中心，以经济求利原则为基础，着重研究企业管理当局如何进行财务决策、怎样使企业价值最大化。在这种市场化背景下，股东的最低回报率即资本成本就成为应有之义了。西方理财学界对资本成本的定义为：资本成本是企业为了维持其市场价值和吸引所需资金而在进行项目投资时所必须达到的报酬率，或者是企业为了使其股票价格保持不变而必须获得的投资报酬率。可以说，对资本成本的理解偏差是我国理财学发展不成熟的一个重要表现。

(三) 资本成本的内容

1. 资金筹集费

资金筹集费是指在资金筹集过程中支付的各项费用，如发行股票、债券支付的印刷费、发行手续费、律师费、资信评估费、公证费、担保费、广告费等。

2. 资金占用费

资金占用费是指占用资金支付的费用，如股票的股息、银行借款和债券利息等。相比之下，资金占用费是筹资企业经常发生的，而资金筹集费通常在筹集资金时一次性发生，因此在计算资本成本时可作为筹资金额的一项扣除。

资本成本可有多种计量形式。在比较各种筹资方式中，使用个别资本成本，包括普通股成本、留存收益成本、长期借款成本、债券成本；在进行资本结构决策时，使用加权平均资本成本；在进行追加筹资决策时，使用边际资本成本。

(四) 资本成本高低的决定因素

在市场经济环境中，多方面因素的综合作用决定着企业资本成本的高低，其中主要的有：总体经济环境、证券市场条件、企业内部的经营和融资状况、项目融资规模。

总体经济环境决定了整个经济中资本的供给和需求，以及预期通货膨胀的水平。总体经济环境变化的影响，反映在无风险报酬率上。显然，如果整个社会经济中的资金需求和供给发生变动，或者通货膨胀水平发生变化，投资者也会相应改变其所要求的收益率。具体地说，如果货币需求增加，而供给没有相应增加，投资人便会提高其投资收益率，企业的资本成本就会上升；反之，则会降低其要求的投资收益率，使资本成本下降。如果预期通货膨胀水平上升，货币购买力下降，投资者也会提出更高的收益率来补偿预期的投资损失，导致企业资本成本上升。

证券市场条件影响证券投资的风险。证券市场条件包括证券的市场流动难易程度和价格波动程度。如果某种证券的市场流动性不好，投资者想买进或卖出证券相对困难，变现风险加大，要求的收益率就会提高；或者虽然存在对某证券的需求，但其价格波动较大，投资的风险大，要求的收益率也会提高。

企业内部的经营和融资状况，是指经营风险和财务风险的大小。经营风险是企业投资决策的结果，表现在资产收益率的变动上；财务风险是企业筹资决策的结果，表现在普通股收益率的变动上。如果企业的经营风险和财务风险大，投资者便会有较高的收益率要求。

融资规模是影响企业资本成本的另一个因素。企业的融资规模大，资本成本较高。例如，企业发行的证券金额很大，资金筹集费和资金占用费都会上升，而且证券发行规模的增大还会降低其发行价格，由此会增加企业的资本成本。

(五) 资金成本与资本成本的根本区别

从定义上看，资本成本与资金成本都是企业发行融资工具的代价，也即决定企业融资决策的价格指标。这一共同点启发我们应该到定价理论中去探讨它们的根本区别。

1. 从是否应考虑风险因素看

在金融理论的发展过程中，定价理论一直作为贯彻其中的轴心，推动着整个金融理论的发展。回顾历史我们可以看到，定价理论的轨迹正是沿着商品价格—资金价格(利率)—货币资产价格—资本资产价格路线向前发展。与普通商品相比，金融资产最大的特点是收益具有不确定性，而且资本资产的风险性远远大于货币资产。因此对金融资产定价时，其风险就成为人们不得不考虑的因素。其中，货币资产由于期限很短，可以忽略其风险，直接以筹集费和占用费来定价。但资本资产的定价就必须考虑其风险的大小。西方公司企业在融资决策中就主要使用风险定价的资本成本概念。相反，我国理论界过去一直都忽视资本定价中的风险因素，在我国理论界缺乏风险意识的背景下，企业融资时侧重使用建立在筹集费和占用费基础上的资金成本概念也就在情理之中了。

2. 从是否体现出完善的现代公司治理机制看

委托代理理论认为，在公司企业中，公司管理者的利益与股东的利益是不一致的。公司管理者需要的是他们个人收益的最大化，而这种个人收益最大化却可能与股东利益最大化发生冲突。因此，必须设计相应的公司治理机制以保护股东的利益。

在完善的公司治理机制下，投资者就能够保护自己的投资利益，对公司管理者形成硬约束。一旦公司大肆进行股权融资，而其实际支付的资金成本(筹集费与占用费)达不到具有同等经营风险公司的资本成本时，就会出现原股东回报率下降的情况，后者就可以利用公司治理中的约束机制制约管理者的行为；或者"用手投票"，在股东大会上否决该再融资提案或撤换管理层；或者"用脚投票"，撤资转向其他的投资项目造成该公司的股票市值下跌，从而使公司容易遭到敌意收购，以此形成投资者对公司管理者的硬约束。这就要求公司管理者在制定融资决策时必须支付一个最低的风险报酬率。这时股权资金成本将被迫等于股权资本成本。这种情况下，资本成本与资金成本会趋于一致。

但是，如果缺乏完善的公司治理机制，投资者就无法约束公司管理者的融资决策。在这种软约束机制下，公司股权融资的实际资金成本(筹集费与占用费)就会小于其股权资本成本(投资者要求获得的必要收益率)，甚至可以为零，从而严重侵害投资者的利益。这时资金成本与资本成本就会成为完全脱节的两个概念。

二、个别资本成本

个别资本成本是指各种筹资方式的成本，主要包括债券成本、银行借款成本、优先股成本、普通成本和留存收益成本，前两者可统称为负债资本成本，后三者统称为权益资本成本。

（一）负债资本成本的计算

资本成本可以用绝对数表示，也可以用相对数表示。在财务管理中，一般使用相对数，即称为资本成本率。资本成本率是占用资金费用与实际筹资净额(即筹资额扣除筹资费用后的金额)的比率。资本成本率一般简称为资本成本。其通用公式表示为：

$$资本成本 = \frac{每年的占用资金费用}{筹资数额 - 筹资费用}$$

1. 长期借款成本的计算

长期借款的占用成本一般是借款利息，筹集费是手续费。借款利息通常允许在企业所得税前支付，可以起到抵税的作用。因此，企业实际负担的利息为：利息×(1-所得税税率)。一次还本、分期付息方式借款的资金成本计算公式如下：

$$K_l = \frac{I_l \cdot (1-T)}{L \cdot (1-F_l)} = \frac{R_l \cdot (1-T)}{1-F_l}$$

式中：K_l——长期借款资本成本；

$\quad\quad I_l$——长期借款年利息；

$\quad\quad T$——所得税税率；

$\quad\quad L$——长期借款筹资额(借款本金)；

$\quad\quad F_l$——长期借款筹资费用率；

$\quad\quad R_l$——长期借款的年利率。

当筹资费用率 F_l 很小时，可以忽略不计，公式简化为：

$$K_l = R_l \cdot (1-T)$$

【例4-1】某企业取得 3 年期长期借款 200 万元，年利率为 8%，每年付息一次，到期一次还本，筹资费用率为 0.5%，企业所得税税率为 25%。该项长期借款的资本成本为：

$$K_l = \frac{200 \times 8\% \times (1-25\%)}{200 \times (1-0.5\%)} = 6.03\%$$

或

$$K_l = \frac{8\% \times (1-25\%)}{1-0.5\%} = 6.03\%$$

上述计算长期借款资本成本的缺点在于没有考虑货币的时间价值，因此，这种计算方法虽然简单，但计算结果不是十分精确。如果对资本成本计算结果的精确度要求较高的话，可先采用计算现金流量的方法确定长期借款的税前成本，然后再计算其税后成本。其计算公式为：

$$L \cdot (1-F_l) = \sum_{t=1}^{n} \frac{I_t}{(1+K)^t} + \frac{P}{(1+K)^n}$$

$$K_l = K \cdot (1-T)$$

式中：P——第 n 年年末应偿还的本金；

　　　K——所得税前的长期借款资本成本；

　　　K_l——所得税后的长期借款资本成本。

第一个公式的等号右边是借款引起的未来现金流出量的现值之和，由各年利息支出的年金现值之和加上到期偿还本金的复利现值组成；等号左边是借款的实际现金流入。长期借款的资本成本被看成是这一借款的现金流入等于其现金流出现值的贴现率。

【例 4-2】沿用例 4-1 的资料，考虑货币时间价值，计算该项借款的资本成本。

第一步，计算税前借款资本成本：

$$L \cdot (1 - F_l) = \sum_{t=1}^{n} \frac{I_t}{(1+K)^t} + \frac{P}{(1+K)^n}$$

$$200 \times (1 - 0.5\%) = \sum_{t=1}^{3} \frac{200 \times 8\%}{(1+K)^t} + \frac{200}{(1+K)^3}$$

采用内插法求解长期借款的税前资本成本：

查表，$(P/A, 6\%, 3) = 2.6730$，$(P/F, 6\%, 3) = 0.8396$，代入上式有：

$$200 \times 8\% \times 2.6730 + 200 \times 0.8396 - 200 \times (1 - 0.5\%) = 11.688 \text{ (万元)}$$

11.688 大于 0，应提高贴现率再试。

查表，$(P/A, 10\%, 3) = 2.4869$，$(P/F, 10\%, 3) = 0.7513$，代入上式有：

$$200 \times 8\% \times 2.4869 + 200 \times 0.7513 - 200 \times (1 - 0.5\%) = -8.95 \text{ (万元)}$$

采用内插法求解长期借款的税前资本成本：

$$\frac{6\% - K}{11.688 - 0} = \frac{6\% - 10\%}{11.688 - (-8.95)}$$

$$K = 6\% + \frac{11.688}{11.688 + 8.95} \times (10\% - 6\%)$$

$$K = 8.27\%$$

第二步，计算税后借款资本成本：

$$K_l = K \cdot (1 - T) = 8.27\% \times (1 - 25\%) = 6.20\%$$

2. 长期债券资本成本的计算

长期债券的成本主要是债券利息和筹资费用。债券利息也在所得税前支付，其处理与长期借款的利息处理相同，但债券的筹资费用一般较高，应予以考虑。债券的筹资费即发行费，主要包括申请发行债券的手续费、债券注册费、印刷费、上市费及推销费用等。

债券的发行价格有平价、溢价、折价 3 种价格。债券利息按面值和票面利率确定，但债券的筹资额应按具体发行价格计算，以便正确计算债券的成本。按照一次还本、分次付息的方式，债券资本成本的计算公式为：

$$K_b = \frac{I_b \cdot (1 - T)}{B \cdot (1 - F_b)}$$

式中：K_b——债券资本成本；

I_b——债券年利息；

T——所得税税率；

B——债券筹资额；

F_b——债券筹资费用率。

当债券平价发行时，债券资本成本计算公式为：

$$K_b = \frac{R_b \cdot (1-T)}{1-F_b}$$

式中：R_b——债券的年利率。

【例4-3】某公司发行总面额为300万元的5年期债券，票面利率为10%，发行费用率为5%，公司所得税税率为25%，计算该债券的资本成本。

$$K_b = \frac{300 \times 10\% \times (1-25\%)}{300 \times (1-5\%)} = 7.89\%$$

或

$$K_b = \frac{10\% \times (1-25\%)}{1-5\%} = 7.89\%$$

若债券为溢价或折价发行，应以实际发行价格作为债券的筹资额。

【例4-4】假定上述公司发行总面额为300万元的5年期债券，票面利率为10%，发行费用率为5%，发行价格为400万元，公司所得税税率为25%，计算该债券的资本成本。

$$K_b = \frac{300 \times 10\% \times (1-25\%)}{400 \times (1-5\%)} = 5.92\%$$

【例4-5】假定上述公司发行总面额为300万元的5年期债券，票面利率为10%，发行费用率为5%，发行价格为250万元，公司所得税税率为25%，计算该债券的资本成本。

$$K_b = \frac{300 \times 10\% \times (1-25\%)}{250 \times (1-5\%)} = 9.47\%$$

上述计算债券资本成本的缺点在于没有考虑货币的时间价值，因此，这种计算方法虽然简单，但计算结果不是十分精确。如果对资本成本计算结果的精确度要求较高的话，可以和计算长期借款资本成本的方法相同，先采用计算现金流量的方法确定债券的税前成本，然后计算其税后成本。其计算公式为：

$$B \cdot (1-F_b) = \sum_{t=1}^{n} \frac{I_t}{(1+K)^t} + \frac{P}{(1+K)^n}$$

$$K_b = K \cdot (1-T)$$

式中：P——第 n 年年末应偿还的本金；

K——所得税前的债券资本成本；

K_b——所得税后的债券资本成本。

若债券为溢价或折价发行，应以实际发行价格作为现金流入来计算债券的资本成本。

【例4-6】沿用例4-3的资料，计算该债券的资本成本。

第一步，计算税前债券资本成本：

$$B \cdot (1 - F_b) = \sum_{t=1}^{n} \frac{I_t}{(1+K)^t} + \frac{P}{(1+K)^n}$$

$$300 \times (1 - 5\%) = \sum_{t=1}^{5} \frac{300 \times 10\%}{(1+K)^t} + \frac{300}{(1+K)^5}$$

查表，$(P/A,8\%,5) = 3.9927$，$(P/F,8\%,5) = 0.6806$，代入上式有：

$$300 \times 10\% \times 3.9927 + 300 \times 0.6806 - 300 \times (1 - 5\%) = 38.961 (万元)$$

38.961 大于 0，应调高贴现率再试。

查表，$(P/A,12\%,5) = 3.6048$，$(P/F,12\%,5) = 0.5674$，代入上式有：

$$300 \times 10\% \times 3.6048 + 300 \times 0.5674 - 300 \times (1 - 5\%) = -6.636 (万元)$$

采用内插法求解债券的税前资本成本：

$$\frac{8\% - K}{38.961 - 0} = \frac{8\% - 12\%}{38.961 - (-6.636)}$$

$$K = 8\% + \frac{38.961}{38.961 + 6.636} \times (12\% - 8\%)$$

$$K = 11.42\%$$

第二步，计算税后债券资本成本：

$$K_b = K \cdot (1 - T) = 11.42\% \times (1 - 25\%) = 8.57\%$$

【例4-7】沿用例 4-4 的资料，计算该债券的资本成本。

第一步，计算税前债券资本成本：

$$400 \times (1 - 5\%) = \sum_{t=1}^{5} \frac{300 \times 10\%}{(1+K)^t} + \frac{300}{(1+K)^5}$$

查表，$(P/A,6\%,5) = 4.2124$，$(P/F,6\%,5) = 0.7473$，代入上式有：

$$300 \times 10\% \times 4.2124 + 300 \times 0.7473 - 400 \times (1 - 5\%) = -29.438 (万元)$$

-29.438 小于 0，应调低贴现率再试。

查表，$(P/A,4\%,5) = 4.4518$，$(P/F,4\%,5) = 0.8219$，代入上式有：

$$300 \times 10\% \times 4.4518 + 300 \times 0.8219 - 400 \times (1 - 5\%) = 0.124 (万元)$$

采用内插法求解债券的税前资本成本：

$$\frac{4\% - K}{0.124 - 0} = \frac{4\% - 6\%}{0.124 - (-29.438)}$$

$$K = 4\% + \frac{0.124}{0.124 + 29.438} \times (6\% - 4\%)$$

$$K = 4.01\%$$

第二步，计算税后债券资本成本：

$$K_b = K \cdot (1 - T) = 4.01\% \times (1 - 25\%) = 3.01\%$$

【例4-8】沿用例 4-5 的资料，计算该债券的资本成本。

第一步，计算税前债券资本成本：

$$250 \times (1-5\%) = \sum_{t=1}^{5} \frac{300 \times 10\%}{(1+K)^t} + \frac{300}{(1+K)^5}$$

查表，$(P/A,10\%,5) = 3.7908$，$(P/F,10\%,5) = 0.6209$，代入上式有：

$$300 \times 10\% \times 3.7908 + 300 \times 0.6209 - 250 \times (1-5\%) = 62.494 (万元)$$

62.494 大于 0，应调高贴现率再试。

查表，$(P/A,18\%,5) = 3.1272$，$(P/F,18\%,5) = 0.4371$，代入上式有：

$$300 \times 10\% \times 3.1272 + 300 \times 0.4371 - 250 \times (1-5\%) = -12.554 (万元)$$

采用内插法求解债券的税前资本成本：

$$\frac{10\% - K}{62.494 - 0} = \frac{10\% - 18\%}{62.494 - (-12.554)}$$

$$K = 10\% + \frac{62.494}{62.494 + 12.554} \times (18\% - 10\%)$$

$$K = 16.66\%$$

第二步，计算税后债券资本成本：

$$K_b = K \cdot (1-T) = 16.66\% \times (1-25\%) = 12.50\%$$

(二) 权益资本成本的计算

1. 普通股资本成本的计算

普通股资本成本的计算，存在多种不同的方法，下面介绍常用的两种方法。

第一种方法——估价法，也称红利固定增长模型。即假设普通股的红利每年以固定比率增长。计算公式表示为：

$$K_s = \frac{D_1}{P_0 \cdot (1-F_s)} + G$$

式中：K_s——普通股资本成本；

D_1——预期年股利额；

P_0——普通股市价；

F_s——普通股筹资费用率；

G——普通股股利年增长率。

【例4-9】某普通股目前市价为 20 元，估计年增长率为 8%，本年发放股利 1 元，筹资费用率为股票市价的 10%，则普通股的资本成本为：

$$K_s = \frac{1 \times (1+8\%)}{20 \times (1-10\%)} + 8\% = 14\%$$

第二种方法——贝塔系数法，也称资本资产定价模型。普通股的资金成本率可以用投资者对发行企业的风险程度与股票投资承担的平均风险水平来评价。根据资本资产定价模型，普通股的资本成本为：

$$K_s = R_s = R_f + \beta \cdot (R_m - R_f)$$

式中：R_f——无风险报酬率；

R_m——股票市场平均报酬率；

β——股票的贝塔系数。

【例 4-10】某期间市场无风险报酬率为 8%，股票市场平均报酬率为 14%，某公司普通股的贝塔系数为 2，则普通股的资本成本为：

$$K_s = 8\% + 2 \times (14\% - 8\%) = 20\%$$

2. 优先股资本成本率的计算

公司发行优先股筹集资金，既要支付筹资费用，又要定期支付股利。它与债券不同的是，股利是在税后支付，不能抵税，并且没有固定的到期日。优先股通常每年支付的股利相等，在持续经营假设下，可将优先股的资本成本视为求永续年金现值，优先股资本成本率的计算公式为：

$$K_p = \frac{D_p}{P_0 \cdot (1 - F_p)} \times 100\%$$

式中：D_p——优先股年股息。

【例 4-11】某公司拟发行某优先股，面值总额为 100 万元，固定股息率为 15%，筹资费率预计为 5%，该股票溢价发行，其筹资总额为 150 万元，优先股的资本成本为：

$$K_p = \frac{100 \times 15\%}{150 \times (1 - 5\%)} \times 100\% = 10.53\%$$

3. 留存收益资本成本率的计算

留存收益是企业的税后未分配利润。从投资者角度来看，留存收益可被要求作为股利分给投资者，而投资者再用这部分收益购买其他企业的股票，或用于证券市场再投资或存入银行从中取得收益，因此投资者同意将这部分利润再投资于企业内部，是期望从中获得更高的收益，这一收益期望即构成留存收益的资本成本。因此，留存收益成本的计算可借鉴普通股成本的计算方法，与普通股不同的是，留存收益的使用不需要筹资费用。其计算公式为：

$$K_e = \frac{D_1}{P_0} + G$$

【例 4-12】某普通股目前市价为 20 元，估计年增长率为 8%，本年发放股利 1 元，留存收益的资本成本为：

$$K_s = \frac{1 \times (1 + 8\%)}{20} + 8\% = 13.4\%$$

对于非股份公司的企业，其权益资金来源主要是吸收的直接投资和留用的利润。它们的成本确定方法与股份公司权益资金成本的确定有着明显的不同。主要体现在以下几个方面：①吸收投资的协议或合同有的约定固定的分利比率，这类似于公司的优先股；②吸收投资及留存收益不能在证券市场上交易，无法准确确定其交易价格；③在未约定分利比率的情况下，投资者要求的报酬难以预计，其成本的确定方法还有待于进一步研究。

第二节 综合资本成本

一、综合资本成本率

在通常情况下，企业会使用多种筹资方式筹集所需的资金。为进行筹资决策，就要确定企业全部长期资金的总成本，即综合资本成本率，也称为加权平均资本成本，它是指一个公司全部长期资本的成本率，通常是以各种长期资本的比例为权重，对个别资本成本率进行加权平均测算的，故亦称加权平均资本成本率。因此，综合资本成本率是由个别资本成本率和各种长期资本比例这两个因素所决定的。

根据综合资本成本率的决定因素，在已测算个别资本成本率，取得各种长期资本比例后，可按下列公式测算综合资本成本率：

$$K_w = \sum_{j=1}^{n} K_j \cdot W_j$$

式中：K_w——综合资本成本率；

　　　K_j——第 j 种资本成本率；

　　　W_j——第 j 种资本比例。

其中

$$\sum_{j=1}^{n} W_j = 1$$

【例4-13】D 企业年初资本结构如下：长期债券 600 万元，优先股 200 万元，普通股 1000 万元，留存收益 400 万元，合计 2200 万元。其中：长期债券利息率为 9%，优先股股息率为 10%，普通股每股市价为 20 元，上年每股股利支出为 2.5 元，预期股利增长率为 5%，所得税税率为 25%，计算年初的综合资本成本为：

第一步，测算个别资本成本率：

长期债券资本成本：$9\% \times (1 - 25\%) = 6.75\%$

普通股资本成本：$\dfrac{2.5 \times (1 + 5\%)}{20} + 5\% = 18.125\%$

第二步，计算综合资本成本率：

$$K_w = 6.75\% \times \frac{600}{2200} + 10\% \times \frac{200}{2200} + 18.125\% \times \frac{1000}{2200} + 18.125\% \times \frac{400}{2200} = 14.284\%$$

在测算公司综合资本成本率时，资本结构或各种资本在全部资本中所占的比例起着决定作用。公司各种资本的比例则取决于各种资本价值的确定。各种资本价值的确定基础主要有 3 种选择：账面价值、市场价值和目标价值。

(1) 按账面价值确定资本比例。

账面价值通过会计资料提供，也就是直接从资产负债表中取得，容易计算。其缺陷是：资本的账面价值可能不符合市场价值，如果资本的市场价值已经脱离账面价值许多，如股票和债券的市场价格发生较大变动时，采用账面价值作基础确定资本比例就有失现实客观性，从而不利于综合资本成本率的测算和筹资管理的决策。

(2) 按市场价值确定资本比例。

按市场价值确定资本比例是指债券和股票等以现行资本市场价格为基础确定其资本比例，从而测算综合资本成本率。

(3) 按目标价值确定资本比例。

按账面价值和市场价值确定资本比例，只反映了过去和现在的资本结构。按目标价值确定资本比例是指证券和股票等以公司预计的未来目标市场价值确定资本比例，从而测算综合资本成本率。就公司筹资管理决策的角度而言，对综合资本成本率的一个基本要求是，它应适用于公司未来的目标资本结构。

采用目标价值确定资本比例，通常认为能够体现期望的目标资本结构要求。但资本的目标价值难以客观地确定，因此，通常应选择市场价值确定资本比例。在公司筹资实务中，目标价值和市场价值虽然有其优点，但仍有不少公司宁可采用账面价值确定资本比例，因为账面价值容易取得。

二、边际资本成本率

(一) 边际资本成本的概念

企业无法以某一固定的资本成本来筹措无限的资金，当其筹集的资金超过一定限度时，原来的资本成本就会增加。所以，企业在未来追加筹资时，不能仅仅考虑目前所使用的资本的成本，还要考虑新筹资本的成本，即边际资本成本。在企业追加筹资时，需要知道筹资额在什么数额上便会引起资本成本怎样的变化，这就是边际资本成本，它是指资金每增加一个单位而增加的成本，是一种追加筹资时所使用的加权平均资本成本。

(二) 边际资本成本的计算和应用

在边际资本成本率的计算中，首先要计算筹资突破点，然后再计算各种筹资范围内的边际资本成本率，举例说明如下。

【例4-14】某公司适用的企业所得税税率是25%。为筹建一个新投资项目，该公司准备按"权益筹资/负债筹资=7/3"的目标资本结构进行筹资决策。权益筹资拟采取增发普通股的方式，假定按有关方面规定：增发新股不得低于3500万元，最高不得超过28 000万元；如果发行新股票在14 000万元之内，预计每股发行价为12元，如果超过14 000万元，预计每股发行价为10元。股票筹资费率为5%，新发行普通股第一年预计每股股利为1.5元，以后每年增长3%。

负债筹资可采用以下两种方式之一：①从银行取得每年支付一次利息，年利息率为8%的长期借款。该借款的最低额度为1500万元，最高额度为3000万元，若借款额度低于或等于2100万元，则免交借款费用；若借款额高于2100万元，则借款手续费率为0.1%。②按面值发行票面利率为12%，每年付息一次，发行费率为2%的公司债券，假定该债券最低发行价值必须超过3000万元。

1. 计算筹资突破点

筹资突破点是指保持某资金成本率的条件下，可以筹集到的资金总限额。在筹资突破点范围内，原来的资金成本率不会改变；一旦筹资额超过筹资突破点，即使维持现有的资本结构，其资金成本也会增加。筹资突破点的计算公式为：

$$筹资突破点 = \frac{可用某一特定成本筹集到的某种资金额}{该种资金在资本结构中所占的比重}$$

(1) 企业最低筹资额：$\dfrac{3500}{70\%} = 5000$（万元）

企业最高筹资额：$\dfrac{28\,000}{70\%} = 40\,000$（万元）

(2) 股票对应的筹资总额突破点：$\dfrac{14\,000}{70\%} = 20\,000$（万元）

长期借款对应的筹资总额突破点：$\dfrac{2100}{30\%} = 7000$（万元）

债券对应的筹资总额突破点：$\dfrac{3000}{30\%} = 10\,000$（万元）

(3) 各种筹资方式的资本成本

新股票发行在14 000万元之内的资本成本：$\dfrac{1.5}{12 \times (1 - 5\%)} + 3\% = 16.16\%$

新股票发行在 14 000 万元以上的资本成本：$\dfrac{1.5}{10\times(1-5\%)}+3\%=18.79\%$

长期借款额低于或等于 2100 万元时的资本成本：$8\%\times(1-25\%)=6\%$

长期借款额高于 2100 万元时的资本成本：$\dfrac{8\%\times(1-25\%)}{1-0.1\%}=6.01\%$

债券发行价值超过 3000 万元时的资本成本：$\dfrac{12\%\times(1-25\%)}{1-2\%}=9.18\%$

各种筹资方式对应的资本成本、筹资额度以及筹资突破点如表 4-1 所示。

表4-1　各种筹资方式对应的资本成本、筹资额度以及筹资突破点

资金种类	资本结构	资本成本	新筹资额(万元)	筹资突破点(万元)
股票	70%	16.16%	14 000 以内	20 000
		18.79%	14 000 以上	
长期借款	30%	6%	2 100 以内	7 000
		6.01%	2 100 以上	
债券	30%	9.18%	3 000 以上	10 000

2. 计算边际资本成本

根据计算出的突破点，可得出若干组新的筹资范围，对筹资范围分别计算加权平均资本成本，即可得到各种筹资范围的边际资金成本。

根据上面计算出的筹资突破点，再结合企业和各种筹资方式的筹资额度，可以得到四组筹资总额范围：①5000 万～7000 万元；②7000 万～10 000 万元；③10 000 万～20 000 万元；④20 000 万～40 000 万元。对于以上 4 组分别计算其加权平均资本，即可得到各种筹资范围的边际资本成本。其计算结果如表 4-2 所示。

表4-2　各种筹资范围的边际资本成本

序号	筹资总额范围(万元)	资金种类	资本结构	资本成本	加权平均资本成本
1	5 000～7 000	普通股	70%	16%	70%×16.16%=11.312%
		长期借款	30%	6%	30%×6%=1.8%
					13.112%
2	7 000～10 000	普通股	70%	16%	70%×16.16%=11.312%
		长期借款	30%	6.01%	30%×6.01%=1.803%
					13.115%
3	10 000～20 000	普通股	70%	16%	70%×16.16%=11.312%
		债券	30%	9.18%	30%×9.18%=2.754%
					14.066%
4	20 000～40 000	普通股	70%	18.79%	70%×18.79%=13.153%
		债券	30%	9.18%	30%×9.18%=2.754%
					15.907%

通过上述计算出的各组筹资总额范围的加权平均资本可知，筹资范围在 5000 万～7000 万元时的边际资本成本最小。如果投资项目所要求的资本成本率不超过 13.5%，那么确保该投资项目具有财务可行性

的最大筹资范围是 7000 万～10 000 万元，此时对应的筹资方式是发行普通股和从银行取得长期借款，相应的边际资本成本率为 13.115%。

第三节 资 本 结 构

一、资本结构相关理论

资本结构分广义和狭义两种，广义的资本结构是指企业全部资本价值的构成及其比例关系。狭义的资本结构是指企业各种长期资本价值的构成及其比例关系，尤其是指长期的权益资本与债务资本的构成及其比例关系。

从 1958 年美国经济学家弗朗哥·莫迪格利安尼(Franco Modigliani)和默顿·米勒(Merton Miller)在《资本成本、公司财务以及投资理论》一书中提出著名的 MM 理论至今，资本结构理论已经走过了近 60 年的历程，也形成了为数众多的流派和观点。其主要分为传统资本结构理论和现代资本结构理论。

(一) 传统资本结构理论

传统资本结构理论主要是指 20 世纪 50 年代之前的资本结构理论，主要包括净收益理论、营业收益理论和介于两者之间的传统折中理论。

1. 净收益理论

净收益理论是 1952 年美国经济学家大卫·杜兰特(David Durand)在《企业债务和股东权益成本：趋势和计量问题》一文中提出的。该理论认为：由于债务资金成本低于权益资金成本，运用债务筹资可以降低企业资金的综合资金成本，且负债程度越高，综合资金成本就越低，企业的净收益就越多，企业价值就越大。按照该理论，当负债比率达到 100% 时，企业综合资金成本最低，企业价值最大。

该理论是建立在如下假设基础之上的：
(1) 投资者对企业的期望报酬率 K_s (即股东资本成本)是固定不变的；
(2) 企业能以固定利率无限额融资。

根据加权平均资本成本公式：$K_w = W_d \cdot K_d \cdot (1-T) + W_s \cdot K_s$，随着债务增加，加权平均资本成本渐趋下降，当债务融资达到 100% 时，加权平均资本成本最低。

该理论假设在实际中很难成立。首先，债务资本的增加，意味着财务风险增大，作为理性人的股东会要求增加报酬率 K_s；其次，由于债务增加，债权人的债券保障程度下降，风险增大，K_d 也会增加。

如果用 K_s 表示权益资本成本，K_d 表示债务资本成本，K_w 表示加权平均资本成本，V 表示企业总价值，则净收益理论可用图 4-1 来描述。

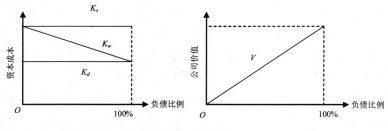

图 4-1 净收益理论

2. 营业收益理论

该理论认为，不论财务杠杆如何变化，公司加权平均资本成本都是固定的，因而公司的总价值也是固定不变的。这是因为公司利用财务杠杆增加负债比例时，虽然负债资本成本较之于股本成本低，但由于负债加大了权益资本的风险，使得权益成本上升，于是加权平均资本成本不会因负债比率的提高而降低，而是维持不变。因此，公司无法利用财务杠杆改变加权平均资本成本，也无法通过改变资本结构提高公司价值；资本结构与公司价值无关，决定公司价值的应是其营业收益。

营业收益理论隐含这样的假设：即负债的资本成本不变而股票的资本成本会随负债的增加而上升，同时认为负债的资本成本小于股票的资本成本，结果使加权平均资本成本不变。

按照这种理论推论，不存在最佳资本结构，筹资决策也就无关紧要，可见，营业收益理论和净收益理论是完全相反的两种理论。

营业收益理论下资本成本和企业价值之间的关系可用图 4-2 描述。

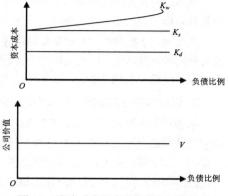

图 4-2 资本成本和企业价值之间的关系

3. 传统折中理论

传统折中理论是介于上述两种极端理论之间的资本结构理论，它认为资本成本率既不是一个常数，也不会沿着同一个方向变化，企业存在最优资本结构。在企业债权融资的比例从 0 到 100% 变化的过程中，在达到最优资本结构点之前，股权融资的成本虽然有所上升，但仍然小于负债融资带来的好处。因此，加权平均资本成本在不断下降；超过该点之后，股权融资成本的上升幅度超过了负债融资带来的好处，加权平均资本成本就不断提高。传统折中理论可用图 4-3 描述。

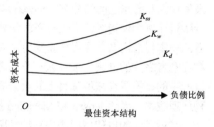

图 4-3 传统折中理论

上述早期资本结构理论的研究，基本上只是通过对事实的简单描述，缺乏实践意义和严密的逻辑证明，有其片面性和缺陷，因此在理论上没有得到广泛的认可和进一步的发展。

(二) 现代资本结构理论

1. MM 理论

MM 理论是莫迪格利安尼和米勒所建立的公司资本结构与市场价值不相干模型的简称。该理论最初不考虑所得税的影响，得出的结论为企业的总价值不受资本结构的影响。此后，又对该理论做出了修正，加入了所得税的因素，由此而得出的结论为：企业的资本结构影响企业的总价值，负债经营将为公司带来税收节约效应。该理论为研究资本结构问题提供了一个有用的起点和分析框架。

MM 理论主要有两种类型：无公司税时的 MM 模型和有公司税时的 MM 模型。

(1) 无公司税时的 MM 模型。

无公司税时的 MM 理论指出，一个公司所有证券持有者的总风险不会因为资本结构的改变而发生变动。因此，无论公司的融资组合如何，公司的总价值必然相同。资本市场套利行为的存在，是该假设重要的支持。套利行为避免了完全替代物在同一市场上会出现不同的售价。在这里，完全替代物是指两个或两个以上具有相同风险而只有资本结构不同的公司。MM 理论主张，这类公司的总价值应该相等。根据无公司税的 MM 理论，公司价值与公司资本结构无关。也就是说，无论公司是否有负债，公司的加权平均资金成本是不变的。

(2) 有公司税时的 MM 模型。

有公司税时的 MM 理论认为，存在公司税时，举债的优点是负债利息支付可以用于抵税，因此财务杠杆降低了公司税后的加权平均资金成本。

其后，研究者通过对 MM 理论放松假设、提出疑问、提出新的理论假设以及提出新的疑问，极大地丰富和发展了现代资本结构理论。众多学者沿着 MM 研究的思路，在放宽了 MM 理论的各项基本假设后，又发展出了权衡理论和后权衡理论等分支。其中最有代表性的当属权衡理论。该理论认为负债虽然能带来纳税好处，但同时也会增加公司的财务拮据成本和代理成本。因此，只有当纳税收益大于财务拮据成本和代理成本的现值后，债务的利用对公司才是有利的。

2. 以代理理论为基础的资本结构理论

从 20 世纪 70 年代开始，随着人们对新古典经济学的严重质疑和挑战，新制度经济学蓬勃兴起。新制度经济学是交易成本经济学、产权分析和合同理论的混合，它最核心的观点是认为交易涉及实际资源的使用，即交易是有成本的，制度的发生和演变是为了节约交易成本。

新制度经济学中的代理理论对资本结构研究产生了重大影响，形成了代理理论框架下的当代资本结构理论。在代理理论框架下，企业不再是一个"黑箱"，企业的内部组织结构、激励、约束和交易费用等都与企业资本结构密切相关。

资本结构的代理模型研究由 Jensen 和 Meckling(1976)开始，他们定义了股东和经营者之间的冲突以及债权人和股东之间的冲突。Jensen 和 Meckling 认为，负债融资带来了两方面好处：一是增加公司的债券融资比例会使得经营者的持有股份相对增加而减少了由经营者和股东的冲突带来的损失；二是由于债券的还本付息需要公司以现金支付，减少了企业经营者可以用于挥霍的"自由现金"，从而缓解了股东和经营者之间的冲突。债权人和股东之间的冲突是债务契约会刺激股东做出持有的投资决策，这种由债权产生的、投资在减值项目上的机会成本由股东承担的现象被称为"资产替代效应"，是债务融资的一种代理成本。因此 Jensen 和 Meckling 指出，最优资本结构在债务代理成本正好等于债务收益时取得。

其后发展的以代理问题为基础的所有理论都是以上述两种冲突为起点的。其主要研究成果包括负债率正相关于受管制程度(Jensen and Meckling，1976)、自由现金流量(Jensen，1986；Stulz，1990)和清算价值(Williamson，1988)等。同时负债率负相关于成长机会程度(Jensen and Meckling，1976；Stulz，1990)和拖欠后重组的概率(Harris，1988)等。

Aghion & Boiton(1992)是最早用不完全合同来解释企业财务结构及产业结构问题的经济学家之一。Hart(1993，1994)以此为基础，从产权角度和不完全合同解释公司财务结构问题。在此理论下，债权和股权代表了两种不同的治理结构，企业的资本结构是企业基于公司治理的需要而做出的选择[①]。

3. 以不对称信息为基础的资本结构理论

以不对称信息为基础的资本结构理论包括两大类。一类是以 Ross(1977)和 Leland & Pyle(1977)为始的，认为资本结构的选择将内部人的信息传递给外部投资者，故又可以称为信号理论。Ross(1977)建立的模型认为，因为低质量的公司的破产概率及破产成本都比高质量的公司大，所以，低质量公司的经营者不通过发行债券来模仿高质量公司，这就实现了分离均衡。因此，投资者把较高的债务水平看成较好质量的信号。该模型预测，公司价值、债务水平以及破产概率都是正相关的。Heinkel(1982)研究了一个类似

---

① 引自 http://lunwen.5151doc.com 的"论述资本结构理论的发展过程及前景展望"一文。

的模型，并且得出了相同的结论。Poitevin(1989)研究了在位者公司和进入者公司之间的潜在竞争。研究认为，低成本的进入者公司用发行债券发出信号，而在位者和高成本的进入者则仅发行股票。

另一类是始于 Myers(1984)，他认为，资本结构可以通过精心设计来缓解由于信息不对称而引起的投资决策的低效率问题。Myers 提出了融资的"啄食顺序"理论，即公司为新投资而融资的顺序，首先是内部融资，然后是低风险债券，最后才是股票。许多研究者扩展了 Myers 的思想，如 Krasker(1986)证实股票发行得越多，公司股价下跌情况及信号越糟糕；Narayanan(1988)和 Heinkel & Zechner(1990)通过略有不同的方法得出了和 Myers 类似的结论。同时，也有一些研究对"啄食顺序"理论提出了质疑。如 Brennan & Kraus(1987)、Noe(1988)、Constantinides & Grundy(1989)等。他们认为，给予公司更广的融资选择范围，在某些情况下会使 Myers 的结论无效[①]。

二、目标资本结构的管理

企业的融资结构应符合目标资本结构的要求，即融资对资本结构造成的影响，应保持在目标资本结构许可的范围内。目标资本结构是指更加接近最优资本结构的资本结构。最佳资本结构或者称作最优的资本结构，在通常情况下，是指使企业的加权平均资本成本最低，与此同时，也是使企业价值达到最大化的资本结构。目标资本结构可以采用 EBIT-EPS 分析法、比较资本成本法、综合分析法来确定。

(一) EBIT-EPS 分析法

负债的偿还能力是建立在未来盈利能力基础之上的。研究资本结构，不能脱离企业的盈利能力。企业的盈利能力，一般用息税前盈余(EBIT)表示。负债筹资是通过它的杠杆作用来增加财富的。确定资本结构不能不考虑它对股东财富的影响。股东财富用每股盈余(EPS)来表示。

将以上两方面联系起来，分析资本结构与每股盈余之间的关系，进而来确定合理的资本结构的方法，就是 EBIT-EPS 分析法，它是利用每股收益无差别点进行的。每股收益无差别点是指每股收益不受融资方式影响的息税前利润水平。它是利用息税前利润和每股利润之间的关系来确定最优资金结构的方法。根据每股收益无差别点，可以分析判断在什么息税前利润水平下适于采用何种资本结构。

每股收益无差别点的计算公式为：

$$\text{EPS} = \frac{(S - \text{VC} - F - I)(1 - T)}{N} = \frac{(\text{EBIT} - I)(1 - T)}{N}$$

式中： S ——销售额；

　　　 VC——变动成本；

　　　 F ——固定成本；

　　　 I ——债务利息；

　　　 T ——所得税税率；

　　　 EBIT——息税前盈余；

　　　 N ——流通在外的普通股股数。

在每股收益无差别点上，无论是采用负债融资，还是采用权益融资，每股收益都相等，如果以 EPS_1 表示权益融资，EPS_2 表示负债融资，则有：

---

① 引自 http://lunwen.5151doc.com 的"论述资本结构理论的发展过程及前景展望"一文。

$$EPS_1 = EPS_2$$

$$\frac{(S_1 - VC_1 - F_1 - I_1)(1-T)}{N_1} = \frac{(S_2 - VC_2 - F_2 - I_2)(1-T)}{N_2}$$

或

$$\frac{(EBIT_1 - I_1)(1-T)}{N_1} = \frac{(EBIT_2 - I_2)(1-T)}{N_2}$$

在每股收益无差别点上，$S_1 = S_2$（或 $EBIT_1 = EBIT_2$），使上述公式成立的销售额（或息税前盈余）为每股收益无差别点销售额（或息税前盈余）。

【例4-15】某公司目前拥有资金2000万元，其中，长期借款800万元，年利率为10%；权益资金1200万元，股数100万股，上年支付的每股股利为2元，预计股利增长率为5%，目前价格为20元，公司目前的变动成本率为50%，固定成本为100万元，该公司计划筹资100万元投资新的项目，预计项目投产后企业会增加200万元的销售收入，变动成本率不变，固定成本增加20万元，企业所得税税率为25%，有以下两种筹资方案。

方案一：增加长期借款100万元，借款利率上升到12%，股价下降到19元，假设公司其他条件不变。

方案二：增发普通股47 619股，普通股市价增加到每股21元，假设公司其他条件不变。

试采用每股收益无差别点法确定该公司的最佳资本结构。

将上述资料中的数据代入公式：

$$\frac{(S - 0.5S - 120 - 800 \times 10\%)(1-25\%)}{100 + 4.7619} = \frac{(S - 0.5S - 120 - 800 \times 10\% - 100 \times 12\%)(1-25\%)}{100}$$

$$S = 928.0005(万元)$$

此时的每股收益额为：

$$\frac{(928.0005 - 0.5 \times 928.0005 - 120 - 800 \times 10\% - 100 \times 12\%) \times (1 - 25\%)}{100} = 1.89 \,(元)$$

上述每股收益无差别点分析，可用图4-4描述。

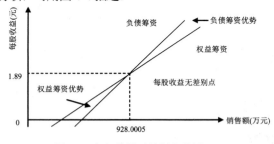

图4-4　每股收益无差别点分析

从图4-4可以看出，当销售额高于928.0005万元时，运用负债筹资可以获得较高的每股收益，当销售额低于928.0005万元时，权益筹资可以获得较高的每股收益。

这种方法是从每股收益角度来判断企业的资本结构是否合理以及判断选择何种资金筹集方式。但实际上，能使EPS增加的资本结构并不一定合理，能使EPS较高的筹资方式并不一定能增加股东财富，更不一定能增加企业的价值。

(二) 比较资本成本法

由于受多种因素的制约，企业不可能只使用单一的筹资方式，往往需要通过多种方式筹集资金。为进行筹资决策，就要计算确定企业全部资金的总成本——加权平均资本成本。加权平均资本成本一般是以各种资本占全部资本的比重为权数，对个别资本成本进行加权平均确定的。在对各种筹集方案进行比较时，以加权平均资本成本最低的方案为最佳方案。这种方法在前面已经讲过，这里不再赘述。

(三) 综合分析法

财务管理的目标是企业价值最大化，公司的最佳资本结构应当是公司的总价值最高，同时也是加权平均资本成本最低时的资本结构。采用这种方法：①确定债务的市场价值；②确定权益资本成本；③确定股票的市场价值；④确定公司的总价值；⑤确定加权平均资本成本。在综合分析法下，公司总价值最大时的资本结构，其资本成本也是最低的。

公司的市场总价值 V 应该等于其股票的总价值 S 加上债务的价值 B，即

$$V = S + B$$

假设公司的债务全部是平价的长期债务，分期付息，到期还本，不考虑筹资费用。

(1) 如果公司的债务是平价债务，分期付息，那么，长期债务的账面价值就等于面值。

(2) 由于负债受外部市场波动的影响比较小，所以一般情况下，负债的市场价值就等于其账面价值。

(3) 要想确定公司的市场总价值，关键是确定股东权益的市场总价值，即公司股票的价值。

公司股票的价值就是指公司在未来每年给股东派发的现金股利按照股东所要求的必要报酬率折合成的现值。假设公司在未来的持续经营过程中，每年的净利润相等，未来的留存收益率等于 0，那么，股利支付率就为 100%，公司每年的净利润就等于公司每年给股东派发的股利，既然假设公司每年的净利润是相等的，那么股利额就相等，公司的股票就是零增长股票(固定股利股票)，未来的现金股利折现就按照永续年金求现值，这个永续年金是股利额，也就是净利润。那么，股票的市场价值为：

$$S = \frac{(\text{EBIT} - I)(1 - T)}{K_s}$$

式中：S ——股票市场价值；

　　　 EBIT——息税前利润；

　　　 I ——负债利息；

　　　 T ——所得税税率；

　　　 K_s——普通股资本成本率。

其中，普通股资本成本率可用资本资产定价模型计算，即

$$K_s = R_s = R_f + \beta \cdot (R_m - R_f)$$

式中：R_f ——无风险报酬率；

　　　 R_m ——股票市场平均报酬率；

　　　 β ——股票的贝塔系数。

平价债务、无筹资费的债务资本成本为：

$$K_b = I \cdot (1 - T)$$

式中：K_b——长期债务的资本成本率；

　　　 I ——长期债务的年利率；

T ——所得税税率。

然后根据市场价值权数即可计算加权平均资本成本：

$$K_w = K_b \cdot \frac{B}{V} + K_s \cdot \frac{S}{V}$$

【例4-16】 某公司息税前利润为 600 万元，公司适用的所得税税率为 25%，公司目前总资金为 2000 万元，其中 80%由普通股资金构成，股票账面价值为 1600 万元；20%由债券资金构成，债券账面价值为 400 万元，假设债券市场价值与其账面价值基本一致。该公司认为目前的资本结构不够合理，准备用发行债券购回股票的办法予以调整。经咨询调查，目前债务利息和权益资金的成本情况如表 4-3 所示。

表4-3　债务利息和权益资金的成本

债券市场价值 （万元）	债券利息率	股票的β系数	无风险收益率	平均风险股票的 必要报酬率	权益资本成本率
400	8%	1.3	6%	16%	19%
600	10%	1.42	6%	16%	20.20%
800	12%	1.5	6%	16%	21%
1000	14%	2	6%	16%	26%

计算公司的市场价值和加权平均资本成本，以确定该公司最优资本结构。

以公司债券市场价值 400 万元为例，计算公司的市场价值和加权平均资本成本。

此时股票的市场价值为：

$$S = \frac{(600 - 400 \times 8\%)(1 - 25\%)}{19\%} = 2242.11 \, (\text{万元})$$

公司价值为：

$$400 + 2242.11 = 2642.11 \, (\text{万元})$$

加权平均资本成本率为：

$$8\% \times (1 - 25\%) \times \frac{400}{2642.11} + 19\% \times \frac{2242.11}{2642.11} = 17.03\%$$

根据提供的资料，计算出的公司价值和加权平均资本成本如表 4-4 所示。

表4-4　公司价值和加权平均资本成本

债券市场价值 （万元）	股票市场价值 （万元）	公司市场价值 （万元）	税前债务成本率	权益资本成本率	加权平均成本率
400	2242.11	2642.11	8%	19%	17.03%
600	2004.95	2604.95	10%	20.20%	17.27%
800	1800	2600	12%	21%	17.31%
1000	1326.92	2326.92	14%	26%	19.34%

从表 4-4 可以看出，在债务为 400 万元时，公司的价值最大，而此时的加权平均资本成本率最低，

这说明债务为 400 万元时的资本结构是该公司的最佳资本结构。

本 章 小 结

1. 资本成本是指企业为筹集和使用资金而付出的代价。广义上讲，企业筹集和使用任何资金，无论短期的还是长期的，都要付出代价。狭义的资本成本仅指筹集和使用长期资金(包括自有资本和借入长期资金)的成本。由于长期资金也被称为资本，所以长期资金成本也称为资本成本。资本成本包括资金筹集费和资金占用费。资金筹集费指在资金筹集过程中支付的各项费用。

2. 个别资本成本是指各种筹资方式的成本，主要包括债券成本、银行借款成本、优先股成本、普通成本和留存收益成本，前两者可统称为负债资本成本，后三者统称为权益资本成本。在财务管理中，一般使用相对数，即称为资本成本率。资本成本率是占用资金费用与实际筹资净额(即筹资额扣除筹资费用后的金额)的比率。

3. 综合资本成本率，也称为加权平均资本成本，它是指一个公司全部长期资本的成本率，通常是以各种长期资本的比例为权重，对个别资本成本率进行加权平均测算的，故亦称加权平均资本成本率。

4. 企业在未来追加筹资时，不能仅仅考虑目前所使用的资本的成本，还要考虑新筹资本的成本，即边际资本成本。在企业追加筹资时，需要知道筹资额在什么数额上便会引起资本成本怎样的变化。

5. 资本结构分广义和狭义两种，广义的资本结构是指企业全部资本价值的构成及其比例关系。狭义的资本结构是指企业各种长期资本价值的构成及其比例关系，尤其是指长期的权益资本与债务资本的构成及其比例关系。

6. 目标资本结构是指更加接近最优资本结构的资本结构。最佳资本结构或者称为最优的资本结构，在通常情况下，是指使企业的加权平均资本成本最低，与此同时，也是使企业价值达到最大化的资本结构。目标资本结构可以采用 EBIT-EPS 分析法、比较资本成本法、综合分析法来确定。

练习与思考

一、单项选择题

1. 某公司拟发行债券，债券面值为 1000 元，5 年期，票面利率为 8%，每年付息一次，到期还本，若预计发行时债券市场利率为 10%，债券发行费用为发行额的 0.5%，该公司适用的所得税税率为 30%，则该债券的资金成本率为( )。

    A. 10%　　　　　　　　B. 7%　　　　　　　　C. 6.09%　　　　　　　　D. 7.04%

2. 企业在追加筹资时，需要计算( )。

    A. 综合资金成本　　　　　　　　　　　　B. 边际资金成本

    C. 个别资金成本　　　　　　　　　　　　D. 变动成本

3. 用线性回归法预测筹资需要量的理论依据是( )。

    A. 筹资规模与业务量的对应关系

    B. 筹资规模与投资间的时间关系

    C. 筹资规模与筹资方式间的对应关系

    D. 长短期资金间的比例关系

4. 企业采用贴现法从银行贷款，年利率为 10%，则该项贷款的实际年利率为(　　)。

    A. 9%　　　　　　　　　B. 10%　　　　　　　　　C. 约 11%　　　　　　　　　D. 12%

5. 企业取得 2006 年为期一年的周转信贷额为 1000 万元，承诺费率为 0.4%。2006 年 1 月 1 日从银行借入 500 万元，8 月 1 日又借入 300 万元，如果年利率为 8%，则企业 2006 年年末向银行支付的利息和承诺费共为(　　)万元。

    A. 49.5　　　　　　　　B. 51.5　　　　　　　　C. 64.8　　　　　　　　D. 66.7

二、多项选择题

1. 比较资本成本法(　　)。

    A. 根据加权平均资本成本的高低来确定最优资金结构

    B. 考虑了风险因素

    C. 根据每股利润最高来确定最优资本结构

    D. 根据个别资金成本的高低来确定最优资本结构

2. 下列有关资本结构的表述正确的是(　　)。

    A. 企业资本结构应同资产结构相适应

    B. 资本结构变动不会引起资金总额的变动

    C. 资本成本是市场经济条件下，资金所有权与使用权相分离的产物

    D. 按照等级筹资理论，筹资时首先是偏好内部筹资，其次如果需要外部筹资，则偏好债务筹资

3. 下列可以用来衡量财务风险大小的指标有(　　)。

    A. 经营杠杆系数　　　　　　　　　　　　B. 财务杠杆系数

    C. 息税前利润的标准离差　　　　　　　　D. 每股利润的标准离差

4. 企业的资产结构影响资本结构的方式有(　　)。

    A. 拥有大量长期资产的企业主要通过长期负债和发行股票筹集资金

    B. 拥有较多流动资产的企业，更多依赖流动负债筹集资金

    C. 资产适用于抵押贷款的公司举债额较多

    D. 以技术研究开发为主的公司则负债额较少

5. 在个别资本成本的计算中，不考虑筹资费用影响因素的是(　　)。

    A. 吸收直接投资成本　　　　　　　　　　B. 债券成本

    C. 留存收益成本　　　　　　　　　　　　D. 普通股成本

三、判断题

1. 最佳资本结构是使企业筹资能力最强，财务风险最小的资本结构。　　　　　　　(　　)

2. 代理理论是支持负债越多，企业价值越大的观点。　　　　　　　　　　　　　　(　　)

3. 企业筹资的优序模式首先是内部筹资。　　　　　　　　　　　　　　　　　　　(　　)

4. 经营杠杆给企业带来的风险是成本上升的风险。　　　　　　　　　　　　　　　(　　)

5. 调整企业资本结构并不能降低经营风险。　　　　　　　　　　　　　　　　　　(　　)

四、计算题

1. 某公司目前拥有资金 2000 万元，其中，长期借款 800 万元，年利率为 10%；普通股 1200 万元，上年支付的每股股利为 2 元，预计股利增长率为 5%，发行价格为 20 元，目前价格也为 20 元，该公司计划筹集资金 100 万元，企业所得税税率为 33%，有以下两种筹资方案。

方案一：增加长期借款 100 万元，借款利率上升到 12%，股价下降到 18 元，假设公司其他条件不变。

方案二：增发普通股 40 000 股，普通股市价增加到每股 25 元，假设公司其他条件不变。

要求：根据以上资料完成以下计算与分析。

(1) 计算该公司筹资前加权平均资本成本率为( )。

    A. 10%　　　　　　　B. 13.54%　　　　　C. 11.98%　　　　　D. 12.46%

(2) 计算采用方案一的加权平均资本成本率为( )。

    A. 10.83%　　　　　B. 12%　　　　　　C. 11.98%　　　　　D. 12.46%

(3) 计算采用方案二的加权平均资本成本率为( )。

    A. 6.7%　　　　　　B. 10.85%　　　　　C. 13.4%　　　　　D. 7.5%

(4) 用比较资本成本法确定该公司最佳的资本结构为( )。

    A. 方案一与方案二一样好　　B. 方案一好　　　C. 方案二好　　　D. 难以确定

2. 根据公式计算筹资总额分界点，如表 4-5 所示。

表4-5　筹资总额分界及资本成本

资本来源	筹资总额分界点(元)	总筹资规模(元)	资本成本率
债券	100 000/0.4=250 000	250 000 以内(含 250 000)	5%
	200 000/0.4=500 000	250 000~500 000	6%
	300 000/0.4=750 000	500 000~750 000	8%
		750 000 以上	10%
普通股	150 000/0.6=250 000	250 000 以内(含 250 000)	12%
	600 000/0.6=1 000 000	250 000~1000 000	14%
	900 000/0.6=1 500 000	1 000 000~1 500 000	17%
		1 500 000 以上	20%

要求：计算边际资本成本。

3. B 公司为上市公司，适用的企业所得税税率为 25%，相关资料如下。

资料一：2007 年 12 月 31 日发行在外的普通股为 10 000 万股(每股面值 1 元)，公司债券为 24 000 万元(该债券发行于 2006 年年初，期限 5 年，每年年末付息一次，利息率为 6%)，该年息税前利润为 5000 万元。假定全年没有发生其他应付息债务。

资料二：B 公司打算在 2008 年为一个新投资项目筹资 10 000 万元，该项目当年建成并投产。预计该项目投产后公司每年息税前利润会增加 1000 万元。现有甲、乙两个方案可供选择，其中：甲方案为增发利息率为 8% 的公司债券；乙方案为增发 2000 万股普通股。假定各方案的筹资费用均为零，且均在 2009 年 1 月 1 日发行完毕。

要求：计算甲、乙两个方案的每股收益无差别点息税前利润，并用 EBIT-EPS 分析法判断应采取哪个方案，且说明理由。

案例点击

A股份有限公司资本结构[①]

A公司成立于1997年，于同年在深交所上市。公司的主营业务包括产品开发、产品生产销售、大型室内外项目建设等。公司体量庞大，资本结构复杂，具有研究的代表性。近十年来，A公司将主要资产投入产品的开发研究、市场开拓和营销当中，取得了良好的效益。但是A公司在参与市场竞争过程当中，所面临的风险及潜在的不可控因素较多，造成公司的经营战略进行了两次较大的调整，使公司的投资结构、融资结构等相应地发生变化，经营效益起伏较为明显，对于分析资本结构与经营绩效两者之间的相互影响关系，具有较高的代表性。

本文选取A公司2006—2014年的相关数据，分析其资本结构及演变情况。因为从2006年以来，A公司的业务进入一个相对平缓的发展阶段，使用该阶段的最新数据，分析其近十年来的资本结构及盈利的变化情况，具有典型意义。

通过A公司2006—2014年的现金流量表、资产负债表和利润表，抽取其中与投资有关的数据，得出表4-6。

表4-6　A公司2006—2014年投资相关数据　　　　　　单位：万元

年度	2006	2007	2008	2009	2010	2011	2012	2013	2014
投资活动现金流出小计	32 168	159 002	173 827	178 516	64 966	143 547	191 741	66 047	180 292
长期股权投资	0	21 000	21 000	21 000	77 332	93 733	96 793	94 793	—
投资收益	−197	1000	38 117	2049	2511	1732	1734	9608	20 451

通过A公司2006—2014年的现金流量表，抽取公司的融资活动现金流入表，并结合A公司披露的信息，分析现金流入中银行及其他借款、关联人士借款和信托借款所占的比例，如表4-7所示。

表4-7　A公司2006—2014年融资现金流入及比例

年度	2006	2007	2008	2009	2010	2011	2012	2013	2014
融资活动现金流入小计(万元)	140 218	107 843	115 500	107 537	151 785	176 961	176 668	102 400	52 110
银行及其他借款所占比例	31%	36%	37%	45%	48%	51%	63%	71%	74%
关联人士借款所占比例	5%	3%	7%	4%	5%	7%	8%	11%	5%
信托借款所占比例	29%	23%	15%	19%	29%	28%	24%	17%	19%

---

① 本文引自陈雯的"资本结构理论案例分析"一文。

A 公司 2011—2014 年流通股及非流通股的比例如表 4-8 所示。

表4-8　2011—2014年流通股及非流通股的比例

年度	2011	2012	2013	2014
流通股比例	43.69%	42.55%	40.88%	39.14%
非流通股比例	56.31%	57.45%	59.12%	60.86%

A 公司 2006—2014 年流动负债情况如表 4-9 所示。

表4-9　2006—2014年流动负债情况

年度	2006	2007	2008	2009	2010	2011	2012	2013	2014
流动负债(万元)	50 766	42 180	39 144	92 392	115 439	118 062	168 532	151 483	167 140

点 石 成 金

1. 投资结构分析

由 2006—2014 年投资活动现金流出可知，A 公司 2006—2014 年的投资活动现金流出量，大体可以分为 3 个递增阶段：2006—2009 年持续增加，2010 年迅速回落；2010—2012 年持续增加，2013 年迅速回落；2013—2014 年迅速增加。从中可以看出，A 公司 2006 年以来的投资战略经历了三次大的调整，分别用于适用不同阶段的经济形式和市场环境。在各个调整时段内，投资额度增加较快。但不同投资时段内，投资额度大起大落，容易造成公司投资和资产存量的不稳定。近十年来，公司的投资活动现金流出控制在 3 亿~18 亿元之间，极差达到 15 亿元，数值庞大，而且多是在两三年内就实现了一次从极小值向极大值的增加，变化速度快。可知 A 公司的投资活动现金流出极不稳定。由 2006—2014 年长期股权投资可知，从 2007 年至 2009 年，A 公司的长期股权投资稳定在 2 亿元左右。2010 年，A 公司的长期股权投资迅速上升到接近 8 亿元，为 2009 年的 4 倍。其后 4 年，A 公司的长期股权投资缓缓上升，逐步稳定在 95 亿元左右的水平。可知，在 2010 年，A 经历了一轮大规模的股权投资热潮，投资数值迅速增加。而在 2007—2009 年和 2010—2013 年这两个时间段内，A 公司的长期股权投资保持在相对稳定的状态中。A 公司的长期股权投资结构具有稳定性。

由 2006—2014 年投资收益可知，A 公司 2006 年的投资收益为 - 197 万元，是最近十年当中唯一一个负值。2007—2012 年，A 公司的投资收益基本稳定在 0.2 亿元左右，除了 2008 年高达 3.8 亿元。2008 年 A 公司的投资活动现金流出达到峰值，而长期股权投资数值小且处于稳定期，可见 2008 年的高投资回报率与 A 公司加大了投资的现金流出有着密切关系。2012—2014 年，A 公司的投资收益开始以每年新增 9 千万元的速度，迅速增加，到 2014 年达到一个 2 亿元的新峰值。可知，A 公司的投资收益相对稳定，并于近年表现出逐年递增的趋势。

2. 融资结构分析

由 A 公司 2006—2014 年融资现金流入可知，A 公司的融资现金流入大体可以分为 3 个阶段，呈现出先减后增再减的趋势。2006—2009 年，A 公司的融资现金流入从 14 亿元降到了 11 亿元左右。2009—2011 年，A 公司的融资现金流入从 12 亿元逐步增加到 17 亿元。2012 年与 2011 年基本平稳。其后两年，A 公司的融资现金流入迅速下降，至 2014 年达到近十年的最低值 5 亿元。可知，A 公司的融资现金流入起伏较大，融资状况不够稳定，而且近三年来 A 公司的融资现金流入迅速减少，融资效益减弱，资金流转的压力加大。

由近十年的现金流入中银行及其他借款、关联人士借款和信托借款所占的比例可知，2006—2014 年 A 公司现金流入结构中，银行及其他存款的比例逐年上升，从 2006 年的 31%上升到 74%，占据融资结构的主要成分；关联人士借款的比例基本稳定，且保持在 5%右的低水平；信托借款所占的比例波动较大，呈现出先减后增再减的趋势，总体稳定在 24%左右。计算 2006—2014 年 A 公司三类主要融资模式的比例均值，其中银行及其他借款占比 52%，关联人士借款占比 5%，信托借款占比 24%，其他类型融资额度占比 19%。由此可见，A 公司近十年的融资结构基本合理。

3. 股权集中度分析

根据 A 公司披露的流通股东情况显示，A 公司超过 64%的股权集中在其控股股东手中，另有 17%的股权集中于一家股东，其他各大股东的持股比例均较少。这表明 A 公司的股权结构非常集中。

4. 股权流通性低

由数据可知，2011—2013 年，A 公司的非流通股的比例始终高于流通股的比例，而且两者的差距正在不断扩大，从 2011 年的相差 13 个百分点，扩大到了 2013 年的相差近 20 个百分点。

5. 流动负债比例较高

由数据可知，2006—2014 年，A 公司的流动负债的数值在总体上呈现出上升的趋势，又可以分成 3 个部分：2006—2008 年递减；2009—2012 年递增；2012—2014 年先减后增。到 2014 年，A 公司的流动负债达到了 167 140 万元，是 2006 年流动负债数额的 3 倍多。总体来看，A 公司的流动负债数额较大，而且有不断扩大的趋势。公司的流动负债在资产结构当中所占的比例非常大，公司资本结构存在极大的不稳定性。

6. 总分析

目前，A 公司的资本结构依然存在较大的问题。对此，A 公司需要适度提高负债比率，完善大股东股份比例，提高公司的财务管理水平，实施资本结构的动态优化。

第五章

固定资产投资

┌ **案例导入** ┐

A 公司是一家生产彩电的制造类企业，采用双倍余额递减法计提折旧，适用的企业所得税税率为
25%。在公司最近一次经营战略分析会上，多数管理人员认为，现有设备效率不高，影响了企业市场竞
争力。公司准备配置新设备扩大生产规模，推定结构转型，生产新一代产品。

(1) 公司配置新设备后，预计每年增加营业收入 2550 万元，增加付现成本 1800 万元。市场上该设备
的购买价为 2000 万元，折旧年限为 5 年，预计净残值为 0。新设备当年投产时需要追加流动资金投资 1000
万元。

(2) 公司为筹资项目投资所需资金，拟定向增发普通股 300 万股，每股发行价 6 元，筹资 1800 万元，
公司最近一次发放的股利为每股 0.4 元，固定股利增长率为 5%；拟从银行贷款 1200 万元，年利率为 6%，
期限为 5 年。假定不考虑筹资费用率的影响。

(3) 假设折现率为 9%。

试问：A 公司如何进行投资决策并说明理由。

┌ **关键概念** ┐

现金流量(Cash Flow)　净现值(Net Present Value)　现值指数(Present Value Index)　内含报酬率
(Internal Rate of Return)　投资回收期(Investment Payoff Period)

第一节　固定资产投资概述

一、项目投资及其特点

(一) 项目投资的含义和类型

投资是指企业为了在未来可预见的时期内获得收益或使资金增值，在一定时期内向一定对象投放资金
或实物等货币等价物的经济行为。简单地说，投资就是为了获得收益而向一定对象投放资金的经济行为。
它包括用于机器、设备、厂房的购建与更新改造等生产性资产的投资，简称项目投资，也包括购买债券、
股票等金融资产的投资和其他类型的投资。本章所介绍的项目投资，是以特定项目为对象，为了新增或更
新改造生产经营能力的长期资本投资行为。

项目投资主要包括新建项目和更新改造项目两种类型。

1. 新建项目

新建项目是以新增工业生产能力为主的外延式投资项目。新建项目按其涉及内容又可分为单纯固定

资产投资项目和完整工业投资项目。

(1) 单纯固定资产投资项目。其是指只涉及固定资产投资而不涉及无形资产投资、其他资产投资和流动资金投资的建设项目，它以新增生产能力、提高生产效率为特征。

(2) 完整工业投资项目。其投资内容不仅包括固定资产投资，而且涉及流动资金投资，甚至包括无形资产等其他长期资产投资的建设项目。

2. 更新改造投资项目

更新改造项目是指以恢复或改善生产能力为目的的内含式投资项目。更新改造项目可分为以恢复固定资产生产效率为目的的更新项目和以改善企业经营条件为目的的改造项目两种类型。

(二) 项目投资的特点

1. 投资金额大

项目投资属于长期资本投资，一般需要大量的资金投放，其投资额往往是企业及其投资人多年的资金积累，在企业总资产中通常占有相当大的比重，对企业未来现金流量和财务状况有深远影响，如果失误，则必定损失惨重。

2. 影响时间长

项目投资发挥作用的时间比较长，需要几年、十几年甚至几十年才能收回投资。因此，项目投资对企业未来经营活动和长期的经济效益，甚至对企业的命运都有着决定性的影响。

3. 发生频率低

与企业的短期投资和长期性金融资产投资相比，项目投资的发生次数不太频繁，特别是大规模的具有战略投资意义的扩大生产能力项目投资更是如此，这就要求企业财务管理人员有必要对此进行慎之又慎的可行性研究。

4. 变现能力差

作为长期投资的项目投资，具有投资刚性特征，不仅不准备在短期间内变现，而且在长时期内的变现能力也很差。项目投资一旦实施或完成，也就决定了企业的经营方向，要想改变是相当困难的，不是无法实现，就是代价高昂。

5. 决策风险大

因为影响项目投资未来收益的因素特别多，加上投资数额多、回收时间长和变现能力差，因此其投资风险比其他投资大。当不利状况呈现时，其先天的决定性及无法逆转的损失足以削减企业的价值甚至摧毁一个企业。

二、项目投资程序

企业项目投资的制定与实施是一项复杂的系统工程。项目投资一旦决策失误，对企业未来的生产经营活动、长期经济效益甚至对企业的命运都有着重大而深远的影响。因此，企业既要抓住投资机会，又要进行深入、仔细的调查研究，对其进行科学严密的可行性研究决策。项目投资的程序主要包括以下 5 个环节。

(一) 提出投资项目

投资项目的提出是项目投资程序的第一步。它主要是以自然资源和市场状况为基础，以国家产业政策为导向，以财政、金融、税收政策为依据，根据企业的发展战略、投资计划和投资环境的变化，在发现和把握良好投资机会的情况下提出的。它可以由企业管理当局或高层管理人员提出，也可以由企业的各级管理部门和相关部门领导提出。一般而言，企业管理当局和企业高层管理人员提出的项目投资，多数是大规模的战略性投资，投资金额巨大，影响深远，其方案一般由生产、市场、财务、战略等各方面专家组成的专门小组拟定。企业各级管理部门和相关部门领导提出的项目投资主要是一些战术性项目投资和维持性项目投资，其方案由主管部门组织人员拟定。

(二) 评价投资项目

投资项目评价的重点是算经济账，在分析和评价投资方案经济、技术可行性的基础上，进一步评价其财务可行性。它包括：①对投资项目的投入、产出进行测算，进而估计方案的相关现金流量；②计算投资项目的价值指标，如净现值、内部收益率、投资回收期等；③将有关价值指标与可接受标准比较，选择可执行的方案。要科学准确完成这一步工作是很困难的，所有的数据都建立在一点假设基础上，是对未来的预测、估算，和现实可能会有较大出入，必须慎重。

(三) 决策投资项目

投资项目评价后，应按分权管理的决策权限由企业高层管理人员或相关部门经理做最后决策。投资额较小的战术性项目投资或维持项目投资，一般由部门经理做出决策；金额较大的项目投资一般由企业最高管理当局或企业高层管理人员做出，对于特别重大的项目投资还需要由董事会或股东大会批准形成决策。

(四) 实施投资项目

投资项目一旦批准成立，即应付诸实施，积极筹措资金，进入投资预算的执行过程。在这一过程中，应建立一套预算执行情况的跟踪系统，对工程进度、工程质量、施工成本和预算执行等进行监督、控制、审核，防止工程建设中的舞弊行为，确保工程质量，保证按时完成。

(五) 投资项目再评价

在投资方案的执行过程中，应对于已实施的投资项目进行跟踪审计，应注意原来做出的投资决策是否合理、是否正确。一旦出现新的情况，就要随时根据变化的情况做出新的评价和调整。如果情况发生重大变化确实使原来的投资决策变得不合理，就要进行是否终止投资和怎样终止投资的决策，以避免更大损失。当然，终止投资本身的损失就可能很惨重，人们都力求避免这种"痛苦的决策"，但事实上也不可能完全避免。

三、项目计算期及资金投入

(一) 项目计算期的构成

项目计算期是指投资项目从投资建设开始到最终清理结束整个过程的全部时间，即该项目的有效持续期间。完整的项目计算期包括建设期和运营期。其中建设期(记作 s，$s \geqslant 0$)是指项目资金正式投入开始到项目建成投产为止所需要的时间，建设期的第一年年初(第 0 年)称为建设起点，建设期的最后一年年末(第 s 年)称为投产日。在实践中，通常应参照项目建设的合理工期或项目的建设进度计划合理确定建设期。项目计算期的最后一年年末(记作第 n 年)称为终结点，从投产日到终结点之间的时间间隔称为运营期(记作 p)。运营期又包括试产期和达产期(完全达到设计生产能力)两个阶段。试产期是指项目投入生产，但生产能力尚未完全达到设计能力时的过渡阶段。达产期是指生产运营达到设计预期水平后的时间。运营期一般根据项目主要设备的经济使用寿命期确定。项目计算期(n)、建设期(s)和运营期(p)之间的关系为：

$$项目计算期 = 建设期 + 运营期$$

即

$$n = s + p$$

【例5-1】 某企业拟购建一项固定资产，预计使用寿命为5年。

要求：就以下各种不相关情况分别确定该项目的项目计算期。

(1) 在建设起点投资并投产。

(2) 建设期为两年。

解答：(1) 项目计算期(n) $= 0 + 5 = 5$(年)

(2) 项目计算期(n) $= 2 + 5 = 7$(年)

(二) 原始总投资和投资总额

1. 原始总投资

原始总投资又称初始投资，是反映项目所需现实资金水平的价值指标。从项目投资的角度看，原始总投资等于企业为使该项目完全达到设计生产能力、开展正常生产经营而投入的全部现实资金，包括建设投资和流动资金投资两项内容。

(1) 建设投资。其是指在建设期内按一定生产经营规模和建设内容进行的投资，具体包括固定资产投资、无形资产投资和其他资产投资三项内容。

① 固定资产投资。其是指项目用于购置或安装固定资产应当发生的投资。固定资产原值与固定资产投资之间的关系如下。

$$固定资产原值 = 固定资产投资 + 建设期资本化借款利息$$

② 无形资产投资。其是指项目用于取得无形资产应当发生的投资。

③ 其他资产投资。其是指建设投资中除固定资产和无形资产投资以外的投资，包括生产准备和开办费投资。

(2) 流动资金投资。其是指项目投产前后分次或一次投放于流动资产项目的投资增加额，又称垫支流动资金或营运资金投资。

2. 投资总额

投资总额是反映项目投资总体规模的价值指标，等于原始总投资与建设期资本化利息之和。

(三) 项目投资资金的投入方式

从时间特征来看，原始总投资的投入方式包括一次投入和分次投入两种形式。一次投入方式是指投资行为集中一次发生在项目计算期第一个年度的年初或年末；如果投资行为涉及两个或两个以上年度，或虽然只涉及一个年度但同时在该年的年初和年末发生，则属于分次投入方式。

四、现金流量的概念

所谓现金流量，在投资决策中是指一个项目引起的企业现金支出和现金收入增加的数量。这时的"现金"是广义的现金，它不仅包括各种货币资金，而且还包括项目需要投入的企业现有的非货币资源的变现价值。例如，一个项目需要使用原有的厂房、设备和材料等，则相关的现金流量是指它们的变现价值，而不是其账面价值。

新建项目的现金流量包括现金流出量、现金流入量和现金净流量3个具体概念。

1. 现金流出量

一个方案的现金流出量是指该方案引起的企业现金支出的增加额。例如，企业增加一条生产线，通常会引起以下现金流出。

(1) 增加生产线的价款。

购置生产线的价款可能是一次性支出，也可能分几次支出。

(2) 垫支流动资金。

由于该生产线扩大了企业的生产能力，引起对流动资产需求的增加。企业需要追加的流动资金，也是购置该生产线引起的，应列入该方案的现金流出量。只有在营业终了或出售(报废)该生产线时才能收回这些资金，并用于别的目的。

2. 现金流入量

一个方案的现金流入量，是指该方案所引起的企业现金收入的增加额。例如，企业增加一条生产线，通常会引起下列现金流入。

(1) 营业现金流入。

增加的生产线扩大了企业的生产能力，使企业销售收入增加。扣除有关付现成本增量后的余额是该生产线引起的一项现金流入。

$$营业现金流入 = 销售收入 - 付现成本$$

付现成本在这里是指需要每年支付现金的成本。成本中不需要每年支付现金的部分称为非付现成本，其中主要是折旧费。所以，付现成本可以用成本减折旧来估计。

$$付现成本 = 成本 - 折旧$$
$$营业现金流入 = 销售收入 - 付现成本$$
$$= 销售收入 - (成本 - 折旧)$$
$$= 利润 + 折旧$$

(2) 该生产线出售(报废)时的残值收入。

资产出售或报废时的残值收入，应当作为投资方案的一项现金流入。

(3) 收回的流动资金。

该生产线出售(报废)时企业可以相应收回流动资金，收回的资金可以用于别处，因此应将其作为该方案的一项现金流入。

3. 现金净流量

现金净流量是指一定期间现金流入量和现金流出量的差额。这里所说的"一定期间"，有时是指1年内，有时是指投资项目持续的整个年限内。流入量大于流出量时，净流量为正值；反之，净流量为负值。

五、现金流量的估计

(一) 现金流量的含义

现金流量也称现金流动数量，简称现金流。在项目投资决策中，现金流量是指一个投资项目在其项目计算期内引起的现金流入和现金流出数量的统称。这里的"现金"是广义的现金，不仅包括各种货币资金，而且还包括项目需要投入的企业拥有的非货币资源的变现价值。例如，一个项目需要使用原有的厂房、设备和材料等，则相关的现金流量是指它们的变现价值，而不能用它们的账面价值来表示其现金流量。对于一个具体的投资项目而言，其现金流出量是指该项目投资等引起的企业现金支出增加的数量；现金流入量是指该项目投产运营等引起的企业现金收入增加的数量。

企业对投资项目进行可行性分析时，都需要用特定指标来进行评价，而这些指标的计算都是以投资项目的现金流量为基础的。现金流量是评价一个投资项目是否可行时必须事先计算的一个基础性数据。在正确理解和应用现金流量时，必须认识和把握现金流量的两大特性：一是特定性，即它是特定项目的现金流量，与别的项目或企业原先的现金流量不可混淆；二是增量性，即项目的现金流量是由于采纳特定项目而引起的现金支出或收入增加的数量。

(二) 现金流量的内容

投资项目的现金流量可以从两种不同的角度去考虑，一是从现金流量产生的时间先后去考虑，二是从现金流量的流动方向去考虑，两者考虑对象相同，可以相互钩稽和印证。

1. 现金流量按时间先后划分

现金流量按其产生的时间先后，可划分为初始现金流量、营业现金流量和终结现金流量3个部分。

(1) 初始现金流量。初始现金流量是指开始投资时发生的现金流量，通常包括固定资产投资(这些投资可能是一次性进行的，也可能是分次进行的)、无形资产投资、开办费投资、流动资金投资和原有固定资产的变价收入等。初始现金流量以现金流出为主，但亦会涉及一些现金流入的发生。总的来看，初始现金流量的流出会大于流入，即表现为净流出。

(2) 营业现金流量。营业现金流量是指投资项目建设完工投入运营后，在其寿命周期内由于生产经营所带来的现金流入和现金流出的数量。营业现金流量一般按年度进行计算。这里的现金流入主要是指营业现金收入，而现金流出则主要是指营业现金支出和缴纳的税金。在通常情况下，营业现金流量的现金收入会大于现金支出，所以一般表现为净流入。

(3) 终结现金流量。终结现金流量是指项目完成时所发生的现金流量，主要包括固定资产的最后净残值或变价收入和初始垫付流动资金在终结时的收回等。终结现金流量相对于初始现金流量而言，初始现金流量表现为净流出，而终结现金流量则表现为净流入。

2. 现金流量按流动方向的划分

现金流量按其流动方向，可划分为现金流入量、现金流出量和现金净流量3项内容。

(1) 现金流入量。现金流入量是指投资项目实施后在项目计算期内所引起的企业现金收入的增加额，简称现金流入，包括以下几个方面内容。

① 营业收入。营业收入是指项目投产后每年实现的全部营业收入。为简化核算，假定正常经营年度内每期发生的赊销额和回收的应收账款大致相等，即全部营业收入均可看作是现金营业收入。营业收入是经营期内主要的现金流入量项目。

② 固定资产的余值。固定资产的余值是指投资项目的固定资产在终结点报废清理时的残值收入，或转让时的变价收入。

③ 回收流动资金。回收流动资金是指投资项目在项目计算期结束时，收回的原来投放在各种流动资产上的营运资金。固定资产的余值和回收流动资金统称为回收额。

④ 其他现金流入量。其他现金流入量是指除上述项目以外的现金流入量项目。

(2) 现金流出量。现金流出量是指投资项目引起的企业现金支出的增加额，简称现金流出，包括以下几方面内容。

①　建设投资或更改投资。建设投资或更改投资是指项目投资过程中发生的固定资产投资、无形资产投资、开办费投资等发生的投资额。

②　垫支的流动资金。垫支的流动资金是指投资项目建成投产后为开展正常经营活动而投放在流动资产上的营运资金投资额，它是项目投产前后投放于投资项目的营运资金。建设投资和垫支的流动资金合称为项目的原始总投资。

③　经营成本。经营成本是指企业投资项目投产后在生产经营期内为满足正常生产经营需要而发生的用现金支付的成本费用，不包括折旧和摊销等费用。它是生产经营期内最主要的现金流出量。

④　所得税支出。所得税支出是指项目投产后的收益中应支付给国家的所得税税额。

⑤　其他现金流出量。其他现金流出量是指除上述项目以外的其他各项现金流出项目。

(3)　现金净流量。现金净流量(记作 NCF)，又称净现金流量，是指投资项目在项目计算期内现金流入量和现金流出量之间的差额，它是计算投资项目中投资决策评价指标的重要依据。现金净流量的计算一般以年度为单位进行。

现金净流量的计算公式为：

$$现金净流量(NCF) = 年现金流入量 - 年现金流出量$$

当流入量大于流出量时，净流量为正值；反之，净流量为负值。

根据现金流入量、现金流出量的构成内容和现金净流量的理论计算公式，我们可以得出现金净流量结合项目计算期的分期简化计算公式。

①　建设期内现金净流量。

$$NCF_S = -该年原始投资额(固定资产投资 + 无形资产投资 + 其他资产投资 + 流动资金投资)$$

由于在建设期没有现金流入量，所以建设期的现金净流量总为负值。

②　经营期内现金净流量。

$$
\begin{aligned}
NCF_P &= 营业收入 - 付现成本 - 所得税 & (1)\\
&= 营业收入 - (总成本 - 折旧额) - 所得税\\
&= 营业利润 - 所得税 + 折旧\\
&= 净利润 + 折旧 & (2)\\
&= (营业收入 - 付现成本 - 折旧) \times (1 - 所得税税率) + 折旧\\
&= (营业收入 - 付现成本) \times (1 - 所得税税率) + 折旧 \times 所得税税率 & (3)
\end{aligned}
$$

公式(1)是根据现金流量的定义计算的。折旧是一种非付现成本，在总成本中抵扣非付现成本后称为付现成本。付现成本与所得税一起是现金的支付，表现为现金流出，应当作为每年营业现金流入的减项。公式(2)是根据年末营业结果计算的。企业每年营业现金增加来自于增加的净利和提取的折旧。这里的折旧是指广义的折旧，包括本项目固定资产折旧再加上本项目相关长期资产的摊销和减值准备的提取等。折旧是一种现金来源，它以现金形式从营业收入中扣回，留用在企业中。公式(3)是根据所得税对收入和折旧的影响计算的。收入的增加会增加税负，最终形成现金流出量的增加；折旧的增加会减少税负，最终形成现金流出量的减少。

上述 3 个计算公式均可互为前提进行推导而得到，所以其实际计算结果相等。

③　经营期终结现金净流量。

$$NCF_n = 营业现金净流量 + 回收额$$

在投资项目寿命期满的最后一年，除当年产生的营业现金净流入之外，还将发生两项终结回收的现金流入量，一是固定资产出售或报废时的变价收入或净残值收入；二是原先垫付流动资金的收回，这笔资金垫付的使命结束，收回后可再用于别处。

六、现金流量估算的原则和相关假设

(一) 估算原则

1. 实际现金流量原则

实际现金流量原则是指计量投资项目的成本和收益时，采用现金流量而不用会计利润。

现金流量以收付实现制为基础，比会计利润更具刚性，它不会随着会计处理方法的变化而变化，乃至想要造假也很难。而会计利润的计算包含了一些非现金因素，如折旧费在会计上作为一种费用抵减了当期的收益，但这种费用并没有发生实际的现金支出，只是账面记录而已，因此在现金流量分析中，折旧应加回到收益中。会计利润在很大程度上会受到存货估价、费用摊配和折旧计提等方面不同方法的影响，一定程度上存在主观随意性。也就是说，会计利润不仅与企业的经营活动有关，还取决于所选择的会计政策与方法；而现金流量净额则是企业经营活动的沉淀，不受会计政策与方法选择的影响，因而更具客观性和准确性。

实际现金流量原则的另一个含义是项目未来的现金流量必须用预计未来的价格和成本来计算，而不是用现在的价格和成本计算，考虑资金的时间价值。由于投资项目的时间跨度大，所以其投资的资金时间价值作用和影响是不容忽视的。现金流量反映了预期每笔收入与支出款项的具体发生时间，并以此为基础进行的有关投资项目指标计算就能很好地反映时间价值因素。

2. 增量现金流量原则

现金流量的预测要建立在增量或边际的概念基础上。只有增量现金流量才是与投资项目相关的现金流量。增量现金流量是指接受或拒绝某个投资项目时，企业总的现金流量因此而发生的变动，而不仅仅是该项目的现金流量所发生的变动。只有因采纳某个项目而引起的整个企业的现金流入增加额，才是该项目的现金流入；只有因采纳某个项目引起的整个企业现金流出增加额，才是该项目的现金流出。为了正确计算投资方案的增量现金流量，需要正确判断哪些因素会引起现金流量的变动，哪些因素不会引起现金流量的变动。在判断增量现金流量时，要注意以下几个方面的问题。

(1) 关联效应。

在估计项目现金流量时，要以投资对企业所有经营活动产生的整体效果为基础进行分析，而不是孤立地考察新上项目。例如，某公司决定开发一种新型挖掘机，预计该设备上市后，销售收入为4000万元，但会冲击原来的普通型挖掘机，使其销售收入减少800万元。因此，在投资分析时，新型挖掘机的增量现金流入量从公司全局的角度应计为3200(4000－800)万元，而不是4000万元。

需要注意的是，不能将市场变化(如竞争对手生产和销售这种新型挖掘机)而挤占了该公司普通挖掘机的销售纳入这种关联效应中来，因为无论公司是否生产和销售新型挖掘机，这种损失都会发生，它们属于与项目无关的成本。

与此相反，某些新项目可能有助于其他项目的发展。例如，某旅游公司准备开辟A、B两地之间的旅游线路，假设这两地之间的旅游线路开通后，能使该公司B、C两地之间的旅游业务量增加，从而使B、C这条旅游线路收益增加，这种增加的效益对A、B旅游线路的投资来说是一种间接效益，在评价A、B旅游线路投资收益时，应考虑这种关联效应。

(2) 沉没成本。

沉没成本是指过去已经发生，无法由现在或将来的任何决策所能改变的成本。在投资决策中，沉没成本属于决策无关成本，因此在决策中不予考虑。例如，某公司在 2006 年打算建造一条新生产流水线，请了一个咨询公司进行过可行性分析，为此支付了 2 万元的咨询费。后来由于种种原因，该项目没有实施。当 2008 年再次进行该项投资分析时，该笔咨询费就是沉没成本。因为这笔支出已经发生，无论公司是否决定现在投资建造该生产流水线，它都无法收回，因此它与公司未来的现金流量无关。如果将沉没成本纳入投资成本总额中，则原本有利的投资项目可能会变得无利可图，从而造成决策失败。一般来说，大多数沉没成本是与研究开发及投资决策前进行市场调查有关的成本。

(3) 机会成本。

在投资方案的选择中，如果选择了一个投资方案，则必须放弃投资于其他途径的机会。其他投资机会可能取得的收益是实行该方案的一种代价，被称为该项投资方案的机会成本。例如，某投资项目需在公司所有的一块土地上建造厂房，如果将该土地出售，可获净收入 40 万元。由于用于建造厂房，公司丧失这 40 万元的土地变现收入，这部分丧失的收入就是建造厂房的机会成本，是该项目投资总成本的组成之一。机会成本不是实际发生的成本，而是失去的潜在收益。机会成本总是针对具体方案的，离开被放弃的方案就无从计量确定。机会成本在决策中的意义在于它有助于全面考虑可能采取的各种方案，以便为既定资源寻求最为有利的使用途径。

3. 税后原则

企业取得收益后必须以税收形式让国家无偿参与收益分配，在评价投资项目时所使用的现金流量应当是税后现金流量，因为只有税后现金流量才与投资者的利益相关。作为项目投资分析依据的是税后现金流量，而不是税前现金流量。一个不考虑所得税的项目可能是个很好的项目，但考虑所得税后可能就变得不可取了。在各种现金流量中，项目的营业现金流量是受所得税影响最大的。又由于所得税的大小取决于利润的大小和税率的高低，而利润大小又受折旧方法的影响。因此，折旧对现金流量产生影响的原因也是受所得税的影响。

(二) 相关假设

为克服估算投资项目现金流量的困难，简化现金流量的计算过程，除应把握上述的原则外，还有一些必须明确的相关假设和约定。

1. 投资项目类型假设

假设投资项目只包括单纯固定资产投资项目、完整工业性投资项目和更新改造投资项目 3 种类型。

2. 财务可行性分析假设

假设投资决策是从企业投资者的立场出发，投资决策者确定现金流量就是为了进行财务项目可行性研究，该项目已经具备技术可行性和经济可行性。

3. 投资项目全投资假设

通常在评价和分析投资项目的现金流量时，站在企业投资者的立场上，考虑全部投资的运动情况，将投资决策与融资分开，假设全部投入资金都是企业的自有资金，即全投资设定，而不具体区分自有资金和借入资金等具体形式的现金流量。实际上，在对项目现金流量进行折现时，采用的折现率已经隐含了该项目的融资成本(计入项目的资本化利息除外)，若将项目投入使用后的利息支出计入该期现金流出量，那就出现了重复计算，所以，无论项目投资的资金是权益资金还是债务资金，这样设定才具有一致性和可比性。

4. 经营期与折旧年限一致假设

假定项目主要固定资产的折旧年限或使用年限与经营期相同。

5. 流量时点设定

为便于利用货币时间价值的形式，现金流量无论是流入还是流出，都设定为只发生在年初或年末两个时点上。如建设投资都假定在建设期内有关年度的年初或年末发生，垫付流动资金是在项目建设期期末发生，营业现金流入确认于年末实现，终结回收发生在项目经营期结束时，等等。

项目现金流量的估算是一件复杂而重要的工作，需要企业各相关部门的参与，充分发挥企业各相关部门的信息优势，如：营销部门测算收入和市场竞争变化后果；产品开发和技术部门测算投资项目的研制费用、设备购置、厂房建筑等投资支出；生产和成本部门测算生产成本(如原材料采购成本、生产工艺安排、产品成本)等。财务部门一是要为估算建立共同的基本假设条件，如物价水平、贴现率、可供资源的限制条件等；二是要协调参与预测工作的各方人员，使之能相互衔接与配合，防止预测者因个人偏好或部门利益而高估或低估收入和成本。

七、现金流量估算举例

(一) 单纯固定资产投资项目现金流量的估算

【例5-2】某企业拟购建一项固定资产，需在建设起点一次投入资金 500 万元，按直线法折旧，使用寿命为 5 年，期末有 100 万元的净残值。建设期为 1 年，预计投产后每年营业收入为 240 万元，每年付现成本为 80 万元。假设企业所得税税率为 40%。试计算该方案的现金流量。

解答：依题意计算有关指标如下。

$$年折旧 = \frac{固定资产原值-净残值}{固定资产使用年限} = \frac{500-100}{5} = 80(万元)$$

项目计算期 = 建设期 + 运营期 = 1 + 5 = 6(年)

建设期某年净现金流量 = -该年发生的固定资产投资

$NCF_0 = -500(万元)$

$NCF_1 = 0$

运营期某年净现金流量 = 净利润 + 年折旧

$\qquad\qquad$ = (营业收入 - 付现成本)×(1 - 所得税税率) + 折旧×所得税税率

$NCF_{2\sim5} = (240 - 80)×(1 - 40\%) + 80×40\% = 128(万元)$

终结点净现金流量 = 营业现金净流量 + 回收额

$NCF_6 = 128 + 100 = 228(万元)$

下面先用表 5-1 计算该方案的营业现金流量,再结合初始现金流量和终结现金流量编制该方案的全部现金流量表，如表 5-2 所示。

表5-1　投资项目营业现金流量计算表　　　　　　　　　　　　　单位：万元

T	1	2	3	4	5
营业收入(1)	240	240	240	240	240
付现成本(2)	80	80	80	80	80
折旧(3)	80	80	80	80	80

(续表)

T	1	2	3	4	5
税前利润(4)	80	80	80	80	80
所得税(5)＝(4)×40%	32	32	32	32	32
税后净利(6)＝(4)－(5)	48	48	48	48	48
营业现金流量(7)＝(1)－(2)－(5)　＝(3)＋(6)	128	128	128	128	128

表5-2　投资项目现金流量计算表　　　　　单位：万元

时间/年	0	1	2	3	4	5	6
固定资产投资	－500	0					
营业现金流量			128	128	128	128	128
净残值收入							100
现金流量合计	－500	0	128	128	128	128	228

(二) 完整工业投资项目流量的估算

【例5-3】某公司正考虑购入一种新设备来扩充生产能力，现有甲、乙两个方案可供选择。甲方案为购买半自动化的设备，需投资 40 万元，使用寿命为 5 年，采用直线法折旧，5 年后设备无残值，5 年中每年营业收入为 24 万元，每年的付现成本为 8 万元。乙方案购置全自动化的设备，需投资 48 万元，采用直线法折旧，使用寿命也为 5 年，5 年后有 8 万元的残值收入，5 年中每年营业收入 32 万元，付现成本为第一年 12 万元，以后随着设备陈旧，维修费逐年将增加 1.6 万元，另外在第一年年初需垫支营运资金 2 万元。假设所得税税率为 40%。试计算两个方案的现金净流量。

解答：依题意有关指标计算如下。

甲方案：

$$年折旧＝\frac{40}{5}＝8(万元)$$

$$项目计算期＝0＋5＝5(年)$$

$$NCF_0＝-40(万元)$$

$$NCF_{1\sim5}＝(24-8-8)\times(1-40\%)+8＝12.8(万元)$$

乙方案：

$$年折旧＝\frac{48-8}{5}＝8(万元)$$

$$项目计算期＝0＋5＝5(年)$$

$$NCF_0＝-(48+2)＝-50(万元)$$

$$NCF_1＝(32-12-8)\times(1-40\%)+8＝15.2(万元)$$

$$NCF_2＝(32-13.6-8)\times(1-40\%)+8＝14.24(万元)$$

$$NCF_3＝(32-15.2-8)\times(1-40\%)+8＝13.28(万元)$$

$$NCF_4＝(32-16.8-8)\times(1-40\%)+8＝12.32(万元)$$

$$NCF_5＝(32-18.4-8)\times(1-40\%)+8+8+2＝21.36(万元)$$

表 5-3 所示为计算甲、乙两方案的营业现金流量表，表 5-4 所示为反映甲、乙两方案的现金流量计算表。

表5-3 投资项目营业现金流量计算表 单位：万元

T	1	2	3	4	5
甲方案：					
营业收入(1)	24	24	24	24	24
付现成本(2)	8	8	8	8	8
折旧(3)	8	8	8	8	8
税前利润(4)	8	8	8	8	8
所得税(5)=(4)×40%	3.2	3.2	3.2	3.2	3.2
税后净利(6)=(4)−(5)	4.8	4.8	4.8	4.8	4.8
营业现金流量(7)=(1)−(2)−(5) =(3)+(6)	12.8	12.8	12.8	12.8	12.8
乙方案：					
营业收入(1)	32	32	32	32	32
付现成本(2)	12	13.6	15.2	16.8	18.4
折旧(3)	8	8	8	8	8
税前利润(4)	12	10.4	8.8	7.2	5.6
所得税(5)=(4)×40%	4.8	4.16	3.52	2.88	2.24
税后净利(6)=(4)−(5)	7.2	6.24	5.28	4.32	3.36
营业现金流量(7)=(1)−(2)−(5) =(3)+(6)	15.2	14.24	13.28	12.32	11.36

表5-4 投资项目现金流量计算表 单位：万元

时间/年	0	1	2	3	4	5
甲方案：						
固定资产投资	−40					
营业现金流量		12.8	12.8	12.8	12.8	12.8
现金净流量	−40	12.8	12.8	12.8	12.8	12.8
乙方案：						
固定资产投资	−48					
垫支流动资金	−2					
营业现金流量		15.2	14.24	13.28	12.32	11.36
净残值收入						8
营运资金回收						2
现金净流量	−50	15.2	14.24	13.28	12.32	21.36

(三) 固定资产更新改造项目现金流量的估算

【例5-4】某公司考虑用一台全自动化的新设备来代替原半自动化的旧设备，以提高效率。旧设备原购置成本为12万元，使用5年，估计还可使用5年，已提折旧6万元，假定使用期满后无残值。如果现在销售可得价款6万元，使用该设备每年可获收入15万元，每年的付现成本为9万元。该公司现准备用一台新设备来代替原有的旧设备，新设备的购置成本为18万元，估计可使用5年，期满残值收入3万元。

使用新设备后，每年收入可达 24 万元，每年付现成本为 12 万元。假设所得税税率为 40%，新、旧设备均采用直线法计提折旧。试分别计算继续使用旧设备方案和更新方案的现金流量。

解答：依题意有关指标计算如下。

继续使用旧设备：

$$年折旧 = \frac{6}{5} = 1.2(万元)$$

项目计算期 $= 0 + 5 = 5(年)$

$NCF_0 = -6(万元)$

$NCF_{1\sim5} = (15 - 9 - 1.2) \times (1 - 40\%) + 1.2 = 4.08(万元)$

更换新设备：

$$年折旧 = \frac{18 - 3}{5} = 3(万元)$$

项目计算期 $= 0 + 5 = 5(年)$

$NCF_0 = -18(万元)$

$NCF_{1\sim4} = (24 - 12 - 3) \times (1 - 40\%) + 3 = 8.4(万元)$

$NCF_5 = 8.4 + 3 = 11.4(万元)$

表 5-5 所示为计算两方案的营业现金流量表，表 5-6 所示为反映两方案的现金流量计算表。

表5-5 投资项目营业现金流量计算表　　　　　　　　　　单位：万元

T	1	2	3	4	5
继续使用旧设备：					
营业收入(1)	15	15	15	15	15
付现成本(2)	9	9	9	9	9
折旧(3)	1.2	1.2	1.2	1.2	1.2
税前利润(4)	4.8	4.8	4.8	4.8	4.8
所得税(5) = (4)×40%	1.92	1.92	1.92	1.92	1.92
税后净利(6) = (4) − (5)	2.88	2.88	2.88	2.88	2.88
营业现金流量(7) = (1) − (2) − (5) = (3) + (6)	4.08	4.08	4.08	4.08	4.08
更换新设备：					
营业收入(1)	24	24	24	24	24
付现成本(2)	12	12	12	12	12
折旧(3)	3	3	3	3	3
税前利润(4)	9	9	9	9	9
所得税(5) = (4)×40%	3.6	3.6	3.6	3.6	3.6
税后净利(6) = (4) − (5)	5.4	5.4	5.4	5.4	5.4
营业现金流量(7) = (1) − (2) − (5) = (3) + (6)	8.4	8.4	8.4	8.4	8.4

表5-6 投资项目现金流量计算表　　　　　　　　　　　单位：万元

时间/年	0	1	2	3	4	5
继续使用旧设备：						
固定资产投资	-6					
营业现金流量		4.08	4.08	4.08	4.08	4.08
现金净流量	-6	4.08	4.08	4.08	4.08	4.08
更换新设备：						
固定资产投资	-18					
营业现金流量		8.4	8.4	8.4	8.4	8.4
净残值收入						3
现金净流量	-18	8.4	8.4	8.4	8.4	11.4

第二节　投资决策指标

一、投资决策评价指标及其类型

项目投资时间跨度大，贯穿于企业整个存续期，它是企业生存和发展的基础。项目投资决策是所有决策中最重要的决策，因此对项目投资方案进行可行性分析显得尤其重要。投资决策指标是评价投资方案是否可行或优劣的标准。从财务评价的角度，投资决策指标主要包括投资回收期、投资收益率、净现值、净现值率、获利指数、内部收益率。

投资决策评价指标可以按以下标准进行分类。

1. 按照是否考虑资金时间价值来分类

按照是否考虑资金时间价值来分类，可分为非贴现现金流量指标和贴现现金流量指标。非贴现现金流量指标又称静态指标，是指在决策时，不考虑资金的时间价值，认为不同时期的现金流量的价值是相等的，可以直接相加减和比较的指标。非贴现现金流量指标的最大优点是计算简单，包括投资回收期和投资收益率两种指标。

贴现现金流量指标又称动态指标，是指在决策时要考虑货币时间价值的要求，将投资项目的现金流量按某一基础折算成同一时期点的量，再对投资支出和各年现金流量的大小进行比较，以确定方案可行性的指标。由于贴现现金流量指标考虑了货币时间价值这一因素，与非贴现现金流量指标相比较而言，准确度更高，客观性更强，能较好地反映投资项目或投资方案的优劣。常用的贴现现金流量指标有净现值、净现值率、获利指数和内含报酬率。

2. 按指标性质不同来分类

按指标性质不同，可分为正指标和反指标两大类。正指标表示在一定范围内越大越好的指标，如投资利润率、净现值、净现值率、获利指数、内部收益率。反指标表示在一定范围内越小越好的指标，如投资回收期。

3. 按照数据特征来分类

按照数据特征来分类，可分为绝对数指标和相对数指标。前者包括以时间为计量单位的投资回收期和以价值量为计量单位的净现值指标，后者包括投资利润率、净现值率、获利指数、内部收益率、投资报酬率等。

二、非贴现现金流量指标

(一) 投资回收期

1. 投资回收期的含义与计算

投资回收期是指投资项目收回原始总投资所需要的时间，即用投资项目产生的经营净现金流量逐渐抵偿原始投资支出，从而使投资支出正好全部收回所经历的时间长度，它一般以年度为单位。它有包括建设期的投资回收期(记作 PP)和不包括建设期的投资回收期(记作 PP′)两种形式。

投资回收期法就是以投资回收的时间长短作为评价和分析项目可行性标准的一种方法。一般而言，投资者总是希望尽快地收回投资，即投资回收期越短越好。

投资回收期的计算，因每年的现金净流量是否相等而有所不同，其计算分为两种情况。

(1) 每年现金净流量相等。

如果投资方案各年的现金流量相等，投资回收期可以直接用投资总额除以年现金净流量来计算，即

$$不包括建设期的投资回收期(PP′) = \frac{原始总投资}{投产后若干年相等的净现金流量}$$

$$包括建设期的投资回收期(PP) = 不包括建设期的回收期 + 建设期$$

【例 5-5】 前述例 5-3 中甲方案各年现金净流量均为 12.8 万元，则该方案的投资回收期为：

$$PP_{甲} = \frac{40}{12.8} = 3.125(年)(建设期为 0)$$

(2) 每年现金净流量不等

如果投资方案各年的现金净流量不等，则可用累计现金净流量的方法来确定包括建设期的投资回收期，进而再推算出不包括建设期的投资回收期。因为不论在什么情况下，都可以通过这种方法来确定投资回收期，因此，此法又称为计算投资回收期的一般方法。该方法的原理是，按照回收期的定义，包括建设期的投资回收期 PP 满足以下关系式，即

$$\sum_{t=0}^{PP} NCF_t = 0$$

这表明在投资项目现金流量表的"现金净流量"一行中，包括建设期的投资回收期(PP)恰好是累计现金净流量为零的年限。如果无法在"现金净流量"行中找到累计现金净流量为零的年份，必须按下式计算包括建设期的投资回收期(PP)。

包括建设期的投资回收期(PP) = 最后一项为负值的累计净现金流量对应的年数 +

$$\frac{最后一项为负值的累计净现金量绝对值}{下年净现金流量}$$

或　　　　$$= 累计净现金流量第一次出现正值的年份 - 1 + \frac{该年初尚未回收的投资}{该年净现金流量}$$

【例 5-6】 前述例 5-3 中乙方案各年现金净流量不相同，可以用逐年获得的净现金流量补偿初始的投资总额，直到累计现金净流量为 0，计算出投资回收期，计算过程如表 5-7 所示。

从表 5-7 可以看出，累计第 3 年的现金净流量为-7.28 万元，累计第 4 年的现金净流量为 5.07 万元，则乙方案的投资回收期应在 3～4 年，用公式计算其投资回收期，即

$$PP = 3 + 7.28 \div 12.32 = 3.591(年)$$

或　　　$$= 4 - 1 + 7.28 \div 12.32 = 3.591(年)$$

表5-7 乙方案投资回收期计算表 单位: 万元

时间(年)	每年现金净流量	累计现金净流量
0	-50	-50
1	15.2	-34.8
2	14.24	-20.56
3	13.28	-7.28
4	12.32	5.07
5	21.36	26.43

2. 投资回收期的评价

投资回收期是一个非贴现的绝对数反指标。在评价方案的可行性时,包括建设期的投资回收期比不包括建设期的投资回收期的用途更为广泛。运用投资回收期法进行投资决策时,首先要确定一个企业能够接受的期望投资回收期,然后用投资方案的投资回收期与期望投资回收期比较。只有实际的投资回收期小于期望投资回收期时,方可接受该投资回收期最短的为最优方案。在例5-3中,若仅以投资回收期为评价标准,则应选择甲方案。

投资回收期法是一种使用很早、很广泛的投资决策方法。它的优点是能够直观地反映原值总投资的收回期限,便于理解,计算也比较简单,可以直接利用回收期之前的净现金流量信息。其缺点是没有考虑资金时间价值因素和回收期满后继续发生的现金流量,不能正确反映投资方式不同对项目的影响。所以,单独使用投资回收期进行投资项目评价难免有得出错误结论的可能性。投资回收期现在一般作为辅助方法使用,主要用来测定方案的流动性和营利性。

(二) 投资利润率

1. 投资利润率的含义与计算

投资利润率又称投资报酬率(记作 ROI),是指达产期正常年度利润或年均利润占投资总额的百分比。其计算公式为:

$$投资利润率(ROI) = \frac{年利润或年均利润}{投资总额} \times 100\%$$

【例 5-7】 仍以例 5-3 的资料计算投资利润率。

$$甲方案的投资利润率(ROI_甲) = \frac{12.8}{40} \times 100\% = 32\%$$

$$乙方案的投资利润率(ROI_乙) = \frac{(15.2+14.24+13.28+12.32+21.36) \div 5}{50} \times 100\%$$
$$= 30.56\%$$

2. 投资利润率的评价

投资利润率是一个非贴现的相对数正指标。运用投资利润率法进行决策时,首先要确定企业的期望报酬率以作为衡量评价的标准。在单个方案的可行性分析时,只要该投资方案的投资利润率大于企业的期望报酬率,就可接受;反之拒绝。在多个方案比选时,以满足期望报酬率要求的方案中投资利润率最高的方案为最优方案。例5-3中,甲方案显然优于乙方案,按投资利润率标准不难选择,应选择甲方案。

投资利润率的优点是计算公式简单;缺点是没有考虑资金时间价值因素,不能正确反映建设期长短及投资方式不同和回收额的有无对项目的影响,分子、分母计算口径的可比性较差,无法直接利用净现金流量信息。

三、贴现现金流量指标

(一) 净现值

1. 净现值的含义与计算

净现值(记作 NPV),是指在项目计算期内,投资项目按设定折现率或基准收益率计算的各年净现金流量现值的代数和。事实上,项目各年现金净流量在初始投资阶段是负值,即净流出;而在项目投产运营直至项目终结阶段是正值,即净流入。因此,净现值的计算也表现为投资项目现金净流入的现值与现金净流出的现值之间的净差额,故称净现值。净现值法就是按投资项目的净现值大小来分析投资方案的经济效益,评价和选择投资方案的方法。一般而言,净现值越大,投资项目或方案的效益越好,反之亦然。净现值的计算公式为:

$$净现值(NPV) = \sum_{t=0}^{n}[NCF_t \cdot (P/F, i, t)]$$

式中:n——项目投资计算期;

$(P/F, i, t)$——第 t 年,折现率为 i 的复利现值系数。

【例5-8】仍以例5-3所给出的资料数据,假设预定的贴现率为10%,计算两个方案的净现值。

方案甲:

每年的现金净流量相等,可以将上式转换成年金形式,其净现值为:

$$NPV_甲 = 12.8 \times (P/A, 10\%, 5) - 40 = 12.8 \times 3.7908 - 40 \approx 8.52(万元)$$

方案乙:

每年的现金净流量不相等,则只能用各年的复利现值系数将现金净流量折合成现值,其净现值为:

$$NPV_乙 = 15.2 \times (P/F, 10\%, 1) + 14.24 \times (P/F, 10\%, 2) + 13.28 \times (P/F, 10\%, 3) + 12.32 \times (P/F, 10\%, 4)$$
$$+ 21.36 \times (P/F, 10\%, 5) - 50$$
$$= 15.2 \times 0.9091 + 14.24 \times 0.8264 + 13.28 \times 0.7513 + 12.32 \times 0.6830 + 21.36 \times 0.6209 - 50$$
$$\approx 57.24 - 50 = 7.24(万元)$$

2. 净现值的评价

在投资项目评价中,关键是折现率的选择,实务中通常以投资项目的资金成本率、投资的机会成本和行业平均收益率等作为折现率。

净现值是贴现的绝对数正指标。运用净现值法对投资项目进行决策的一般标准是:只要投资项目的净现值大于或等于零就是可行的,应接受该方案;若其净现值小于零就不可行,应拒绝该方案。如果有多个方案进行比选,则应以净现值最大正值作为首选。在例5-8中,甲、乙两个方案的净现值均为正值,都是可行方案,但因为甲方案的净现值更大,所以应选择甲方案。

净现值法是投资决策评价方法最基本的方法,它具有广泛的适用性,在理论上也比其他方法更完善。它的优点是:首先,净现值考虑了资金时间价值,增强了投资经济型的评价;其次,净现值指标是一个绝对数指标,其好处在于能明确地反映出从事一项投资会使企业增值或减值的数额大小,从而为企业提供是否增加企业价值的有用信息。

净现值法也存在不足,其缺点主要表现在:①净现值指标没能反映投资方案所能达到的实际投资报酬率究竟是多少,所以,依据净现值的大小不能对投资获利水平得出正确判断,而必须结合其他方法做出分析评价;②净现值法是依据净现值绝对数大小分析投资方案,但是如果存在几个初始资额不同的方案，就无法利用净现值指标说明各方案的优劣；③净现值的大小与给定的贴现率反向变化，而合理确定贴现率比较困难。如果选择的贴现率过低，则会导致一些经济效益差的项目得以通过，造成社会资源的浪费；相反也是同样道理。

(二) 净现值率

1. 净现值率的含义与计算

净现值率(记作 NPVR)，是指投资项目的净现值占原始投资现值总和的比率，亦可将其理解为单位原始投资的现值所创造的净现值。

净现值率的计算公式为：

$$净现值率(NPVR) = \frac{项目的净现值}{原始投资的现值合计} \times 100\%$$

【例 5-9】有关数据资料见例 5-3 和例 5-8，要求计算两个方案的净现值率。

方案甲：净现值 $NPV_甲 = 8.52$ 万元，初始投资现值为 40 万元，则

$$净现值率 NPVR_甲 = \frac{8.52}{40} = 0.213$$

方案乙：净现值 $NPV_乙 = 7.24$ 万元，初始投资现值为 50 万元，则

$$净现值率 NPVR_乙 = \frac{7.24}{50} = 0.1448$$

2. 净现值率的评价

净现值率是贴现的相对数正指标，反映了投入与产出的关系。运用净现值率对投资项目进行决策的一般标准是：如果投资项目的净现值率大于或等于零，该方案可行；如果投资项目的净现值率小于零，该方案不可行；如果几个投资项目的净现值率都大于零，则净现值率最大者方案最优。例 5-9 中，根据计算结果可知，甲方案的净现值率比乙方案的要大，故甲方案为最佳方案。

净现值率指标的优点是除综合考虑了资金时间价值、项目计算期的全部现金净流量和部分投资风险外，还从动态的角度反映项目投资的资金投入和净产出之间的关系，计算过程也比较简单，较适宜多种投资额不等方案的决策评价。其缺点是无法直接反映投资项目的实际收益率水平。

(三) 获利指数

1. 获利指数的含义与计算

获利指数(记作 PI)又称现值指数，是指投产后按基准收益率或设定折现率折算的各年净现金流量的现值合计与原始投资的现值合计之比。

获利指数的计算公式为：

$$获利指数(PI) = \frac{投产后各年净现金流量的现值合计}{原始投资的现值合计}$$

或

$$= 1 + 净现值率$$

【例 5-10】仍按例 5-3 和例 5-8 中的现金流量资料和净现值资料，计算两方案的获利指数，以及验证获利指数和净现值率之间的关系。

(1) 计算现值指数。

方案甲：现值指数 $PI_甲 = \frac{48.52}{40} = 1.213$

方案乙：现值指数 $PI_Z = \dfrac{57.24}{50} = 1.1448$

(2) 获利指数和净现值率的关系验证。

依据例 5-9 中的计算，方案甲净现值率 $NPVR_甲 = 0.213$，方案乙净现值率 $NPVR_Z = 0.1448$，而方案甲的现值指数 $PI_甲 = 1.213$，方案乙的现值指数 $PI_Z = 1.1448$，可以很清楚看出：$1 + NPVR = PI$。

2. 获利指数的评价

获利指数亦是贴现的相对数正指标，亦反映了投入和产出的关系。获利指数法的评价标准是：投资方案的获利指数大于或等于 1，说明投资方案可行，应予接受；投资方案的获利指数小于 1，说明投资方案不可行，应予拒绝。在多个方案中进行优选时，应在满足获利指数大于 1 的方案中选择获利指数最大的方案。例 5-10 中甲、乙两个方案的现值指数均大于 1，但甲方案的获利指数大于乙方案的，故应选择甲方案。

现值指数法和净现值法的本质是相同的，一个方案的净现值大于等于 0，则其现值指数必定大于等于 1；反之亦然。现值指数是用相对数表示的，它有利于在原始投资额不同的投资方案之间进行对比。在面对多个相互独立的投资方案进行优劣排序选择时，使用获利指数为决策标准有利于资金投入总效益发挥至最大。这也是在使用净现值法的同时又使用获利指数法的原因。获利指数的优点是可以从动态的角度反映项目的资金投入与总产出之间的关系；缺点是除无法直接反映投资项目的实际收益率外，计算也相对复杂。

(四) 内部收益率

1. 内部收益率的含义与计算

内部收益率(记作 IRR)又称内含报酬率，是指项目投资实际可望达到的收益率。也就是使投资项目的净现值等于零时的折现率。IRR 满足下面的等式：

$$\sum_{t=0}^{n} [NCF_t \cdot (P/F, IRR, t)] = 0$$

解出上式中的 IRR 值即为内含报酬率。在实际计算求解中，根据各年现金净流量是否相等，而采用不同的方法。

(1) 经营期内每年的现金净流量相等。

经营期内每年的净现金流量相等时，则每年 NCF 可以表现为普通年金的形式，可以直接利用年金现值系数然后再用内插法便可计算出内部收益率。此种情况的计算相对容易一些，故该方法又称简便算法。在此法下，内部收益率 IRR 可按下式确定：

$$(P/A, IRR, n) = \frac{I}{NCF}$$

式中：I——原始总投资；

$(P/A, IRR, n)$——第 n 期、设定折现率为 IRR 的年金现值系数；

NCF——投产后 $1 \sim n$ 年每年相等的净现金流量。

该方法的具体计算程序如下：

① 按上式计算$(P/A, IRR, n)$的值，假定该值为 C；

② 根据计算出来的年金现值系数 C，查 n 年的年金现值系数表；

③ 若在 n 年系数表上恰好能找到等于上述数值 C 的年金现值系数$(P/A, IRR, n)$，则该系数所对应的折现率 r_m 即为所求的内部收益率 IRR；

④ 若在系数表上找不到事先计算出来的系数值 C，则需要找到系数表上同期略大及略小于该数值的两个临界值 C_m 和 C_{m+1} 及相对应的两个折现率 r_m 和 r_{m+1}，然后用内插法计算近似的内部收益率，即以下关系成立：

$$(P/A,r_m,n) = C_m > C$$
$$(P/A,r_{m+1},n) = C_{m+1} < C$$

就可以按下列具体公式计算内部收益率 IRR：

$$\text{IRR} = r_m + \frac{C_m - C}{C_m - C_{m+1}} \times (r_{m+1} - r_m)$$

为缩小误差，按照有关规定，r_{m+1} 与 r_m 之间的差不得大于 5%。

【例 5-11】仍沿用例 5-3 中的资料，计算甲方案的内含报酬率。

甲方案在经营期内每年的净现金流量相等，可以采用简便算法，分步计算如下。

第一步，计算年金现值系数。

$$(P/A,\text{IRR},5) = \frac{40}{12.8} = 3.125$$

第二步，采用内插法求出内含报酬率。

采用内插法进行计算，查"年金现值系数表"，在 $n=5$ 的行中找与 3.125 对应的年金现值系数，与 3.125 相邻的年金现值系数为 3.1272 和 2.9906，对应的折现率为 18% 和 20%，则该方案的内含报酬率为：

$$\text{IRR}_{甲} = 18\% + \frac{3.1272 - 3.125}{3.1272 - 2.9906} \times (20\% - 18\%) = 18.03\%$$

(2) 经营期内每年的现金净流量不相等。

此种情况下的计算相对比较复杂，一般要采用"逐步测试法"计算。该法是通过计算项目不同设定折现率的净现值，然后根据内部收益率的定义所揭示的净现值与设定折现率的关系，采用一定的技巧，最终设法找到能使净现值等于零的折现率——内部收益率 IRR 的方法。

它的基本原理是：首先，估计一个折现率，用它来计算方案的净现值。其次，判断所估计的折现率是偏大还是偏小，如果净现值为正数，则说明所估计的折现率小于方案的内部收益率，应提高折现率后进行进一步测试；如果净现值为负数，则说明所估计的折现率大于方案的内部收益率，应降低折现率后进一步测试；如果计算的净现值为 0，则说明所估计的折现率等于方案的内部收益率。经过多次反复测试，可以找到一个最接近于 0 的正净现值 NPV_m 和一个最接近于 0 的负净现值 NPV_{m+1} 以及它们所对应的折现率 r_m 和 r_{m+1}，内含报酬率就介于这两个相邻的贴现率之间。然后，再用插值法计算出该方案的实际内含报酬率，计算公式如下：

$$\text{IRR} = r_m + \frac{\text{NPV}_m - 0}{\text{NPV}_m - \text{NPV}_{m+1}} \times (r_{m+1} - r_m)$$

【例 5-12】仍沿用例 5-3 中的资料，计算乙方案的内含报酬率。

乙方案每年的净现值不一样，只能采用逐步测试法计算。

由于企业的必要报酬率是投资方案的评价基础，因此例 5-3 中乙方案在折现率为 10% 条件下已计算出的净现值为正数 7.24 万元，可以作为进一步提高折现率加以测算的依据。假如估计一个贴现率为 15%，得出相应的净现值为 0.3812 万元，再估计一个贴现率为 10%，得出相应的净现值为-0.8285 万元；于是可确定内含报酬率处在 15% 至 16% 之间。其具体计算过程如表 5-8 所示。

表5-8 乙方案内含报酬率计算表 单位：万元

时间(年)	NCF	测试 15%		测试 16%	
		复利现值系数	现值	复利现值系数	现值
0	-50	1	-50	1	-50
1	15.2	0.8696	13.2179	0.8621	13.1039
2	14.24	0.7561	10.7669	0.7432	10.5832
3	13.28	0.6575	8.7316	0.6407	8.5085
4	12.32	0.5718	7.0446	0.5523	6.8043
5	21.36	0.4972	10.6202	0.4762	10.1716
净现值			0.3812		-0.8285

承接上表的测试结果，然后用插值法计算内含报酬率，即

$$IRR = 15\% + \frac{0.3812}{0.3812 + 0.8285} \times (16\% - 15\%) = 15.32\%$$

2. 内部收益率评价

内部收益率是一个折现的相对数正指标。运用内部收益率对投资项目进行评价的一般标准是：如果投资方案的内部收益率大于或等于企业的必要投资报酬率时，可接受该方案；如果投资方案的内部收益率小于企业的必要报酬率时，应拒绝该方案。若对多个方案进行优选，则应在满足内部收益率大于或等于必要报酬率的方案中，选择内部收益率最大的方案即为最优方案。例 5-3 中甲、乙两个方案的内部收益率均大于必要报酬率，但甲方案的内部收益率大于乙方案，因此应选择甲方案。

内部收益率反映了投资方案内在的获利水平，如果投资项目的现金流量估计符合客观实际，那么内含报酬率就是真实而可信的。内部收益率法的优点是，注重资金的时间价值，既可以从动态的角度直接反映投资项目的实际收益水平，又不受基准收益率高低的影响，比较客观；内部收益率的不足之处在于计算比较复杂，特别是某种非常规投资方案如经营期内有追加投资时，各年现金净流量会时为正值、时为负值多次变号，这就会导致出现多个内部收益率，给投资方案的评价和选择带来困难。

第三节　投资决策指标的应用

一、独立方案财务可行性评价及投资决策

(一) 独立方案的含义

在财务管理中，将一组互相分离、互不排斥的方案称为独立方案。在独立方案中，选择某一方案并不排斥选择另一方案。

(二) 独立方案的财务可行性评价与投资决策的关系

只有完全具备或基本具备财务可行性的方案，才可以接受；完全不具备或基本不具备财务可行性的方案，只能选择"拒绝"。

(三) 评价方案财务可行性的要点

1. 判断方案是否完全具备财务可行性的条件

如果某一投资方案的评价指标均处于可行区间，即同时满足以下条件时，则可以断定该投资方案无

论从哪个方面看都具备财务可行性，或完全具备可行性。这些条件是：①净现值 NPV≥0；②净现值率 NPVR≥0；③获利指数 PI≥1；④内部收益率 IRR≥基准折现率 i_c；⑤包括建设期的静态投资回收期 PP≤$\frac{n}{2}$(即项目计算期的一半)；⑥不包括建设期的静态投资回收期 PP$'$≤$\frac{p}{2}$(即运营期的一半)；⑦投资收益率 ROI≥基准投资收益率 i(事先给定)。

2. 判断方案是否完全不具备财务可行性的条件

如果某一投资项目的评价指标均处于不可行区间，即同时满足以下条件时，则可以断定该投资项目无论从哪个方面看都不具备财务可行性，或完全不具备可行性，应当彻底放弃该投资方案。这些条件是：①NPV<0；②NPVR<0；③PI<1；④IRR<i_c；⑤PP>$\frac{n}{2}$；⑥PP$'$>$\frac{p}{2}$；⑦ROI<i。

3. 判断方案是否基本具备财务可行性的条件

如果在评价过程中发现某项目的主要指标处于可行区间(如 NPV≥0，NPVR≥0，PI≥1，IRR≥i_c)，但次要或辅助指标处于不可行区间(如 PP>$\frac{n}{2}$，PP$'$>$\frac{p}{2}$ 或 ROI<i)，则可以断定该项目基本上具有财务可行性。

4. 判断方案是否基本不具备财务可行性的条件

如果在评价过程中发现某项目出现 NPV<0，NPVR<0，PI<1，IRR<i_c 的情况，即使有 PP≤$\frac{n}{2}$，PP$'$≤$\frac{p}{2}$ 或 ROI≥i 发生，也可断定该项目基本上不具有财务可行性。

(四) 其他应当注意的问题

(1) 主要评价指标在评价财务可行性的过程中起主导作用。

在对独立项目进行财务可行性评价和投资决策的过程中，当静态投资回收期(次要指标)或投资收益率(辅助指标)的评价结论与净现值等主要指标的评价结论发生矛盾时，应当以主要指标的结论为准。

(2) 利用动态指标对同一个投资项目进行评价和决策，会得出完全相同的结论。

在对同一个投资项目进行财务可行性评价时，净现值、净现值率、获利指数和内部收益率指标的评价结论是一致的。

【例 5-13】 某固定资产投资项目只有一个方案，其原始投资为 1000 万元，项目计算期为 11 年(其中生产运营期为 10 年)，基准投资利润率为 9.5%，行业基准折现率为 10%。

有关投资决策评价指标如下：ROI=10%，PP=6 年，PP$'$=5 年，NPV=+162.65 万元，NPVR=17.04%，PI=1.1704，IRR=12.73%。

要求：

评价该项目的财务可行性。

解答：

∵ROI=10%>i=9.5%，PP$'$=5 年=$\frac{p}{2}$，NPV=+162.65 万元>0

NPVR=17.04%>0，PI=1.1704>1，IRR=12.73%>i_c=10%

∴该方案基本上具有财务可行性(尽管 PP=6 年>$\frac{n}{2}$=5.5 年，超过基准回收期)

因为该方案各项主要评价指标均达到或超过相应标准，所以基本上具有财务可行性，只是包括建设期的投资回收期较长，有一定风险。如果条件允许，可实施投资。

二、多个互斥方案的比较决策

互斥方案是指互相关联、互相排斥的方案，即一组方案中的各个方案彼此可以相互代替，采纳方案组中的某一方案，就会自动排斥这组方案中的其他方案。

多个互斥方案比较决策是指在每一个入选方案已具备财务可行性的前提下，利用具体决策方法比较各个方案的优劣，利用评价指标从各个备选方案中最终选出一个最优方案的过程。

项目投资多方案比较决策的方法主要包括净现值法、净现值率法、差额投资内部收益率法、年等额净回收额法和计算期统一法等具体方法。

(一) 净现值法

所谓净现值法，是指通过比较所有已具备财务可行性投资方案的净现值指标的大小来选择最优方案的方法。该方法适用于原始投资相同且项目计算期相等的多方案比较决策。

在此方法下，净现值最大的方案为优。

【例5-14】净现值法在原始投资额相等的多个互斥方案决策中的应用。

已知：某个固定资产投资项目需要原始投资100万元，有A、B、C、D4个互相排斥的备选方案可供选择，各方案的计算期相等，其净现值指标分别为228.914万元、117.194万元、206.020万元和162.648万元。

要求：

(1) 评价每一方案的财务可行性。

(2) 按净现值法进行比较决策。

解答：

(1) 评价方案的财务可行性。

因为A、B、C、D每个备选方案的NPV均大于零，所以这些方案均具有财务可行性。

(2) 按净现值法进行比较决策。

由228.914＞206.020＞162.648＞117.194可知：A方案最优，其次为C方案，再次为D方案，最差为B方案。

(二) 净现值率法

所谓净现值率法，是指通过比较所有已具备财务可行性投资方案的净现值率指标的大小来选择最优方案的方法。在此方法下，净现值率最大的方案为优。

在投资额相同的互斥方案比较决策中，采用净现值率法会与净现值法得到完全相同的结论；但投资额不相同时，情况就不同了。

(三) 差额投资内部收益率法

所谓差额投资内部收益率法，是指在两个原始投资额不同方案的差量净现金流量(记作ΔNCF)的基础上，计算出差额内部收益率(记作ΔIRR)，并据此与行业基准折现率进行比较，进而判断方案孰优孰劣的方法。该方法适用于两个原始投资不相同，但项目计算期相同的多方案比较决策。当差额内部收益率指标大于或等于基准收益率或设定折现率时，原始投资额大的方案较优；反之，则投资少的方案为优。

该方法经常被用于更新改造项目的投资决策中，当该项目的差额内部收益率指标大于或等于基准折现率或设定折现率时，应当进行更新改造；反之，就不应当进行此项更新改造。

【例5-15】差额投资内部收益率法的应用。

已知：A项目原始投资的现值为150万元，1~10年的净现金流量为29.29万元；B项目的原始投资额为100万元，1~10年的净现金流量为20.18万元。行业基准折现率为10%。

要求:

(1) 计算差量净现金流量ΔNCF。

(2) 计算差额内部收益率ΔIRR。

(3) 用差额投资内部收益率法做出比较投资决策。

解答:

(1) 计算差量净现金流量。

$\Delta NCF_0 = -150-(-100) = -50(万元)$

$\Delta NCF_{1\sim10} = 29.29-20.18 = 9.11(万元)$

(2) 计算差额内部收益率ΔIRR。

$(P/A,\Delta IRR,10) = \dfrac{50}{9.11} \approx 5.4885$

$\because (P/A,12\%,10) = 5.6502 > 5.4885$

$(P/A,14\%,10) = 5.2161 < 5.4885$

$\therefore 12\% < \Delta IRR < 14\%$

采用内插法得:

$\dfrac{5.6502-5.4885}{5.6502-5.2161} = \dfrac{0.1617}{0.4341} = 0.37$

$\Delta IRR = 12\% + 0.37\% = 12.37\%$

(3) 用差额投资内部收益率法做决策。

由$\Delta IRR = 12.37\% > i_c = 10\%$可知:应当投资 A 项目。

(四) 年等额净回收额法

所谓年等额净回收额法,是指通过比较所有投资方案的年等额净回收额(记作 NA)指标的大小来选择最优方案的决策方法。该方法适用于原始投资不相同,特别是项目计算期不同的多方案比较决策。在此方法下,年等额净回收额最大的方案为优。

某方案的年等额净回收额等于该方案净现值与相关回收系数(或年金现值系数倒数)的乘积。其计算公式如下:

$$某方案年等额净回收额 = 该方案净现值 \times 回收系数$$

或

$$= 该方案净现值 \times \dfrac{1}{年金现值系数}$$

【例 5-16】年等额净回收额法在原始投资额不相等的多个互斥方案决策中的应用。

已知:某企业拟投资建设一条新生产线。现有 3 个方案可供选择:A 方案的原始投资为 1250 万元,项目计算期为 11 年,净现值为 958.7 万元;B 方案的原始投资为 1100 万元,项目计算期为 10 年,净现值为 920 万元;C 方案的净现值为 - 12.5 万元。行业基准折现率为 10%。

要求:

(1) 判断每个方案的财务可行性。

(2) 用年等额净回收额法做出最终的投资决策(计算结果保留两位小数)。

解答:

(1) 判断方案的财务可行性。

因为 A 方案和 B 方案的净现值均大于零,所以这两个方案具有财务可行性;而 C 方案的净现值小于零，所以该方案不具有财务可行性。

(2) 比较决策。

A 方案的年等额净回收额 = A 方案的净现值 $\times \dfrac{1}{(P/A,10\%,11)}$

$$= 958.7 \times 1 \div 6.49506 = 147.60(万元)$$

B 方案的年等额净回收额 = B 方案的净现值 $\times \dfrac{1}{(P/A,10\%,10)}$

$$= 920 \times 1 \div 6.14457 = 149.73(万元)$$

由 149.73＞147.60 可知：B 方案优于 A 方案。

(五) 计算期统一法

计算期统一法是指通过对计算期不相等的多个互斥方案选定一个共同的计算分析期，以满足时间可比性的要求，进而根据调整后的评价指标来选择最优方案的方法。

该方法包括方案重复法和最短计算期法两种具体处理方法。

1. 方案重复法

方案重复法也称计算期最小公倍数法，是将各方案计算期的最小公倍数作为比较方案的计算期，进而调整有关指标，并据此进行多方案比较决策的一种方法。

【例5-17】固定资产投资方案重复法在项目计算期不相等的多个互斥方案决策中的应用。

已知：A、B 方案均在年末投资，它们的计算期分别为 10 年和 15 年，有关资料如表 5-9 所示。基准折现率为 12%。

表5-9　净现金流量资料　　　　　　　　　　　　　　　单位：万元

项目＼年	1	2	3	4~9	10	11~14	15	净现值
A	-700	-700	480	480	600	—	—	756.48
B	-1500	-1700	-800	900	900	900	1400	795.54

要求：

用计算期统一法中的方案重复法做出最终的投资决策。

解答：

依题意，A 方案的项目计算期为 10 年，B 方案的项目计算期为 15 年，两个方案计算期的最小公倍数为 30 年，如图 5-1 所示。

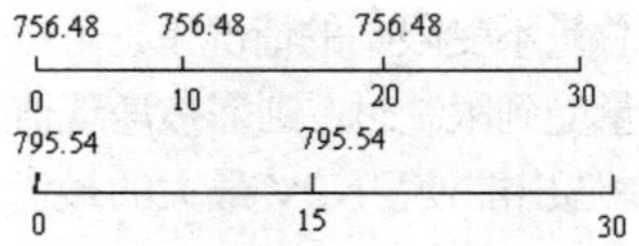

$$
\begin{array}{l}
756.48 \quad 756.48 \quad 756.48 \\
\hline
0 \qquad 10 \qquad 20 \qquad 30 \\
795.54 \qquad\quad 795.54 \\
\hline
0 \qquad\qquad 15 \qquad\qquad 30
\end{array}
$$

图 5-1　方案重复法净现值比较图

在此期间，A 方案重复两次，而 B 方案只重复一次，则调整后的净现值指标为：

$$\mathrm{NPV}_A{}' = 756.48 + 756.48 \times (P/F,12\%,10) + 756.48 \times (P/F,12\%,20)$$

$$= 1078.47(万元)$$

$$NPV_B{'} = 795.54 + 795.54 \times (P/F,12\%,15)$$
$$= 940.88(万元)$$

由 $NPV_A{'} = 1078.47 > NPV_B{'} = 940.88$ 可知：A 方案优于 B 方案。

2. 最短计算期法

最短计算期法又称最短寿命期法，是指在将所有方案的净现值均还原为等额年回收额的基础上，再按照最短的计算期来计算出相应净现值，进而根据调整后的净现值指标进行多方案比较决策的一种方法。

【例 5-18】最短计算期法在项目计算期不相等的多个互斥方案决策中的应用。

已知：仍按例 5-13 资料。

要求：

用最小计算期法做出最终的投资决策。

解答：

依题意，A、B 两个方案中最短的计算期为 10 年，如图 5-2 所示，则调整后的净现值指标为：

$$NPV_A{''} = NPV_A = 756.48(万元)$$
$$NPV_B{''} = NPV_B \times (A/P,12\%,15) \times (P/A,12\%,10)$$
$$= 795.54 \times (A/P,12\%,15) \times (P/A,12\%,10)$$
$$= 659.97(万元)$$

由 $NPV_A{''} = 756.48 > NPV_B{''} = 659.97$ 可知：A 方案优于 B 方案。

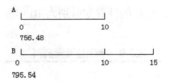

图 5-2　最短计算期法净现值比较图

三、多方案组合排队投资决策

(一) 组合或排队方案的含义

如果一组方案中既不属于相互独立，又不属于相互排斥，而是可以实现任意组合或排队，则这些方案被称作组合或排队方案，其中又包括先决方案、互补方案和不完全互斥方案等形式。

(二) 组合或排队方案决策的含义

这类决策分两种情况：①在资金总量不受限制的情况下，可按每一项目的净现值 NPV 大小排队，确定优先考虑的项目顺序；②在资金总量受到限制时，则需按净现值率 NPVR 或获利指数 PI 的大小，结合净现值 NPV 进行各种组合排队，从中选出能使 ΣNPV 最大的最优组合。

(三) 组合或排队方案决策的程序

在主要考虑投资效益的条件下，多方案比较决策的主要依据，就是能否保证在充分利用资金的前提下，获得尽可能多的净现值总量。

【例 5-19】多方案组合排队投资决策案例。

已知：A、B、C、D、E 五个投资项目为非互斥方案，有关原始投资额、净现值、净现值率和内部收益率数据如表 5-10 所示。

表5-10　资料1

项　目	原始投资(万元)	净现值(万元)	净现值率	内部收益率
A	300	120	0.4%	18%
B	200	40	0.2%	21%
C	200	100	0.5%	40%
D	100	22	0.22%	19%
E	100	30	0.3%	35%
合　计	900			

要求：分别就以下不相关情况做出多方案组合决策。

(1) 投资总额不受限制。

(2) 投资总额受到限制，分别为200万元、300万元、400万元、450万元、500万元、600万元、700万元、800万元和900万元。

解答：

(1) 当投资总额不受限制或限额大于或等于900万元时，最优投资组合方案为A+C+B+E+D。

(2) 按各方案净现值率的大小排序，并计算累计原始投资和累计净现值数据，其结果如表5-11所示。

表5-11　资料2

顺序	项目	原始投资(万元)	累计原始投资(万元)	净现值(万元)	累计净现值(万元)
1	C	200	200	100	100
2	A	300	500	120	220
3	E	100	600	30	250
4	D	100	700	22	272
5	B	200	900	40	312

根据表5-11数据按投资组合决策原则做如下决策。

当限定投资总额为200万元时，最优投资选择为只上C项目，可获100万元净现值，比另一组合E+D的合计净现值52万元多。

当限定投资总额为300万元时，最优投资组合为C+E(因为A和E可进行交换)，净现值为130万元，大于以下组合：A、C+D、E+B和D+B(注：此处老师讲解的方法只是针对本题而言)。

当限定投资总额为400万元时，最优投资组合为C+E+D(这里A与E、D分别交换一次)。在这一组合下可获净现值152万元，大于以下组合：A+E、A+D、C+B、E+D+B。

当限定投资总额分别为500万元、600万元和700万元时，最优的投资组合分别为：C+A、C+A+E、C+A+E+D。

当限定投资总额为800万元时，最优的投资组合为C+A+E+B(这里D与B交换一次)，获得净现值290万元，大于C+A+E+D组合的净现值272万元。

当限定投资总额为450万元时，最优组合仍为C+E+D，此时累计投资总额为400 (200+100+100)万元小于450万元，但实现的净现值仍比所有其他组合多。

本 章 小 结

1. 掌握企业投资的类型、程序和应遵循的原则。
2. 掌握单纯固定资产投资项目和完整工业项目现金流量的内容。
3. 掌握流动资金投资、经营成本和调整所得税的具体估算方法。
4. 掌握净现金流量的计算公式和各种典型项目净现金流量的简化计算方法。
5. 掌握静态投资回收期、净现值、内部收益率的含义、计算方法及其优缺点。
6. 掌握完全具备、基本具备、完全不具备或基本不具备财务可行性的判断标准和应用技巧。
7. 掌握净现值法、净现值率法、差额投资内部收益率法、年等额净回收额法和计算期统一法在多方案比较决策中的应用技巧和适用范围。
8. 熟悉运营期自由现金流量和运营期净现金流量构成内容；熟悉项目资本金现金流量表与项目投资现金流量表的区别。
9. 熟悉动态评价指标之间的关系。
10. 了解互斥方案决策与财务可行性评价的关系；了解多方案组合排队投资决策。

练习与思考

一、单项选择题

1. 把投资分为直接投资和间接投资的标准是( )。
   A. 投资行为的介入程度　　　　　B. 投入的领域
   C. 投资的方向　　　　　　　　　D. 投资的内容

2. 下列属于直接投资的是( )。
   A. 直接从股票交易所购买股票　　B. 购买固定资产
   C. 购买公司债券　　　　　　　　D. 购买公债

3. 关于项目投资，下列表达式不正确的是( )。
   A. 计算期=建设期+运营期
   B. 运营期=试产期+达产期
   C. 达产期是指从投产至达到设计预期水平的时期
   D. 从投产日到终结点之间的时间间隔称为运营期

4. 计算投资项目现金流量时，下列说法不正确的是( )。
   A. 必须考虑现金流量的增量　　　B. 尽量利用未来的会计利润数据
   C. 不能考虑沉没成本因素　　　　D. 考虑项目对企业其他部门的影响

5. 某完整工业投资项目的建设期为0，第一年流动资产需用额为1000万元，流动负债可用额为400万元，第二年流动资产需用额为1200万元，流动负债可用额为600万元，则下列说法不正确的是( )。
   A. 第一年的流动资金投资额为600万元
   B. 第二年的流动资金投资额为600万元
   C. 第二年的流动资金投资额为0
   D. 第二年的流动资金需用额为600万元

6. 经营成本中不包括(　　)。

　　A. 该年折旧费　　　　　　　　　　　　B. 工资及福利费

　　C. 外购动力费　　　　　　　　　　　　D. 修理费

7. 项目投资现金流量表(全部投资现金流量表)中不包括(　　)。

　　A. 所得税前净现金流量　　　　　　　　B. 累计所得税前净现金流量

　　C. 借款本金偿还　　　　　　　　　　　D. 所得税后净现金流量

8. 某投资项目终结点那一年的自由现金流量为 32 万元，经营净现金流量为 25 万元，假设不存在维持运营投资，则下列说法不正确的是(　　)。

　　A. 该年的所得税后净现金流量为 32 万元

　　B. 该年的回收额为 7 万元

　　C. 该年的所得税前净现金流量为 32 万元

　　D. 该年有 32 万元可以作为偿还借款利息、本金、分配利润、对外投资等财务活动的资金来源

9. 计算静态投资回收期时，不涉及(　　)。

　　A. 建设期资本化利息　　　　　　　　　B. 流动资金投资

　　C. 无形资产投资　　　　　　　　　　　D. 开办费投资

10. 下列各项中，不影响项目投资收益率的是(　　)。

　　A. 建设期资本化利息　　　　　　　　　B. 运营期利息费用

　　C. 营业收入　　　　　　　　　　　　　D. 营业成本

11. 某项目建设期为零，全部投资均于建设起点一次投入，投产后的净现金流量每年均为 100 万元，按照内部收益率和项目计算期计算的年金现值系数为 4.2，则该项目的静态投资回收期为(　　)年。

A. 4.2　　　　　　　　B. 2.1　　　　　　　　C. 8.4　　　　　　　　D. 无法计算

二、多项选择题

1. 从企业角度来看，固定资产投资属于(　　)。

　　A. 直接投资　　　　　　　　　　　　　B. 生产性投资

　　C. 对内投资　　　　　　　　　　　　　D. 周转资本投资

2. 与其他形式的投资相比，项目投资(　　)。

　　A. 投资内容独特　　　　　　　　　　　B. 投资数额多

　　C. 投资风险小　　　　　　　　　　　　D. 变现能力强

3. 下列表达式中不正确的包括(　　)。

　　A. 原始投资=固定资产投资+无形资产投资+其他资产投资

　　B. 初始投资=建设投资

　　C. 项目总投资=建设投资+建设期资本化利息

　　D. 项目总投资=建设投资+流动资金投资

4. 单纯固定资产投资的现金流出量包括(　　)。

　　A. 流动资金投资　　　　　　　　　　　B. 固定资产投资

　　C. 新增经营成本　　　　　　　　　　　D. 增加的税款

5. 不同类型的投资项目，其现金流量的具体内容存在差异，不过也有共同之处，下列说法正确的有(　　)。

A. 现金流入量中均包括增加的营业收入

B. 现金流出量中均包括增加的经营成本

C. 现金流入量中均包括回收的流动资金

D. 现金流出量中均包括增加的税款

6. 确定项目现金流量时的相关假设包括( )。

A. 投资项目的类型假设　　　　　　　B. 按照直线法计提折旧假设

C. 项目投资假设　　　　　　　　　　D. 时点指标假设

7. 在项目投资决策中，估算营业税金及附加时，需要考虑( )。

A. 应交纳的营业税　　　　　　　　　B. 应交纳的增值税

C. 应交纳的资源税　　　　　　　　　D. 应交纳的城市维护建设税

8. 建设期内年初或年末的净现金流量有可能( )。

A. 大于 0　　　　　　　　　　　　　B. 小于 0

C. 等于 0　　　　　　　　　　　　　D. 三种情况均有可能

9. 项目投资现金流量表与财务会计的现金流量表相比( )。

A. 反映对象不同　　　　　　　　　　B. 期间特征不同

C. 钩稽关系不同　　　　　　　　　　D. 信息属性不同

10. 净现值是指在项目计算期内，按设定折现率或基准收益率计算的各年净现金流量现值的代数和。计算项目净现值的方法包括( )。

A. 公式法　　　　　　　　　　　　　B. 列表法

C. 特殊方法　　　　　　　　　　　　D. 插入函数法

11. 同时满足下列条件中的( )可以认定该项目基本具备财务可行性。

A. 净现值大于 0

B. 包括建设期的静态投资回收期大于项目计算期的一半

C. 投资收益率大于基准投资收益率

D. 不包括建设期的静态投资回收期小于项目运营期的一半

三、判断题

1. 投资是指企业为了在未来可预见的时期内获得收益或使资金增值，在一定时期向一定领域的标的物投放足够数额的资金或实物等货币等价物的经济行为。　　　　　　　　　　　　　　( )

2. 流动资金投资，又称垫支流动资金或营运资金投资，是指项目投产前后分次或一次投放于流动资产项目的投资额。　　　　　　　　　　　　　　　　　　　　　　　　　　　　　( )

3. 原始投资的资金投入方式包括一次投入和分次投入。如果投资行为只涉及一个年度，则一定属于一次投入。　　　　　　　　　　　　　　　　　　　　　　　　　　　　　　　　( )

4. 根据时点指标假设可知，如果原始投资分次投入，则第一次投入一定发生在项目计算期的第一期期初。　　　　　　　　　　　　　　　　　　　　　　　　　　　　　　　　　( )

5. 归还借款本金和支付利息导致现金流出企业，所以，如果项目的资金包括借款，则计算项目的现金流量时，应该扣除还本付息支出。　　　　　　　　　　　　　　　　　　　( )

6. 在项目计算期数轴上，"2"只代表第二年年末。　　　　　　　　　　　　　　( )

7. 在计算项目投资的经营成本时，需要考虑融资方案的影响。　　　　　　　　( )

8. 维持运营投资是指矿山、油田等行业为维持正常运营而需要在运营期投入的流动资产投资。

　　　　　　　　　　　　　　　　　　　　　　　　　　　　　　　　　　　（　　）

9. 净现金流量又称现金净流量，是指在项目运营期内由每年现金流入量与同年现金流出量之间的差额所形成的序列指标。其计算公式为：某年净现金流量＝该年现金流入量－该年现金流出量。

　　　　　　　　　　　　　　　　　　　　　　　　　　　　　　　　　　　（　　）

10. 全部投资的现金流量表与项目资本金现金流量表的流入项目没有区别，但是流出项目不同。

　　　　　　　　　　　　　　　　　　　　　　　　　　　　　　　　　　　（　　）

11. 如果项目的净现值大于 0，则净现值率一定大于 1。　　　　　　　　　　（　　）

12. 当项目建设期为零，全部投资均于建设起点一次投入，投产后的净现金流量表现为普通年金的形式时，可以直接利用年金现值系数计算内部收益率。　　　　　　　　　　　　（　　）

四、计算题

1. 某企业拟进行一项固定资产投资(均在建设期内投入)，该项目的现金流量表(部分)如表 5-12 所示。

表5-12　现金流量表(部分)　　　　　　　　　　　　　　　　　　　单位：万元

项目 t	建设期		运营期			
	0	1	2	3	4	5
净现金流量	－800	－200	100	600	B	1000
累计净现金流量	－800	－1000	－900	A	100	1100
折现净现金流量	－800	－180	C	437.4	262.44	590.49

要求：计算或确定下列指标。

(1) 静态投资回收期。

(2) 净现值。

(3) 原始投资以及原始投资现值。

(4) 净现值率。

(5) 获利指数。

(6) 评价该项目的财务可行性。

2. 某企业准备投资一个单纯固定资产投资项目，采用直线法计提折旧，固定资产投资均在建设期内投入。所在的行业基准折现率(资金成本率)为 10%，企业适用的所得税税率为 25%。有关资料如表 5-13 所示。

表5-13　某企业相关资料　　　　　　　　　　　　　　　　　　　　单位：元

项目计算期	息税前利润	税后净现金流量
0		－100 000
1		0
2	20 000	35 000
3	30 000	42 500
4	30 000	42 500
5	30 000	42 500
6	20 000	38 000

要求：计算该项目的下列指标。

(1) 初始投资额。

(2) 年折旧额。

(3) 回收的固定资产净残值。

(4) 建设期资本化利息。

(5) 投资收益率。

3. A 企业在建设起点投入固定资产 450 万元，在建设期末投入无形资产 50 万元，投入开办费 8 万元，并垫支流动资金 22 万元，建设期为 2 年，建设期资本化利息为 12 万元。预计项目使用寿命为 6 年，固定资产净残值为 12 万元。项目投产后每年预计外购原材料、燃料和动力费为 40 万元，工资及福利费为 5 万元，修理费为 0.8 万元，其他费用为 4.2 万元，每年折旧费为 75 万元，开办费在投产后第一年全部摊销，投产后第 1～5 年每年无形资产摊销额为 10 万元，第 6 年无形资产摊销额为 0；每年预计营业收入(不含增值税)为 190 万元(有 140 万元需要交纳增值税，税率为 17%；有 50 万元需要交纳营业税，税率为 5%)，城建税税率为 7%，教育费附加税税率为 3%。该企业除应交纳增值税的营业收入外还需要交纳消费税，税率为 10%，不涉及其他的营业税金及附加。A 企业适用的所得税税率为 20%。

要求：

(1) 判断该项目属于哪种类型的投资项目，并计算初始投资额。

(2) 计算每年的经营成本。

(3) 计算每年的应交增值税、消费税和营业税。

(4) 计算每年的营业税金及附加。

(5) 计算投产后各年的不包括财务费用的总成本费用。

(6) 计算投产后各年的息税前利润。

(7) 计算各年所得税后的现金净流量。

案 例 点 击

企业更新设备的决策

为提高生产效率，某企业拟对一套尚可使用 5 年的设备进行更新改造。新旧设备的替换将在当年内完成(即更新设备的建设期为 0)，不涉及增加流动资金投资，采用直线法计提设备折旧。适用的企业所得税税率为 33%。

相关资料如下。

资料一：已知旧设备的原始价值为 299 000 元，截至当前的累计折旧为 190 000 元，对外转让可获变价收入 110 000 元，预计发生清理费用 1000 元(用现金支付)。如果继续使用该旧设备，到第五年年末的预计净残值为 9000 元(与税法规定相同)。

资料二：该更新改造项目有甲、乙两个方案可供选择。

甲方案的资料如下：

购置一套价值 550 000 元的 A 设备替换旧设备，该设备预计到第五年年末回收的净残值为 50 000 元(与税法规定相同)。使用 A 设备可使企业第一年增加营业收入 110 000 元，增加经营成本 19 000 元，增加营业税金及附加 1000 元；在第 2～4 年内每年增加息税前利润 100 000 元；第五年增加经营净现金流量 114 000 元；使用 A 设备比使用旧设备每年增加折旧 80 000 元。

经计算得到该方案的以下数据：按照 14% 折现率计算的差量净现值为 14 940.44 元，按 16% 折现率计算的差量净现值为 -7839.03 元。

乙方案的资料如下：

购置一套B设备替换旧设备，各年相应的更新改造增量净现金流量分别为$\triangle NCF_0 = -758160$(元)，$\triangle NCF_{1\sim5} = 200000$(元)。

资料三：已知当前企业投资的风险报酬率为4%，无风险报酬率为8%，不考虑利息费用。

有关的资金时间价值系数如表5-14所示。

表5-14 有关的资金时间价值系数

项目	$(F/A,i,5)$	$(P/A,i,5)$	$(F/P,i,5)$	$(P/F,i,5)$
10%	6.105 1	3.790 8	1.610 5	0.620 9
12%	6.352 9	3.604 8	1.762 3	0.567 4
14%	6.610 1	3.433 1	1.925 4	0.519 4
16%	6.877 1	3.277 3	2.100 3	0.476 1

要求：

(1) 根据资料一计算与旧设备有关的下列指标。

① 当前旧设备折余价值。

② 当前旧设备变价净收入。

(2) 根据资料二中甲方案的有关资料和其他数据计算与甲方案有关的指标。

① 更新设备比继续使用旧设备增加的投资额。

② 运营期第一年不含财务费用的总成本费用变动额。

③ 运营期第一年息税前利润的变动额。

④ 运营期第一年因更新改造而增加的息前税后利润。

⑤ 运营期第2~4年每年因更新改造而增加的息前税后利润。

⑥ 第五年回收新固定资产净残值超过假定继续使用旧固定资产净残值的差额。

⑦ 按简化公式计算的甲方案的增量净现金流量($\triangle NCF_t$)。

⑧ 甲方案的差额内部收益率($\triangle IRR_甲$)。

(3) 根据资料二中乙方案的有关资料计算乙方案的有关指标。

① 更新设备比继续使用旧设备增加的投资额。

② B设备的投资。

③ 乙方案的差额内部收益率($\triangle IRR_乙$)。

(4) 根据资料三计算企业要求的投资报酬率。

(5) 以企业期望的投资报酬率为决策标准，按差额内部收益率法对甲、乙两个方案做出评价，并为企业做出是否更新改造设备的最终决策，同时说明理由。

点 石 成 金

(1) ① 当前旧设备折余价值：

$= 299\,000 - 190\,000$

$= 109\,000$(元)

② 当前旧设备变价净收入：

= 110 000 − 1000

= 109 000(元)

(2) ① 更新设备比继续使用旧设备增加的投资额：

= 550 000 − 109 000 = 441 000(元)

② 运营期第一年不含财务费用的总成本费用变动额：

= 19 000 + 80 000 = 99 000(元)

③ 运营期第一年年息税前利润的变动额：

= 110 000 − 99 000 − 1000 = 10 000(元)

④ 运营期第一年因更新改造而增加的息前税后利润：

= 10 000 × (1 − 33%) = 6700(元)

⑤运营期第 2~4 年每年因更新改造而增加的息前税后利润：

= 100 000 × (1 − 33%) = 67 000(元)

⑥第五年回收新固定资产净残值超过假定继续使用旧固定资产净残值的差：

= 50 000 − 9000 = 41 000(元)

⑦ $\Delta NCF_0 = -441\,000$(元)

$\Delta NCF_1 = 6700 + 80\,000 = 86\,700$(元)

$\Delta NCF_{2-4} = 67\,000 + 80\,000 = 147\,000$(元)

$\Delta NCF_5 = 114\,000 + 41\,000 = 155\,000$(元)

⑧ $\Delta IRR_{甲} = 14\% + 14\,940.44 \div [14\,940.44 - (-7839.03)] \times (16\% - 14\%) = 15.31\%$

(3) ① 更新设备比继续使用旧设备增加的投资额 = 758 160(元)。

② B 设备的投资 = 758 160 + 109 000 = 867 160(元)。

③ 乙方案的差额内部收益率为：

$$200\,000 \times (P/A, \Delta IRR_{乙}, 5) = 758\,160$$

$$(P/A, \Delta IRR_{乙}, 5) = 3.7908$$

$$查表\ \Delta IRR_{乙} = 10\%$$

(4) 企业要求的投资报酬率 = 8% + 4% = 12%。

(5) 由 $\Delta IRR_{甲} = 15.31\% > 12\%$ 可知，甲方案在经济上是可行的。由 $\Delta IRR_{乙} = 10\% < 12\%$ 可知，乙方案在经济上不可行。

企业应选择甲方案作为更新改造方案，原因是甲方案的内部收益率大于企业要求的投资报酬率。

第六章

证 券 投 资

┌ **案例导入** ┐

中国证券市场从 1981 年恢复发行国库券开始，历经了三十几年的跨越式发展，取得了举世瞩目的成就，成为社会主义市场经济体系的重要组成部分。据统计，到 2001 年 5 月 25 日，中国内地的股票市场总市值合计达到 5.268 万亿元人民币，首次超过中国香港地区，成为仅次于日本东京市场的亚洲第二大市场。中国证监会提供的数据显示，截至 2016 年 12 月底，沪深两市的上市公司已有 3052 家，发行总股本 55 820.5 亿股，期末股票市价总值 508 245.11 亿元，股票成交金额 126.73 亿元。中国证券业协会副会长兼秘书长陈自强指出，截至 2017 年上半年，沪深两市总市值占上半年 GDP 的比重达到 112%，与国民经济关联度不断增强。目前国内股票有效账户已达到 1.26 亿户，106 家证券公司总资产达到 1.8 万亿元，净资产 5000 亿元；61 家基金公司管理基金共 619 只，资产净值 2.2 万亿元；证券从业人员已有 23 万人。与此同时，人们的投资观念由"传统"变为"现代"，投资领域也由国内走向国际，投融资渠道和方式发生了根本性的变化。中国证券市场的快速发展，对经济体制转轨时期社会主义市场经济的建立和发展，都起到了积极的推动作用。

┌ **关键概念** ┐

证券投资(Security Investment) 股票(Stock) 债券(Bond) 基金(Funds)

资金天然具有逐利性，企业的资金也是用于投资以获得收益。按照资金是否投入本企业，投资分为对内投资和对外投资两种。企业的资金首先必须满足内部投资的需要，若有多余的资金才可以进行对外投资，证券投资是企业对外投资的主要形式和重要组成部分。

第一节　证券投资概述

证券投资是指企业通过资本市场将资金用于购买股票、债券、基金等证券以获取收益或其他经营目的而进行的投资活动。证券投资是以购买证券的方式将资金投资于证券发行者，而不是直接将资金投资于其他企业，属于对外间接投资，比直接对外投资更加灵活、方便。证券投资是企业对外投资的主要形式和重要组成部分，科学地进行证券投资，能够增加企业的收益，降低风险，从而有利于企业财务管理目标的实现。

一、证券投资的目的

证券投资是一种投资活动，除具有投资活动的一般目的外，还有其特殊的目的。一般而言，企业进行证券投资的目的主要有以下 4 个方面。

1. 提高现金的有效利用率

企业在经营过程中，货币资金的收入和支出速度都不是均衡进行的，这就必然造成有时一部分货币资金在循环周转过程中被暂时闲置，而有时又会出现货币资金短缺现象。现金是一种不会生利的资产，当现金流入量超过现金流出量时，资金被闲置，这对以追求利润最大化为主要目标的企业来说，无疑是一种损失。相反，当企业现金流出量超过流入量时，企业可能会由于资金短缺而遭受损失。为平衡企业资金的收入支出运动速度，企业投资于证券，可以同时满足上述两种情况下的需求。即：一是将有价证券作为现金的替代品，通过持有有价证券取代大量现金余额，当现金需要量大于供给量，依靠银行贷款又无法满足资金需求时，可以卖掉若干有价证券以弥补现金余额。二是通过证券投资，还可以取得收益，提高资金使用效益。

2. 从事证券投机

有些企业从事证券投资，往往不只是以在证券持有期限内取得固定收益(股利、债息)或调剂现金余缺为目的，而且同时希望在证券市场上，通过低价买进高价卖出证券以获取价差收入，这种行为通常称为证券投机。一般来说，具有投机动机的企业往往以股票、债券交易行为作为手段，以证券市场作为获取利益的场所，通常大胆借入资金进行短期证券买卖，以获取风险性收益。

3. 满足企业扩张需要

处于成长期或扩张期的公司，不仅可以通过兴建新厂房、购置新设备等实物投资形式扩大生产经营规模，也可以通过在证券市场上购进其他企业发行的有价证券，实现不断扩张的目的。如果企业购买某个企业发行的股票达到一定规模，有时可以兼并该企业。如若不想兼并，则可以拥有参与该企业经营的决策权，甚至是控制权(有时候，基于获得稳定的原材料供应和长期的销售渠道等目的，企业需要获得对相关企业的控制权，这种情况下，企业可以通过购买并长期持有相关企业的一定份额的股票来实现对相关企业的控制)。企业扩张所需要的大量资金，一般会通过向银行贷款或发行股票、债券等方式来筹集。

4. 出于其他目的

企业投资于证券，有时是出于其他目的，如企业可能会为了履行某种义务而购买政府发行的债券，或表示对某些非营利性机构的友好与支持，购买其发行的债券。这些债券尽管不会给企业带来多大直接利益，但对树立企业良好形象，改善其经营环境将大有裨益。企业通常会为实现这方面目的而从事一部分证券投资。

二、证券投资的特点

与存货、固定资产投资等实物投资相比，证券投资具有以下特点。

1. 流动性强

由于证券的交易存在专门的交易场所、交易成本低、交易规模大、投资者众多、市场活跃，所以，证券的流动性强；而实物资产很难找到一个连续的二级市场，变现困难，流动性较弱。

2. 交易成本低，投资收益高

证券的交易过程快速、简捷，成本较低；而实物资产的交易过程复杂、手续繁多，可能还需要进行实地调查、向专家咨询等工作，成本较高。

证券投资收益高的原因在于：一是它属于一种直接性投资，投资费用较低；二是证券价格总是与市场利率有关。一般情况下，证券价格要高于同期利率。

3. 价格不稳定，投资风险较大

相对于实物资产而言，证券的价格受人为因素、政治因素、经济环境等各种因素的影响较大，而且没有相应的实物作保证，因此，证券的价格容易波动、不稳定，投资风险较大。

4. 投资受心理因素影响大

证券投资中的技术分析假设之一是历史会重演。这一假设是从人的心理因素方面考虑。在股市中，当你按一种方法进行操作取得成功，以后遇到相同或相似的情况，就会按同一方法进行操作；若前次失败了，下次就不会再按该方法操作。所以投资受心理因素影响较大。

三、证券投资的种类

资本市场上流通的证券包括股票、债券、投资基金等，这为企业的证券投资提供了广阔的选择空间。企业基于不同的目的选择不同的证券进行投资，从而产生了多种类型的证券投资。基于不同的标准可以将证券投资进行多种分类，如按投资期限的长短不同分为短期证券投资和长期证券投资、按所投资证券的收益是否固定分为固定收益证券投资和变动收益证券投资等，其中，按照投资对象的不同所进行的分类是一种最基本的分类，本章内容也是按此种分类对相关证券投资进行介绍，所以，这里主要介绍此种分类。

按照投资对象的不同，证券投资分为以下几类。

1. 股票投资

股票投资是指投资者将资金以购买股票的方式进行投资，通过股利的收取和买卖股票的价差来获取收益的投资活动。

2. 债券投资

债券投资是指投资者将资金以购买债券的方式进行投资，通过利息的收取和买卖债券的价差来获取收益的投资活动。

3. 基金投资

基金投资，是投资基金投资的简称，是指投资者通过购买投资基金股份或受益凭证的方式来获取收益所进行的投资活动。

4. 衍生金融资产投资

衍生金融资产投资是指投资者将资金投资于期货、认股权证等衍生金融资产以规避风险、获取收益的投资活动。

四、证券投资的一般程序

企业从事证券投资一般按照以下程序进行。

1. 选择经纪人并开户

在证券市场上，由于交易所交易席位有限，投资者一般不能直接在交易所进行证券的交易，而需要委托经纪人，通过专门的证券经营机构进行证券买卖。所以，投资者如果要进行证券投资，首先必须选择一位可靠的经纪人，并在证券商处办理委托登记，以确立和证券经营机构委托证券买卖的关系，然后就可以在该证券经营机构申请开户。即在证券公司的营业部正式开立委托买卖账户，进行注册登记。证券账户是用来记载投资者委托证券经营机构进行证券买卖情况和拥有的证券数额、品种情况的账户，一般分为证券账户和资金账户。

2. 选择合适的投资对象

选择合适的投资对象，就是要确定投资于哪种类型的证券以及投资于哪家企业的证券。这是企业进行证券投资决策中最关键的一步，投资对象选择的是否合适直接关系到投资的成败，投资对象选得好，可以更好地实现投资的目标，投资对象选得不好，就有可能使投资蒙受损失。企业在选择投资对象时，应结合自己的投资目的并权衡证券的安全性、流动性和收益性，尽可能地做到在承担较低风险的情况下获得较高的收益。

3. 确定恰当的投资时间

在选择了合适的投资对象后还需要确定恰当的投资时间。前已述及，证券的价格因受多种因素的影响容易波动、不稳定，不同时点下的证券的价格是不同的，所以，在不同的时点证券的交易价格也是不一样的。证券的交易价格决定了证券的投资成本、收益以及投资的风险。如果交易价格不恰当，就会增加投资风险，提高投资成本，降低投资收益，有时甚至导致投资的失败。确定恰当的投资时间实际上就是确定恰当的交易价格，交易价格的确定需要结合多种因素进行综合考虑。

4. 委托证券经营机构买卖证券

在确定了合适的投资对象和具体的交易价格后，投资者应立即向证券经营机构发出委托投资指示，委托证券经营机构买卖证券。证券经营机构在收到投资者的指示后，按照指示通过其在证券交易所的场内代表买卖证券，若交易能够实现，则证券经营机构在交易完成后会立即告知投资者。

5. 交割和清算

投资者在委托证券经营机构买卖各种证券后，就要及时办理证券交割。证券交割是指买入证券方支付价款领取证券，卖出证券方交出证券收取价款的收交活动。投资者在证券交割过程中并不是逐笔进行的，一般采用清算制度，即将投资者买卖证券的数量、收付的金额相互抵消，按抵消后的净额进行交割。实行清算制度，按抵消后的净额进行交割，可以减少实际交割的证券数量，从而节省人力和物力。

6. 过户

如果交易的证券是记名证券，在交割和清算后还需要办理过户手续。过户是指投资者从交易市场买进证券后，到证券发行公司办理变更持有人姓名的手续。对于记名证券而言，只有办理了过户手续才能保障投资者的权益，也只有在过户以后，证券交易的整个过程才算结束。

第二节　股票投资

一、股票投资的目的和特点

(一) 股票投资的目的

股票是一种所有权凭证，投资者购买了某个企业的股票后就成为该企业的股东。企业购买股票进行股票投资的目的除获利这一投资的一般目的外，还有取得控制权的特殊目的。获利就是仅将股票投资作为一般的证券投资，以获取持有期间分得的股利收入和出售股票时的买卖价差收益(资本利得)；控制是通过购买某个企业的大量股票以达到控制该企业财务和经营政策的权利，使该企业成为投资者的子公司，通过对该企业的控制实现自身的利益。

企业若以获利作为自己的投资目的，基于分散风险的考虑，不应将大量资金投资于某一个企业的股票上，而应进行证券组合投资；企业若以控制为投资目的，则应集中资金投资于一个企业的股票以使自己的持股比例达到控股的标准。

(二) 股票投资的特点

股票投资和债券投资都是证券投资，但两者的性质不同，与债券投资相比较，股票投资具有以下特点。

1. 股票投资是权益性投资

股票是代表所有权的凭证，投资者持有某个企业的股票就是该企业的股东，享有选举权和表决权，可以参与企业的经营管理。

2. 股票投资的风险大

股票投资的风险主要表现在 3 个方面：一是投资者购买股票后，不能要求发行股票的股份公司退还本金，只能在证券市场上通过转让的方式撤回投资，能否以合理的价格转让出去是不确定的；二是股票投资的收益受多种因素的影响，极不稳定，当形势不利时，股票价格可能猛跌，投资者将会遭受巨大的损失；三是在股份公司破产时，股东的求偿权位于债权人之后，股东可能部分甚至全部不能收回投资。因此，股票投资的风险比较大。

3. 股票投资的收益不稳定

股票投资的收益主要表现为股利收入和买卖价差收益。其中，股利的多少主要由股份公司的盈利情况和股利政策来决定，买卖价差收益主要取决于股票的价格，股份公司的盈利和股票的价格受政治、经济、文化、投资者的心理、企业的管理等多种因素的影响而具有不确定性。所以，股票投资的收益不稳定。

4. 股票投资的收益高

基于风险和收益对等原理，一般风险大收益就高。股票投资的风险大，所以，一般而言，股票投资的收益要高于债券投资，否则投资者将不会进行股票投资而都去进行债券投资，股票投资将无立足之地，而这是与现实情况相反的。

5. 股票投资的流通性高

股票的流通性是指股票在不同投资者之间的可交易性。流通性通常以可流通的股票数量、股票成交量以及股价对交易量的敏感程度来衡量。债券和股票都具有很强的流通性，但程度有明显差别。一般情况下，债券因有期限，流通性远不如股票。

二、股票的估价

股票的估价就是对股票的价值(内在价值或理论价值)进行估算。投资者在进行股票投资时应该掌握股票的估价，通过将股票的市场价格与估价相比较来为股票投资决策提供参考。一般而言，只有当证券的价值高于价格时才值得投资。

目前，在证券估价中，证券的价值等同于其预期未来现金流入的现值。股票的预期未来现金流入包括两部分：一是股票持有期间预期获得的股利，二是未来出售股票时预期获得的售价。企业持有的股票因持有期限的长短、获取的股利数额等的不同，其预期的未来现金流入也不一样，从而其价值也有差异，下面只介绍几种常见的股票的估价。

(一) 短期持有，未来准备出售的股票的估价

如果投资者不打算长期持有股票，而准备在持有一段时间后出售股票，则该种股票投资的预期未来现金流入就包括上述的两部分内容，其现值就等同于该种股票的价值。具体而言，该种股票的估价模型为：

$$V = \sum_{t=1}^{n} \frac{d_t}{(1+k)^t} + \frac{V_n}{(1+k)^n}$$

式中：V——股票的价值；

d_t——第 t 期的预期股利；

k——市场利率或投资者要求的最低投资报酬率；

V_n——出售股票时的预期股价；

n——预期持有股票的期数。

下面公式中的相同字母若没有特别说明，含义同此。

【例 6-1】企业拟从市场上购入一只股票，预计该股票第 1 年年末每股股利为 0.5 元，第 2 年年末每股股利为 0.6 元，第 3 年年末售出该股票，预计售价为每股 20 元，企业的最低投资报酬率为 15%。

要求：

对该股票进行估价并确定股票的市场价格为多少时才值得投资。

解答：

$V = 0.5 \times (P/F, 15\%, 1) + 0.6 \times (P/F, 15\%, 2) + 20 \times (P/F, 15\%, 3)$

$= 0.5 \times 0.87 + 0.6 \times 0.756 + 20 \times 0.658$

$= 14.05(元)$

该股票的价值为 14.05 元，若股票的市价低于 14.05 元，则企业可以考虑投资该股票。

(二) 长期持有，股利固定不变的股票的估价

如果投资者打算长期持有股票，预计在未来不会出售股票，则该种股票投资的预期未来现金流入只有持有期间预期获得的股利，而且在持有期间每期获得的股利是相同的，则持有期间的每期股利表现为永续年金，每期股利的现值之和可以按照永续年金现值的计算方法来计算。具体而言，该种股票的估价模型为：

$$V = \frac{d}{k}$$

式中：d——固定不变的年股利额。

【例 6-2】企业拟从市场上购入一只股票，准备长期持有，已知该股票的年股利额固定为每股 0.75 元，企业要求的最低投资报酬率为 15%。

要求：

对该股票进行估价。

解答：

$V = 0.75 \div 15\% = 5(元)$

(三) 长期持有，股利固定增长的股票的估价

同上述第二种类型的股票相同，该种股票投资的预期未来现金流入也只有持有期间预期获得的股利，但是，其每期的股利额不是固定不变的，而是变化的，以一个固定的增长率增长，该种股票的估价模型为：

$$V = \frac{d_0(1+g)}{k-g}$$

或

$$V = \frac{d_1}{k-g}$$

式中：d_0——上期股利；

d_1——第 1 期预期股利；

g——股利的年固定增长率。

【例 6-3】企业拟从市场上购入一只股票，准备长期持有，该股票的每股市场价格为 25 元，上年每股股利为 1 元，预计以后每年将以 10% 的增长率增长，企业的最低投资报酬率为 15%。

要求：

对该股票进行估价并确定是否值得投资。

解答：

$V = 1 \times (1 + 10\%) \div (15\% - 10\%)$

$= 22(元)$

由于每股股票的价值为 22 元，而市场价格为 25 元，价格高于价值，所以该股票不值得企业投资。

三、股票的预期收益率

在股票投资中，投资者除了需要知道股票的估价，还需要掌握股票的预期收益率。因为在有效资本市场里，股票的预期收益率就是其内含报酬率，投资者可以通过将自己要求的最低投资收益率与股票的预期收益率进行比较来为股票投资决策提供依据。一般而言，只有当证券的预期收益率高于投资者要求的最低投资收益率时才值得投资。

股票的预期收益率是其收益额与投资额(买价)之间的比率。如前所述，股票投资的收益包括股利收入和买卖价差收益(资本利得)两部分内容。其中，股利与买价之间的比率称为股利收益率，买卖价差收益与买价之间的比率称为资本利得收益率，所以，股票的预期收益率是指投资者购买股票后，将来预期获得的股利收益率与资本利得收益率之和。

同股票的估价一样，不同类型的股票其预期收益率也有区别，下面也只介绍上述 3 种常见的股票的预期收益率，具体如下。

(一) 短期持有，未来准备出售的股票的预期收益率

若企业持有股票的期限比较短(少于 1 年)，为了简化，可以不考虑资金时间价值，即认为资金在不同时点的价值是相同的。在不考虑资金时间价值的情况下，该种类型股票的预期收益为持有期间预期股利和出售时的预期资本利得，其预期收益率为：

$$R = \frac{D}{P_0} + \frac{P_1 - P_0}{P_0}$$

式中：R——股票的预期收益率；

D——持有期间预期获得的股利；

P_0——买价；

P_1——出售时的预期售价。

【例 6-4】企业拟从市场上购入一只股票以作为现金的替代品，计划在 1 年内出售，现在的市场价格为每股 15 元，预期在持有股票期间每股股票将获得 0.75 元的现金股利，预计出售时的售价为每股 18 元。

要求：

计算该股票的预期收益率并考虑企业要求的投资收益率为多少时该股票才值得投资。

解答：

$R = 0.75 \div 15 + (18 - 15) \div 15 = 25\%$

该股票的预期收益率为25%，若企业要求的投资收益率低于25%，则企业可以考虑投资该股票。

(二) 长期持有股票的预期收益率

对于长期持有的股票，在计算其预期收益率时应该考虑资金时间价值。如果考虑资金时间价值，股票的预期收益率就是使其预期未来现金流入的现值等于购买价格时的折现率。具体而言，上述两种不同类型的长期持有的股票的预期收益率分别如下。

(1) 长期持有，股利固定不变的股票的预期收益率。

如前所述，长期持有、股利固定不变的股票的预期未来现金流入的现值为d/k，使其等于买价P，则有$k=d/P$，k就是股票的预期收益率R，即$R=d/P$。该种股票因长期持有且股利固定不变，所以股价也应该固定不变，所以资本利得收益率应该为0，d/P就是股利收益率，所以，股票的预期收益率$R=d/P$。

【例6-5】企业拟从市场上购入一只股票，准备长期持有，已知该股票的年股利额固定为每股1元，现在的市场价格为每股10元。

要求：

计算该股票的预期收益率。

解答：

$R = 1 \div 10 = 10\%$

(2) 长期持有，股利固定增长的股票的预期收益率。

如前所述，长期持有、股利固定增长的股票的预期未来现金流入的现值为$d_1/(k-g)$，使其等于买价P，则有$k=d_1/P+g$，k就是股票的预期收益率R，即$R=d_1/P+g$。该种股票因股利固定增长，所以股价也应该按股利的增长率固定增长，即股价的增长率也为g，股价的增长率就是资本利得收益率，d_1/P是股利收益率，所以，股票的预期收益率$R=d_1/P+g$。

【例6-6】企业拟从市场上购入一只股票，准备长期持有，该股票的每股市场价格为50元，上年每股股利为2元，预计以后每年将以10%的增长率增长。

要求：

计算该股票的预期收益率。

解答：

$R = 2 \times (1 + 10\%) \div 50 + 10\%$

$= 14.4\%$

四、股票投资决策分析

股票投资的风险比较大，所以在做出股票投资决策之前做好分析工作是相当重要的。一般来说，股票投资决策分析包括基本分析和技术分析两个方面。

(一) 基本分析

基本分析是通过对影响股票价格的各种因素进行分析来估计股票的价值，并判断股价的未来走势，从而为股票投资决策提供依据。前已述及，股票价格受多种因素的影响，既有宏观方面也有微观层面，所以，在进行基本分析时要从宏观、中观和微观层面分别进行分析。

1. 宏观分析

宏观分析主要是对一个国家的政治、经济形势进行分析，因为一个国家的政局是否稳定、经济形势是否繁荣、整个国民经济的运作情况是否良好等基本面会影响整个股市，会对股市的基本走势产生影响，通过宏观分析可以把握股票投资的方向。

2. 行业分析

通过宏观分析了解了股市的基本走势后就需要进行行业分析。行业分析，是对影响行业盈利能力的各种经济因素的确认。就一般情况而言，一个企业的增长与其行业的增长是一致的。当整个宏观经济呈现上升趋势的时候，不排除某些行业正在走下坡路。行业分析属于中观分析，辨认哪些产业将会有良好的前景，具体包括行业的市场结构、行业经济周期、行业生命周期的分析。通过中观分析，预测并引导行业的未来发展趋势，判断行业投资价值，解释行业投资风险。

3. 微观分析

投资者在进行了宏观分析、行业分析之后，还需要对所选定行业中的各公司进行微观分析，以便选出最合适投资的企业，获得最佳投资效益。微观分析主要是对拟投资股票的发行企业进行分析。因为不同的企业各有其特点，通过微观分析，了解发行企业的财务状况、经营成果、盈利能力、成长潜力和内部管理等情况，从而为投资决策提供依据。微观分析主要是进行财务分析，有关财务分析的内容已在本书的其他章节做了介绍，此处不再赘述。

(二) 技术分析

技术分析是运用数理统计、逻辑和心理学等理论和方法，以图表、技术指标为主要手段对市场行为进行研究来预测股票市场价格的未来变化趋势。在成熟的证券市场中，股票的投资价值一般能从其过去及现在的价格和成交量等方面反映出来，技术分析就是根据证券市场已有的价格和成交量等历史资料来预测价格的未来变动趋势。技术分析是证券市场中广泛使用的一种分析方法，常用的技术分析有指标法、K线分析法、形态法、波浪法等。

第三节 债券投资

一、债券投资的目的和特点

(一) 债券投资的目的

按照持有债券期限的长短不同，债券投资分为短期债券投资和长期债券投资。短期债券投资和长期债券投资的目的是不同的。短期债券投资的目的是合理利用暂时闲置的资金以提高资金的收益；长期债券投资的目的是获得相对稳定的利息收益。

(二) 债券投资的特点

与股票投资相比较，债券投资具有以下特点。

1. 债券投资是债权性投资

债券是一种债权、债务凭证，债券投资者与债券发行者之间是一种债权、债务关系，而不是所有权关系，债券投资是债权性投资，债券投资者不能参与债券发行企业的经营管理。

2. 债券投资风险小

债券投资的风险小主要体现在两个方面：一是债券投资者拥有的是债权，一般情况下，在债券到期时能收回本金；二是在债券发行企业破产的情况下，债权人的求偿权也位于其股东之前，可以先于股东得到偿还。

3. 债券投资收益较稳定

债券投资的收益包括债券利息和债券买卖价差，实际主要来自于利息。其中，利息一般都是固定的，即使是浮动利率，在一般情况下也不会有很大的波动；债券的价格一般也不会有很大的变动，也不会有很大的价差收益，所以，债券投资的收益相对较稳定。

4. 债券投资收益低

因为债券投资的风险小，所以其收益也较低。

二、债券的估价

债券的估价在债券投资中也是一项重要的内容。如同股票，债券的价值也是其预期未来现金流入的现值。债券的预期未来现金流入也由两部分组成：一是债券持有期间预期获得的利息，二是债券到期时收回的本金或未来出售时预期获得的售价[①]。由于债券存在多种计息方式，不同的计息方式会对债券的价值产生影响，下面介绍几种常见债券的估价。

(一) 纯贴现债券的估价

纯贴现债券是指债券发行者按照债券面值的现值发行，在债券到期日前不做任何支付，在债券到期日按照面值来偿还的债券。纯贴现债券的投资者在债券到期日前不能得到任何现金，因此也称为"零息债券"[②]。纯贴现债券的预期未来现金流入只有到期时收到的面值，所以，其价值为：

$$V = F \cdot (P/F, k, n)$$

式中：V——债券的价值；

F——债券的面值；

K——市场利率或投资者要求的最低投资报酬率；

n——债券的期限。

【例6-7】某债券面值为 1000 元，期限为 3 年，票面上没有注明利率，该债券到期按面值偿还，现在的市场利率为 10%。

要求：

计算该债券的价值。

解答：

$V = 1000 \times (P/F, 10\%, 3)$

$= 1000 \times 0.751$

$= 751(元)$

---

① 但是在对债券估价时，一般都假定为债券持有到期，所以，债券的预期未来现金流入的第二个组成部分一般都以本金来计算。

② 零息债券实际也是含有利息的，只是没有标明而已，面值与其现值之间的差额就是其暗含的利息。

(二) 利率固定，到期一次还本付息债券的估价

利率固定，到期一次还本付息债券和纯贴现债券是类似的，投资者在债券到期日前也不能得到任何现金，不同的是在债券到期日收到的不是面值而是本利和，只要把纯贴现债券价值计算公式中的面值改为本利和就可以计算其价值，此处不再赘述。

(三) 利率固定，利息分期支付，到期还本债券的估价

投资者持有该种债券时，分期收到的利息是相等的，表现为年金，所以利息的现值可以采用年金现值的计算方式来计算，具体而言，该种债券的价值为：

$$V = I \cdot (P/A, k, n) + F \cdot (P/F, k, n)$$

式中：I——年利息额。

其他字母的含义同上。

【例6-8】某债券面值为1000元，期限为5年，票面利率为8%，该债券按年支付利息，到期还本，现在的市场利率为10%。

要求：

计算该债券的价值。

解答：

$$V = 1000 \times 8\% \times (P/A, 10\%, 5) + 1000 \times (P/F, 10\%, 5)$$

$$= 80 \times 3.791 + 1000 \times 0.621$$

$$= 924.28 (元)$$

三、债券投资的风险

虽然债券投资具有投资风险小的特点，但这只是与股票投资相比较而言。可以说风险无处不在，债券投资仍然存在风险，债券投资的风险主要包括违约风险、利率风险、购买力风险、流动性风险、期限风险和汇率风险等。

(一) 违约风险

违约风险是指债券发行者不能履行合约规定的义务，无法按期向债券持有者支付利息和偿还本金，而使债券投资者遭受损失的风险。不同发行主体发行的债券的违约风险是不同的。按发行主体的不同，债券分为政府债券、金融债券和企业债券3种。政府债券是以国家财政作担保，一般来说不会违约，可以看作是无违约风险的债券[①]。除政府债券外，其他发行主体发行的债券都存在违约风险。金融债券是由金融机构发行的，由于金融机构的规模较大并且信誉好，所以人们一般认为金融债券的违约风险比较小。企业债券是指由除金融机构以外的其他企业发行的债券，这些企业的规模及信誉要比金融机构差，一般来说，企业债券的违约风险要比金融债券高。造成企业违约的原因主要有：政治、经济形势等宏观环境发生重大变动；发生自然灾害，如水灾、地震等；企业经营管理不善，成本高、浪费大，发生重大亏损；企业在市场竞争中失败导致丧失主要顾客；企业陷入财务困境，不能及时清偿到期债务等。

---

① 通常人们所说的政府债券是无风险债券，实际上是说政府债券是无违约风险的债券，此处的无风险是专指无违约风险，并不是没有任何风险。

(二) 利率风险

利率风险是指由于市场利率的上升引起债券的价格下跌，从而使债券投资者遭受损失的风险。因为债券价格是其预期未来现金流入的现值，在计算债券价格的现值时，可以市场利率作为折现率，所以，债券价格随着市场利率的变动而变动。一般而言，市场利率上升，债券价格下降；市场利率下降，债券价格上升。不同期限债券的利率风险也不相同，债券期限越长，利率风险越大。

(三) 购买力风险

购买力风险也称通货膨胀风险，是指由于通货膨胀而使债券到期或出售时所获得的现金的购买力下降，从而使债券投资者遭受损失的风险。通货膨胀对债券投资具有较大的影响，因为投资于债券一般只能获得固定的但也相对较低的利息收益，由于货币购买力的下降，固定的利息收益的购买力也下降，从而降低了债券的投资收益。在通货膨胀情况下，一般而言，固定收益证券要比变动收益证券承受更大的通货膨胀风险，所以，在通货膨胀时期，投资于房地产、股票等变动收益证券能更好地降低通货膨胀风险。

(四) 流动性风险

流动性风险也称变现力风险，是指债券投资者打算出售债券以获取现金时，其所持有的债券不能以目前合理的市场价格在短期内出售的风险。衡量债券流动性强弱的标准有两个：一是变现所需的时间长短；二是变现价格。如果债券能在短期内以合理的市场价格出售，则认为债券的流动性强，否则，债券的流动性就弱。流动性强的债券的流动性风险低，流动性弱的债券的流动性风险高，所以，投资于流动性强的债券，如国库券以及一些著名大公司发行的信用等级高的债券，所承担的流动性风险相对较低。

(五) 期限风险

期限风险是指由于债券期限长而给债券投资者带来的风险。一项债券投资的期限越长，投资者面临的不确定因素就越多，承担的风险就越大，投资者所要求的收益也越高，以弥补所冒出的期限风险。例如，同一家企业发行的10年期债券的风险要高于3年期债券的风险，10年期债券的利率一般也高于3年期债券的利率，两者之间的利率差额就是给予投资者的期限风险补偿。

(六) 汇率风险

汇率风险是指由于外汇汇率的变动而给外币债券投资者带来的风险。因为汇率是不断变动的，汇率的变动会影响外币兑换的本币金额。如果在外币债券到期时，该外币贬值，则外币兑换的本币金额将减少，从而使投资者遭受损失。

四、债券的收益率

如同股票一样，债券的收益率也是债券投资决策的参考依据。债券的收益率有票面利率、持有期收益率、到期收益率等多种，但在债券投资决策中通常用到期收益率来衡量。到期收益率是指投资者购入债券后假定一直持有至到期日所能获得的收益率。债券的到期收益率就是其内含报酬率，是使预期未来现金流入的现值等于购买价格时的折现率。上述3种债券的到期收益率具体如下。

(一) 纯贴现债券的到期收益率

如前所述，纯贴现债券的预期未来现金流入的现值为 $F \cdot (P/F, k, n)$，使其等于购买价格 P，即令 $F \cdot (P/F, k, n) = P$，通过该等式就可以求出其中的 k，求出的 k 就是到期收益率。

【例6-9】有一只纯贴现债券，面值为1000元，期限为3年，现在的市场价格为772元。

要求：

计算该债券的到期收益率。

解答：

令 $1000 \times (P/F,k,3) = 772$，则可算出 $(P/F,k,3) = 0.772$，通过查复利现值系数表可以查出 $k = 9\%$，该债券的到期收益率就是 9%。

(二) 利率固定，到期一次还本付息债券的到期收益率

利率固定，到期一次还本付息债券的预期未来现金流入的现值为 $(F + n \cdot I) \cdot (P/F,k,n)$，使其等于购买价格 P，即令 $(F + n \cdot I) \cdot (P/F,k,n) = P$，通过该等式就可以求出其中的 k，求出的 k 就是到期收益率。

【例6-10】某债券面值为 1000 元，期限为 3 年，票面利率为 6%，该债券到期一次还本付息，现在的市场价格为 820 元。

要求：

计算该债券的到期收益率。

解答：

令 $(1000 + 1000 \times 6\% \times 3) \times (P/F,k,3) = 820$，则可算出 $(P/F,k,3) = 0.695$，通过查复利现值系数表可以查出，3 年期、利率为 13% 的 1 元复利现值系数为 0.693，所以，k 应该接近于 13%，如果想计算出 k 的相对精确的具体数值，可以采用插值法进行求解，此处省略。

(三) 利率固定，利息分期支付，到期还本债券的到期收益率

利率固定，利息分期支付，到期还本债券的预期未来现金流入的现值为 $I \cdot (P/A,k,n) + F \cdot (P/F,k,n)$，使其等于购买价格 P，即令 $I \cdot (P/A,k,n) + F \cdot (P/F,k,n) = P$，通过该等式就可以求出其中的 k，求出的 k 就是到期收益率。

【例6-11】某债券面值为 1000 元，期限为 5 年，票面利率为 10%，该债券按年支付利息，到期还本，现在的市场价格为 950 元。

要求：

计算该债券的到期收益率。

解答：

令 $1000 \times 10\% \times (P/A,k,5) + 1000 \times (P/F,k,5) = 950$，通过查年金现值系数表和复利现值系数表可以查出，当 $k = 11\%$ 时，等式的左边计算出来的数值等于 972.6，大于 950，当 $k = 12\%$ 时，等式的左边计算出来的数值等于 927.5，小于 950，运用插值法可以计算出 $k = 11.5\%$，该债券的到期收益率即为 11.5%。

第四节　基金投资

一、基金的概念、功能与特点

(一) 基金的概念

基金实际是投资基金的简称[①]，是由基金发起人通过发行基金股份或受益凭证的方式来汇集众多投资者的资金，再将这些资金投资于证券或其他资产。

(二) 基金的功能

基金是一种金融中介或称为投资公司，基金的功能主要体现在以下几个方面：一是记账与管理，基

---

① 在美国，投资基金称为共同基金；在英国，投资基金称为单位信托单位。

金要发布阶段性的管理情况报告，记录投资者的投资、资本利得、股利分配和偿债等情况，并为投资者的股利或利息收入进行再投资；二是分散化投资，基金是一种集合投资制度，它集合了众多小投资者们的资金，可以投资于多种不同类型的证券以进行分散化投资，从而达到降低投资风险的目的；三是专业化管理，基金拥有专业的证券分析师和资产组合管理专家，其资金的运作是由这些专业人士进行管理；四是降低了交易成本，由于基金是以大宗交易的方式进行证券买卖，所以，可以大量节约经纪人费用与佣金，从而降低交易成本。

(三) 基金的特点

基金作为一种证券，与股票、债券相比，具有以下几个特点：一是基金是一种集合投资制度。二是基金的风险和收益介于股票和债券之间。由于基金投资者不能像债券投资者那样获取固定的利息收入，所以其风险要大于债券，但是基金是由专业投资专家进行分散化投资，所以其风险又要小于股票，故其风险介于股票和债券之间，同样其收益也介于股票和债券之间。三是从投资者的角度来说，基金投资是一种间接投资。基金投资者将资金投资于基金，然后由基金再将这些资金进行投资，基金是连接资金投资者和使用者的桥梁，而股票投资和债券投资是直接投资。

二、基金的种类

基金从产生发展到现在已呈现出多种类型，按照不同的标准进行分类，基金主要可以分为以下几种。

(一) 按照组织形式的不同划分

按照组织形式的不同，基金分为契约型投资基金和公司型投资基金。

契约型投资基金，也称信托型投资基金，是由管理人和托管人通过签订信托契约的方式，向社会公开发行受益凭证来汇集资金而形成的代理投资机构。契约型投资基金一般涉及受益人(投资者)、管理人和托管人三方当事人。其中，投资者以购买受益凭证的形式对基金进行投资，并依据受益凭证分取红利，从而成为基金的受益人；管理人负责对所筹集的资金进行具体的投资运作；托管人作为基金资产的名义持有人，负责基金资产的保管和处置，并对管理人的运作实行监督。

公司型投资基金是依据公司法以股份公司形态存在的，以向投资者发行股份的方式来汇集资金的投资机构。投资者购买了公司的股票，就成为基金的股东，并依据持有的基金份额享有投资收益。同契约型投资基金一样，公司型投资基金也需要设定托管人。

契约型投资基金与公司型投资基金的区别主要表现在以下几个方面：一是资金的性质不同，契约型投资基金的资金是信托财产，公司型投资基金的资金是公司的资本；二是投资者的身份不同，契约型投资基金的投资者购买的是受益凭证，所以只是基金的受益人，对基金公司没有经营管理权，而公司型投资基金的投资者购买的是基金公司的股票，所以是基金公司的股东，可以通过股东大会和董事会对基金公司进行经营管理；三是基金的运营依据不同，契约型投资基金依据信托契约运营基金，而公司型投资基金依据基金公司章程来运营基金。

(二) 按照基金在存续期间内能否赎回划分

按照基金在存续期间内能否赎回，基金分为封闭式投资基金和开放式投资基金。封闭式投资基金是指基金发起人在设立基金时，限定了基金单位的发行总额，筹集到这个基金总额后，基金就宣告成立，在基金的存续期间内，基金规模固定不变，不再允许投资者申购或赎回。

开放式投资基金是指基金规模不固定，可以随着经营策略和发展需要追加发行，也可以应投资者的要求予以退还。

封闭式投资基金与开放式投资基金的区别主要有以下几个方面。

（1）期限不同。封闭式投资基金通常有固定的封闭期，在封闭期内，基金规模固定，投资者不能申购或赎回投资，而开放式投资基金没有封闭期，投资者可以随时申购或赎回投资。

（2）发行规模所受的限制不同。封闭式投资基金的发行规模在基金设立时已事先确定了，而开放式投资基金的发行规模事先没有确定，不受任何限制。

（3）基金份额交易方式不同。封闭式投资基金在证券交易所进行交易，即持有人在封闭期内不能赎回基金份额，只能通过证券交易所在二级市场转让持有的基金单位；而开放式投资基金一般是在基金管理公司或托管人柜台进行交易，即投资者可以随时向基金公司提出申购或赎回申请。

（4）基金份额交易价格的确定依据不同。封闭式投资基金的投资者只能在证券交易所买卖基金，所以，其基金份额的交易价格主要受买卖双方的供求关系决定，可能与基金公司的净资产值相差很大；而开放式投资基金的交易价格主要取决于基金单位净资产值，基本不受市场供求的影响。

（5）交易费用不同。封闭式基金份额的买卖是在基金价格之外支付手续费；开放式基金是支付申购费和赎回费。

（6）基金份额资产净值公布的时间不同。封闭式基金一般每周或更长时间公布一次；开放式基金一般在每个交易日结束后都要连续公布。

（7）投资策略不同。由于封闭式基金不能被赎回，其募集得到的资金可全部用于投资，这样基金管理公司便可据以制定长期的投资策略，取得长期经营绩效；而开放式投资基金因面临投资者的赎回压力，必须保持一定的流动性，所以，基金资产不能全部用来投资，更不能全部用来进行长期投资。

（8）投资风险不同。封闭式基金的投资风险较大，当基金业绩好时，投资者可享受超过净资产价值的证券收益；若有亏损，则投资者最先遭受损失。开放式基金每日公布份额净资产值，透明性强，便于投资者控制风险。

（三）按照投资对象的不同划分

按照投资对象的不同，基金分为股权式投资基金和证券投资基金。股权式投资基金是以合资或参股的形式投资于实业的基金。股权式投资基金可以参与被投资企业的经营，但一般不具有控制权，以获取长期收益为主要目的，所以基金的流动性较差，一般是封闭式投资基金。

证券投资基金是指以已经公开发行上市的股票、债券等证券为投资对象的基金。证券投资基金按照具体投资的证券的种类不同，又分为股票基金、债券基金、货币市场基金、期货基金、期权基金等。我国《证券投资基金运作管理办法》第30条规定：80%以上的基金资产投资于股票的，为股票基金；80%以上的基金资产投资于债券的，为债券基金；仅投资于货币市场工具的，为货币市场基金。

（四）根据募集方式

根据募集方式不同，证券投资基金可分为公募基金和私募基金。公募基金是指以公开发行方式向社会公众投资者募集基金资金并以证券为投资对象的证券投资基金，具有公开性、可变现性、高规范性等特点。私募基金是指以非公开方式向特定投资者募集基金资金并以证券为投资对象的证券投资基金，具有非公开性、募集性、大额投资性、封闭性和非上市性等特点。

除上述几种分类外，还存在一些其他分类，如：按照投资基金收益目标不同，基金分为积极成长型基金、成长型基金、成长收入型基金、平衡型基金和收入型基金；按照投资计划的可变性不同，基金分为固定型投资基金、融通型投资基金和半固定型投资基金；根据能不能挂牌交易，证券投资基金可分为上市基金和非上市基金；根据投资来源和运用地域分类，投资基金可分为国内基金、国际基金、离岸基金和海外基金等。

三、基金的资产净值

在基金投资中，投资者需要了解基金的资产净值，它是评价基金价值的最直观指标。基金的资产净值通常以单位份额为基础来表示，每一单位份额的资产净值称为单位资产净值，也称基金单位净值或单位净资产值，单位资产净值的计算公式为：

$$单位资产净值=基金净资产价值总额÷发行在外的总份数$$

其中，基金净资产价值总额是基金资产总额扣除基金负债总额后的差额，基金资产总额一般是指基金资产的市场价值，而不是其账面价值，基金负债包括以基金名义对外筹资而借入的款项、应付给投资者的分红以及应付给基金管理人的管理费等。

【例6-12】某基金公司持有的资产的账面价值为1亿元，市场价值为1.2亿元，应付的管理费为500万元，发行在外的基金总份数为5000万单位。

要求：

计算基金净资产价值总额和单位资产净值。

解答：

基金净资产价值总额＝120 000 000 – 5 000 000

　　　　　　　　　＝115 000 000(元)

单位资产净值＝115 000 000 ÷ 50 000 000

　　　　　　　＝2.3(元)

四、开放式基金的申购价格和赎回价格

封闭式基金的投资者只能在二级市场上买卖基金，所以其交易价格主要由市场供求关系和基金业绩决定。开放式基金的投资者可以随时向基金公司申购或赎回投资，由于申购和赎回的存在，基金公司必须保持一定的资产流动性，还需要根据申购或赎回情况随时调整投资组合，为了减少申购和赎回的影响，开放式基金一般规定投资者在申购和赎回时要支付一定的申购费和赎回费。因此，申购费的存在将导致投资者的实际投资额的增加，赎回费的存在将导致投资者投资回收额的减少。开放式基金收取的申购费主要是用于销售机构的佣金和宣传营销费用等方面的支出，收取的赎回费是对其他基金持有人的一种补偿。具体而言，开放式基金的申购价格和赎回价格分别如下：

$$申购价格 = 单位资产净值 + 申购费$$
$$赎回价格 = 单位资产净值 - 赎回费$$

关于申购费，目前国内通行的做法是以申购价格的一定比例即申购费率来表示，所以，申购费的计算方法为：申购费＝申购价格×申购费率，扣除申购费后的申购价格才是投资者的净申购价格，即净申购价格＝申购价格-申购费。

【例6-13】某开放式基金的单位资产净值为1.96元，申购费率为2%，赎回费率为资产净值的3%。

要求：

计算申购价格和赎回价格。

解答：

申购价格＝1.96 ÷ (1 – 2%)

　　　　＝2(元)

赎回价格 = 1.96 − 1.96 × 3%

　　　　　= 1.9(元)

本 章 小 结

1. 证券投资是指企业通过资本市场将资金用于购买股票、债券、基金等证券以获取收益或其他经营目的而进行的投资活动。证券投资的目的主要有提高现金的有效利用率、从事证券投机、满足企业扩张需要和满足企业其他目的 4 个方面。证券投资具有流动性强、交易成本低和投资风险较大等特点。证券投资按照投资对象的不同分为股票投资、债券投资、基金投资和衍生金融资产投资等。

2. 股票投资是指投资者将资金以购买股票的方式进行的投资活动。股票投资具有风险大、收益不稳定但相对较高、流通性高的特点。股票投资的目的主要有获利和取得控制权。股票的价值是其预期未来现金流入的现值。股票的预期收益率是预期股利收益率与资本利得收益率之和，也是使其预期未来现金流入的现值等于购买价格时的折现率。股票投资决策分析包括基本分析和技术分析两个方面。

3. 债券投资是指投资者将资金以购买债券的方式进行的投资活动。短期债券投资和长期债券投资的目的是不同的，短期债券投资的目的是合理利用暂时闲置的资金以提高资金的收益；长期债券投资的目的是获得相对稳定的利息收益。如同股票，债券的价值也是其预期未来现金流入的现值。债券的到期收益率也是使预期未来现金流入的现值等于购买价格时的折现率。在债券投资中，需要考虑的风险主要包括违约风险、利率风险、购买力风险、流动性风险、期限风险和汇率风险等。

4. 基金投资，是投资基金投资的简称，是指投资者通过购买投资基金股份或受益凭证的方式来获取收益所进行的投资活动。基金具有记账与管理、分散化投资、专业化管理和降低交易成本的功能。基金从产生发展到现在已呈现出多种类型，一种常见的分类是按照基金在存续期间内能否赎回，基金分为封闭式投资基金和开放式投资基金。基金的资产净值是基金净资产价值总额与发行在外的总份数之间的比值。开放式基金一般规定投资者在申购和赎回时要支付一定的申购费和赎回费，申购费的存在将导致投资者的实际投资额的增加，赎回费的存在将导致投资者投资回收额的减少。

练 习 与 思 考

一、单项选择题

1. 无法在短期内以合理价格卖掉资产的风险为(　　)。
　　A. 再投资风险　　　　B. 违约风险　　　　C. 利率变动风险　　　　D. 变现力风险

2. 若 A 公司今年的股利为 2 元，必要报酬率为 16%，股利年增长率为 12%，则股票的内在价值为(　　)。
　　A. 56　　　　　　　　B. 50　　　　　　　　C. 14　　　　　　　　D. 18

3. 避免违约风险的方法是(　　)。
　　A. 分散债券的到期日　　　　　　　　B. 投资预期报酬率会上升的资产
　　C. 不买质量差的债券　　　　　　　　D. 购买长期债券

4. 在证券投资中，因通货膨胀带来的风险是(　　)。
　　A. 违约风险　　　　B. 利息率风险　　　　C. 购买力风险　　　　D. 流动性风险

5. 下列说法中正确的是(　　)。

　　A. 国库券没有利率风险　　　　　　　B. 公司债券只有违约风险

　　C. 国库券和公司债券均有违约风险　　D. 国库券没有违约风险, 但有利率风险

6. 债券的价值由两部分构成, 一是各期利息的现值, 二是(　　)的现值。

　　A. 票面利率　　　B. 购入价格　　　C. 票面价值　　　　D. 市场价格

7. 按照证券投资基金的组织形式, 可将基金划分为公司型投资基金和(　　)。

　　A. 开放式基金　　　　　　　　　　　B. 契约型投资基金

　　C. 成长型基金　　　　　　　　　　　D. 收入型基金

8. 开放式基金价格的主要决定因素是(　　)。

　　A. 市场供求关系　　　　　　　　　　B. 市场存款利率

　　C. 基金单位净值　　　　　　　　　　D. 基金单位面值

二、多项选择题

1. 与债券投资相比, 股票投资的特点有(　　)。

　　A. 股票投资是权益性投资　　　　　　B. 股票投资的风险较大

　　C. 股票投资的收益不稳定　　　　　　D. 股票价格的波动性较大

2. 股票预期报酬率包括(　　)。

　　A. 预期股利收益率　　　　　　　　　B. 预期股利增长率

　　C. 预期资本利得收益率　　　　　　　D. 预期资本利得增长率

3. 债券到期收益率是(　　)。

　　A. 评价债券收益水平的重要指标之一　B. 指购进债券后, 一直持有至到期可获取的收益率

　　C. 投资者要求的最低投资报酬率　　　D. 使未来现金流入现值等于购买价格时的贴现率

4. 债券的投资风险主要有(　　)。

　　A. 违约风险　　　　　　　　　　　　B. 利率风险

　　C. 购买力风险　　　　　　　　　　　D. 期限风险

5. 基金投资的主要特点包括(　　)。

　　A. 集合投资　　　B. 分散风险　　　C. 专家理财　　　D. 流通性高

6. 关于开放式基金, 下列说法正确的是(　　)。

　　A. 开放式基金投资者可以根据需要随时申购或赎回基金单位, 导致基金单位总数不断变化

　　B. 开放式基金没有固定的存续期限

　　C. 与封闭式基金相比, 开放式基金的信息披露要求较高

　　D. 开放式基金具有独立法人资格

7. 根据基金投资范围不同, 基金可分为(　　)。

　　A. 股票基金　　　　　　　　　　　　B. 雨伞基金

　　C. 债券基金　　　　　　　　　　　　D. 货币市场基金

三、判断题

    1. 不是所有的债券都有违约风险，但所有的债券都有利率风险。   ( )

    2. 股票价格主要由预期股利和市场利率决定，此外还受整个经济环境变化和投资者心理等因素的影响。   ( )

    3. 如果不考虑影响股价的其他因素，股利固定不变的股票的价值与市场利率成反比，与预期股利成正比。   ( )

    4. 当发生通货膨胀时，普通股票的投资者要比收益长期固定的债券投资者承担更大的风险。 ( )

    5. 一般而言，银行利率下降，证券价格下降，银行利率上升，证券价格上升。   ( )

    6. 证券投资基金具有集合投资、分散风险的特点。   ( )

    7. 基金是以大宗交易的方式进行证券买卖，所以交易成本较低。   ( )

    8. 相比开放式基金，封闭式基金的投资风险较小。   ( )

四、思考题

    1. 证券投资有什么目的？

    2. 与存货、固定资产投资等实物投资相比，证券投资具有哪些特点？

    3. 什么是股票的估价？如何对股票进行估价？

    4. 什么是股票的预期收益率？如何计算股票的预期收益率？

    5. 股票投资与债券投资有何不同？

    6. 如何对不同类型的债券进行估价？

    7. 什么是债券的到期收益率？如何计算债券的到期收益率？

    8. 在进行债券投资时，需要考虑哪些风险，以及如何规避这些风险？

    9. 什么是基金？基金有哪些分类？

    10. 契约型基金与公司型基金有何不同？

    11. 封闭式基金与开放式基金有何区别？

    12. 什么是基金资产净值？如何计算基金资产净值？

    13. 如何计算开放式基金的申购价格和赎回价格？

五、计算题

    1. 企业计划购买 A 股票并长期持有，A 股票现行市价为每股 4 元，上年每股股利为 0.18 元，预计以后每年以 6% 的增长率增长，企业要求的最低投资收益率为 9.6%。

    要求：

    (1) 对 A 股票进行估价，并判断是否值得投资。

    (2) 如果投资者按现行市价购买，计算该股票的预期收益率，并判断是否值得投资。

    2. 企业计划购买 B 股票并长期持有，B 股票现行市价为每股 5 元，上年每股股利为 0.84 元，股利固定不变，企业要求的最低投资收益率为 14%。

要求：

(1) 对 B 股票进行估价，并判断是否值得投资。

(2) 如果投资者按现行市价购买，计算该股票的预期收益率，并判断是否值得投资。

3. 某债券面值为 1000 元，期限为 3 年，票面利率为 10%，该债券每年年末支付一次利息，到期还本。

要求：

计算市场利率分别为 12%、10% 和 8% 时该债券的价值。

4. 企业计划购买同日发行的一只债券，该债券面值为 1000 元，期限为 5 年，票面利率为 8%，该债券每年年末支付一次利息，到期还本，债券的发行价格为 1041 元。

要求：

计算债券的到期收益率。

5. 企业计划购买同日发行的一只纯贴现债券，该债券的面值为 1000 元，期限为 3 年，发行价格为 650 元，投资者要求的最低投资收益率为 6%。

要求：

(1) 计算该债券的价值，并判断是否值得投资。

(2) 如果企业按现行市价购买，计算该债券的到期收益率，并判断是否值得投资。

6. 某开放式基金的认购费为 0.2 元/份，赎回费为 0.1 元/份，2016 年年初总份数为 1000 万份，基金资产总额的账面价值为 6000 万元，其市场价值为 8000 万元，基金的负债总额为 5000 万元，2016 年年末总份数为 800 万份，基金资产总额的账面价值为 5500 万元，其市场价值为 9000 万元，基金的负债总额为 5800 万元。

要求：

(1) 计算 2016 年年初的基金净资产价值总额、基金单位净值和认购价。

(2) 计算 2016 年年末的基金净资产价值总额、基金单位净值和赎回价。

案 例 点 击

私募基金挪用基金财产案例

1. 案情简介

2015 年 3 月，G 证券公司作为托管公司(以下简称 G 公司)与 Y 投资公司签署"××对冲基金"托管协议，并向其提供多份盖有公章的空白基金合同文本，以便在募集资金过程中使用。该"对冲基金"的投资者多为 Y 公司高管及员工的亲友或熟人。同年 6 月，2 名投资者前往 G 公司查询基金净值，却被公司负责人告知，合同中约定的托管账户未收到客户认购款。

双方公司经交涉后发现，原来 Y 公司采用偷梁换柱的手法，将基金合同文本中原募资托管账户页替换为 Y 公司自有银行账户页。显然，投资者在签署合同过程中，未发现异常，并向被篡改后的募资账户打款。

G 公司随即向公安机关报案并向当地证券监管部门反映该情况。监管部门在接到线索后迅速派人前往 G 公司核查，通过调取协议合同、账户资金流水等资料，同时对照合同，逐层追踪资金流向，证实 Y 公司确实将合同托管账户篡改为自由银行账户，并违规将客户投资款 580 万元划转至公司高管及关联自然人银行账户挪作他用。据总经理配偶 D 某(负责管理公司银行账户和公章)交代，被挪用的资金用于民间借贷。在持续的监管高压下，Y 公司最终将 580 万元的投资款全部退还给投资者，并向 G 公司归还全部基金合同文本，该事件潜在的风险隐患被消除。

《私募投资基金监督管理暂行办法》(以下简称《私募办法》)第二十三条规定：私募基金管理人、私募基金托管人、私募基金销售机构及其他私募服务机构及其从业人员从事私募基金业务，不得侵占、挪用基金财产。据此，监管部门对 Y 公司篡改募资托管账户、挪用客户投资款的行为进行了处理。

2. 案例分析

目前，中国证监会对私募基金业务不设行政许可，不进行牌照管理。私募机构工商注册后，按照中国证券投资基金业协会(以下简称"协会")官方网站(www.amac.org.cn)要求，进行管理人登记，通过后方可开展私募基金业务。自 2014 年"协会"启动登记备案工作以来，我国私募基金管理人数量已超过 2.6 万家，但基金管理人诚信、规范意识和业务能力参差不齐、鱼龙混杂，甚至有不法分子浑水摸鱼，借用私募基金为幌子从事非法集资、金融诈骗等违法犯罪行为。

本案是私募基金领域违规挪用基金财产的典型案例，具有以下特点。

(1) 借助"基金财产由证券公司托管"，骗取投资者信任。实践中，部分私募基金管理人与证券公司或银行等机构签署托管协议，将募集的基金财产存入专门的托管账户，由托管方负责保管基金财产，办理基金清算、核算，对基金财产的使用情况进行监督。基金财产交由第三方机构托管是保障基金财产独立和安全的重要手段，一定程度上增加了投资者对基金管理人的信任。Y 公司恰恰利用了这一点，借与国内知名证券公司进行托管合作之机，获得了盖有证券公司公章的空白基金合同文本，但实际上并未按约定将资产交托管方保管，只是以托管的说法骗取投资者信任。

(2) 借助"对冲基金"概念，迷惑、吸引投资者。对冲基金主要是指采用对冲交易策略的基金，具有投资标的广泛、投资操作灵活、投资资产流动性好、投资者门槛要求高等特点。我国对冲基金发展起步较晚，对广大投资者而言，"对冲基金"仍是陌生而神秘的概念。Y 公司利用国内投资者不甚了解对冲基金，使用看起来"高大上"的"对冲基金"概念"包装"产品，以此迷惑、吸引投资者。

(3) 利用私募基金合同签订中的漏洞，挪用基金财产。由于投资人、私募基金管理人和托管方往往不在一地，三方签订基金合同的通常做法为：托管方先行将盖有自己公章的空白基金合同文本交付私募基金管理人，待募资实现，投资人和私募基金管理人签章后再返还一份给托管方。三方当事人在合同签订上存在时间和空间上的脱节，即三方没有同时在场签订，投资人和托管方不见面。同时，按照合同约定，在私募机构完成募资后，返还三方合同给托管方，托管方的托管责任才生效。由于募资全部完成需要一定周期，在此期间，是否签订合同并实现募资，募资多少，托管方并不知情。此案中，Y 公司正是充分利用了这种惯常做法的漏洞、托管方的信息不对称以及从托管协议签订到募资成功的时间差，擅自篡改合同内容，与不知情的投资者签署了所谓的"三方协议"，并大胆挪用基金资产。

(4) 利用熟人关系麻痹投资者。本案中涉及的投资者多为 Y 公司高管及员工的亲友或熟人。基于亲朋好友之间的信任，投资者在签署合同时，一般不会仔细查看格式化的基金合同，自然难以发现合同的异常。

要求：

分析基金投资者在基金投资中应注意的问题。

点 石 成 金

对投资者而言，应审慎选择私募基金投资，并在投资过后对私募基金管理机构和托管机构给予持续关注和监督。

(1) 要量力而行。私募基金投资具有高风险，对投资者风险识别能力和风险承受能力要求较高。《私募办法》也明确规定私募基金合格投资者要求，除单只私募基金投资额不低于 100 万元外，同时单位净资产不低于 1000 万元，个人金融资产不低于 300 万元或者最近 3 年个人年均收入不少于 50 万元。投资者要从自身实际出发，量力而行，对照私募基金合格投资者标准判断是否能够投资私募基金产品。在满足合格投资者标准的前提下，再选择与自己风险承受能力相匹配的产品。

(2) 要摸清底细。在进行私募基金产品购买前，投资者可以通过协会网站查询或询问机构注册地证监局，了解该机构是否已经在协会登记，登记资料是否完整、与工商注册资料是否一致。同时，还可以多方了解私募基金管理人以往业绩情况、市场口碑以及诚信规范情况。

(3) 要细看合同。基金合同是规定投资者与私募基金管理人之间权利和义务的重要文书。投资者在查看合同时，要注意合同约定的权利义务是否合理，合同是否完整、是否存在缺页、漏页等异常，要仔细阅读条款，对于不懂的概念、模糊的表述可以要求管理人进行解释或说明，切勿被各种夸大、虚假宣传忽悠、蒙蔽。对一式多份的合同，还应检查每份合同内容是否完全一致。

(4) 要持续关注。投资者在认购私募基金产品后，要持续关注私募基金产品投资、运行情况，要求私募基金管理人按约定履行信息披露义务。投资者若发现管理人失联，基金财产被侵占、挪用，基金存在重大风险等情况，要及时向私募基金管理人注册地证监局或协会反映，若发现私募基金管理人涉嫌诈骗、非法集资等犯罪线索的，要及时向公安、司法机关报案。

(资料来源：新华网123)

第七章

营运资本管理

案例导入

"好买"公司成功管理运营资本案例

　　"好买"公司是北美最大的电子消费零售商，经营着 500 多家 "好买"经商店和 1300 多家音响设备经销店，它在 2002 年的销售额最高达到 230 亿元，约净赚 69 亿元，它的股票价格从 5 年前的每股 1.5 美元在 2002 年中期上升到每股 50 美元，这种成功取决于它合理的财务和经营实践，特别是它成功管理营运资本的技巧，这也将是本章关注的重点。

　　营运资本管理主要是管理流动资产——现金、应收账款、存货等。因为 "好买"公司大多销售额是通过信用卡操作的，因此应收账款不成问题，它筹集维持经营所需的资金比较容易，所以该公司营运资本政策最重要的方面是存货管理。为了维持销售，"好买"公司必须保持顾客所需的各种类型的存货，然而存货储存是需要成本的，电子产品如果不及时售出，过时就会失去价值，因此为了降低存货储存成本，公司总是寻找各种途径使存货储存合理化，并提高存货周转率。在 2001 年年度报告时，"好买"公司很骄傲地宣称它的存货周转率是同行业最高的，后来在投资招商会议上该公司财务执行总监通告大家：尽管公司为防止在扩张和改造许多经销店时缺货而增加存货储存水平，但它的销售额仍然能与存货储存扩张同步，并有效防止了存货周转率下降。

　　而做到这一点主要是因为 "好买"公司成功地运用了计算机以及网络技术的巨大进步，转变了管理营运资本的方式。它运用计算机网络技术收集每一个仓库有关最畅销产品和存货的现时水平等最新信息，并当某种商品被需要时，运用这种信息自动订货并将商品运到仓库，通过这种方式公司能够减少存货储存成本，并且还能确保存货的最优储存量和组合，以达到销售最大化。因而，在当今的信息时代，如果公司想取得成功，合理的营运资本管理是必要的[①]。

关键概念

　　运营资本(Working Capital) 筹资组合(Financing Composition) 现金交易动机(Cash Transaction Motivation) 信用政策(Credit Policy) 经济订货量模型(Economic Inventory Model) 流动负债(Current Liabilities) 商业信用(Commercial Credit)

第一节　营运资本管理概述

一、营运资本的含义

　　营运资本是财务管理学中一个非常重要的概念，营运资本有广义和狭义之分。广义的营运资本是指总

---

　　① 本案例引自：Eugene F. Brigham. Joel F. Houston. Fundamentals of Financial Management 10e.

营运资本,是在生产经营活动中的流动资产;狭义的营运资本则是指净营运资本。通常所说的营运资本多指后者。总营运资本是指企业以流动资产的形式投资的资金,它是企业资产负债表上货币资金、交易性金融资产、应收账款、存货等流动资产项目的总和。净营运资本是指流动资产减去流动负债后的余额。这里的流动资产是企业在1年内或者超过1年的一个营业周期内变现或者耗用的资产,包括库存现金、银行存款、应收账款和存货等。流动负债是指在1年内或者超过1年的一个营业周期内必须清偿的负债,包括短期借款、应付账款、应付票据和预收账款等。如果企业的流动资产等于流动负债,则占用在流动资产上的资金由流动负债融资,如果流动资产大于流动负债,则有一部分流动资产要以长期负债或股东权益为其资金来源。净营运资本与流动比率、速动比率和现金比率等指标一起构成评价和衡量企业资产的流动性和短期偿债能力的财务指标体系,用公式表示为:

$$净营运资本 = 流动资产 - 流动负债$$

本书中,营运资本专指净营运资本。使用"营运资本"这一概念,是因为在企业的流动资产中,来源于流动负债的部分由于面临债权人的短期索求权,而无法供企业在较长时间内自由运用。只有扣除短期负债后的剩余流动资产,即营运资本,才能为企业提供一个宽裕的自由使用期间。营运资本因其有较强的流动性而成为企业日常经营活动的"润滑剂"和基础,在客观存在现金流入量与流出量不确定和不同步的现实情况下,企业持有一定量的营运资本非常重要。企业应控制营运资本的持有数量,既要防止营运资本不足,也要避免营运资本过多。这是因为营运资本持有量的高低,影响企业的收益和风险。企业的营运资本管理就是采用各种营运资本管理的策略对流动资产与流动负债实施管理的过程。

二、营运资本的特点

营运资本的特点需要从流动资产和流动负债两个方面予以说明。

(一) 流动资产的特点

流动资产与其他资产相比,具有以下特点。

(1) 投资回收期短。投资于流动资产的资金一般在1年或超过1年的一个营业周期内收回,因此,流动资产投资所需要的资金一般可以通过商业信用、短期借款等获得。

(2) 流动性强。流动资产在循环周转中,经过供产销3个阶段,其占用形态不断变化,即按现金—原材料—在产品—产成品—应收账款—现金的顺序转化。

(3) 多种形态的并存性。对于企业而言,每天不断有资产流入,也有资产流出,从某一个时间点来看,各种不同形态的流动资产并存。因此,合理地配置流动资产各项目的比重,是保证流动资产顺利周转的必要条件。

(4) 金额的波动性。企业占用在流动资产上的投资会随着生产经营活动的进行而波动,随着流动资产占用数量的变化,流动负债的数量也会相应变化。

(二) 流动负债的特点

流动负债与其他负债相比,具有以下特点。

(1) 融资速度快。企业申请短期借款比申请长期借款更容易、更便捷,一般可以在较短时间内获得。

(2) 弹性大。与长期借款相比,短期借款合同中的限制条件一般比较少,因此企业有更大的行动自由。

(3) 成本低。短期借款筹资所发生的利息支出通常低于长期借款的利息支出。对于一些"自然融资"(如应交税费、应付账款等)则没有利息负担。

(4) 风险大。如果企业过多依靠流动负债,当债务到期时,企业不得不在短期内筹措大量资金还债,这将增大企业的财务风险,甚至有可能导致企业财务状况恶化。

三、营运资本管理的要点

营运资本管理是对企业流动资产和流动负债的管理,其目的是为企业的日常生产经营活动提供足够的资金,并保证企业能够按时按量地偿付各种到期的债务,使企业不发生资金调度失衡、资金短缺等情况,从而保证企业再生产过程的顺利进行。企业进行营运资本的管理,要把握以下要点。

(一) 合理确定企业营运资本的占用数量

企业经营所需要的营运资本的数量多寡与企业的生产经营状况密切相关,企业生产经营活动扩张时,流动资产和流动负债的占用水平都会不断地增加,而当企业生产经营活动萎缩时,流动资产和流动负债的占用水平也会逐步下降。另外,外部环境发生变化,企业的营运资本占用水平也会相应变化。因此,企业财务人员应该根据客观条件和企业的实际生产经营活动的需要,合理确定营运资本的需求量。

(二) 合理确定短期资金的来源构成

企业的短期资金可以来源于银行、资本市场、商业伙伴等,不同来源的资金性质不同,偿还期限不同,限制条件也不同。为合理支配使用资金和加强管理,营运资金管理者要根据企业资金的收支状况、偿还能力等来合理组合和搭配不同来源的短期资金。

(三) 加快资金周转,提高资金的利用效果

与长期资金相比,短期资金的盈利能力较低,有些短期资金(如库存资金)甚至根本不产生投资收益。因此,在保证生产经营需要的前提下,加快短期资金周转,减少短期资金占用,可以提高资金的利用效果。

第二节 现金的管理

现金是指在公司生产经营过程中暂时停留在货币形态的资金,是可以立即投入流动的交换媒介,包括库存现金和银行存款,以及银行本票和银行汇票等其他货币资金。现金是变现能力最强的非营利性资产。现金管理的过程就是在现金的流动性与收益性之间进行权衡选择的过程。通过现金管理,使现金收支不但在数量上,而且在时间上相互衔接,对于保证企业经营活动的现金需要,降低企业闲置的现金数量,提高资金收益率具有重要意义。

一、企业持有现金的动机与成本

现金的首要特点是普遍的可接受性,即可以有效地立即用来购买商品、货物、劳务或者偿还债务。因此,现金是企业中流动性最强的资产。

(一) 现金的持有动机

企业持有一定量的现金,主要基于以下 3 个方面的动机。

1. 交易性动机

企业为满足生产经营活动需要而持有现金的动机是交易性动机。企业为了组织日常生产经营活动,

必须保持一定数量的现金,用于购买原材料、支付工资、缴纳税款、偿付到期债务以及派发现金股利等。由于企业每天的现金收入量与现金流出量在时间上与数量上通常存在一定程度的差异,因此,企业持有一定数量的现金余额以应付支出是十分必要的。同时,企业拥有一定数量现金可以充分利用商品交易中的现金折扣,为企业节省开支。

由于交易性动机而使企业持有的现金余额被称为交易性现金余额。交易性现金余额主要取决于企业的生产经营规模,通常随着企业生产经营规模的扩大而增加。此外,企业生产经营的性质、特点等也会影响交易性现金余额的大小。

2. 预防性动机

企业为应付意外的事件而持有一定现金即为预防性动机。企业经营所依赖的外部经济环境、法律环境以及自然环境都存在很大的不确定性,企业对未来的资金流入流出都难以准确估计,一旦企业对未来现金流量的预期与实际情况发生偏离,必然对企业的正常经营产生不利影响。为了满足对未来意外事件所引起的支付需要,企业应该保持一个比正常交易需要量高的现金余额。

由于预防性动机而使企业持有的现金余额被称为预防性现金余额。企业持有的预防性现金余额主要取决于以下 3 个方面:①企业愿意承担风险的程度。企业若倾向于避免突发事件所带来的风险,就会保持较多的预防性现金余额;②企业临时举债能力。如果企业能够很容易地借到短期资金,就可以适当减少预防性现金金额;③企业对现金流量预测的可靠程度。预测的可靠性越差,预防性现金金额的数额就越大。

3. 投机性动机

投机性动机指企业为利用额外的投资机会而持有一定的现金,例如,企业为获得低价购买原材料的机会而持有的一定现金,企业为把握购买股票等有价证券的有利时机而持有的一定现金等。

由于投机动机而使企业持有的现金余额被称为投机性现金余额。投机性现金余额一般取决于企业所参与的生产要素市场及金融市场波动性和企业对待风险的态度这两个因素。对大多数企业而言,投机性动机不是其持有现金的主要原因,企业很少经常性地为未来可能发生的价格波动而保持专门的现金储备。

企业除以上 3 个原因持有现金外,也会为满足某一特定要求而持有现金,例如,为获取现金折扣或较高的信用评级而持有充足的现金,或是为在银行维持补偿性余额而持有现金等。

(二) 与现金相关的成本

与现金相关的成本通常由以下三部分组成。

1. 持有成本

现金的持有成本是指企业因保留一定现金余额而增加的管理费用以及丧失的再投资收益。企业保留现金,对现金进行管理,会发生一定的管理费用,如管理人员工资及必要的安全措施费等。这部分费用具有固定成本的性质,它在一定范围内与现金持有量的多少关系不大,是决策无关成本。再投资收益是企业不能同时用该现金进行有价证券投资所产生的机会成本,这种成本在数额上等同于资金成本。放弃再投资收益即机会成本,属于变动成本,它与现金持有量成正比例关系。

2. 转化成本

转化成本是指企业用现金购入有价证券以及转让有价证券换取现金时付出的交易费用,即现金同有价证券之间相互转换的成本,如委托买卖佣金、委托手续费、证券过户费、实物交割手续费等。严格地讲,转换成本并不都是固定费用,有的具有变动成本的性质,如委托买卖佣金或手续费。

3. 短缺成本

现金短缺成本是指在现金持有量不足而又无法及时通过有价证券变现加以补充而给企业造成的损失，包括直接损失与间接损失。现金的短缺成本与现金持有量成反方向变动关系。

二、最佳现金持有量

企业为保证生产经营的正常进行，必须持有一定数量的现金。但是，企业持有现金也会产生一系列的成本，因此，企业必须合理确定企业的现金持有量，而企业确定最佳现金持有量的方法主要有成本分析模式、存货模式、现金周转模式和随机模式。

(一) 成本分析模式

运用成本分析模式的人们认为，现金持有成本可以分为三类。

1. 短缺成本

短缺成本是由于现金持有量短缺引起的短缺成本，因为缺乏必要的现金，不能应付业务开支所需，而使企业蒙受损失或为此付出的代价。短缺成本随着持有现金的数量增加而逐步下降，随现金持有量的减少而逐步上升，即与现金持有量呈负相关。

2. 机会成本

现金作为企业的一项资金占用是有代价的，这种代价就是它的机会成本，它是现金持有成本的一部分。现金资产的流动性极佳，但营利性极差，企业持有现金却不能将其投入生产经营活动，失去因此而获得的收益。而企业为了经营业务，有必要持有一定的现金，以应付意外的现金需要，企业这种因保持一定量的现金而放弃投资于其他机会所能带来的潜在收益被称为机会成本。例如，某企业持有 2 万元现金，如果证券收益率为 10%，企业就放弃了 2000 元的投资收益，企业的现金持有量越大，机会成本越高，现金持有量越小，机会成本就越小。

3. 管理成本

管理成本是企业为进行现金的日常管理而发生的相对固定的费用，如管理人员的工资、相关安全措施费等，它是一种固定成本，与现金持有量基本无关，确定现金持有量时一般可以不用考虑管理成本。

上述三项成本之和最小的现金持有量就是最佳持有量，各类成本与现金持有量之间的关系如图 7-1 所示。

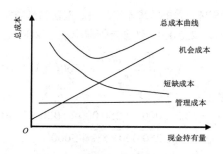

图 7-1　现金持有量与成本关系

运用成本分析模式确定最佳现金持有量就是要寻找能够使短缺成本和机会成本之和最低的现金持有量。从图 7-1 可以看出，机会成本随现金持有量的增加而增加，短缺成本随现金持有量的增加而减少，总成本呈现为一条近似的抛物线。该抛物线的最低点即为持有现金的最低总成本，超过该点，机会成本上升的代价会大于短缺成本下降的好处，在该点之前，短缺成本下降的好处大于机会成本上升的好处。

确定最佳现金持有量通常可以采用下列步骤：首先，分别计算现金持有量短缺成本、机会成本和管理成本的函数关系；其次，运用相关数学知识求解，能使相关总成本最低的现金持有数量即为最佳现金持有量。

假设某企业持有现金的机会成本率(资本收益率)为K，机会成本函数为：

$$C_1 = K \cdot X$$

现金短缺成本函数为：

$$C_2 = T/X$$

现金管理成本为：

$$C_3 = L$$

式中：T——现金短缺成本系数；

$\quad\quad X$——现金持有量；

$\quad\quad L$——现金管理成本。

则该企业持有现金相关总成本为：

$$C = C_1 + C_2 + C_3$$
$$= K \cdot X + T/X + L$$

对总成本进行求导，并令其等于零：

$$K - T/X^2 = 0$$

则现金的最佳持有量为：

$$X = \sqrt{\frac{T}{K}}$$

最佳现金持有量对应的总成本为：

$$C = K\sqrt{T/K} + \frac{T}{\sqrt{T/K}} + L$$
$$= 2\sqrt{T \cdot K} + L$$

【例7-1】某企业为提高现金持有量的管理水平，决定重新测算最佳现金持有量。经分析，该企业资产收益率为5%，短缺成本系数为1 250 000，现金年管理成本为3000 元，则该企业最佳现金持有量为：

$$X = \sqrt{\frac{1\,250\,000}{5\%}} = 5000(元)$$

该企业现金持有总成本为：

$$C = 5\% \times 5000 + 1\,250\,000 \div 5000 + 3000$$
$$= 2 \times \sqrt{1\,250\,000 \times 5\%} + 3000$$
$$= 3500(元)$$

【例7-2】W 公司有 4 种现金持有方案，它们各自的现金持有量、机会成本、管理成本、短缺成本如表 7-1 所示。

表7-1 现金持有方案 单位：元

项目＼方案	甲	乙	丙	丁
现金持有量	60 000	120 000	240 000	380 000
机会成本	3000	9000	12 000	19 000
管理成本	50 000	50 000	50 000	50 000
短缺成本	34 000	23 000	6900	0

注：机会成本率即该企业的资本收益率为5%。

这4种方案的总成本计算结果如表7-2所示。

表7-2 现金持有总成本 单位：元

项目＼方案	甲	乙	丙	丁
机会成本	3000	9000	12 000	19 000
管理成本	50 000	50 000	50 000	50 000
短缺成本	34 000	23 000	6900	0
总成本	87 000	82 000	68 900	69 000

将以上各方案的总成本加以比较可知，丙方案的总成本最低，也就是说当公司持有 240 000 元现金时，各方面的总代价最低，对公司最合算，故 240 000 元是该公司的最佳现金持有量。

(二) 存货模式

存货模式是由美国经济学家威廉·鲍默首先提出，他认为企业现金持有量在许多方面与存货批量类似，可以借鉴存货的经济批量模型确定最佳现金持有量。现金每次转换的成本是固定的，一定时期内现金使用量不变时，每次将有价证券转换为现金的金额越大，机会成本越高，同时转换的次数就越少，转换成本越低。反之，机会成本越低，转换成本越高。可见，现金转换成本与存货的订货成本在性质上是一致的。

在运用存货模式确定最佳现金持有量时，需要建立如下假设前提。

(1) 企业预算期内现金需求量可以预测。

(2) 企业现金流量相对稳定，波动较小，而且每当现金余额减少为零时，都可以通过部分证券变现得以补足，并且证券变现风险很小。

(3) 证券利率及每次固定交易费用可以获得。

在这些前提条件下，假定持有现金的总成本为 TC，一定时期内现金需求总量为 Q，最佳现金持有量为 N，现金与有价证券每次转换的成本为 z，单位现金的机会成本率为 i，则

每年现金转换成本为：

$$C_1 = \frac{Q}{N} \cdot z$$

持有现金的机会成本为：

$$C_2 = \frac{N}{2} \cdot i$$

持有现金总成本为：

$$C = C_1 + C_2$$
$$= \frac{Q}{N} \cdot z + \frac{N}{2} \cdot i$$
$$N = \sqrt{\frac{2Qz}{i}}$$

【例7-3】某企业预计每月现金需求量为120万元，有价证券收益水平为10%，现金与有价证券的转换成本为150元/次，则该企业最佳现金持有量为：

$$N = \sqrt{\frac{2Qz}{i}}$$
$$= \sqrt{\frac{2 \times 1\,200\,000 \times 150}{10\%}}$$
$$= 60\,000(元)$$

现金持有量的存货模式是一种简单、直观的确定最佳现金持有量的方法；但它也有缺点，主要是假定现金的流出量稳定不变，实际上这很少有。相比而言，那些适用于现金流不确定的控制最佳现金持有量的方法，就显得更具有普遍应用性。

(三) 现金周转模式

现金周转模式是通过预计现金需求总量和确定现金周转的目标次数来确定企业最佳现金持有量的方法，该模式主要包括以下三项内容。

1. 确定现金周转天数

现金周转天数也称为现金周转期，是指企业从现金投入生产经营开始，到销售商品收回现金为止所需要的时间，即现金周转一次所需要的天数。现金周转期越短，则企业的现金持有量就越小。它的长短取决于以下 3 个方面：①存货周转期，是指从购买原材料开始，并将原材料转化为产成品再销售出去所需要的时间；②应收账款周转期，是指从应收账款形成到收回现金所需要的时间；③应付账款周转期，是指从购买原材料形成应付账款开始直到以现金偿还应付账款为止所需要的时间。一般来说，当企业运用商业信用购置存货时，现金周转的天数为：

现金周转的天数 = 应收账款周转天数 + 存货周转天数 − 应付账款周转天数

2. 确定现金周转次数

现金周转次数也称现金周转率，是指在 1 年或者一个营业周期内现金循环的次数。现金周转次数与现金周转期互为倒数，周转期越短，则周转次数越多，在现金需求量一定的情况下，现金持有量将会越少，它的计算公式如下：

现金周转次数 = 计算期天数 ÷ 现金周转天数

式中，计算期天数通常按年计算，即 360 天。现金周转率与周转期互为倒数，周转期越短，则周转次数越多，在现金需求额一定的情况下，现金持有量将会减少。

3. 确定最佳现金持有量

最佳现金持有量 = 预计现金年需求总量 ÷ 现金周转次数

【**例7-4**】某公司现金年需求总量为 1500 万元，原材料购买采用赊购的形式，应付账款的平均付款的天数为 50 天，公司内部存货平均周转天数为 95 天，销售产品形成的应收账款的周转天数为 45 天，则该公司最佳现金持有量为：

现金周转天数 = 应收账款周转天数 + 存货周转天数 − 应付账款周转天数

= 45 + 95 − 50 = 90(天)

现金周转次数 = 360 ÷ 现金周转天数 = 360 ÷ 90 = 4(次)

最佳现金持有量 = 预计现金年需求总量 ÷ 现金周转次数 = 1500 ÷ 4 = 375(万元)

(四) 随机模式

随机模式是根据随机现象出现的次数，运用数学中的概率和数理统计方法测算出各种可能出现结果平均水平的一种方法。企业现金需求量往往波动剧烈而且难以预知，但企业可以根据历史数据和当前生产经营状况测算出一个现金持有量的控制范围，确定现金持有量的上限和下限，将现金持有量控制在上下限之内。当现金持有量达到或者超过持有上限时，用现金购入有价证券，使现金持有量下降至最佳现金持有量；当现金持有量下降到控制下限时，则抛售有价证券换回现金，使现金持有量上升至最佳现金持有量。当现金持有量在控制的上下限之内时，保持现有的持有量，不进行现金和有价证券之间的转换。采用随机模式对现金持有量的控制如图 7-2 所示。

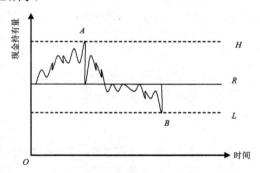

图 7-2 现金持有量控制

图 7-2 中，虚线 H 表示现金持有量的上限，虚线 L 表示现金持有量的下限，实线 R 表示最佳现金返回线，从图 7-2 中可以发现，企业的现金持有量是随机波动的，当其到达持有量上限时企业应该将现金转换为有价证券，使现金持有量回落到最优持有量水平。而当现金持有量的水平下降至下限时，出售有价证券，收回现金。上限 H 和最佳现金返回线 R 可分别按照下列公式计算：

$$R = \sqrt[3]{\frac{3b\varepsilon^2}{4i}} + L$$

$$H = 3R - 2L$$

式中：b——现金和有价证券的每次转换成本；

ε——每日现金余额变化的标准差；

i——有价证券的日利率；

L——现金持有量的下限。

财务管理学(第二版)

现金持有量的下限由企业根据每日最低现金需求量、管理人员的风险承受倾向等因素来确定。

【例 7-5】假定某企业通过随机模式确定最佳现金持有量，已知该企业有价证券的日利率为0.025%，现金与有价证券的转换成本为 100 元/次，该企业综合考察企业每日最低现金需求量、管理人员的风险承受倾向等因素认为，其任何时候的现金余额均不能低于 120 000 元，根据历史数据测出的现金余额波动标准差为 15 000 元。

则其最佳现金持有量 R 为：

$$R = \sqrt[3]{3b\varepsilon^2 / 4i} + L$$

$$= \sqrt[3]{\frac{3 \times 100 \times 15\,000^2}{4 \times 0.025\%}} + 120\,000$$

$$= 160\,716.26(元)$$

现金控制上限 H 的计算结果如下：

$$H = 3R - 2L$$

$$= 3 \times 160\,716.26 - 2 \times 120\,000$$

$$= 242\,148.78(元)$$

这样，当公司的现金余额达到 242 148.78 元时，即应以 81 432.52(242 148.78 - 160 716.26)元的现金去投资于有价证券，使现金持有量回落为 160 716.26 元；当公司的现金余额降至 120 000 元时，则应转让40 716.26(160 716.26 - 120 000)元的有价证券，使现金持有量回升为 160 716.26 元。

随机模式是在现金流量呈无规则变化的情况下确定现金持有量的一种方法。应该注意的是，随机模式计算出来的现金持有量比较保守，往往比运用成本模式和存货模式的计算结果大。

三、现金日常管理

企业在确定了最佳现金持有量以后，还应采取各种措施，加强现金日常管理，以保证现金的安全、完整，最大限度地发挥其效用。现金日常管理的基本内容主要包括以下几个方面。

(一) 现金回收管理

现金回收管理的目的是尽快收回现金，因此企业在生产经营过程中，应根据成本效益原则选用适当方法加速账款的收回，尽可能加速现金周转，以提高现金的使用效率。在采用票据结算的情况下，企业账款的收回需要经过四个时点，即客户开出付款票据、企业收到票据、票据交存银行和企业收到现金。因此，企业收到款项的时间主要包括票据邮寄时间、票据在企业的停留时间以及票据结算时间。为了加速现金的回收，企业应尽可能缩短收款的时间。企业必须考虑以下 3 个问题：①如何减少客户付款的票据邮寄时间；②如何缩短票据停留在企业的时间；③如何加快现金存入企业的银行账户过程。

通常，企业加快收款速度可采用以下方法。

1. 集中银行法

集中银行法是指在收款企业比较集中的地区设立多个收款中心来代替通常只在公司总部设立的单一收款中心，并指定一个主要银行(通常是公司总部所在地的银行)作为集中银行，以加快账款回收速度的一种方法。在这种方法下，特定区域内的客户被指定付款给特定的收款中心，收款中心将收到的款项存入当地银行，各个收款中心的银行在扣除补偿性余额后将多余的现金汇入公司总部所在地的集中银行，因而可以缩短收款时间，提高收款效率。企业的客户只需将款项交到距其最近的收款中心即可，不必交到企业总部。

采用集中银行法的主要优点是：①减少邮寄时间；②缩短支票兑现的时间；③强化对现金的控制。但是这种方法也存在以下缺点：①增加现金的持有成本；②增加现金的管理成本。因此企业应在权衡利弊得失的基础上，做出是否采用银行业务集中法的决策，这需要计算分散收账收益净额。

$$分散收账收益净额=(分散收账前应收账款投资额-分散收账后应收账款投资额)$$
$$\times 企业综合资本成本率-因增设收账中心每年增加费用额$$

2. 锁箱法

锁箱法也称邮政信箱法，是指企业在业务比较集中的地区租用专门的邮政信箱，并通知客户将款项直接寄到指定的邮政信箱，然后授权当地银行每天开启信箱，并及时进行票据结算的方法。由于客户直接将票据寄到当地指定的邮政信箱而不是企业总部，可以大大缩短票据的邮寄时间，加快款项回收速度。同时，也免除了企业办理收款及将款项存入银行等手续，缩短了票据停留在企业的时间。但是，采用锁箱法的成本较高，租用邮政信箱需要支付租金，授权当地银行开启邮政信箱，银行要收取额外的服务费用，同时，银行还要扣除一定数量的补偿性余额，增加了企业的费用支出。所以，企业在采用锁箱法时，要充分考虑到其优缺点，权衡利弊，以取得较好的资金使用效果。

(二) 现金支出管理

现金管理的另一方面就是决定如何使用现金。企业应根据风险与收益权衡原则选用适当方法，在不影响其商业信誉的前提下，尽可能地推迟应付款项的支付，以充分运用供货方所提供的信用优惠。企业延迟现金支付的手段主要有以下几个。

1. 合理利用现金浮游量

现金浮游量是指企业从银行存款账户上开出的支票总额超过其银行存款账户的余额。出现现金浮游量的原因是，企业开出支票，收款人收到支票并将其送存银行，直至银行办理完款项的划转通常需要一定的时间，在这段时间里，虽然企业已开出支票但仍可以动用银行存款账上的这笔资金，以达到充分利用现金的目的。例如，某企业平均每天开出支票和收到支票的金额都是 15 000 元，但是从支票签发日到银行实际支付平均需要 4 天时间，而从收到支票到银行实际收到平均需要 3 天时间，那么企业就有 15 000 (15 000×4-15 000×3)元的现金浮游量，企业如果能充分利用这 15 000 元的现金浮游量，就可以节约现金，相当于使用了 15 000 元的无息贷款。但是，企业利用现金浮游量也应谨慎行事，要预先估计好这一差额并控制使用的时间，否则会发生银行存款的透支并招致罚款。

2. 集中应付款项

集中应付款项是指企业将应付款项集中于企业总部，在需要支付时再支付。如果企业想获得应付账款的现金折扣，那就应当在现金折扣期末付款；如果放弃现金折扣，就应当在信用期限的最后一天付款，以最大限度地利用无资本成本的自然性筹资。例如，企业在采购材料时，若付款条件是"1/20，n/30"时，如果企业想获得应付账款的现金折扣，就应当在发票开出后的第 20 天付款，如果放弃现金折扣，就应当在第 30 天付款。

3. 承付汇票

西方企业通常利用承付汇票(相当于我国的托收承付)来延迟现金支付。与支票不同的是，承付汇票并不是见票即付，当它被提交给开票方开户银行时，开户行还必须将它交给签发者以获得承付，而后签发企业才存入资金，以支付汇票。这一方式的优点是它推迟了企业调入资金支付汇票的实际所需时间，这样企业就只需在银行保持较少的现金余额。它的缺点是某些供应商可能更喜欢用支票付款。同样银行也不喜欢处理汇票，因为它们通常需要更多的人工处理，银行通常会对汇票收取更高的手续费。

4. 利用远程支付

远程支付是指为尽量延长支票结算时间，企业让客户到距其地理位置很远的银行支取支票。远程支付是为了人为地拖延付款时间，它是以牺牲企业的商业信誉为代价的，企业在使用时应谨慎。

5. 设置支付账户

设置支付账户是指企业为工资或股利的支付专门设置一个单独的账户。为使该账户的余额最小，企业必须预测它发放的工资或股利在什么时候被实际支付。一般而言，并非所有的工资或股利都会当天付现，因此企业存入的资金额就不必等于工资或股利总额，而是可以适当减少，例如，某公司在 5 号发工资，根据经验，5 号、6 号、7 号、8 号以及 8 号以后的支付率分别为 10%、30%、30%、20%和 10%，公司可以按这一比例逐日陆续将款项存入公司账户中，而不是在 5 号就存入支付全部工资所需要的资金，这样，既可以满足职工领取工资的需要，又可以减少资金的闲置。

6. 设置零余额账户

零余额账户是指用签发支票，具有零余额的付款账户。公司设立一个主账户和几个子账户(零余额账户)，主账户服务于所有的子账户。公司开出支票时，公司的子账户余额为零，当子账户要对支票进行支付时，主账户就会自动向子账户转入资金用于支付。公司在每个子账户中总保持着零余额，而在主账户中经常保持一定的余额，这样就强化了现金支付和现金余额的控制，减少了闲置资金。

(三) 闲置现金投资管理

企业在筹资和经营时，会取得大量的现金。这些现金在用于资本投资或其他业务活动之前，通常会闲置一段时间。这些现金头寸可用于短期证券投资以获取利息收入或者资本利得，如果管理得当，可为企业增加相当可观的净收益。

企业现金管理的目的首先是保证日常生产经营业务的现金需求，其次才是使这些现金获得最大的收益。这两个目的要求企业把闲置资金投入流动性高、风险性低、交易期限短的金融工具中，以期获得较多的收入。在货币市场上，财务人员通常使用的金融工具主要有国库券、可转让大额存单、回购协议等。

第三节 应收账款的管理

应收款项是指企业因对外赊销产品、材料、提供劳务等应向购货方或接受劳务的单位收取的款项，具体包括应收账款、应收票据、其他应收款和预付账款等，但通常以应收账款为主。应收账款是企业流动资产中的重要项目之一，是商业信用的直接产物。

一、应收账款的产生原因及成本

(一) 应收账款的产生原因

1. 企业扩大销售、减少存货

在激烈的市场竞争中，企业为了扩大销售，大量采用赊销。在其他条件相同时，实行赊销的产品的赊销额将大于现金销售的销售额，因为在赊销期间，客户相当于从企业那里得到了一笔无息贷款，他们更愿意购买赊销的商品。而企业也可以通过赊销拓宽销路、增加销售量，因此许多企业纷纷推出赊销方式以招揽客户。另外，企业扩大了销售，就可以减少企业的存货，节省存货所需要的管理费、仓储费和保险费等支出，尤其是在企业产成品存货过多时，可以通过赊销，将存货转化为应收账款，节省开支。

2. 商品销售数量增多与销售空间的距离拉大

伴随着市场经济的发展，企业销售商品的数量增多，交易的范围日益扩大，商品发出和收回货款的时间差距也在拉大，因此，应收账款的增多对于企业是一种正常现象。但也必须看到，应收账款形成一项经常性的资金占用，赊销额越大，赊销期越长，企业占用在应收账款上的资金所付出的代价就越高。

3. 销售和收款的时间差距

商品交易完成的时间和收回货款的时间不一致也会导致应收账款。虽然现实生活中现金销售很普遍，但对批发和大量生产的企业来说，发货的时间和收到货款的时间往往不同，这是因为货款结算需要时间，结算手段越落后，结算所需时间越长。应该注意的是，由于销售和收款的时间差而造成的应收账款，不属于商业信用，也不是应收账款的主要内容。

(二) 应收账款的成本

应收账款成本是指企业持有一定应收账款所付出的代价，包括机会成本、管理成本和坏账成本。

1. 机会成本

应收账款的机会成本是指企业资金占用在应收账款上，不能作为其他用途而丧失的潜在收益。例如：企业如果将资金不投放于应收账款，而是投资于有价证券，便会有利息或股利收入。这种因投放于应收账款而放弃的其他收入，即为应收账款的机会成本，机会成本的大小与企业应收账款占用资金(即维持赊销业务所需要的资金)的数量密切相关，应收账款占用的资金数量越多，机会成本就越高。其计算公式为：

$$应收账款机会成本 = 维持赊销业务所需要的资金 \times 机会成本率$$

上式中的维持赊销业务所需要的资金即应收账款占用资金，也称应收账款投资额，应收账款资金占用额可以根据企业赊销收入净额和应收账款周转率来确定，机会成本率通常可以使用有价证券的投资收益率代替，也称为资金成本率。维持赊销业务所需要的资金数量可按下列步骤计算。

(1) 计算应收账款平均余额。

$$应收账款平均余额 = 年销售额 \div 360 \times 平均收账天数$$

$$= 平均每日销售额 \times 平均收账天数$$

式中，平均收账天数一般按客户各自赊销额占总赊销额比重为权数的所有客户收账天数的加权平均数计算。

(2) 计算维持赊销业务所需要的资金。

$$维持赊销业务所需要的资金 = 应收账款平均余额 \times 变动成本 \div 销售收入$$
$$= 应收账款平均余额 \times 变动成本率$$

在上述分析中，假设企业的成本水平保持不变(即单位变动成本不变，固定成本总额不变)，因此随着赊销业务的扩大，只有变动成本总额随之上升。

【例7-6】假设某年度预测的年度赊销额为 9 600 000 元，应收账款平均收账天数为 48 天，变动成本率为 65%，资本成本率为 8%，则应收账款机会成本可计算如下：

应收账款平均余额＝9 600 000÷360×48＝1 280 000(元)

维持赊销业务所需要的资金＝1 280 000×65%＝832 000(元)

应收账款机会成本＝832 000×8%＝66 560(元)

上述计算表明,企业投放 832 000 元的资金可维持 9 600 000 元的赊销业务,相当于垫支资金的 11 倍之多。这一较高的倍数在很大程度上取决于应收账款的收账速度。在正常情况下,应收账款收账天数越少,一定数量资金所维持的赊销额就越大;应收账款收账天数越多,维持相同赊销额所需要的资金数量就越大。而应收账款机会成本在很大程度上取决于企业维持赊销业务所需要资金的多少。

2. 管理成本

应收账款的管理成本是指企业对应收账款进行日常管理所耗费的各种费用,主要包括对客户的资信调查费用、应收账款账簿记录费用、收账费用和其他相关费用。一般情况下,应收账款的管理成本在一定数额下是相对固定的,但是当一定时期企业的应收账款有很大的变化时,其管理成本也会随之发生变化。

3. 坏账成本

应收账款的坏账成本是指应收账款因故不能收回而给企业带来的损失。此项成本一般与应收账款的数量成正比。企业应收账款数量越大,可能发生的坏账成本也越大。为避免坏账成本给企业生产经营活动的稳定性带来不利影响,按照会计制度的规定,企业应按规定提取一定数量的坏账准备。

二、信用政策

制定合理的信用政策,是加强应收账款管理,提高应收账款投资效益的重要前提。信用政策即应收账款的管理政策,是指企业为对应收账款投资进行规划与控制而确立的基本原则与行为规范,包括信用标准、信用条件和收账政策三部分内容。

(一) 信用标准

信用标准是指客户获得企业的交易信用所应具备的条件。如果客户达不到信用标准,便不能享受或较少享受企业的信用,企业制定的信用标准的高低将会直接影响企业的销售收入和销售利润。企业信用标准若定得较高,仅对信用好的客户给予赊销待遇,其结果是坏账损失小,应收账款的机会成本低,但将丧失一部分来自信用较差客户的销售收入和销售利润;企业信用标准若定得较低,其结果是坏账损失大,应收账款的机会成本高,但可以增加销售收入和销售利润。这就要求企业权衡得失,较为准确地对不同客户规定相应的信用标准。

1. 影响信用标准的因素分析

影响信用标准的基本因素包括:①同行业竞争对手的情况;②企业承担违约风险的能力;③客户的资信程度。其中,企业在设定某一客户的信用标准时,往往要对客户进行了解和评估,常用的评估方法是 5c 评估法(或 5c 评估系统)。

5c 评估法是指企业分析影响客户信用的各种因素,判断客户信用等级并决定是否给予客户信用优惠的一种方法。影响客户信用的因素主要有:信用品质(character)、偿付能力(capacity)、资本(capital)、抵押(collateral)、条件(conditions)。它们的英文都以 c 开头,故称为 5c 评估法。

(1) 信用品质(character)。信用品质是指客户的信誉,即履行偿债义务的可能性。企业必须设法了解客户的付款历史,看其是否有按期如数付款的一贯做法,与其他供货企业的关系是否良好。信用品质是衡量客户是否能信守契约的重要标准,也是决定是否赊销的首要条件。

(2) 偿付能力(capacity)。偿付能力是指客户的偿债能力,即其流动资产的数量和质量以及流动资产与流动负债的比例关系等。客户的流动资产越多，流动比率越高，其转化为现金支付账款的能力就越强。

(3) 资本(capital)。资本是指客户的财务实力和财务状况的优劣，表明客户可能偿还债务的实力。

(4) 抵押(collateral)。抵押是指客户拒付款项或无力支付款项时能被用作抵押的资产，这对于评价不知底细或信用状况有争议的客户的还款能力尤为重要。一旦这些客户的款项不能收回，便以抵押品抵补，企业可以避免发生损失，因此如果客户能提供足够的抵押，就可以考虑向他们提供相应的信用。

(5) 条件(conditions)。条件是指可能影响客户付款能力的经济环境。例如，当经济不景气时，客户的付款能力会发生变化，企业需要了解客户在过去经济困境时的付款情况来预测客户的行为。

2. 确立信用标准的定量分析

对信用标准进行定量分析，旨在解决两个问题：一是确定客户拒付账款的风险，即坏账损失率；二是具体确定客户的信用等级，以作为给予或者拒绝信用的依据。这主要通过以下 3 个步骤来完成。

(1) 设定信用等级的评价标准，即根据对客户信用资料的调查分析，确定评价信用优劣的数量标准，即运用上述的信用评分法，以一组具有代表性、能够说明付款能力和财务状况的若干比率作为信用风险指标，根据数年内最坏年景的，分别找出信用好和信用差两类顾客的上述比率的平均值，以此作为比较其他顾客的信用标准。

(2) 利用既有或潜在客户的财务报表数据，计算各自的指标值，并与上述标准比较。比较的方法是：若某客户的某项指标值等于或者低于差的信用标准，则该客户的拒付风险系数(即坏账损失率)增加 10 个百分点；若客户的某项指标值介于好与差的信用标准之间，则该客户的拒付风险系数(即坏账损失率)增加 5 个百分点；当某客户的某项指标值等于或者高于好的信用标准时，则视该客户的这一指标无拒付风险，最后，将客户的各项指标的拒付风险系数累加，即作为该客户发生坏账损失的总比率。

当然企业为了能够更详尽地对客户的拒付风险做出准确的判断，也可以设置并分析更多的指标数值，如增为 20 项，各项最高的坏账损失率为 5%，介于好与差的信用标准之间的，每项增加 2.5% 的风险系数。

(3) 进行风险排队，并确定各有关客户的信用等级。依据上述风险系数的分析数据，按照客户累计风险系数由小到大进行排序。然后结合企业承受违约风险的能力及市场竞争的需要，具体划分客户的信用等级，例如，累计拒付风险系数在 5% 以内的为 A 级客户，在 5% 与 10% 之间的为 B 级客户，等等。对于不同信用等级的客户，分别采取不同的信用优惠条件或附加某些限制条款等。

对信用标准进行定量分析，有利于企业提高应收账款投资决策的效果，但由于实际情况错综复杂，不同企业的同一指标往往存在很大差异，难以按照统一的标准进行衡量。因此，要求企业财务决策者必须在更加深刻地考察各指标内在质量的基础上，结合以往经验，对各项指标进行具体分析、判断。

(二) 信用条件

企业决定给予客户信用优惠时，需要考虑具体的信用条件。信用条件是指企业接受客户信用订单时所提出的付款要求，主要包括信用期间和现金折扣政策。信用条件的基本表示方式为 "2/10,n/60"，即：若客户能够在发票开出后的 10 日内付款，则可以享受 2% 的现金折扣；如果放弃折扣优惠，则全部款项必须在 60 日内付清。在此，60 天为信用期间，2% 为现金折扣率。

1. 信用期间

信用期间是指企业允许客户从购货到支付货款的时间间隔。企业产品销售量与信用期间之间存在着一定的联系。延长信用期，会使销售额增加，产生有利影响；与此同时，应收账款、收账费用和坏账损失增加，会产生不利影响。如果缩短信用期，情况与此相反。信用期间的确定，主要是分析改变现行信用期对收入和成本的影响。

【例 7-7】某企业当前的年销售收入净额为 2000 万元，均为赊销，其信用条件是 n/45，变动成本率为 70%，市场有价证券利息率为 10%。企业研究对信用期间进行调整，有 3 个备选方案可供选择：①维持 *n*/45 的信用条件；②将信用期延长至 60 天；③将信用期缩短至 30 天。各备选方案的销售水平(赊销)、坏账比率和收账费用等有关数据如表 7-3 所示，企业其他条件不变。

表7-3　各方案有关数据

方案 项目	方案 1 *n*/45	方案 2 *n*/60	方案 3 *n*/30
年销售额	2000 万元	3000 万元	1800 万元
应收账款周转率	10 次	8 次	12 次
坏账比率	2%	3%	1.5%
收账费用	17 万元	35 万元	10 万元

根据上述资料，该企业对各备选信用方案分析评价如表 7-4 所示。

表7-4　对各备选方案评价

方案 项目	方案 1 *n*/45	方案 2 *n*/60	方案 3 *n*/30
年销售额	2000 万元	3000 万元	1800 万元
应收账款周转率	10 次	8 次	12 次
应收账款平均余额	200 万元	375 万元	150 万元
变动成本率	70%	70%	70%
赊销业务占用资金	140 万元	262.5 万元	105 万元
市场有价证券利息率	10%	10%	10%
赊销业务占用资金机会成本	14 万元	26.25 万元	10.5 万元
坏账比率	2%	3%	1.50%
坏账损失	40 万元	90 万元	27 万元
收账费用	17 万元	35 万元	10 万元

方案 2 比方案 1 增加的收益为：
$$(3000-2000)\times(1-70\%)-(26.25-14)-(90-40)-(35-17)=219.75(万元)$$

方案 3 比方案 1 增加的收益为：
$$(1800-2000)\times(1-70\%)-(10.5-14)-(27-40)-(10-17)=-36.5(万元)$$

因此，该企业应该将信用期延长至 60 天。

2. 现金折扣政策

企业为了尽快收回货款，加速资金周转，减少应收账款成本，可以在信用期限内规定一个优惠期限，如果客户在优惠期限内支付货款，可以享受一定比率的折扣，这种折扣就是现金折扣。现金折扣包括两个方面的内容：一是折扣期限，即在多长时间内给予折扣；二是折扣率，即在折扣期内给予客户多少折扣。例如，"2/10,*n*/20"现金折扣政策表明：如果顾客在 10 天内付款，将获得货款总额 2%的折扣优惠；如果客户在 10 天以上、20 天之内付款，将不享受整个货款折扣的优惠；如果客户在 20 天以后付款，则表明顾客违约，可能会受到违约处罚。

采用现金折扣是为了鼓励客户尽快支付货款。这种措施可以大大地缩短应收账款的平均收账期，减少应收账款成本，提高资金周转速度。但是，现金折扣减少了产品的实际销售收入。因此，企业是否提供客户现金折扣以及提供现金折扣的比率是多少，直接关系到企业的收益。提供现金折扣的比率越大，越能促进产品销售，越能加快应收账款的收款速度，但是，付出的现金折扣成本也越高。企业在确定现金折扣时，应当比较提供现金折扣的成本与加速收款带来的收益，如果提供现金折扣的成本小于加速收款带来的收益，提供的现金折扣就是合理的；反之，如果提供现金折扣的成本大于加速收款带来的收益，提供的现金折扣就是不合理的。

【例 7-8】假设例 7-7 中该企业已经决定采用 60 天期的信用期限，现初步拟订了"2/20，*n*/60"的现金折扣政策，估计年销售收入会在目前的基础上提高 20%，其中 65% 的客户会选择享受现金折扣优惠，收账费用会下降 20 万元，坏账比率将下降 40%。请问该方案是否可行？

现金折扣方案可以为企业带来的新增收益计算如下：

年赊销收入总额 $= 3000 \times (1 + 20\%) = 3600$(万元)

现金折扣 $= 3600 \times 65\% \times 2\% = 46.8$(万元)

应收账款周转期 $= 65\% \times 20 + 35\% \times 60 = 34$(天)

应收账款周转率 $= 360 \div 34 = 10.59$(次)

应收账款平均余额 $= 3600 \div 10.59 = 339.94$(万元)

赊销业务占用资金 $= 339.94 \times 70\% = 237.96$(万元)

赊销业务占用资金的机会成本 $= 237.96 \times 10\% = 23.80$(万元)

坏账费用 $= 3600 \times 3\% \times (1 - 40\%) = 64.8$(万元)

采用现金折扣方案预计增加的收益为：

$$(3600 - 3000) \times (1 - 70\%) - 46.8 - (23.80 - 26.25) - (64.8 - 90) - (20 - 35)$$
$$= 180 - 46.8 + 2.45 + 25.2 + 15$$
$$= 175.85(万元)$$

因此，该企业应该采用现金折扣的方案。

(三) 收账政策

企业对不同的已过期应收账款的收款方式，以及准备为此付出的代价，就是它的收账政策。例如，对过期较短的顾客，不予过多地打扰，以免将来失去这一客户；对过期稍长的顾客，可以措辞委婉地写信催款；对过期较长的顾客，频繁地写信催款并电话催询；对过期很长的顾客，可在催款时措辞严厉，必要时提请有关部门仲裁或提请诉讼；等等，

催收账款要发生费用，某些催款方式的费用还会很高(如诉讼费)。一般来说，收款的花费越大，收账措施越有力，可收回的账款就越多，坏账损失也就越少。因此制定收账政策，要在收账费用和所减少的坏账损失之间做出权衡。制定有效、得当的收账政策很大程度上靠有关人员的经验；从财务管理的角度讲，也有一些量化的方法可予参照，根据应收账款总成本最小化的道理，可以通过各收账方案成本的大小进行比较来加以选择。

三、应收账款的日常管理

对于已经发生的应收账款，企业应加强日常管理，采取有力的措施进行分析和控制，及时发现问题，提前采取对策。这些措施主要包括应收账款追踪分析、应收账款账龄分析和建立应收账款坏账管理制度。

(一) 应收账款追踪分析

企业要按期足额收回应收账款，有必要对已经发生的应收账款的流转过程进行追踪分析。既然应收账款是存货变现过程的中间环节，对应收账款实施追踪分析的重点应放在赊销商品的销售与变现方面。客户以赊购方式购入商品后，迫于获利和付款信誉的动力与压力，必然期望迅速地实现销售并收回账款。如果这一期望能够顺利实现，而客户又具有良好的信用品质，则赊销企业如期足额地收回客户欠款一般不会有多大的问题。但是，市场供求关系的变动也可能导致客户所赊购的商品不能顺利地销售与变现，出现商品积压或赊销，客户与应付账款相对的现金支付能力匮乏。在这种情况下，客户能否严格履行赊销企业的信用条件，取决于两个因素：一是客户的信用品质；二是客户现金的持有量与调剂程度(如现金用途的约束性、其他短期债务偿还对现金的要求等)。如果客户的信用品质良好，持有一定的现金余额，且现金支出的约束性较小，可调剂程度较大，客户大多是不愿以损失市场信誉为代价而拖欠赊销企业账款的。如果客户信用品质不佳，或者现金匮乏，或者现金的可调剂程度低下，那么，赊销企业的货款遭受拖欠也就在所难免。

(二) 应收账款账龄分析

应收账款账龄分析就是通过编制应收账款账龄分析表，将发生的应收账款按照其发生日期进行分类，计算出不同账龄的应收账款的金额和所占总额的比重，以便对应收账款的回收情况进行有效的控制。通过账龄分析表，企业财务管理部门可以掌握如下信息：①有多少客户在折扣期限内付款；②有多少客户在信用期限内付款；③有多少客户在信用期限过后才付款；④有多少应收账款拖欠太久，可能会成为坏账。企业财务管理部门应当经常进行账龄分析，及时了解企业应收账款的回收情况和发展趋势。一般来说，应收账款拖欠的时间越长，收账的难度就越大，发生坏账损失的可能性也越大。如果账龄分析表显示企业的应收账款的账龄开始延长或者超过信用期的账款所占比例逐渐增加，那么，就必须及时采取措施，调整企业信用政策。例如，某公司年末应收账款账龄分析表如表7-5所示。从表中可以看出，该企业有5100万元的应收账款在信用期内，占全部应收账款的51%；超过信用期1个月内的有2100万元，占全部应收账款的21%，超过信用期3个月内的有1300万元，占全部应收账款的13%；超过信用期6个月内的有900万元，占全部应收账款的9%；超过信用期6个月以上的有600万元，占全部应收账款的6%，这600万元应收账款成为坏账的可能性较大，企业应高度重视，并积极采取措施收回账款。

表7-5 某公司年末应收账款账龄分析表
2017年12月31日

应收账款账龄	客户数量	金额(万元)	占应收账款总额的比例(%)
信用期内	120	5100	51
超过信用期1个月内	60	2100	21
超过信用期3个月内	35	1300	13
超过信用期6个月内	30	900	9
超过信用期6个月以上	15	600	6
合计	260	10 000	100

(三) 应收账款坏账管理制度

在市场经济中，只要企业采用信用销售方式，就难免会发生坏账损失。因此，企业也要加强坏账的管理，坏账管理的主要内容是如何确认坏账损失以及建立坏账准备制度。

1. 坏账损失的确认

按照我国现行会计制度规定，企业确认坏账损失的标准有以下两条：①债务人破产或者死亡，依法清偿后，确实无法收回的应收账款，应当确认为坏账损失；②债务人逾期未履行偿债义务，账龄超过 3 年，有明显的证据证明无法收回的应收账款，应当确认为坏账损失。企业的应收账款只要符合以上的任何一个条件，均应当作为坏账损失处理，计入当期损益。但是，企业的应收账款按照第二个条件已经作为坏账损失处理后，并不意味着企业就放弃了对该应收账款的追索权。如果债务人的财务状况好转，偿还了账款或者企业通过法律诉讼追回了该项账款，应当冲销已经确认的坏账损失。

2. 建立坏账准备制度

坏账准备制度是指企业遵循稳健性原则，按照事先确定的比例估计坏账损失，计提坏账准备金，待发生坏账时再冲减坏账准备金。建立坏账准备制度的关键是合理地确定计提坏账准备的比例，计提比例的确定是建立在历史经验数据基础之上的，企业通常根据以往应收账款发生坏账的比例和目前信用政策的实际情况来估计计提坏账准备的比例。

3. 确定收账政策

收账政策是企业应收账款管理的一项重要工作。收账管理应包括以下两部分内容：一是确定合理的收账程序。例如，先用电话或者信函联系，在客户应该付款的时候进行善意的提醒，如果客户仍然没有偿还所欠账款，则可以直接与客户进行较为直率的协商解决，在还不能收回账款的情况下，可以通过法律手段收回账款。二是确定合理的讨债方法。当客户违反信用条件，拖欠甚至拒付账款时，首先了解客户情况，对于客户因暂时经营管理不善，财务出现困难而无力偿还的，企业可以等待一段时间，待客户渡过难关，再催要账款；如果客户遇到严重困难，已达破产界限，则应及时向法院起诉，以期在破产清算时得到债权的部分清偿。如果客户是故意拖欠账款的，则应该进行措辞严厉的催款，必要时提请有关部门进行仲裁或者提出诉讼。

第四节 存货的管理

企业持有充足的存货，不仅有利于生产过程的顺利进行，节约采购费用与生产时间，而且能够迅速地满足各种订货的需要，从而为企业的生产与销售提供较大的机动性，避免因存货不足带来的损失。然而，存货的增加必然要占用更多的资金，将使企业付出更大的持有成本(即存货的机会成本)，而且存货的储存与管理费用也会增加，影响获利能力的提高。因此，如何在存货的功能(收益)与成本之间进行利弊权衡，在充分发挥存货功能的同时降低成本、增加收益、实现它们的最佳组合，成为存货管理的基本目标。

一、存货的功能和成本

(一) 存货的功能

存货的功能是指在企业生产经营过程中所具有的作用，主要表现在以下几个方面。

1. 保持生产经营的正常进行

企业在日常的生产经营活动中,可能会因为内外部非正常事件的发生,打破资金运转的正常状态。例如,供货方不能按时、足额供货,会影响企业材料的及时采购、入库和投产;企业临时增大产量,增加对原材料的需求;等等,企业只有保持一定的存货,才能有效防止停工待料事件的发生,维持生产的连续性,减少企业的停工损失。

2. 满足市场需求

市场对一个企业的产品需求具有不确定性,保持一定的存货储备,能增强企业适应市场需求变化的能力。企业有了足够的库存产品,能有效地供应市场,满足顾客的需要,增加企业收益。相反,如市场有需求而企业存货不足,则会造成产品的供不应求,企业将会错失收益,并有可能因此而失去顾客。

3. 降低进货成本

由于存在商业折扣,即购货达到一定数量时,便在价格上给予相应的折扣优惠,所以企业采取批量集中进货,可获得较多的商业折扣。此外,通过增加每次购货数量,减少购货次数,可以降低采购费用支出。即便在推崇零库存管理目标的今天,仍有不少企业采取大批量购货方式。只要进货成本的降低额大于因存货增加而导致的储存费用的增加额,便可以采取大批量进货的方式。

4. 维持均衡生产

对于那些所生产产品属于季节性的公司,或生产所需材料的供应具有季节性的公司,为实现均衡生产,降低生产成本,就必须适当储存一定的半成品存货或保持一定的原材料存货。否则,这些公司若按照季节变动组织生产活动,难免会产生忙时超负荷运转,闲时生产能力得不到充分利用的情况,这也会导致生产成本的提高。

(二) 存货成本

为了维持企业的正常生产经营活动,企业必须储备一定数量的存货。但是,存货过多也会影响企业的经济效益,因为采购、储存存货要发生各种费用支出,这些费用支出就构成了企业存货的成本。一般来说,存货成本主要包括以下4个方面。

1. 采购成本

采购成本是存货成本的主要组成部分,它是指构成存货本身价值的进价成本,主要包括买价、运杂费、装卸费、运输途中的合理损耗和入库前的挑选整理费等。采购成本与采购数量呈正比,它是采购数量与单位采购成本的乘积。采购成本受存货的市场价格影响较大,因此,在采购存货时,应当尽可能以较低的市价采购符合要求的存货,以降低存货的成本。在存货的市价稳定的情况下,如果一定时期的存货总需求量是固定的,则存货的总采购成本也是固定的,与采购批数及每批的采购量无关。存货采购成本可以表示为:

$$TC_1 = D \cdot p$$

式中:D——存货年需求量;

p——存货单位价格。

2. 订货成本

订货成本是指企业为组织订购存货而发生的各种费用支出,如为订货而发生的差旅费、邮资、通信费、专设采购机构的经费等。订货成本分为固定性订货成本和变动性订货成本。固定性订货成本与订货次数无关,如专设采购机构的经费支出等;变动性订货成本与订货次数成正比,而与每次订货数量关系不大，订货次数越多，变动性订货成本越高，如采购人员的差旅费、通信费等。订货成本可表示为：

$$TC_2 = G_1 + \frac{D}{Q} \cdot K_1$$

式中：G_1——固定订货成本；

K_1——每次订货的成本；

D——存货年需求量；

Q——每次进货量。

3. 储存成本

储存成本是指企业为储存存货而发生的各种费用支出，如仓储费、保管费、搬运费、保险费、存货占用资金支付的利息费、存货残损和变质损失等。存货的储存成本分为变动性储存成本和固定性储存成本。变动性储存成本与储存存货的数量呈正比，储存的存货数量越多，变动性储存成本就越高，如存货占用资金的利息费、存货的保险费、存货残损和变质损失等；固定性储存成本与存货的储存数量无关，如仓库折旧费、仓库保管人员的固定月工资等，储存成本可表示为：

$$TC_3 = G_2 + \frac{Q}{2} \cdot K_2$$

式中：G_2——存货的固定储存成本；

K_2——存货的单位储存成本。

4. 短缺成本

短缺成本是指由于存货储备不足而给企业造成的经济损失，如由于原材料储备不足造成的停工损失、由于商品储备不足造成销售中断的损失等，如果生产企业以紧急采购代用材料解决库存材料中断问题，则短缺成本表现为额外的购入成本，即紧急购入的支出大于正常购入的支出。存货的短缺成本与存货的储备数量呈反向变化，储存存货的数量越多，发生缺货的可能性就越小，短缺成本当然就越小。

二、存货决策

(一) 经济存货批量基本模型

经济存货批量是指使一定时期内企业存货总成本最低时的订货批量，也叫经济订货量。存货的订货成本与储存成本的大小呈反方向变化。订货成本的高低与订货次数成正比例关系，而与每次采购的批量成反比例关系；储存成本的高低与订货次数成反比例关系，而与每次采购的批量成正比例关系。具体地说，在一定时期(通常为1年)内，需求量一定的前提下，每次采购批量越大，订货次数就越少，订货成本总额越低，但储存成本则会相应地增加；反之，每次采购批量越小，订货次数就越多，订货成本总额就越高，而储存成本则会相应地降低。存货控制的主要目标，是使这两种成本之和降到最低限度，企业财务人员确定的使企业在存货上所花费的成本为最低的每次采购批量或每次投产批量，就是经济存货批量。因采购批量和投产批量的基本模式相同，本节先以采购批量为例进行说明。

经济订货批量基本模型需要设立以下七项假设条件。

(1) 企业能够及时补充存货，即需要订货时便可立即取得存货。

(2) 能集中到货，而不是陆续入库。

(3) 不允许缺货，即缺货成本为零。

(4) 需求量稳定，为可预测的常量。

(5) 不考虑现金折扣，存货单价为不变的常量。

(6) 企业现金充足，不会因现金短缺而影响进货。

(7) 所需存货市场供应充足。

当缺货成本为零时，存货总成本的简化计算公式为：

$$TC = TC_1 + TC_2 + TC_3$$

$$= D \cdot p + G_1 + \frac{D}{Q} \cdot K_1 + G_2 + \frac{Q}{2} \cdot K_2$$

对总成本求关于 Q 的导数，并令其等于零得：

$$-\frac{DK_1}{Q^2} + \frac{K_2}{2} = 0$$

$$Q^* = \sqrt{2DK_1 / K_2}$$

每年的最佳订货次数为：

$$\frac{D}{Q^*} = \frac{D}{\sqrt{2DK_1 / K_2}} = \sqrt{\frac{DK_2}{2K_1}}$$

最佳订货周期为：

$$\frac{1}{\sqrt{DK_2 / 2K_1}} = \sqrt{2K_1 / DK_2}$$

与批量有关的存货成本为：

$$TC = \frac{D}{\sqrt{2DK_1 / K_2}} \cdot K_1 + \frac{\sqrt{2DK_1 / K_2}}{2} \cdot K_2 = \sqrt{2DK_1 K_2}$$

【例7-9】某企业每年生产需要 A 材料 2500 千克，该材料的采购单价为 30 元/千克，单位储存成本为 4 元/千克，订货成本为 32 元/次。

经济订货批量为：

$$Q^* = \sqrt{\frac{2DK_1}{K_2}}$$

$$= \sqrt{2 \times 2500 \times \frac{32}{4}}$$

$$= 200(千克)$$

年订货次数为：

$$\frac{2500}{200} = 12.5(次)$$

最佳订货周期为：

$$\frac{365}{12.5} = 29.2(天)$$

与批量有关的存货成本为：

$$TC = \frac{D}{Q^*} \cdot K_1 + \frac{Q^*}{2} \cdot K_2$$
$$= 2500 \div 200 \times 32 + 200 \div 2 \times 4$$
$$= 800(元)$$

(二) 陆续供货条件下的经济批量模式

在建立经济批量的基本模型时，我们先假设存货一次全部入库。但在实际工作中，各批存货可能是陆续到货入库的，存货的库存量陆续增加。并且，在存货陆续入库期间，企业的生产连续进行，即存货是陆续供应和陆续被耗用的，在这种情况下，存货的最高库存量显然应该低于每次采购的存货量。因此，需要对经济批量的基本模型进行修改。陆续供货条件下的经济批量图如图 7-3 所示。

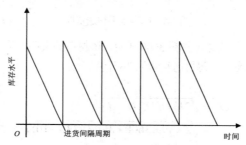

图 7-3　陆续供货条件下的经济批量

假设每天的送货量为 t，存货每天耗用量为 d，则该批存货全部入库所需要的时间为 Q/t，即送货期为 Q/t；送货期内存货的耗用量为 $Q \cdot d / t$。存货全部入库时的最高库存量为 $Q - Q \cdot d / t$，存货平均库存水平为 $(Q - Q \cdot d / t)/2$。库存水平与送货期如图 7-4 所示。

当缺货成本为零时，存货总成本的计算式为：

$$TC = TC_1 + TC_2 + TC_3$$
$$= D \cdot p + G_1 + \frac{D}{Q} \cdot K_1 + G_2 + \frac{(Q - Q \cdot d / t)}{2} \cdot K_2$$

对上式求导，并令其等于零，则

$$Q^* = \sqrt{2K_1 Dt / K_2(t-d)}$$

最佳订货次数为：

$$D/Q^* = D / \sqrt{2K_1 Dt / K_2(t-d)}$$
$$= \sqrt{DK_2(t-d)/2K_1 t}$$

陆续进货的情况下，与批量有关的存货成本为：

$$TC = \frac{D}{\sqrt{2DK_1 / K_2(t-d)}} \cdot K_1 + \frac{\sqrt{2DK_1 / K_2(t-d)}}{2} \cdot K_2$$
$$= \sqrt{2DK_1 K_2(1-d/t)}$$

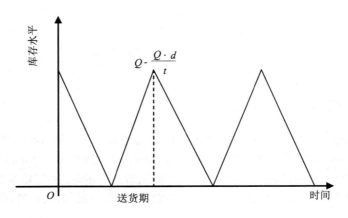

图 7-4　库存水平与送货期

【例 7-10】某企业每年生产需要 A 材料 3600 千克，该材料的采购单价为 30 元/千克，单位储存成本为 3 元/千克，订货成本为 39 元/次，每日送货量为 36 千克，则

经济订货批量为：

$$Q^* = \sqrt{2K_1 Dt / K_2(t-d)}$$
$$= \sqrt{2 \times 39 \times 3600 \times 36 / [3 \times (36-10)]}$$
$$= 360(千克)$$

最佳订货次数为：

$$\frac{D}{Q^*} = 3600/360 = 10(次)$$

陆续进货的情况下，与批量有关的存货成本为：

$$TC = \frac{D}{Q^*} \cdot K_1 + \frac{Q^* - \dfrac{Q^* \cdot d}{t}}{2} \cdot K_2$$
$$= 3600 \div 360 \times 39 + \frac{360 - 360 \times 10 \div 36}{2} \times 3$$
$$= 780(元)$$

(三) 保险库存与订货点的确定

1. 再订货点的确定

上述分析是假设订货一经提出就可以立即收到，即从订货到交货的时间为零。但通常情况下，从企业开始办理订货手续到供货方把存货发运到企业为止则需要一段时间。因此，为了保证生产的顺利进行，订货往往要在存货用完前若干天就进行，这段提前订货时间就是订货提前期，订货提前期是通过再订货点来考虑的。所谓再订货点，是指企业订购下一批存货时库存存货的储存量。在生产正常的情况下，再订货点也就是订货提前期。已经到了订货提前期或订货点要立即订货，等到下一批存货到达时，原有的库存刚好用完。此时，进货批量、进货次数以及进货间隔时间等并无变化，即进货提前期对经济进货批量没有影响。再订货点的确定如图 7-5 所示。

再订货点可表示为：

$$R = L \cdot d$$

式中：R——再订货点；

　　　L——交货时间；

　　　d——存货日耗用量。

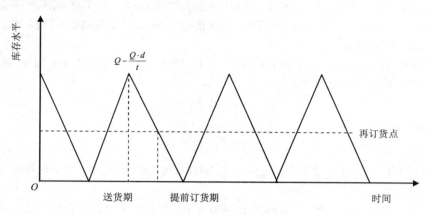

图 7-5　再订货点的确定

2. 保险储备的确定

在经济批量法的基本模式中，没有考虑保险库存问题。但在很多情况下，企业的存货控制往往受许多不确定性因素的影响。这些因素主要有两种：一是存货的需求与耗用，二是每次订货的保障程度。前面在讨论经济批量的基本模式中，曾假定全年的存货需求量或耗用量保持不变，且不同时期的存货耗用是比较均衡的，如果这两个前提条件变化，就有可能出现存货短缺问题。而且，每次订货并不一定能够保证存货能及时得到供应，或者供货的间隔时间发生变化。

上述订货提前期只是考虑了办理订货到达需要的时间，没有考虑保险库存。如果在提前期内，材料耗用超过正常需要量，或者在订货提前期内，存货没有按时送达，就会产生新的存货尚未到达，而原来的存货已经用完，从而影响了生产的正常进行。因此，为了防止由于临时性存货需求量的增大而影响生产，企业存货必须保持一定的保险库存。保险储备的确定如图 7-6 所示。

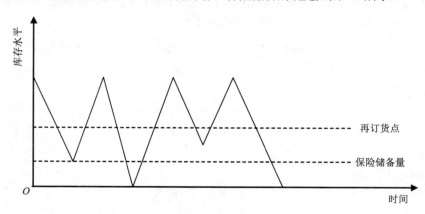

图 7-6　保险储备的确定

在第一次订货周期里，存货的每日耗用量不变，所订存货按时送达，不需要使用保险储备；在第二次订货周期里，存货的每日耗用量增加或者所订存货推迟送达，订货点至存货送达期间，存货需求量大于正常存货储备，需要动用保险储备；在第三次订货周期里，存货的正常储备未用完，下次存货已经送达，不需要使用保险储备。

建立保险储备可以使企业避免缺货导致生产中断带来的损失，但是却会使企业必须在正常储备之外再增加一部分保险储备，存货的库存水平提高，从而加大企业的储备成本。合理确定企业的保险储备量就是要找出使储备成本和缺货成本之和最小的储备量。通常的方法是先计算不同保险储备量下的总成本，从中选择使总成本最低的保险储备量。

假设单位缺货成本为 K_q，一次订货的缺货量为 S，年订货次数为 N，保险储备量为 B，单位存货年储备变动成本为 K_2，则保险储备成本为：

$$C_B = B \cdot K_2$$

年缺货成本为：

$$C_q = K_q \cdot S \cdot N$$

一次订货缺货量应该根据订货提前期内存货需求量和保险储备水平确定，订货提前期内存货需求量具有不确定性，其概率可根据历史经验估计。

【例7-11】假设某企业存货年需求量为 14 400 千克，经济订货批量为 600 千克，交货时间为 8 天，单位存货年储备变动成本为 5 元，单位缺货成本为 3 元，订货提前期内存货需求量及其概率如表 7-6 所示。

表 7-6　订货提前期内存货需求量及其概率

需求量(千克)	260	280	300	320	340	360	380
概率	0.05	0.1	0.15	0.4	0.15	0.1	0.05

年订货次数为 14 400 ÷ 600 = 24(次)

存货的日需求量为 14 400 ÷ 360 = 40(千克)

不考虑保险储备的再订货点为 40 × 8 = 320(千克)

则不同保险储备量下的总成本为：

(1) 不设置保险储备量。

此时再订货点为 320 千克，当需求量低于 320 千克时，企业不会产生缺货成本；当需求量超过 320 千克时，就会产生缺货成本。一次订货缺货量的期望值为：

$$\overline{S} = (340 - 320) \times 0.15 + (360 - 320) \times 0.1 + (380 - 320) \times 0.05$$
$$= 10(千克)$$

相关总成本为：

$$C_B + C_q = B \cdot K_2 + K_q \cdot \overline{S} \cdot N$$
$$= 0 \times 5 + 3 \times 10 \times 24$$
$$= 720(元)$$

(2) 保险储备量为 20 千克。

此时的再订货点为 340 千克，一次订货缺货量的期望值为：

$$\overline{S} = (360 - 340) \times 0.1 + (380 - 340) \times 0.05$$
$$= 4(千克)$$

相关总成本为：

$$C_B + C_q = B \cdot K_2 + K_q \cdot \overline{S} \cdot N$$
$$= 20 \times 5 + 3 \times 4 \times 24$$
$$= 388(元)$$

(3) 保险储备量为 40 千克。

此时的再订货点为 360 千克，一次订货缺货量的期望值为：

$$\overline{S} = (380 - 360) \times 0.05$$
$$= 1(千克)$$

相关总成本为：

$$C_B + C_q = B \cdot K_2 + K_q \cdot \overline{S} \cdot N$$
$$= 40 \times 5 + 3 \times 1 \times 24$$
$$= 272(元)$$

(4) 保险储备量为 60 千克。

此时的再订货点为 380 千克，一次订货缺货量为零。

相关总成本为：

$$C_B + C_q = B \cdot K_2 + K_q \cdot \overline{S} \cdot N$$
$$= 60 \times 5 + 3 \times 0 \times 24$$
$$= 300(元)$$

由上述容易发现，当保险储备量为 40 千克时，相关总成本最低为 272 元，因此，最佳保险储备量为 40 千克，即以 360 千克为再订货点。

由于延迟交货引起的缺货也可以通过建立保险储备量的办法来解决，此时订货提前期内存货的需求量为：

$$需求量 = (延迟天数 + 正常交货期) \times 存货日需求量$$

再以此需求量和相应的概率确定不同保险储备量下的缺货量期望值，其余的计算过程与前述方法相同。

三、存货控制

(一) 存货储存期控制法

无论是商品流通企业，还是生产制造企业，其商品一旦买进入库，产品一旦生产完工入库，就面临着如何尽快销售出去的问题。即使不考虑未来市场供求关系的不确定性，仅是存货储存本身就要求企业付出一定的资金占用费(如利息或机会成本)和仓储管理费。因此，尽力缩短存货储存时间，加速存货周转，是节约资金占用，降低成本费用，提高企业获利水平的重要水平。

企业进行存货投资所发生的费用支出，按照与储存时间的关系可以分为固定储存费与变动储存费两类。前者包括进货费用、管理费用，其金额多少与存货储存期的长短没有直接关系；后者包括存货资金占用费(贷款购置存货的利息或现金购置存货的机会成本)、存货仓储管理费、仓储损耗(为计算方便，如果仓储损耗较小，亦将其并入固定储存费)等，其金额随存货储存的变动成正比例变动。

基于上述分析，可以将量本利的平衡关系式调整为：

利润 = 毛利 − 固定储存费 − 销售税金及附加 − 每日变动储存费 × 储存天数

上式稍作变形便可得出存货保本储存天数(利润为零)和存货保利储存天数(利润为目标利润)的计算公式：

存货保本储存天数 = (毛利 − 固定储存费 − 销售税金及附加) ÷ 每日变动储存费

存货保利储存天数 = (毛利 − 固定储存费 − 销售税金及附加 − 目标利润) ÷ 每日变动储存费

可见，存货的储存成本之所以会不断增加，主要是由于变动储存费随着存货储存期的延长而不断增加的结果，所以，利润与费用之间此增彼减的关系实际上是利润与变动储存费之间此增彼减的关系。这样，随着存货储存期的延长，利润将日渐减少。当毛利扣除固定储存费和销售税金及附加后的差额，被变动储存费抵消到恰好等于企业目标利润时，表明存货已经到了保利期。当它完全被变动储存费抵消时，便意味着存货已经到了保本期。

(二) 存货 ABC 管理法

意大利经济学家巴雷特在 19 世纪首创了 ABC 管理法，经过不断发展和完善，现在已经广泛用于存货管理、成本管理和生产管理中。存货的 ABC 管理就是按照一定的标准，将企业的存货划分为 A、B、C 三类，分别实行分品种重点管理、分类别一般控制和按总额灵活掌握的存货管理方法。对于一个企业而言，存货品种繁多，尤其是大中型企业的存货往往成千上万种，有的存货品种数量少，但价值很高，有的存货品种数量繁多，但价值较小，如果不分主次，对所有的存货都进行周密的计划、严格的控制，就抓不住重点，不能有效地控制主要存货，因此，对存货的管理不必事无巨细，面面俱到，应当分清主次：对于价值昂贵，占用资金较多的存货应当重点管理；对于价值较低，占用资金不多的存货，可以不做重点管理，实行一般控制即可。

存货的 ABC 分类管理要按照一定的标准，将企业的存货划分为 A、B、C 三类，通常分类的标准主要有两个：一是金额标准，二是品种数量标准。其中金额标准是最基本的，品种数量标准仅作为参考。

A 类存货一般是种类少，但资金占用较多的存货；C 类存货通常是种类繁多，但资金占用不多的存货；B 类存货是介于 A 类和 C 类之间的存货。一般而言，三类存货的金额比重大致为 A∶B∶C=0.7∶0.2∶0.1，而品种数量比重大致为 A∶B∶C=0.1∶0.2∶0.7。可见，由于 A 类存货占用着企业绝大多数的资金，只要能够控制好 A 类存货，基本上也就不会出现较大问题。同时，由于 A 类存货品种数量较少，企业完全有能力按照每一个品种进行管理，企业可以为 A 类存货分别设置永续盘存卡片，以加强日常的控制。B 类存货金额相对较小，企业不必像对待 A 类存货那样花费太多的精力。同时，由于 B 类存货的品种数量远远多于 A 类存货，企业通常没有能力对每一具体品种进行控制，因此可以通过划分类别的方式进行管理。C 类存货尽管品种数量繁多，但其所占金额却很小，对此，企业可以采用较为简化的方法进行管理。存货 ABC 控制分类如图 7-7 所示。

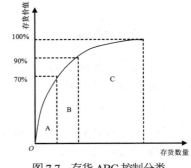

图 7-7 存货 ABC 控制分类

(三) 零存货管理

零存货管理系统(Zero Inventory Management System)的特征是，争取存货为零，即：在生产刚开始时，供应商发出的原材料刚好到达；在生产线上没有留存的半成品，只有不断运动的在产品；产品一旦完工，马上销售出去。零存货库存突破了传统的存货库存模式，这种模式能够使企业加速流动资金周转，减少利息支出，减少库存仓储存放费用和运输装卸费用，降低原材料费用成本。同时还避免随着商品不断更新，库存物资因不适合市场需要和生产质量工艺要求，出现削价处理、报废处理，甚至霉烂变质等损失。

零存货库存的管理要有严密的生产计划。企业根据产品销售订货合同，按照交货进度，与供应原材料公司订立供货原材料合同；按照原材料交货时间和质量标准、数量多少和交货时间来组织生产，安排生产计划，尽可能在生产、供应、销售 3 个环节实现零存货库存，进而逐步做到不需要建立原材料、外购件、在产品、半成品及产成品的库存准备或者少储存。同时，这种管理模式也对供应商、员工、生产系统等提出了更高的要求。只有这些要求能够得到满足，零存货管理才能取得成功。

第五节　流动负债管理

流动负债有 3 种主要来源：短期借款、短期融资券、商业信用，各种来源具有不同的获取速度、灵活性、成本和风险。有些内容已经在本书第三章第二节短期筹资方式、第五节企业风险与筹资策略中论述，本节将只简单提及，一些内容特别是计算公式都参见第三章。

一、短期借款

企业的借款通常按其流动性或偿还时间的长短划分为短期借款和长期借款。短期借款是指企业同银行或其他金融机构借入的期限在 1 年(含 1 年)以下的各种借款。短期借款通常规定以下内容。

(一) 信贷额度

信贷额度亦即贷款限额，是指借款企业与银行在协议中规定的借款最高限额，信贷额度的有效期限通常为 1 年。一般情况下，在信贷额度内，企业可以随时按需要支用借款。但是，银行并不承担必须贷款的义务。如果企业信誉恶化，即使在信贷限额内，企业也可能得不到借款。此时，银行不会承担法律责任。

(二) 周转信贷协定

周转信贷协定是指银行具有法律义务地承诺提供不超过某一最高限额的贷款协定。在协定的有效期内，只要企业借款总额未超过最高限额，银行必须满足企业任何时候提出的借款要求。企业要享用周转信贷协定，通常要对贷款限额的未使用部分付给银行一笔承诺费用。

【例7-12】某企业与银行商定的周转信贷额度为 4000 万元，年度内实际使用了 2500 万元，承诺费率为 0.4%，则企业应向银行支付的承诺费为：

信贷承诺费 $= (4000 - 2500) \times 0.4\% = 6$ (万元)

(三) 补偿性余额

补偿性余额是指银行要求借款企业在银行中保持按贷款限额或实际借用额一定比例计算的最低存款余额。对于银行来说，补偿性余额有助于降低贷款风险，补偿其可能遭受的风险；对借款企业来说，补偿性余额则提高了借款的实际利率，加重了企业的负担。

【例7-13】某企业向银行借款 900 万元，利率为 5%，银行要求保留 10% 的补偿性余额，企业实际可动用的贷款为 810 万元，则该贷款的实际利率为：

借款实际利率 $= (900 \times 5\%) \div (900 - 900 \times 10\%) = 5.56\%$

(四) 贴现法计息

银行借款利息的支付方式一般为利随本清法，又称收款法，即在借款到期时向银行支付利息。但有时银行要求采用贴现法，即银行向企业发放贷款时，先从本金中扣除利息，而到期时借款企业再偿还全部本金。采用这种方法，企业可利用的贷款额只有本金扣除利息后的差额部分，从而提高了贷款的实际利率。

【例 7-14】 某企业从银行取得借款 300 万元，期限为 1 年，利率为 6%，利息为 18 万元。按贴现法付息，企业实际可动用的贷款为 282 万元，该借款的实际利率为：

借款实际利率 $= (300 \times 6\%) \div (300 - 300 \times 6\%) = 6.38\%$

二、短期融资券

(一) 短期融资券及其分类

短期融资券(以下简称融资券)，又称商业票据或短期债券，是由企业依法发行的无担保短期本票。在我国，短期融资券是指企业依照《短期融资券管理办法》的条件和程序在银行间债券市场发行和交易的、约定在期限不超过 1 年内还本付息的有价证券。中国人民银行对融资券的发行、交易、登记、托管、结算、兑付进行监督管理。

(二) 短期融资券的发行条件

(1) 发行人为非金融企业，发行企业均应经过在中国境内工商注册且具备债券评级能力的评级机构的信用评级，并将评级结果向银行间债券市场公示。

(2) 发行和交易的对象是银行间债券市场的机构投资者，不向社会公众发行和交易。

(3) 融资券的发行由符合条件的金融机构承销，企业不得自行销售融资券，发行融资券募集的资金用于本企业的生产经营。

(4) 对企业发行的融资券施行余额管理，待偿还融资券余额不超过企业净资产的 40%。

(5) 融资券采用实名记账方式在中央国债登记结算有限公司(以下简称中央结算公司)登记托管，中央结算公司负责提供有关服务。

(6) 融资券在债权债务登记日的次一工作日，即可以在全国银行间债券市场的机构投资人之间流通转让。

(三) 发行短期融资券筹资的特点

(1) 短期融资券的筹资成本较低。相对于发行公司债券筹资而言，发行短期融资券的筹资成本较低。

(2) 短期融资券筹资数额比较大。相对于银行借款筹资而言，短期融资券一次性的筹资数额比较大。

(3) 发行短期融资券的条件比较严格。必须是具备一定信用等级的实力强的企业，才能发行短期融资券筹资。

三、商业信用

商业信用是指企业在商品或劳务交易中，以延期付款或预收货款方式进行购销活动而形成的借贷关系，是企业之间的直接信用行为，也是企业短期资金的重要来源。商业信用产生于企业生产经营的商品、劳务交易之中，是一种"自动性筹资"。

(一) 商业信用的形式

1. 应付账款

应付账款是供应商给企业提供的一个商业信用。由于购买者往往在到货一段时间后才付款，商业信用就成为企业短期资金来源。如企业规定对所有账单均见票后若干日付款，商业信用就成为随生产周转而变化的一项内在的资金来源。当企业扩大生产规模，其进货和应付账款相应增长，商业信用就提供了增产需要的部分资金。

商业信用条件通常包括以下两种：①有信用期，但无现金折扣，如"n/30"表示30天内按发票金额全数支付；②有信用期和现金折扣，如"2/10,n/30"表示10天内付款享受现金折扣2%，若买方放弃折扣，30天内必须付清款项。

供应商在信用条件中规定有现金折扣，目的主要在于加速资金回收。企业在决定是否享受现金折扣时，应仔细考虑。通常，放弃现金折扣的成本是高昂的。

(1) 放弃现金折扣的信用成本。倘若买方企业购买货物后在卖方规定的折扣期内付款，可以获得免费信用，这种情况下企业没有因为取得延期付款信用而付出代价。例如，某应付账款规定付款信用条件为"2/10,n/30"，是指买方在10天内付款，可获得2%的付款折扣，若在10天至30天内付款，则无折扣；允许买方付款期限最长为30天。

【例7-15】某企业按"2/10,n/30"的付款条件购入货物100万元。如果企业在10天以后付款，便放弃了现金折扣2(100×2%)万元，信用额为98万元，则放弃现金折扣的信用成本为：

放弃折扣的信用成本率 = $[2\% \div (1 - 2\%)] \times [360 \div (30 - 10)] = 36.73\%$

公式表明，放弃现金折扣的信用成本率与折扣百分比大小、折扣期长短和付款期长短有关系，与货款额和折扣额没有关系。如果企业在放弃折扣的情况下，推迟付款的时间越长，其信用成本便会越小，但展期信用的结果是企业信誉恶化导致信用度的严重下降，日后可能招致更加苛刻的信用条件。

(2) 放弃现金折扣的信用决策。企业放弃应付账款现金折扣的原因，可能是企业资金暂时的缺乏，也可能是基于将应付的账款用于临时性短期投资，以获得更高的投资收益。如果企业将应付账款额用于短期投资，所获得的投资报酬率高于放弃折扣的信用成本率，则应当放弃现金折扣。

2. 应付票据

应付票据，是企业在商品购销活动和对工程价款进行结算因采用商业汇票结算方式而发生的，由出票人出票，委托付款人在指定日期无条件支付确定的金额给收款人或者票据的持票人。

3. 应计未付款

应计未付款是指企业在生产经营和利润分配过程中已经计提但尚未以货币支付的款项。其主要包括应付工资、应交税金、应付利润或应付股利等。以应付工资为例，企业通常以半月或月为单位支付工资，在应付工资已计但未付的这段时间，就会形成应计未付款。它相当于职工给企业的一个信用。应交税金、应付利润或应付股利也有类似的性质。应计未付款随着企业规模的扩大而增加，企业使用这些自然形成的资金无须付出任何代价。但企业不是总能控制这些款项，因为其支付是有一定时间的，企业不能总拖欠这些款项。所以，企业尽管可以充分利用应计未付款，但并不能控制这些账目的水平。

4. 预收货款

预收货款，是销货单位按照合同和协议规定，在发出货物之前向购货单位预先收取部分或全部货款的信用行为。购买单位对于紧俏商品往往乐于采用这种方式购货；销货方对于生产周期长，造价较高的商品，往往采用预收货款方式销货，以缓和本企业资金占用过多的矛盾。

(二) 商业信用筹资的优缺点

1. 商业信用筹资的优点

(1) 商业信用使用非常方便。商业信用的提供方一般不会对企业的经营状况和风险做严格的考量，企业无须办理像银行借款那样复杂的手续便可取得商业信用，有利于应对企业生产经营之急需。

(2) 企业有较大的机动权。企业能够根据需要，选择决定筹资的金额大小和期限长短，同样要比银行借款等其他方式灵活得多。如果没有现金折扣，或公司不放弃现金折扣，或使用不带息票据，则利用商业信用没有实际成本。

(3) 商业信用限制少。商业信用的使用比较灵活且具有弹性。如果公司利用银行借款筹资，银行往往对贷款的使用规定一些限制条件，商业信用则限制较少。

2. 商业信用筹资的缺点

商业信用的时间一般较短，尤其是应付账款，不利于公司对资本的统筹运用，如果拖欠，则有可能导致公司信用地位和信用等级下降。另外，如果公司取得现金折扣，则时间会更短；如果放弃现金折扣，则要付出较高的资金成本。

四、短期筹资策略与短期资产管理政策

流动负债占总资产的比例以多少为最优，取决于管理者的风险观、公司的经营状况、所处的行业和经济环境等。

(一) 短期筹资策略

在实际操作中，企业采取的短期筹资策略分为适中型、激进型和稳健型 3 种。

1. 适中型筹资策略

适中型筹资策略也称配合型筹资策略。其特点是：临时性短期资产所需资金用临时性短期负债筹集；永久性短期资产和固定资产所需资金用自发性短期负债和长期负债、权益资本筹集。

2. 激进型筹资策略

激进型筹资策略也称冒险型筹资策略。其特点是：临时性短期负债不但要满足临时性短期资产的需要，还要满足一部分永久性短期资产的需要，有时甚至全部短期资产都要由临时性短期负债支持。

3. 稳健型筹资策略

稳健型筹资策略也称保守型筹资组合。其特点是：临时性短期负债只满足部分临时性短期资产的需要，其他短期资产和长期资产，用自发性短期负债、长期负债和权益资本筹集满足。

(二) 短期资产管理政策与短期筹资策略之间的配合

(1) 公司采用宽松的短期资产持有政策时，采用风险大、收益高的激进型筹资策略，用大量短期负债筹资，可以一定程度上平衡公司持有过多短期资产带来的低风险、低收益，使公司总体的收益和风险基本均衡。

(2) 公司采用适中的短期资产持有政策时，采用风险和收益居中的配合型筹资策略，则与适中的持有政策匹配会使公司总体的风险和收益处于一个平均水平；采用激进型的筹资策略，则增加了公司的风险

水平和收益能力；采用稳健型的筹资策略，则降低了公司的风险水平和收益能力。

(3) 公司采用紧缩的短期资产持有政策时，与风险小、收益低的稳健型筹资策略配合，可以对紧缩的持有政策产生平衡效应。

本 章 小 结

1. 净营运资本是指流动资产减去流动负债后的余额。企业的营运资本管理就是采用各种营运资本管理的策略对流动资产与流动负债实施管理的过程。

2. 企业之所以要置存现金，主要存在 3 个动机：交易动机、预防动机和投机动机。影响企业现金持有量的主要因素包括企业预期的现金流量、企业应付紧急情况的借款能力和企业控制现金的效率。

3. 应收账款的成本主要包括应收账款的机会成本、应收账款的管理成本和应收账款的坏账损失。企业要管好应收账款，首先必须事先制定合理的信用政策。信用政策主要包括信用期间、信用标准和现金折扣政策三部分。

4. 存货成本包括取得成本、储存成本和缺货成本三部分。存货的合理储备量可以通过经济订货量模型测算。存货 ABC 分类管理方法是指对存货进行分析、分类排队的基础上，确定存货管理的重点和管理措施，从而最有效地控制存货资金占用的一种存货控制方法。

5. 流动负债有 3 种主要来源：短期借款、短期融资券、商业信用。其中：短期借款是指企业同银行或其他金融机构借入的期限在 1 年(含 1 年)以下的各种借款。短期融资券又称商业票据或短期债券，是由企业依法发行的无担保短期本票。商业信用是指企业在商品或劳务交易中，以延期付款或预收货款方式进行购销活动而形成的借贷关系，是企业之间的直接信用行为，也是企业短期资金的重要来源。

6. 企业采取的短期筹资策略分为适中型、激进型和稳健型 3 种。

练 习 与 思 考

一、单项选择题

1. 流动资产是指可以在(　　)变现或运用的资产。
   A. 1 年以内或超过 1 年的一个营业周期内　　　　B. 1 年以内
   C. 超过 1 年的一个营业周期内　　　　D. 1 年以内和超过 1 年的一个营业周期内

2. 下列不属于流动资产的特点的是(　　)。
   A. 周转快　　　　B. 占用时间短　　　　C. 不易变现　　　　D. 易变现

3. 在资产总额和筹资组合都不变的情况下，如果固定资产增加，流动资产减少，而企业的风险和盈利(　　)。
   A. 不变　　　　　　　　　　B. 增加
   C. 一个增加，另一个减少　　　　D. 不确定

4. 现金作为一种资产，它的(　　)。
   A. 流动性强，盈利性强　　　　B. 流动性差，盈利性差
   C. 流动性差，盈利性强　　　　D. 流动性强，盈利性差

5. 下列关于信用标准的说法中，不正确的是( )。

    A. 信用标准是企业同意向顾客提供商业信用而提出的基本要求

    B. 信用标准主要是规定企业只能对信誉很好、坏账损失率很低的顾客给予赊销

    C. 如果企业的信用标准较宽，虽然会增加销售，但会相应增加坏账损失和应收账款的机会成本

    D. 如果企业的信用标准较严，则会减少坏账损失，减少应收账款的机会成本

6. 在采用 5C 评估法进行信用评估时，最重要的因素是( )。

    A. 品德   B. 能力   C. 资本   D. 抵押品

7. 经济批量是指( )。

    A. 采购成本最低的采购批量   B. 订货成本最低的采购批量

    C. 储存成本最低的采购批量   D. 存货总成本最低的采购批量

8. 公司采用宽松的短期资产持有政策时，采用( )筹资策略，能较好地使公司总体的收益和风险基本均衡。

    A. 配合型筹资策略   B. 激进型筹资策略

    C. 稳健型筹资策略   D. 适中型筹资策略

9. 下列等式中，符合稳健型短期筹资策略的是( )。

    A. 临时性短期资产＝临时性短期负债

    B. 临时性短期资产＋部分永久性短期资产＝临时性短期负债

    C. 部分临时性短期资产＝临时性短期负债

    D. 临时性短期资产＋固定资产＝临时性短期负债

10. 如果某企业的信用条件是"1/10, n/30"，则放弃现金折扣的信用成本率为( )。

    A. 18.18%   B. 36.73%   C. 18%   D. 36%

二、多项选择题

1. 现金管理的内容包括( )。

    A. 编制现金收支计划，以便合理地估计未来的现金需求

    B. 节约使用资金，从暂时闲置的现金中获得最多的利息收入

    C. 对日常的现金收支进行控制，力求加速收款，延缓付款

    D. 保证企业交易所需资金，又不保留过多的闲置资金，以增加收益

    E. 用特定的方法确定最佳现金余额，当企业的实际现金余额与最佳现金余额不一致时，设法达到理想状况

2. 下列关于营运资本的说法正确的是( )。

    A. 营运资本有广义和狭义之分

    B. 通常所说的营运资本多指广义营运资本

    C. 广义的营运资本就是总营运资本，是指企业流动资产的总额

    D. 狭义的营运资本是指流动资产减流动负债后的余额

    E. 营运资本的管理既包括流动资产的管理，又包括流动负债的管理

3. 关于储存成本，下列说法正确的是( )。

    A. 储存成本包括仓储费、搬运费、保险费、占用资金支付的利息费等

B. 一定时期的储存成本总额，等于该期内平均存货量与单位储存成本之积

C. 要降低储存成本，需要小批量采购

D. 要降低储存成本，需要大批量采购

E. 为了降低存货总成本，订货的数量越少越好

4. 评估顾客信用的5C评估法中的"5C"包括( )。

　　A. 品德　　　　B. 能力　　　　C. 资本　　　　D. 抵押品　　　　E. 利润

5. 确定再订货点，需要考虑的因素有( )。

　　A. 平均每天的正常耗用量　　　　B. 预计每天的最大耗用量　　　　C. 提前时间

　　D. 预计最长收货时间　　　　E. 保险储备

6. 现金折扣是在顾客提前付款时给予的优惠，"2/10,n/30"的含义包括( )。

　　A. 如果在发票开出10天内付款，可以享受2%的折扣

　　B. 如果在发票开出10天内付款，可以享受20%的折扣

　　C. 信用期限为30天，这笔货款必须在30天内付清

　　D. 信用期限为10天，这笔货款必须在10天内付清

　　E. 折扣期限为10天，这笔货款必须在30天内付清

7. 企业采取的短期筹资策略有( )。

　　A. 长期的筹资策略　　　　　　B. 配合型筹资策略　　　　　　C. 激进型筹资策略

　　D. 短期的筹资策略　　　　　　E. 保守型筹资策略

8. 下列关于收账费用与收账损失关系的说法中，正确的有( )。

　　A. 收账费用支出越多，坏账损失越少，两者成反比例的线性关系

　　B. 收账费用支出越多，坏账损失越少，两者不一定存在线性关系

　　C. 在一定范围内，坏账损失随着收账费用的增加而明显减少，但当收账费用增加到一定
　　　 限度以后，坏账损失的减少就不再明显了

　　D. 在制定信用政策时，要权衡增加收账费用和减少坏账损失之间的得失

　　E. 为了减少坏账损失，可以不断增加收账费用

9. 风险与报酬都得到中和的短期筹资策略和短期资产管理政策的配合方式有( )。

　　A. 紧缩的持有政策与稳健型筹资政策　　　　B. 宽松的持有政策与稳健型筹资政策

　　C. 宽松的持有政策与激进型筹资政策　　　　D. 适中的持有政策与配合型筹资政策

　　E. 紧缩的持有政策与激进型筹资政策

10. 关于商业信用筹资的优缺点，下列说法中正确的有( )。

　　A. 商业信用筹资使用方便　　　　　　B. 商业信用筹资限制少且具有弹性

　　C. 商业信用筹资成本较高　　　　　　D. 商业信用可以占用资金的时间较长

　　E. 如果没有现金折扣，或公司不放弃现金折扣，则利用商业信用没有实际成本

三、判断题

1. 营运资本有广义和狭义之分，狭义的营运资本又称净营运资本，是指流动资产减去流动负债后的
余额。　　　　　　　　　　　　　　　　　　　　　　　　　　　　　　　　　　( )

2. 现金持有量的随机模式控制中，现金余额波动越大的企业越需要关注有价证券投资的流动性。

　　　　　　　　　　　　　　　　　　　　　　　　　　　　　　　　　　　　　( )

3. 赊销是扩大销售的有力手段之一，企业应尽可能放宽信用条件，增加赊销量。　　　　( )

4. 使现金持有成本和现金转换成本之和最小的现金余额即为最佳现金余额。　　　　　（　　）

5. 偿债能力是评价客户信用的首要因素。　　　　　　　　　　　　　　　　　　（　　）

6. 储存成本与订货成本均为最小时的批量，称为订货经济批量。　　　　　　　　（　　）

7. 商业信用是指企业在商品或劳务交易中，以延期付款或预收货款方式进行购销活动而形成的借贷关系，是企业之间的直接信用行为，也是企业短期资金的重要来源，是一种"自动性筹资"。

　　　　　　　　　　　　　　　　　　　　　　　　　　　　　　　　　　　　（　　）

8. 企业持有现金的动机包括交易动机、补偿动机、预防动机、投资动机。一笔现金余额只能服务于一个动机。　　　　　　　　　　　　　　　　　　　　　　　　　　　　　　　（　　）

9. 公司采用紧缩的短期资产持有政策时，与风险小、收益低的稳健型筹资策略配合，可以对紧缩的持有政策产生平衡效应。　　　　　　　　　　　　　　　　　　　　　　　　　（　　）

10. 临时性短期负债只满足部分临时性短期资产的需要，其他短期资产和长期资产，用自发性短期负债、长期负债和权益资本筹集满足，这种是激进型筹资策略。　　　　　　　　　　　（　　）

四、计算分析题

1. 已知某企业用现金分析模式确定的机会成本为 4000 元，用现金存货模式计算的现金持有量为 40 000 元，现金与有价证券的交易间隔期为 72 天。

要求计算：

(1) 现金存货模式下的机会成本。

(2) 机会成本率(有价证券年利率)。

(3) 现金年用量。

(4) 现金与有价证券的每次转换成本。

(5) 现金管理相关成本。

2. 某企业预计全年需要现金 400 000 元，现金与有价证券的转换成本为每次 800 元，有价证券的年利率为 10%，求其最佳现金持有量和最低现金管理成本。

3. 假设 B 公司以赊销方式购买原料，以赊销方式销售产品，赊销原料的信用条件是 30 天付款，赊销产品是以 60 天收款，其平均应付账款延期支付期间为 35 天，平均应收账款收账期为 70 天，从原料购进至产品售出期间平均为 85 天，即平均存货周转期。公司每年经营投资额(现金)为 720 万元，一年以 360 天计算。

要求计算：

(1) 公司营业周期以及现金周转期。

(2) 为保持正常经营，公司应持有多少现金？

(3) 假设公司的融资利率为 12%，若现金周转期缩短 20 天，可为公司节约多少现金，增加多少利润？

4. 某公司生产 DVD 的生产能力是年产 10 000 台，变动成本是 1200 元，年固定成本总额 500 000 元，每件售价 1500 元。目前均采用 30 天按发票金额付款的信用政策，可销售 8000 台，坏账损失率为 2%。如果公司将信用期限放宽至 60 天并按发票金额付款，全年销售量可增加至 9000 台，坏账损失率估计为 2.5%；如果公司将信用期限放宽至 120 天仍按发票金额付款，全年销售量可增加至 9500 台，坏账损失率估计为 4%。公司根据以往经验，其收账费用为赊销收入的 5%。公司目前最低的投资报酬率为 10%，所得税税率为 33%。

要求：

根据上述资料，测算企业实行不同信用期限政策可实现的净收益并选择合适的信用期限。

5. 某企业每年生产需要 A 材料 2400 千克，该材料的采购单价为 30 元/千克，单位储存成本为 4 元/千克，订货成本为 27 元/次。

要求：

求经济订货批量、年订货次数和最佳订货周期以及与批量有关的存货成本。

6. 假设某企业存货年需求量为 10 800 千克，经济订货批量为 540 千克，交货时间为 6 天，单位存货年储备变动成本为 6 元，单位缺货成本为 4 元，订货提前期内存货需求量及其概率如表 7-7 所示。

表 7-7　订货提前期内存货需求量及其概率

需求量(千克)	120	140	160	180	200	220	240
概率	0.05	0.1	0.15	0.4	0.15	0.1	0.05

要求：

根据上述资料，求不同保险储备量下的总成本并确定最佳保险储备量和再订货量。

案 例 点 击

应收账款政策——培森工具公司

1980 年 3 月，凯伦·伍德沃德正在审查培森工具公司的信用政策。她很关心公司由于应收账款所增加的费用。最近优惠利率已达到 16%，为历史最高点。她注意到该公司的应收账款回收已经变慢，由此对短期贷款的需求增加。培森工具公司生产一系列的小型手工工具，包括螺丝刀、钢丝钳、钢锯，以及锯条和扳手。它的产品通过已建立的遍及全美国的 4000 家五金零售店分销网络销售。该公司 1979 年的销售额约为 150 万美元。它每年的销售增长率为 8%，超过了行业 6% 的年增长率，销售利润率几乎为其他手工工具生产商的两倍。

公司提供给顾客的信用条件为"30 天内付款"，这是行业内的惯例。尽管许多客户是规模小、资本金少的五金店，培森工具公司所给予的信用水平和收账政策还是宽松的。不过公司过去的平均收账期大约为 40 天，坏账损失很低，平均为销售的 2%。去年，该公司应收账款的回收明显减慢，平均收账期上升到 60 天。表 7-8 列出了公司最新应收账款的账龄情况。由于这种趋势以及收回账款的高成本，伍德沃德正在审查公司信用政策，并考虑减少公司在应收账款项目上占用资金的方法。她特别考虑公司是否应该向提早还款者提供现金折扣。她知道在应收账款的管理上存在着成本与收益的权衡。只有当边际收益超过相关的边际成本时，公司才应该改变信用政策。

她决定评估对 10 天内付款者提供现金折扣的效果。她并不确定什么样的折扣率最适当，但行业内的做法通常是 2%，同时她也不确定有多少客户会利用现金折扣。考虑到公司顾客的情况，她认为利用这一折扣机会的客户数不会超过 50%，她决定假设剩余的客户会继续拖延交易信用期。因此，对这些顾客的平均收账期仍将维持在 60 天的水平。她认为公司信用条件的改变不会对公司的销售产生明显的影响。然而由于经济环境不佳，她估计公司的坏账损失会上升到销售额的 3%。培森工具公司的变动费用大约为销售的 75%，这些费用包括直接人工、原材料、易耗品、包装费用、运输和销售佣金。公司其他费用包括间接人工、制造费用、工资、租金、折旧、财产税，以及保险费预计在不远的将来保持固定。

公司短期贷款需求通过当地银行的无抵押信用限额来满足。限额内贷款的利率随银行的优惠利率浮动。公司支付的利率为优惠利率加上 2 个百分点。预计未来 12 个月的平均优惠利率为 15%。公司几乎所有的销售都是信用销售。1980 年总销售额预计为 160 万美元。表 7-8 为培森工具公司应收账款账龄表。

表7-8　培森工具公司应收账款账龄表

账龄(天数)	总　　额	比　率
0～30	10 235 140	40.2%
31～60	7 352 710	28.9%
60～90	4 833 020	19%
90 以上	3 027 651	11.9%
	25 448 521	100%

要求:

(1) 如果按凯伦·伍德沃德的打算,通过提供现金折扣来加快公司应收账款期的回收,请估算这种做法的边际成本以及边际收益。

(2) 如果未来几年利率发生变化,这种情况是否会影响你的建议?若会,是如何影响你的建议?

(3) 伍德沃德还可能会用其他什么方法来加快回收公司的应收账款?

(4) 公司信用政策包含哪些基本内容?

点 石 成 金

(1) 应收账款周转期 = 50% × 10 + 50% × 60 = 35(天)

应收账款平均余额 = 160 000 000 ÷ 360 × 35 = 15 555 555.6(元)

维持赊销业务所需要的资金 = 15 555 555.6 × 75% = 11 666 666.7(元)

缩短以后的应收账款机会成本 = 11 666 666.7 × 15% × (1+2%) = 1 785 000(元)

原来的应收账款机会成本 = 1 785 000 × 60 ÷ 35 = 3 060 000(元)

节约应收账款机会成本 = 3 060 000 − 1 785 000 = 1 275 000(元)

现金折扣 = 160 000 000 × 50% × 2% = 1 600 000(元)

凯伦·伍德沃德的打算,通过提供现金折扣确实加快了公司应收账款的回收,即将应收账款的周转期从原来的 60 天缩短到 35 天,在没有改变公司销售的情况下,减少了应收账款的机会成本,这种减少的应收账款占用的机会成本也可称为一种边际收益;另外,一般而言,因为采取了现金折扣减少了应收账款的周转期,而降低的收账费用和坏账损失也属于其边际收益的一种。在该案例中,没有出现收账费用和坏账损失的降低,倒是因为经济形式的不佳反而增加了,不过与该现金折扣的采取没有关系。边际成本这里主要是因为给予顾客现金折扣的成本付出。

(2) 如果未来几年利率发生变化,则会因此改变应收账款的机会成本,若利率上升,则会因为采取现金折扣而使节约的应收账款机会成本变大,即因此带来的边际收益变大,可能会超过相应的成本;若利率下降,则可能会出现相反变化,从而影响相应的建议。

(3) 伍德沃德还可能会使用的其他方法如下:一是确定合理的收账程序;二是确定合理的讨债方法。

(4) 公司信用政策即应收账款的管理政策,是指企业为对应收账款投资进行规划与控制而确立的基本原则与行为规范,包括信用标准、信用条件和收账政策三部分内容。

第八章

利润分配及股利政策

┌─ **案例导入** ─┐

　　北京同仁堂股份有限公司 2016 年年度利润分配方案已经 2017 年 6 月 27 日召开的公司 2017 年年度股东大会审议通过。经致同会计师事务所(特殊普通合伙)审计，2016 年度公司按照合并报表实现归属于上市公司股东的净利润 933 165 391.02 元，按母公司实现净利润的 10%提取法定盈余公积金 56 689 296.32 元，加年初未分配利润 3 214 665 013.01 元，减去 2015 年年度利润分配已向全体股东派发的现金红利 315 438 160.26 元，2016 年度可供股东分配利润为 3 775 702 947.45 元。公司以 2016 年年末总股本 1 371 470 262 股为基数，向全体股东每 10 股派发现金红利 2.4 元(含税)[①]。

　　试问：公司如何制定股利政策？股利政策对股票价格会有影响吗？

┌─ **关键概念** ─┐

股利政策(Dividend Policy) 股票分割(Stock Split) 股票回购(Stock Repurchase)

第一节　利　润　分　配

　　利润分配是指企业对实现的净利润的分配，其实质是确定给投资者分红与企业留存收益的比例。利润分配关系国家、企业、职工及所有者各方面的利益，必须严格按照国家的法律和制度执行。利润分配的结果形成股东的投资报酬和企业的留存收益等不同的项目，其中留存收益包括盈余公积金和未分配利润。

一、利润分配的原则

　　利润分配不仅影响企业的筹资和投资决策，关系到企业的长远发展，而且涉及国家、企业、投资者等多方面的利益。企业在进行利润分配时，要遵守以下原则。

(一) 依法分配原则

　　为规范企业的利润分配行为，国家制定和颁布了若干法规，这些法规规定了企业利润分配的基本要求、一般程序和重大比例。企业的利润分配必须依法进行，这是正确处理企业各项财务关系的关键。

(二) 积累与分配并重的原则

　　企业在进行利润分配时，要正确处理长期利益和近期利益的关系，坚持积累与分配并重的原则。本年度可供分配的利润，是否全部分配给投资者，要视企业的具体情况而定。考虑到未来发展的需要，企

---

　　① 资料来源：上海证券交易所网站 www.sse.com.cn。

业除按规定提取法定盈余公积金外，还可适当留存一部分，这部分积累不仅满足了公司扩大再生产的资金需求，而且也增强了企业抗风险的能力。

(三) 投资与收益对等原则

企业分配利润应当体现"谁投资谁受益，投资与受益对等"的原则，这是正确处理企业与投资者利益关系的立足点。企业在向投资者分配利润时，应坚持同股同权、同股同利，不得以损害其他投资者的利益为代价来提高部分投资者的受益，要遵守公开、公平、公正的原则，从根本上保护投资者的利益。

二、公司利润分配的顺序

股份公司年度决算后实现的利润总额，要在国家、企业和股东之间进行分配。为保障公司的持续发展，维护职工的正当权益，公司利润应按照下面的顺序进行分配。

(一) 弥补公司亏损

按我国企业财务通则规定，企业发生的年度亏损，可以用下一年度的税前利润进行弥补；下一年度利润不足弥补的，可以用未来五年内的所得税税前利润延续弥补；延续五年未弥补完的亏损，用缴纳所得税之后的利润弥补。公司的财务部门应如实核算企业生产经营活动及其成果，当发生亏损时应及时申请，经相关部门审查属实，按规定实行以盈抵亏。

(二) 正确计算、及时缴纳所得税

企业所得税是国家凭借政治权利参与企业收益分配的重要途径，它按年计征，分期预交。公司在实现的利润总额的基础上增加或扣减应调整的有关收支项目可以计算出应税所得额，再乘以适用的所得税税率，就可以计算出公司应缴纳的所得税数额。公司应按照国家的有关规定及公司适用的所得税税率正确计算所得税，并在规定时间内向税务部门缴纳。

(三) 税后利润的分配

(1) 抵补被没收的财产损失、支付违反税法规定的各项滞纳金和罚款。滞纳金、罚款和没收财物等具有赔偿性和惩罚性，是企业因经营管理不善而形成的支出，而不是生产经营活动中应该发生的支出，因而不能计入成本冲减当期损益，把这项支出作为税后分配的首要项目，是为了维护国家的法律权威，促使公司遵纪守法。

(2) 弥补超过用所得税前利润抵补期限，需用税后利润弥补的亏损。如果公司的亏损额较大，用税前利润在五年的限期内抵补不完，就转为由公司的税后利润弥补，以保证公司简单再生产的正常进行，为扩大再生产创造条件。

(3) 提取法定盈余公积。我国《公司法》规定公司制企业按本年实现净利润弥补以前年度亏损后的余额的10%提取法定盈余公积，当法定盈余公积金累计额超过注册资本50%以上的，可以不再提取。公司提取的法定盈余公积金可用于弥补亏损和增加企业的注册资本。

(4) 向公司优先股股东分配股利。对外发行优先股的股份公司，应按约定向公司优先股股东分配股利，按照规定，优先股先于普通股分配并取得股利率固定的股利。

(5) 提取任意盈余公积金。股份公司经股东大会决定，可以提取任意盈余公积金。任意盈余公积金的提取，是为了满足经营管理的需要，控制向投资者分配利润的水平，以及调整各年度利润分配的波动，其提取基数与计提盈余公积金的基数相同，提取的比例由股东大会根据需要决定。

(6) 支付普通股股利。企业应以各股东持有的股份数额为依据，向股东分配股利。同时，股利分配应按照"多盈利多分，少盈利少分，无利不分"的原则进行。但是如果企业以前年度长期亏损而未向股东分配股利，在用盈余公积弥补亏损后，为维护其股票信誉，经股东大会特别决议，

也可用盈余公积来支付股利，但支付股利后留存的盈余公积不得低于公司注册资本的 25%。

公司的股东大会或董事会如果违反上述利润分配程序，在抵补亏损和计提法定盈余公积之前向股东支付股利的，必须将违反规定发放的股利退还给公司。

三、股利发放程序

公司分配股利时，必须遵循法定程序，一般先由董事会提出分配预案，然后提交股东大会决议通过后才能进行分配。股东大会决议通过分配预案之后，要向股东宣布发放股利的分配方案。在分配方案中，包括股利金额、股权登记日、除息日和股利发放日等重要信息。

(一) 股利宣告日

股利宣告日是股东大会通过股利分配方案并由董事会宣布发放股利的日期。在股利宣告日，所宣告的股利已经成为公司的一项实际负债，应体现在公司的会计分录中，即公司应增加一项应付股利负债，同时减少留存收益。

(二) 股权登记日

股权登记日是有权领取本期股利的股东进行登记的截止日期。由于股票是经常流动的，所以公司在股利分配时，为界定哪些股东可以参加股利分配，需要确定股权登记日。只有在股权登记日这一天登记在册的股东才有资格领取本期股利，而在这一天之后登记在册的股东，即使在股利发放日之前买的股票，也无权领取本次分配的股利。

(三) 除息日

除息日是领取股利的权利与股票分开的日期。只有在除息日之前购买的股票，才能领取本次股利。而在除息日当天或以后购买的股票，则不能领取本次股利。我国目前规定除息日为股权登记日后的第一个交易日。也就是说，除息是在股权登记日收盘后、除息日开盘前进行的，而股权登记日、除息日是相连的两个交易日——或日期相连，或中间为节假日休市，或中间交易停牌，中间不可能有交易发生。

除息日对股票价格有非常明显的影响。由于在除息日之前的股票价格中包含了本次股利，而在除息日后的股票价格中不再包含本次股利，所以股票价格在除息日一般会下跌，如果不考虑税收及交易成本等因素的影响，除息日的开盘价约等于前一天的收盘价减去每股股利。

(四) 股利支付日

股利支付日是公司将股利正式发放给股东的日期。在这天，证券交易所的计算机交易系统可以通过中央结算登记系统将公司发放给股东的股利直接打入股东的资金账户，由股东向其证券代理商领取股利。

【例 8-1】某上市公司董事会会议于 2017 年 4 月 10 日举行，讨论上年度股利分配方案，并将方案于 4 月 20 日提交股东大会表决通过，同日发表公告如下："公司于 2017 年 4 月 20 日召开股东大会，讨论通过 2016 年度分配方案，决定每 10 股分派现金 2 元，所有 2017 年 4 月 29 日持有本公司股票的股东都将获得这一部分股利。股利将在 5 月 8 日发放。"

则 2017 年 4 月 20 日为股利宣告日，2017 年 4 月 29 日为股权登记日，4 月 30 日为除息日，5 月 8 日为股利支付日，如图 8-1 所示。

图 8-1　股利发放程序图

第二节　股　利　政　策

公司股利政策是关于公司是否发放股利、发放多少股利以及何时发放股利等方面的方针和策略。股利政策所涉及的主要是公司对其收益进行分配或留存用于再投资的决策问题。

一、股利理论

公司的财务目标是使公司价值最大化，股利政策作为财务管理的一部分，同样要考虑其对公司价值的影响。股利理论主要研究两个问题：一是股利分配是否会影响企业价值；二是如果股利分配会影响企业价值，是否存在使企业价值最大化的股利支付率。多年来学术界和实务界关于股利政策的争论很多，主要有两大学派：股利无关论和股利相关论。

(一) 股利无关论

1958 年美国学者默顿·米勒(Merton Miller)和弗朗哥·莫迪格利安尼(Franco Modigliani)发表了被认为最具影响力的财务论文，创立了著名的股利无关论——MM 理论。该理论对完全市场做出了一系列严格的假设：①不存在个人或公司所得税；②不存在股票的发行和交易费用(即不存在股票筹资费用)；③公司的投资决策和股利决策彼此独立(即投资决策不受股利分配的影响)；④公司的投资者和管理当局可相同地获得关于未来投资机会的信息；⑤公司没有有关财务危机或破产清算成本；⑥公司管理层和股东之间没有利益冲突。在满足以上条件时，股利政策对公司的股票价值或资本成本均无影响，即公司的价值取决于公司投资政策所确定的获利能力和风险，而不是公司的股利分配政策。该理论认为：

(1) 投资者并不关心公司股利的分配。若公司留存较多的利润用于再投资，会导致公司股票价格上升；此时尽管股利较低，但需用现金的投资者可以出售股票换取现金。若公司发放较多的股利，投资者又可以用现金再买入一些股票以扩大投资。也就是说，投资者对股利和资本利得并无偏好。

(2) 股利的支付比率不影响公司的价值。既然投资者不关心股利的分配，公司的价值就完全由其投资的获利能力所决定，公司的盈余在股利和保留盈余之间的分配并不影响公司的价值(即使公司有理想的投资机会而又支付了高额股利，也可以募集新股，新投资者会认可公司的投资机会)。

根据股利无关论，股利支付可有可无，可多可少，股利政策对公司股票价格没有实质性影响，因此，公司无须花费大量的时间去考虑股利政策的制定。

为了更好地说明该理论，以下举例进行说明。

A 公司是一家开业 10 年的公司，其全部资金来源为权益资金，现任财务经理知道公司将在一年后解散。在现在(即时间 0)，公司将会收到一笔 10 000 元的现金流量，在下一年度末(即时间 1)还会收到 10 000 元的现金流量，公司没有净现值为正的项目可实施。公司股票的必要报酬率为 10%，公司对外发行的股票为 1000 股。假设公司现在有以下两个股利政策方案可供采用。

(1) 将现在收到的 10 000 元现金流量全部用于发放现金股利。

(2) 发放总额为 11 000 元的现金股利，其中，短缺的 1000 元利用发行股票的方式筹集。

要求：

计算两种方案下公司的股票价格各是多少？

第一种方案下：股东在时间 0、时间 1 收到的现金流量均为每股 10 (10 000÷1000)元。因此，股票价格为：

$$P = 10 + 10 \div (1 + 10\%) = 19.09(元/股)$$

第二种方案下：老股东在时间 0 收到的现金流量为每股 11(11 000÷1000)元，但在时间 1 收到的现金流量会下降，这是因为公司股票的投资报酬率为 10%，因此，新股东在时间 1 可得到 1100［1000×(1+10%)］元的现金流量，这样留给老股东的现金流量只有 8900 元，每股股票获得的现金流量为 8.9(8900÷1000)元。此时，股票的价格为：

$$P = 11 + 8.9 \div (1 + 10\%) = 19.09(元/股)$$

该例表明，股利政策的变化不会影响公司股票的价值。

股利无关论是以多种假设为前提的，在现实生活中，这些假设并不存在，因此，股利无关论在现实条件下并不一定有效。但股利无关论对股利政策的研究建立在严谨的数学方法上，后人的研究正是在逐步放松该理论的一系列假设之上完成的。

(二) 股利相关论

现代股利政策理论认为，在严格的假设前提条件下，MM 理论是正确的，但在现实中，MM 理论的假设条件并不成立，现代股利政策理论通过放松假设条件来解释股利政策在现实中的重要性，形成了股利相关论。股利相关论主要包括以下几种理论。

1. "在手之鸟" 理论

"在手之鸟" 理论的代表人物是戈登(Gordon)与林特纳(Lintner)。他们认为，由于大部分股东都是风险厌恶型的，他们宁愿要相对可靠的股利收益而不愿意要未来不确定的资本利得。

在该理论中，股票投资收益包括股利收益和资本利得两部分。在一般情况下，股利收益属于相对稳定的收入，而资本利得具有较大的不确定性。由于大部分股东厌恶风险，他们会选择相对可靠的股利收益，而不选择不确定的资本利得，即"双鸟在林，不如一鸟在手"。因此，如果公司发放较多的现金股利，会使公司的股票价格上升。所以，公司在制定股利政策时，应维持较高的股利支付率。

2. 税收差别理论

税收差别理论由利真博格(Litzenberger)和拉马斯瓦米(Ramaswamy)在 1979 年提出，他们认为，在通常情况下，股利收益的所得税税率高于资本利得的所得税税率，因此，资本利得对于股东更为有利。

该理论认为投资者获取现金股利和资本利得需要缴纳相应的税收。当现金股利与资本利得之间存在显著的税负差异时，税负差异效应会成为影响股利形式的相当重要的因素。如果现金股利税高于资本利得税，则这一效应对股利政策的影响就会使公司倾向于支付较低的股利。投资者也会喜欢公司少支付股利而使较多的盈余保留下来以作为再投资使用。因此，高股利支付率将导致股价下跌，低股利支付率则会使股价上涨。公司可以通过削减股利来提高股票价值，当股利为零时，股票价值最大。

3. 信号传递理论

信号传递理论指的是投资者将公司股利看作管理者对公司未来盈利状况的预期。该理论认为，完全市场的信息对称假设是不成立的，在投资者看来，作为内部人的管理人员掌握了更多的、极为真实的关于公司当前和未来的各种信息。管理层的许多行为都会作为信号反映出他们对内部信息的掌握并传递给投资者。在通常情况下，公司只有在预期未来能获得较高收益时才可能改变股利支付率，如果一个公司发放较高的股利，投资者会认为管理层对于公司当期净收益和未来净收益持有乐观的态度。公司管理层相信未来现金流量将多得足以保持较高的股利水平。此时每股较高的股利将被股东解释成好消息，在股票市场上，该公司股票价格将上升，股东财富将得到增加。相反，如果管理当局预测到公司的发展前景不太好，未来盈余不理想时，他们往往会维持甚至降低现有的股利水平，这等于向现有股东和潜在股东发出了不利信号。因此，股利能够传递公司未来盈利能力的信息，从而对股票价格产生影响。当公司支付股利水平上升时，公司的股价会上升，当公司支付的股利水平下降时，公司的股价会下降。因此，信号传递理论赞成高股利支付率的股利政策。

4. 顾客效应理论

顾客效应理论指的是公司根据希望吸引的投资者(即公司的顾客)类型确定股利政策。

该理论认为，不同的股票持有人或当事人对股利政策有不同的偏好，他们个人社会地位、富裕程度和现金支出结构的不同会影响他们对股利的看法。例如，具有较高收入的投资者都有较为丰裕的现金流入，他们购买股票不是着眼于近期的股利，而是作为一种长期储备来对待。对这些投资者而言，过多股利没有太大吸引力，相反还要缴纳较高个人所得税。而对退休的投资者而言，他们希望获得当期收入，加之这些投资者的税率很低，所以他们期望较高的股利支付率。因此，公司的任何股利政策都不可能满足所有股东对股利的要求，公司股利政策的变化，只是吸引了喜爱这一股利政策变化的股东前来购买公司的股票，而另一些不喜爱新的股利政策的股东则会卖出股票。因此，当市场上喜爱高股利的股东的比例大于发放高股利的公司的比例时，支付高股利公司的股票处于短缺状况，它们的股价会上涨，直到两者的比例相等时，市场会达到一个新的动态平衡。一旦市场处于均衡状态，则没有公司能够通过改变股利政策来影响股票价格。

5. 代理成本说

代理成本说指的是公司发放现金股利需要在资本市场上筹集资金，所以高股利支付率可以迫使公司接受资本市场的监督，从而在一定程度上降低代理成本。

现代企业中，所有者与经营者之间是一种委托代理关系，所有者的初衷是借助经营者的人力资本实现其物质资本的增值。然而经营者却有其自身的利益最大化目标，这一目标与委托人的目标通常不会完全一致。因此，管理者与股东之间存在着代理冲突。股东为了保护自身利益，必须承担代理成本以减少这种冲突。但对于大型公司而言，如何有效做到这一点存在许多困难，由于所有者和经营者之间存在严重的信息不对称，所以经营者的行为及其努力程度难以被低成本地观察，股东很难对管理者进行直接监控。发放现金股利可以有效地降低代理成本。首先，股利的支付减少了管理人员对自由现金流量的支配，使其失去了可用于谋取自身利益的资金来源。其次，大额股利的发放使得公司内部资本由留存收益供给的可能性减小，为了满足新投资的资金需求，公司必须寻求外部负债或权益融资，当企业向外发行股票或债券时，企业必须接受证券市场的审查和分析，包括银行对企业信用的分析、证券评级机构的意见以及众多分析专家的评价。侵害投资者利益的行为必将暴露在证券市场上，这也有效地解决了代理冲突问题。在投资规模一定的前提下，公司发放的现金股利越多，需要在资本市场上筹集的资金也越多，高股利支付率迫使公司接受资本市场的监督，从而在一定程度上降低代理成本。因此，代理成本说赞成高股利支付率的股利政策。

从以上内容可以看出，股利相关论的几种观点都只是从某一特定角度来解释股利政策和股价之间的关系，不足之处是没有同时考虑多种因素的影响，在现实环境中，公司的股利政策受多种因素影响，如所得税负担、筹资成本、市场效率、公司财务状况等，因此，我们要在分析问题时，综合考虑多种因素。另外，股利政策的效应和特定的公司内外部环境密切相关，下面我们就来分析影响股利政策的因素。

二、影响股利政策的因素

公司股利的分配是在各种制约因素下进行的，影响公司股利政策的因素主要包括以下几个方面。

(一) 法律法规因素

企业的利润分配必须依法进行，这是正确处理各方面利益关系的关键。为规范企业的收益分配行为，国家制定和颁布了若干法律法规，主要包括企业制度方面的法律法规、财务制度方面的法律法规，如《证券法》《公司法》等，这些法律法规规定了企业收益分配的基本要求和一般程序，企业必须严格执行。在这些法律中，为了保护企业债权人和股东的利益，通常对企业的股利分配做以下限制。

1. 资本保全

资本保全即企业只能用当期利润或留存收益来分配股利，不能用资本(包括股本和资本公积)发放股利。例如，我国法律规定：各种资本公积准备不能转增股本，已实现的资本公积只能转增股本，不能分派现金股利；盈余公积主要用于弥补亏损和转增股本，一般不得给投资者分配利润或现金股利。该规定的目的在于维持企业资本的完整性、保障债权人的利益，并维持正常的市场秩序。

2. 资本积累

公司必须按净利润的一定比例提取法定盈余公积金，同时还可以提取任意盈余公积金，只有当公司提取的公积金累计数额达到注册资本的 50%时才可以不再计提。这一规定是为了增强企业抵御风险的能力，维护投资者的利益。

3. 净利润

公司实现的净利润在弥补以前年度的亏损，并提取法定盈余公积后，再加上年初未分配利润和其他转入数(公积金弥补的亏损等)，形成的公司年度累计净利润必须为正数时才可发放股利，以前年度亏损必须足额弥补。

4. 偿债能力

公司如果要发放股利，就必须保证有充分的偿债能力。如果企业已经无力偿还债务或因发放股利将极大地影响企业的偿债能力，则不能分配现金股利。

(二) 股东因素

股东从自身的经济利益需要出发，对公司的股利分配会产生以下影响。

1. 稳定的收入

公司股东的收益包括两个部分，即股利收入和资本利得。依靠股利维持生活的股东一般希望公司支付稳定的股利，而不是公司留存较多利润，他们认为公司留有利润带来新收益或股票交易价格上升产生的资本收益有很大的不确定性，因此，他们往往希望企业能够支付稳定的股利。

2. 避税

尽管股票持有者获得的股利收入和资本利得都需要缴纳一定的所得税，但在许多国家，股利收入的所得税税率(累进税率)高于资本利得的所得税税率。因此，税收政策的不同，会导致不同的股东对股利的分配持有不同的态度。对高股利收入的股东来讲，出于节税的考虑(股利收入的所得税高于股票交易的资本利得税)，往往反对公司发放较多的股利。在我国由于目前对股息收入只采用 20%的比例税率征收个人所得税，还没有采用累进税率，而且对股票交易所得暂时不征个人所得税，因此，低股利分配政策，可以给股东带来更多的资本利得收入，达到避税目的。

3. 控制权的稀释

公司支付较高股利的结果，是公司留存盈余减少，从而加大将来发行新股的可能性，而发行新股必然会使公司的控制权稀释，这对公司原有的持有控制权的股东来说是不利的。因此，一般情况下，公司原有的持有控制权的股东宁肯不分配股利也反对募集新股，因为这可能需要他们更多的资金投入。另外，发行新股会造成流通在外的普通股数量增加，会导致普通股的每股收益和每股市价下降，给现有的股东带来不利影响。

4. 规避风险

一部分投资者认为，股利的风险小于资本利得的风险，当期股利的分配解除了投资者心中的不确定性，因此，他们往往会要求公司分配较多的股利，从而减少其投资风险。

(三) 公司因素

公司资金的灵活周转，是公司生产经营得以正常进行的必要条件，公司在制定股利政策时应考虑以下因素。

1. 资产的流动性和变现能力

公司现金股利的分配应以不危及公司经营的流动性为前提。如果企业持有大量的流动资产，而且变现能力强，则可支付较多的现金股利，反之，则不能支付较多的现金股利。

2. 举债能力

具有较强举债能力的公司因为能够及时地筹措到所需的现金，可能采取较宽松的股利政策；而举债能力弱的公司则不得不保留盈余，因而往往采取较紧的股利政策。

3. 盈利的稳定性

盈余相对稳定的公司把握自己的财务状况的能力较强，有可能采取高股利政策，给股东支付较高的股利；而盈余不稳定的公司往往采取低股利政策，减少因盈余下降而造成的股利无法支付、股价急剧下降的风险，还可以将更多的盈余用于再投资，提高公司权益资本的比重，以降低财务风险。

4. 投资机会

有良好投资机会的公司，需要强大的资金支持，因而往往采用低股利政策，将大部分盈余用于投资；缺乏良好投资机会的公司，保留大量现金可能会造成资金的闲置，于是往往倾向于采用高股利政策，支付较高的股利。

5. 资本成本

与发行新股或负债筹资相比，采用留存收益这一内部筹资方式，不需花费筹资费用，是一种比较经济的筹资渠道。同时，以留存收益进行筹资，会增加公司股东权益资本的比重，提高公司的借贷能力。因此，如果公司有扩大经营的需要，应采用较低的股利政策。

6. 公司所处的生命周期

公司应当采用最符合其当前所处生命周期阶段的股利政策。一般来说，处于快速成长期的公司具有较多的投资机会，它们需要大量的现金流量来扩大公司规模，通常不会发放很多股利，而处于成熟期的公司，一般会发放较多的股利。

(四) 其他因素

1. 债务合同约束

公司的债务合同，特别是长期债务合同，为了保障债权人债权的安全性，往往有限制公司现金支付程度的条款，这使公司只得采取低股利政策。这种限制条款主要有：限制运用以前的留存收益进行未来股息的支付；当企业的营运资本低于一定的标准时不得向股东支付股利；当企业的利息保障倍数低于一定的标准时，不得向股东支付股利。

2. 通货膨胀

在通货膨胀情况下，公司固定资产的价值会增长较快，折旧基金的购买力水平会下降，将导致公司没有足够的资金来源重置固定资产。这时盈余会被当作弥补折旧基金购买力水平下降的资金来源，因此在通货膨胀时期公司股利政策往往偏紧。

另外，国家有关的宏观经济环境、金融环境，以及文化因素等都会对企业的股利政策产生较大的影响，如经济增长的速度等。

三、股利政策的类型

股利政策是指企业对股利分配的有关事项所采取的方针策略。股利政策所涉及的主要问题是企业对其受益进行分配或留存用于再投资的决策问题，即确定股利支付率的决策问题。常用的股利政策主要有以下几种。

(一) 剩余股利政策

剩余股利政策是指企业在保证其最佳资本结构的前提下，将可供分配股利的净利润首先用于增加投资所需的权益资本，若还有剩余的利润，才用于分配股利。采用剩余股利政策的前提条件是企业必须有良好的投资机会，并且该投资机会预期报酬率要高于股东要求的报酬率。因此，剩余股利政策是以首先满足公司资金需求为出发点的股利政策。

采用该政策时，公司通常遵循以下步骤。

(1) 设定目标资本结构，即确定权益资本与债务资本的比率。在此资本结构下，综合的资金成本将达到最低水平。

(2) 根据目标资本结构比例，确定用权益资本筹集资金所需的资金总额。

(3) 最大限度留用盈余来满足各个投资方案所需的权益资本。

(4) 投资方案所需权益资本已经满足后，若有剩余，再将其作为股利发给股东。

【例 8-2】假定某公司 2016 年实现税后利润 1000 万元，提取了公积金 160 万元，2017 年计划进行技术改造，该计划预计需要资金 1500 万元，公司理想的资本结构为权益资本占 50%，债务资本占 50%，该公司当年流通在外的只有普通股 900 万股。

公司可用于股利分配的盈余为：

$$1000 - 160 = 840(万元)$$

按照设定的资本结构，公司投资方案所需的权益资本数额为：

$$1500 \times 50\% = 750(万元)$$

公司当年全部可用于分配股利的盈余在满足上述技术改造投资方案所需的权益资本数额后还有剩余，剩余部分再作为股利发放。当年发放的股利额为：

$$840 - 750 = 90(万元)$$

股利支付率为：

$$90 \div 1000 \times 100\% = 9\%$$

每股股利为：

$$90 \div 900 = 0.1(元/股)$$

由上可知，在采用剩余股利政策时，假定公司设定的目标资本结构确定不变，公司每年的股利发放额会随投资机会和盈余水平的变化而变化。在盈利水平不变的情况下，股利将与投资机会的多少呈反方向变动：投资机会越多，股利支付越少；投资机会越少，股利支付就越多。而在投资机会维持不变的情况下，股利发放额将因公司每年盈利的变动而呈同方向变动。

公司奉行剩余股利政策的原因在于希望保持理想的资本结构，使加权平均资金成本达到最低。上例中，如果公司不按剩余股利政策分配股利，将可向股东支付的 840 万元的盈利全部用于投资(即当年将不发放股利)，或全部作为股利发放给股东，然后再去筹借债务，这就会破坏最佳的目标投资结构，导致公司综合资金成本提高。因此，在完全市场下，只要公司投资项目的投资收益率高于股票市场必要的报酬率，保持目标资本结构下的投资所需资金，就能使公司股票价值达到最优。如果公司保留盈余再投资所能获得的报酬率超过投资者自行投资于具有相同风险水平的机会所能获得的报酬率，则大部分投资者愿意将盈余保留下来进行再投资，而不愿意公司将盈余作为股利进行分配。反之，投资者更喜欢发放现金股利。

虽然剩余股利政策的主要优点是当公司投资机会较多的情况下，可以节省筹资成本，因为与外部融资相比，将公司的税后利润直接用于再投资，可省掉有关费用开支和利息开支。但是，在这种政策下，股利支付的多少主要取决于公司的盈利情况和再投资情况，这就在很大程度上造成股利支付的不确定性，容易给投资者造成公司经营不稳定，财务状况不稳定，股票价格可能下跌等印象。

(二) 固定股利或稳定增长股利政策

固定股利或稳定增长股利政策是指公司将每年发放的股利长期维持在一个固定的水平上，只有在确信公司未来的收益将显著地、确定性地增长时，才考虑提高年度的股利发放额。公司通过固定或持续增长的股利政策向投资者传递公司财务状况稳定且盈利能力逐步提高的信息，从而稳定公司的股票价格，吸引更多的投资者。这种政策的优点如下。

(1) 稳定的股利向市场传递着公司未来经营前景将会更好的信息，有利于公司树立良好的形象，消除投资者内心的不确定性，增强投资者对公司投资的信心，从而使公司股票的价格能保持相对稳定。

(2) 稳定的股利政策有利于投资者有规律地安排股利收入和支出，特别是对股利有很高依赖性的股东更喜欢这种股利政策，忽高忽低的股利可能会降低他们对这种股票的需求，从而使股票价格下降。

(3) 稳定的股利政策符合追求稳健型投资的机构投资者的要求。在西方国家，各国政府机构都对银行、退休基金、信托基金和保险公司等机构投资者进行的证券投资做了法律上的规定。只有具有稳定的股利发放记录的公司，其股票才能成为这些机构投资者证券投资的对象。

该股利政策的不足之处在于股利的支付与盈余相脱节，当公司盈余较低时，稳定不变的股利可能会成为公司的一项财务负担，导致公司资金短缺，财务状况恶化，从而影响公司发展。另外，该政策不能像剩余股利政策那样保持较低的资金成本，因此，这种股利政策适用于盈利稳定或处于成长期的企业。

公司在实施该政策时，首先要对公司未来的支付能力做出较好的判断。一般来说，公司事先确定的股利额不应太高，要留有一定余地，以免在未来造成公司无力支付股利的困境。

(三) 固定股利支付率的股利政策

固定股利支付率的股利政策是指公司每年从净利润中按固定的股利支付率发放股利。固定股利支付率能使股利与公司盈余紧密地结合，以体现"多盈多分，少盈少分，不盈不分"的原则，股利额随着盈利额的变化而变化，盈利状况好，则每股股利就增加；盈利状况不好，则每股股利就下降。但是根据股利信号理论，股利通常会被认为是公司未来前途的信号，随着盈余波动而波动的股利会向市场传递公司经营不稳定的信息，给投资者带来投资风险大的印象。因此，采用这种股利政策不利于稳定股票价格和树立公司良好形象。

【例 8-3】某公司计划采用固定股利支付率股利政策，经研究决定股利支付率为 40%，该公司发行在外普通股股数为 1000 万股。预计 2014—2016 年该公司的税后净利润如表 8-1 所示。

表8-1 2014—2016年该公司的税后净利润 　　　　　　　　　　　　　　单位：万元

年份	2014	2015	2016
税后净利润	2000	4000	1000

则该公司未来 3 年的每股股利如表 8-2 所示。

表8-2 该公司未来3年的每股股利

年份	2014	2015	2016
税后净利润	2000 万元	4000 万元	1000 万元
股利支付率	40%	40%	40%
派发股利金额	800 万元	1600 万元	400 万元
每股股利	0.8 元	1.6 元	0.4 元

这种股利政策还会使公司面临较大的资金压力，因为税后净利润多并不意味着公司有足够的现金派发股利，若不顾现金流的实际情况，按照固定股利支付率发放现金股利，则公司有可能面临较大的资金压力。因此，它只适用于处于稳定发展，且现金流稳定、财务状况良好阶段的公司。

(四) 正常股利加额外股利政策

正常股利加额外股利政策是指公司每期都支付稳定但相对较低的股利额，当公司盈利较多时，再根据实际情况发放额外股利。

【例 8-4】假定某公司流通在外的普通股为 1000 万股，公司采用正常股利加额外股利政策，每股正常股利为 0.5 元，若税后利润超过 1500 万元，则按照超过部分的 40%作为额外股利发放，假设公司当年实现的净利润为 2000 万元，则当年每股股利为：

每股正常股利：0.5(元)

额外股利总额：$(2000 - 1500) \times 40\% = 200$(万元)

每股额外股利：$200 \div 1000 = 0.2$(元)

每股股利总额：$0.5 + 0.2 = 0.7$(元)

正常股利加额外股利政策的优点如下。

(1) 这种股利政策使公司在股利支付方面有充分的弹性。一方面，当公司盈利不佳或需要较多的资金追加投资时，可维护设定较低但正常的股利，这样能减少公司的财务负担；另一方面，也不会产生股东对股利的跌落感；而当公司盈余有较大幅度增加时，则可适度增发额外股利，把经济繁荣的部分利益分配给股东，增强他们对公司的信心，使公司的股票市价保持在一个较高的水平上。

(2) 这种股利政策可使依靠股利度日的股东每年至少可以得到虽然较低但却稳定的股利收入，从而吸引住这部分股东，也可使公司的股价不会出现大跌。

这种股利政策也存在不利之处，主要表现如下。

(1) 按照这种股利政策，公司在盈余较少或无盈利时，仍须支付正常的股利。尽管所付的正常股利数额可能不大，但毕竟股利的支付会导致增加公司资金的流出，这对于本来资金就很紧张的公司来说，好比"雪上加霜"，无疑会产生一些不利影响。

(2) 如果公司经营状态良好，盈利较多，并持续地支付额外股利，这又很容易提高股东对股利的期望值，从而将额外股利视为"正常"股利，一旦公司盈利下降而减少额外股利时，便会招致股东极大的不满。

因此，这种股利政策一般适用于季节性经营公司或受经济周期影响较大的公司。

四、股利支付形式

股利按照其支付方式的不同可以分为现金股利、股票股利、财产股利和负债股利等形式。

(一) 现金股利

现金股利是以现金形式发放给股东的股利。这种支付方式是公司在分配股利时常用的方式，也是投资者最容易接受的方式，它能够满足大多数投资者希望获得一定数量的现金作为投资收益回报的愿望。但这种分配方式无疑也会大量增加公司的现金流出，给公司造成资金支付的压力，如果公司现金比较充足，则可以考虑采用此方式，如果公司在股利支付之后将会有大量现金流入，也可采用暂时筹集短期资金来解决股利支付的现金问题。但若是公司目前现金不足，而外部筹资又受到限制时，就只能采用其他方式支付股利。

现金股利按照发放的稳定性和规律性，可以分为正常股利、额外股利、清算股利3种形式。

(1) 正常股利是指公司根据自身经营状况和盈利能力，有把握确定在未来一定时期能够按时、按量支付股利。由于正常股利的稳定性与债券的利息相似，所以这部分股利也叫股息。

(2) 额外股利是指某些情况下，公司由于不愿意对某些股利做定期支付的保证，或者没有能力做出保证，但在公司业绩稳定向好的时期，公司会在正常的股利之外再发放股利，这部分股利称为额外股利，也称为分红，它的稳定性与股息存在显著的不同。额外股利的发放与否、发放多少完全由公司当期的收益状况和投资决策决定，正常股利和额外股利都是对公司税后利润的分配。

(3) 清算股利是指投资企业所获得的被投资单位累积分派的利润，或现金股利超过被投资单位在接受投资后产生的累积净损益由投资企业所享有的数额。简而言之，清算股利不是来源于公司的现金和留存收益，而是资本的返还。

(二) 股票股利

股票股利是公司按照股东股份的一定比例来发放股票作为股利的一种形式。与现金股利不同，股票股利不会导致公司现金的真正流出。从会计的角度看，股票股利只是资金在股东权益账户之间的转移，从未分配利润或盈余公积账户转移到普通股账户上，它并未改变股东权益总额。股票股利也不会改变每位股东的持股比例，每位股东在获得股票股利后，所拥有的股票数量增加，但由于发放股票股利后公司的股票价格下降，股东在股利分配前后持股的总价值不变。

股票股利的优点主要有以下几个方面。

(1) 企业发放股票股利可免付现金，保留下来的现金，可用于追加投资，扩大企业经营，同时减少融资费用。

(2) 股票变现能力强，易流通，股东乐于接受。

(3) 股票股利可向投资者传递公司未来盈余增长的信号，增强投资者对公司的信心。

(4) 股票股利降低股票价格，可以吸引更多的投资者对公司投资。

股票股利的缺陷在于：由于股票股利增加了公司的股本规模，因此股票股利的发放将为公司后续现金股利的发放带来较大的财务负担。

(三) 财产股利

财产股利是指公司以现金之外的资产(如公司实物资产、实物产品、其他公司有价证券等)支付给股东。财产股利主要包括证券股利和实物股利。证券股利是指公司利用所持有的其他公司发行的债券、股票等证券资产充作现金而发放股利的一种股利支付形式。实物股利是公司利用所拥有的实物发放股利的一种股利支付形式。西方的一些公司在处理财产股利时，一般是首先将财产的账面价值调整为市场价值，然后按市价作为应付股利，即视同将财产的出售价款支付股利。

公司采用财产股利支付形式，主要是出于以下几方面原因。

(1) 减轻公司现金支付压力。采用财产股利支付形式，不会增加公司的现金流出。

(2) 保持公司股利政策的稳定性。当公司财务出现暂时困难，不支付股利会影响投资者对公司的信心，支付现金股利又缺少资金时，采用财产股利，可以保持公司股利政策的稳定性。

(3) 保持公司对其他公司的控制权。当公司为达到对其他公司进行控制的目的，用大量现金购买其股票后，无多余现金发放股利，将所购股票作为股利发放给股东，有利于保持对其他公司的控制权。

财产股利也有两个很重要的缺陷：一是不易为广大股东所接受，因为股东持有股票是为了获得现金收入，而不是为了分得实物；二是以实物支付股利会严重影响公司的形象，投资者会普遍认为公司的财务状况不好、资产变现能力下降、资金流转不畅，从而对公司的发展缺乏信心，由此导致股票市价的大跌。因此这种支付在不得已的情况下才采用。

(四) 负债股利

负债股利是指企业以应付票据或公司各种形式的债券等负债的形式来支付股利。由于应付票据和债券都是带息的，所以会使公司支付利息的压力增大，但可以缓解公司现金流量暂时不足的矛盾。负债股利方式只是公司的一种权宜之计，投资者一般也不大欢迎这种股利支付的方式。

由于各种股利形式既有各自的优点，同时又存在各自的局限性，所以公司在选择股利支付形式时，应该严格遵循法律制度的有关规定，充分考虑股东的意见和要求，尤其是要选择符合公司当前财务状况的股利支付方式。目前，我国上市公司主要采用现金股利和股票股利相结合的股利支付方式，财产股利和负债股利在我国实务中很少使用，但并非法律禁止。

第三节 股票股利、股票分割与股票回购

一、股票股利

股票股利是公司按照股东股份的一定比例来发放股票作为股利的一种形式。股票股利并不直接增加股东的财富，不导致公司资产的流出或负债的增加，因而不是公司资金的使用，同时也并不因此而增加公司的财产，但会引起所有者权益内部各项目的结构发生变化，股票股利将所有者权益中的未分配利润转为股本和资本公积，表现为公司的股本和资本公积增加，未分配利润减少，盈余公积不变或下降。

【例8-5】某公司发放股票股利前的所有者权益各项目如表8-3所示。

表8-3 某公司发放股利前所有者权益项目   单位：万元

所有者权益项目	金额
普通股股本(每股面值5元，100万股)	500
资本公积	200
留存收益	850
所有者权益合计	1550

公司股票市价为每股20元，假定公司决定按每20股送1股的方案发放股票股利，计算发放股票

股利后所有者权益各项目的金额。

公司发放的股票股利的份数为 $100 \div 20 = 5$(万股)，从留存收益中转出的资金为 $5 \times 20 = 100$(万元)，普通股股本增加 $5 \times 5 = 25$(万元)，资本公积增加 75 万元。

某公司发放股票股利后的所有者权益各项目如表 8-4 所示。

表8-4　某公司发放股利后的所有者权益　　　　　　　　　　　　　　　　　　　单位：万元

所有者权益项目	金额
普通股股本(每股面值 5 元，105 万股)	525
资本公积	275
留存收益	750
所有者权益合计	1550

可见，公司发放股票股利不会对公司所有者权益的总额造成影响，但会影响所有者权益内部各项目的资金分配。

如果公司的盈利总额和市盈率不变，发放股票股利后，每股收益和每股市价会随着普通股股数增加而以相同幅度下降，但由于每位股东所持有的股份的比例不变，所以每位股东所持有的股票的市场价值总额仍保持不变。

【例 8-6】某公司发行在外的普通股为 1000 万股，2005 年实现的净利润为 880 万元，公司宣告每10 股分派 1 股股票股利，股票的市场价值为每股 5.5 元。

股利分配前的每股收益：$880 \div 1000 = 0.88$(元)

分派股票股利后的每股收益：$0.88 \div (1 + 10\%) = 0.8$(元)

分派股票股利后的每股价格：$5.5 \div (1 + 10\%) = 5$(元)

如果某投资者持有该公司 10 万股股票，该投资者拥有公司 1%的股份，当公司支付股票股利后，该投资者拥有的股票为 11 万股，占公司 1100 万股的份额仍然为 1%，股票的价值为 55(11×5)万元，等于公司在支付股票股利之前该投资者的股票价值为 55(10×5.5)万元。可见，股票股利对于股东而言，并不能增加股东股票的价值。

股票股利虽然不直接增加股东的财富，也不增加公司的价值，但对于股东和公司有特殊的意义。

1. 股票股利对股东的意义

(1) 有时公司发放股票股利后其股价并不成比例地立即下降，这可以使股东得到股票价值总额上升的好处。有时候，这种利好的预期甚至足以抵消增发股票所带来的消极影响，以至于股价不会下降，反而上升。

(2) 发放股票股利通常由成长中的公司所为，因此投资者往往认为发放股票股利预示着公司将会有较大的发展，利润将大幅度增长，足以抵消增发股票带来的消极影响。这种心理会稳定住股价甚至使股价略有上升。

(3) 当股东需要现金时，可以将股票股利出售，有些国家规定出售股票所需要交纳的资本利得税率低于现金股利的所得税率，可以使股东获得避税的利益。

2. 股票股利对公司的意义

(1) 股票股利可以使股东分享公司的盈余而不需要支出现金，可以使公司有大量的资金用于再投资，有利于公司的长期发展。

(2) 在公司盈余和现金股利不变的情况下，发放股票股利可以降低每股价值，有利于吸引更多的投资者。

(3) 股票股利向社会传递公司发展势头良好的信息，从而提高投资者对公司的信心，在一定程度上稳定股票的价格。

二、股票分割

股票分割是指将一股面额较高的股票交换成面额较低的股票的行为。股票分割的比例并没有固定的标准，故与股票股利非常相似，区分两者的不同一般是根据证券管理部门具体规定的比例界限，例如，有的国家证券交易机构规定，发放 25% 以上的股票股利即属于股票分割。

(一) 股票分割的目的和条件

股票分割会导致公司发行在外的股票股数增加，使得每股面额降低，每股盈余、每股净资产下降；但是公司价值、股东权益总额、股东权益各项目的金额及相互间的比例，以及各个股东所拥有的权益金额不会改变。从以下股票分割的过程可以看出公司实行股票分割的主要目的在于通过增加股票股数降低每股市价，从而吸引更多的投资者。

【例 8-7】某公司股票分割前的权益结构如表 8-5 所示。

表8-5 某公司股票分割前的权益结构 单位：元

项目	金额
普通股(面额 2 元，已发行 200 000 股)	400 000
资本公积	800 000
未分配利润	4 000 000
股东权益合计	5 200 000

假定公司本年盈余 440 000 元，那么股票分割前每股盈余为 2.2(440 000 元 ÷ 200 000 股)元。

现计划按照将 1 股换成 2 股的比例进行股票分割，分割后的股东权益项目如表 8-6 所示。

表8-6 股票分割后的股东权益 单位：元

项目	金额
普通股(面额 1 元，已发行 400 000 股)	400 000
资本公积	800 000
未分配利润	4 000 000
股东权益合计	5 200 000

假定股票分割后公司盈余不变，分割后的每股盈余为 1.1(440 000 元 ÷ 400 000 股)元，每股市价也会因此而下降。

股票分割与股票股利都具有降低公司股票市价的作用，但两者的使用是有一定条件的。一般来说，股票分割只有在公司股价上涨且预期难以下降时才使用；而在股票价格上涨幅度不大时，一般采用发放股票股利的方法将股价维持在理想的范围内。相反的，若公司认为本公司的股价太低时，为了提高股价也可以采取股票合并(也称股票反分割)的措施。

(二) 股票分割对股东的影响

理论上,股票分割对于投资者来说没有什么价值,尽管他们手头拥有的股票的数量增加了,但是拥有的公司的权益的比例没有改变,因为股票分割使每股面额降低,每股盈余、每股净资产都按相应的比例下降了,理论上每股市价也会同比例下降。但是,对于希望出售一些股票以换取收入的投资者而言,股票分割之后他们手头的股票增加了,出售一部分股票不会给他们产生侵蚀本金的感觉。同时由于股票分割一般被投资者看作是管理当局向投资者传递公司未来盈利会大幅增长的有利信息,因此,在股市和投资者心理的共同作用下,股票分割后每股市价的下降幅度小于股票分割幅度。

【例8-8】假定某公司股票分割前每股市场价格为20元,某股东持有1000股某公司股票,公司按1换2的比例进行股票分割后该股东股数增加为2000股,若分割后每股市价为12元,则该股东拥有的股票市值达到24 000(12元/股×2000股)元,大于其股票分割前股票市场价值。

股票分割往往也会使投资者获得的现金股利增加,这是因为股票分割后每股现金股利的下降幅度可能会小于股票分割幅度。

【例8-9】假定某公司股票分割前每股现金股利为1元,某股东持有1000股,则他获得的现金股利总额为1000元;公司按1换2的比例进行股票分割后该股东股数增加为2000股,若现金股利为每股0.6元,则该股东可得的现金股利为1200(0.6元/股×2000股)元,比其股票分割前所得的现金股利要多200元。

此外,分割后的股价有所降低,可能会吸引更多购买该种股票的人,股票的流动性也会得到提高,所以股票价格也可能会有上升的趋势,从而使现有股东从中得到好处。

(三) 股票分割对公司的意义

股票分割对公司的主要意义有以下几项。

(1) 降低股票市场价格。一般来说,股票价格过高,不利于股票交易活动。通过股票分割降低股价,可以使股票更加广泛地分散到投资者手中。

(2) 为新股发行做准备。股票价格过高使许多潜在投资者不敢轻易投资,公司可以在新股发行之前通过股票分割降低股价,有利于提高股票的可转让性和促进市场交易活动,由此增加投资者对股票的兴趣,促进新发行股票的畅销。

(3) 有利于公司兼并、合并政策的实施。当一个公司兼并或合并另一个公司时,首先将自己的股票加以分割,可提高对被兼并方股东的吸引力。

【例8-10】假设甲公司准备通过股票交易实施对乙公司的兼并,甲、乙两公司目前股票市场价格分别为50元和5元,根据对对方公司价值的分析,甲公司管理当局认为以1∶10的交换比率,对于双方都是合理的。但1∶10可能会使乙公司的股东心理上难于承受。为此,甲公司决定先按1股变5股对本公司的股票进行分割,然后再按1∶2的交换比率实施对乙公司的兼并。尽管实质并没有改变,但1∶2的交换比率更易于为乙公司的股东所接受。

三、股票回购

(一) 股票回购的概念和优缺点

股票回购是指公司出资购回本公司发行的流通在外的股票的行为。股票回购使公司流通在外的股份减少,每股收益增加,必然会导致股价上升,股东可以从股票价格的上涨中获得资本利得。因此,股票回购和现金股利对股东来说有着同等的效果,我们可以把股票回购看作现金股利的替代方式。

【例8-11】某公司普通股的每股收益、每股市价等资料如表8-7所示。

表8-7 某公司普通股的每股收益、每股市价等资料

税后利润	2 000 000 元
流通股数	500 000 股
每股盈余(2 000 000 元÷500 000 股)	4 元
每股市价	60 元
市盈率(60÷4)	15

假定公司准备从盈余中拨出 1 500 000 元发放现金股利，通过计算可知，每股可得股利 3(1 500 000 元÷500 000 股)元，那么每股市价将为 63 元(原市价 60 元加预期股利 3 元)。

若该公司将 1 500 000 元以每股 63 元的价格购回股票，可购得 23 810 股，那么每股盈余为 4.2 〔2 000 000÷(500 000－23 810)〕元。

如果市盈率仍为 15，则股票购回后的每股市价将为 63(4.2 元×15)元。这同支付现金股利后的每股市价相同。或者说，公司无论采取支付现金股利的方式还是采取股票购回的方式，分配给股东的每股现金都是 3 元。

对于股东来说，股票回购与发放现金股利没太大的区别，对于公司来说，股票回购有以下几个方面的意义。

(1) 改善公司的资本结构。如果公司认为其股东权益所占的比例过大、资本结构不合理时，就可能对外举债，并用举债获得的资金进行股票回购，以实现公司资本结构的合理化。

(2) 分配公司的超额现金。如果公司持有的现金超过其投资机会所需要的现金，就可以采用股票回购的方式将现金分配给股东。

(3) 提高公司股票价格。由于信息不对称和预期差异的影响，股票市场可能存在低估公司股票价格的现象，在这种情况下，公司可进行股票回购，以提升股票价格。

股票回购也可能对公司产生不利影响，主要表现在以下几个方面。

(1) 股票回购需要大量资金，如果公司负债较高，再举债进行股票回购，会背负巨大的偿债压力，影响公司的正常生产经营和发展。

(2) 股票回购可能使公司的发起人更注重利润的兑现，而忽视公司的长远发展，损害公司的根本利益。

(3) 股票回购容易导致内部操纵股价。股份公司拥有本公司最准确、最及时的信息，上市公司回购本公司股票后，可能会利用内幕消息进行股票炒作，使大批普通投资者蒙受损失，甚至有可能出现公司借回购之名，炒作本公司股票的违规行为。因此，各国对股票回购有严格的法律限制。

(二) 股票回购的方式

1. 公开市场购买

公开市场购买是指公司通过经纪人，在公开的证券市场购回本公司发行的股票。当公司在公开市场购回股票时，必须披露购回股票的意图、数量、价格等信息，并遵从证券交易管理机构的有关规定。这种股票回购方式很容易导致股票价格升高，从而增加回购成本。另外，交易税和交易佣金方面的成本也比较高。公司通常利用该方式在股票市场表现欠佳时小规模回购执行特殊用途(如股票期权、可转换债券等)时所需要的股票。

2. 投标出价购买

投标出价购买是指公司按某一收购价格向股东提出回购若干数量股份的方式。投标出价通常高于当时市价。投标出价的时间一般为2~3周。如果各股东愿意出售的股票总数多于公司原定想要购买的数量，则公司可自行决定购买部分或全部股票，如果投标出价未能购买到公司原定回购的数量，则公司可以通过公开市场回购不足的数量。当公司想回购大量股票时，投标出价方式比较适用。

3. 议价购买

议价购买方式是指公司以议价为基础，直接向一个或一个以上的大股东购回股票。在此购买方式下，公司必须披露其购回股票的目的、数量等信息，并使其他股东相信：公司的购买价格是公平的，以及他们的利益和机会并未受到损害。

(三) 影响股票回购的因素

(1) 税收因素。与现金股利相比，股票回购对投资者可以产生节税效应，也可以增加投资的灵活性。

(2) 股票回购对股票市场价值的影响。股票回购可减少流通在外的股票数量，相应提高每股收益，降低市盈率，从而推动股价上升或将股价维持在一个合理水平上。

(3) 投资者对股票回购的反应。

(4) 对公司信用等级的影响。

本 章 小 结

1. 利润分配是指企业对实现的净利润的分配，其实质是确定给投资者分红与企业留存收益的比例。企业在进行利润分配时，必须依法定程序进行，并坚持积累与分配并重、投资与收益对等原则。

2. 股份公司向股东支付股利，要经历股利宣告日、股权登记日、除息日和股利支付日。

3. 股利理论是关于公司采取怎样的股利发放政策的理论，主要包括股利无关论和股利相关论。股利无关论认为投资者并不关心公司股利的分配，股利的支付比率也不影响公司的价值。股利相关论的代表性观点有"在手之鸟"理论、税收差别理论、信息传递理论、顾客效应理论和代理成本说。

4. 公司的股利分配是在各种制约因素下进行的，影响股利政策的因素包括法律法规因素、股东因素、公司因素和其他因素。

5. 股利政策的主要类型包括剩余股利政策、固定股利或稳定增长的股利政策、固定股利支付率政策和正常股利加额外股利政策。股利按照其支付方式的不同可以分为现金股利、股票股利、财产股利和负债股利等形式。

6. 股票股利是公司按照股东股份的一定比例来发放股票作为股利的一种形式。如果公司的盈利总额和市盈率不变，发放股票股利后，每股收益和每股市价会下降，但由于每位股东所持有的股份的比例不变，所以每位股东所持有的股票的市场价值总额仍保持不变。

7. 股票分割是指将一股面额较高的股票交换成面额较低的股票的行为。股票分割会增加公司的股本规模，从而使每股盈余下降。在市盈率不变的情况下，股票分割会导致公司股票价格下降。

8. 股票回购是指公司出资购回本公司发行的流通在外的股票的行为。股票回购会减少公司流通在外的普通股数量，从而使每股盈余上升。在市盈率不变的情况下，股票回购会导致公司股票价格上涨。

练习与思考

一、单项选择题

1. 股份有限公司向股东支付股利，其股利支付过程的顺序为(   )。
   A. 除权除息日、宣布日、登记日和支付日
   B. 宣布日、登记日、除权除息日和支付日
   C. 宣布日、除权除息日、登记日和支付日
   D. 登记日、宣布日、除权除息日和支付日

2. 上市公司按照剩余股利政策发放股利的好处是(   )。
   A. 有利于公司合理安排资金结构
   B. 有利于投资者安排收入与支出
   C. 有利于公司稳定股票的市场价格
   D. 有利于公司树立良好的形象

3. 公司以股票形式发放股利，可能带来的结果是(   )。
   A. 引起公司资产减少
   B. 引起公司负债减少
   C. 引起股东权益内部结构变化
   D. 引起股东权益和负债变化

4. 某公司原发行普通股 300 000 股，拟发放 15% 的股票股利，已知原每股盈余为 3.68 元，若盈余总额不变，发放股票股利后的每股盈余将为(   )元。
   A. 3.2
   B. 4.3
   C. 0.4
   D. 1.1

5. 股份有限公司实行股票分割的主要目的在于通过(   )，从而吸引更多的投资者。
   A. 增加股票股数降低每股市价
   B. 减少股票股数降低每股市价
   C. 增加股票股数提高每股市价
   D. 减少股票股数提高每股市价

二、多项选择题

1. 股利政策的制定受多种因素影响，包括(   )。
   A. 国家法律法规
   B. 公司未来的投资机会
   C. 公司资金来源及其成本
   D. 股东对当期收入的相对偏好

2. 发放股票股利与发放现金股利相比，具有的优点有(   )。
   A. 减少股东税负
   B. 改善公司资本结构
   C. 提高每股收益
   D. 避免公司现金流出

3. 采用固定股利政策的缺点有(   )。
   A. 稀释股权
   B. 股利支付与公司盈余脱节，资金难以保证
   C. 可能造成公司不稳定的印象
   D. 无法保持较低的资金成本

4. 下列股利支付方式中，是我国公司实务中很少使用，但并非法律所禁止的有(   )。
   A. 现金股利
   B. 股票股利
   C. 负债股利
   D. 财产股利

5. 当公司进行股票分割时，会使得(   )。
   A. 公司在外的流通股数增加
   B. 每股盈余下降
   C. 股东权益总额不变
   D. 股东权益各项目的结构发生变化

三、判断题

1. 公司不能用的资本包括股本和资本公积发放股利。 （　　）
2. 用剩余股利分配政策的优点是有利于保持理想的资金结构，降低企业的综合资金成本。 （　　）
3. 正常股利加额外股利，能使股利与公司盈余紧密配合，以体现"多盈利多分，少盈利少分"的原则。 （　　）
4. 投放股票股利后，股东持有的股票数增加，所以股东财富增加。 （　　）
5. 投放股票股利后必然导致每股市价的下降。 （　　）
6. 成长中的企业，一般采用低股利政策；处于经营收缩期的企业，则采取高股利政策。 （　　）

四、思考题

1. 股利支付程序有哪些阶段？
2. 国外股利政策的理论主要有哪些？
3. 影响股利政策的因素有哪些？
4. 股利政策的类型有哪些？它们各有什么特点？
5. 股票股利和股票分割各有什么意义？

五、计算题

1. 某公司 2016 年税后利润总额为 2400 万元，按规定提取 10%的盈余公积和 5%的公益金，2017 年的投资计划需要资金 2100 万元，公司的目标资本结构是维持借入资金与自有资金的比例为 1∶2，按照剩余股利政策确定该公司 2016 年投资者分红的数额。

2. 某公司 2015 年的税后净利润为 1200 万元，分配的现金股利为 420 万元。2016 年，该公司的税后净利润为 900 万元。2017 年，该公司投资计划需要资金 500 万元。公司的目标资本结构为自有资金占 50%，债务资金占 50%。

要求计算：

(1) 公司如果采取剩余股利政策，2016 年应分配多少现金股利？
(2) 公司如果采取固定股利政策，2016 年应分配多少现金股利？
(3) 公司如果采取固定股利支付率政策，2016 年应分配多少现金股利？

3. A 公司发行在外的股份为 200 万股，现有多余的现金 720 万元，该公司每股收益为 1.2 元，目前股价为 18 元，简化的资产负债表如表 8-8 所示。

表 8-8　A 公司的资产负债表　　　　　　　　　　　　　单位：　万元

项目	金额	项目	金额
现金	1100	负债	1500
其他流动资产	1200	可分配利润	1000
长期资产	2200	其他股东权益	2000
资产合计	4500	负债及股东权益合计	4500

该公司正在考虑的方案有以下两个。

方案一：发放额外股利 720 万元。

方案二：采取股票回购的方式向股东发放多余的现金 720 万元，股票回购后市盈率不变。

要求：

请分析两种方案对股价、每股利润、股东权益价值和市盈率的影响。

4. 某公司准备 800 万元作为下一期股利，但是公司也在考虑用金额相同的现金股利进行股票回购，目前该公司有 1000 万股在外流通，以每股 40 元出售。当每股收益是 2 元时，股票市盈率为 20 倍。

要求：

(1) 如果支付股利，每股股利是多少？

(2) 如果回购股票，在外流通的股票还剩下多少？新股每股收益是多少？

(3) 如果股票市盈率保持 20 倍，新股的价格是多少？

案 例 点 击

克莱斯勒公司的股利分配政策

克莱斯勒公司总裁伊顿正为一件事发愁，因为该公司最大的个人股东克高林(他控制了公司 9%的股票)公开要求克莱斯勒公司董事会采取具体措施以提高公司正在下滑的股价。克高林认为董事会应提高股利支付率或实施回购计划。他指出：虽然在过去的 12 个月中，公司曾两次提高股利支付率，但是福特公司已经将其股利支付率提高了 12.5%。目前，克莱斯勒公司的股票价格仅为其每年净收益的 5 倍，股票收益率约为 2.2%，而福特公司的股票价格为其每年净收益的 7 倍，股票收益率为 3.6%。年初以来，克莱斯勒公司的股价已下跌了近 20%。

克莱斯勒公司目前有 66 亿美元的现金及等价物，利润也相当可观。但是公司总裁伊顿认为：公司持有的现金应至少达到 75 亿美元，甚至最好是 100 亿美元，以执行其雄心勃勃的汽车产品开发计划，从而度过下一轮的萧条。过去克莱斯勒公司曾几次陷入灾难性的财务危机。

克莱斯勒公司的几个团体股东支持克高林的提议。其中一个团体股东认为："有必要通过股票回购向华尔街证明克莱斯勒的力量。"另一个团体股东则认为："克莱斯勒的股利支付率应该加倍，因为'克莱斯勒是当今主要股票中被低估的最厉害的一只股票'，而且'低股利政策是导致股价被低估的原因'。"同时，在克高林的信件被公布于媒体的当日，克莱斯勒公司的股票价格就从 45.875 美元跃升至 49 美元，上涨了 3.125 美元，上涨幅度为 6.8%。第二日，它继续上涨了 0.875 美元，上涨幅度为 1.8%。

《华尔街时报》写道：克高林的提议提出了一个基本问题——"在繁荣阶段，像克莱斯勒这样的公司应以高额股利或股票回购形式支付多少的利润给股东？"

结合本案例的资料，谈谈如下问题：

(1) 公司的股利政策有哪些类型？

(2) 当短期股票价格与公司长远发展出现矛盾时，股利分配政策应如何确定？

(3) 如果你是伊顿，面对上述情况，你将采取何种对策？

点 石 成 金

(1) 股利政策类型：剩余股利政策、固定股利或稳定增长的股利政策、低正常股利加额外股利政策、固定股利支付率股利政策。

(2) 可做适当调整，综合企业投资机会、资本成本、现金流量、行业等因素，适当增加股利分配，以分配超额现金并提高股票价格。

(3) 可以进行股票回购或者直接提高股利支付比率，但要根据经济环境变化及时调整。

(资料来源：[美]道格拉斯·R.爱默瑞，约翰·D.芬尼特·荆新　著. 公司财务管理[M]. 王化成，李焰，等　译. 北京：中国人民大学出版社，1999.)

第九章

财 务 分 析

┌ **案例导入** ┐

    财务分析产生于 19 世纪末 20 世纪初，最早的财务分析主要是为银行服务的信用分析。银行把资金贷给企业时，需要分析借款企业的信用，借以了解企业的偿债能力。随着资本市场形成，发展出盈利分析，财务分析由主要为贷款银行服务扩展到为投资者服务。社会筹资范围逐渐增大，非银行贷款人和股权投资者加入，公众进入资本市场和债务市场，投资者要求了解更多信息。财务分析开始对企业的盈利能力、筹资结构、利润分配进行分析，形成了较为完善的外部分析体系。公司组织发展起来以后，经理人员为改善盈利能力、偿债能力，以及公司内部管理，取得投资人和债权人的支持，开发了内部分析。财务分析由外部分析扩大到内部分析。

┌ **关键概念** ┐

    短期偿债比率(Liquidity Ratio)　流动比率(Current Ratio)　酸性测试比率(速动比率)(Acid-test/Quick Ratio)　负债比率(Debt Ratios)　盈利能力比率(Profitability Ratios)

第一节　财务分析概述

一、什么是财务分析

    财务分析是指以财务报告和相关资料为主要依据，采用专门方法，系统分析、评价企业过去和现在的经营成果、财务状况及其变动，目的是反映企业在运营过程中的利弊得失和未来趋势，帮助利益关系集团优化决策和改进企业内部财务管理。

    财务分析既是已完成的财务活动的总结，又是财务预测的前提，在财务管理的循环中起着承上启下的作用。做好财务分析工作具有以下意义：①财务分析是评价财务状况、衡量经营业绩的重要依据；②财务分析是挖掘潜力、改进工作、实现理财目标的重要手段；③财务分析是科学决策的重要步骤。

二、财务分析主体及其分析目的

(一) 财务分析主体

    当今社会，财务报表的使用者可谓是结构复杂且多变的体系，这个体系可用"利益相关者"一词来概括。所谓利益相关者，就是与企业存在直接或间接利益关系的组织或个人。企业的利益相关者体系，既有内部利益相关者(如经营者和员工)，又有外部利益相关者(如股东、债权人、供应商、客户、政府、市场中介组织等)；既有现实的利益相关者，又有过去的和潜在的利益相关者；既有直接利益相关者，又有间接利益相关者；既有与企业之间存在纵向经济权责关系的利益相关者，又有与企业之间存在横向经济权责关系的利益相关者。不管企业的利益相关者和报表使用者有多少种分类，其中的企业投资者、债权人和经营者始终是基本的使用者。这个观点，从会计基本方程式中可以得到证明。

(二) 权益投资者及其分析目的

投资者最为关注的是企业的获利能力。对于上市公司来说，获利水平提高能使股价上升，从而使股东获得资本收益。较高获利能力还可争取较多负债，在资产利润率高于贷款利息率的情况下，投资者可以从中获取较高报酬，财富快速增长。但是，投资者向企业提供的是永久性资本，因此投资者更注意企业长期的获利能力，分析和评价企业的发展潜力以及长期稳定发展的可能性。大小股东们会在短期获利能力与长期获利能力之间做出权衡，而企业长期获利能力和持续发展的可能性又与企业竞争力有关。长期发展的先决条件是企业在竞争中始终保持优势，不至于出现失败和破产。为此，企业还必须有合理的财务结构和稳定的偿债能力。对此，企业还会产生相应的利润分配政策。

综上所述，投资者的财务分析和评价，其主要内容和用途包括：为决定是否投资，分析企业的资产和盈利能力；为决定是否转让股份，分析盈利状况、股价变动和发展前景；为考察经营者业绩，分析资产盈利水平、破产风险和竞争能力；为决定股利分配政策，分析筹资状况。

(三) 债权人及其分析目的

没有举债的经营者是不成功的经营者，说明其不会利用财务杠杆借钱生钱、"借鸡生蛋"。但负债过度又会影响企业的生存和长远发展，因此举债要适度。出于资金和收益安全性的考虑，短期债权人和长期债权人的区别在于，短期债权人主要关心企业短期偿债能力和资产的流动性。但对长期债权人来说，更关心企业的资产负债率等财务指标，以便确定企业偿还长期债务本金和支付债务利息的能力与风险，因此，还应分析评价企业获利能力。

综上所述，债权人的财务分析和评价，其主要内容和用途包括：为决定是否给企业贷款，要分析贷款的风险和报酬；为了解债务人的短期偿债能力，分析其流动状况；为了解债务人的长期偿债能力，分析其盈利状况和资本结构；为决定是否出让债权，评价其价值。

(四) 治理层和管理层及其分析目的

公司董事会、监事会受股东委托监督管理层，需要分析评价公司财务报表的质量和管理层的经营业绩。公司管理层(如首席执行官、执行董事、财务总监等)负责公司的经营和战略决策，是财务报表信息最重要的内部使用者。为满足不同利益主体的需要，协调各方面的利益关系，管理层必须对公司的各个方面加以了解，包括经营业绩如何、管理的效率和质量如何、财务结构及其风险和稳定性如何、偿债能力如何、资产和资本运作效率如何、财务适应能力如何、资源配置是否合理有效、未来发展趋势和前景如何等。通过这些问题，对公司现在和将来的发展做出正确的评估，并制定合理的公司发展战略和策略。可持续的经营能力是管理层保持职位的基本条件，也是利益相关者对管理层的基本期望。

(五) 政府机关及其分析目的

政府的性质和功能是不断发展变化的。现代社会，政府一般肩负着宏观经济调控的职能，以促进整个国民经济健康、良性和可持续发展。借助行业主管部门进行报表汇总和借助统计汇总财务报表，是其进行宏观调控、形成经济政策的强有力的信息支持。同时，政府作为社会的公共管理机构，所关心的问题不仅包括企业纳税情况、遵守国家法规和市场秩序情况、职工收入和就业情况等，而且还包括企业履行其社会责任的情况和效果。另外，政府又是国有企业的所有者。政府对国有企业投资的目的，除关注投资所产生的社会效应外，还必然对企业资金占用的使用效率予以考核。

(六) 其他财务信息使用者及其分析目的

其他财务信息使用者包括注册会计师、公司雇员、供应商、顾客、并购分析师和媒体等多个方面。

注册会计师为减少审计风险，需要评估公司的盈利性和破产风险；为确定审计的重点，需要分析财务数据的异常变动。雇员基于自身的职业发展规划，需要分析公司经营的持续性和盈利能力，分析其工资和工作环境的公允性，分析退休金的保障程度，并根据财务报表信息签订和履行劳动补偿合同。供应商为决定建立长期合作关系需要，需要分析公司的长期偿债能力和盈利能力；为决定信用政策，需要分析公司的短期偿债能力。顾客关心自身与公司的长期关系，关注公司的售后服务以及今后的优惠，需要分析公司的财务实力、发展趋势和持续供货能力等。

尽管不同利益主体进行财务分析有着各自的侧重点，但总体来看，财务分析的内容可归纳为 4 个方面：偿债能力分析、营运能力分析、盈利能力分析和发展能力分析。其中，偿债能力是财务目标实现的稳健保证，营运能力是财务目标实现的物质基础，盈利能力是两者共同作用的结果，同时也对两者的增强起着推动作用，而发展能力乃是成长能力，为未来发展寻找到战略方向。四者相辅相成，共同构成企业财务分析的基本内容。

三、财务分析的方法

(一) 比较分析法

在财务分析方法中，比较分析法是最基本的分析方法。比较分析法主要是通过某经济指标在数量上的差异揭示该经济指标增减变化情况及发展趋势的财务分析方法。

在应用比较分析法进行分析时，必须注意经济指标的可比性。在选择比较指标时，要求在内容、计算方法、计价标准、时间跨度上保持口径一致。

运用比较分析法时，一般进行以下几个方面的对比。

(1) 实际同计划或目标相比较。比较结果可以揭示实际执行情况与计划或目标值之间的差异，了解该项指标的计划或目标的完成情况。

(2) 实际同上期或历史最好水平相比较。比较结果可以反映企业不同时期有关指标的差异及变化情况，了解企业财务状况和经营成果的发展趋势及管理工作的改进情况，该分析在财务分析中占有重要地位。具体分析时，通常通过编制比较资产负债表、比较损益表、比较现金流量表等比较财务报表来分析。

(3) 实际同国内外先进水平相比较。将本期实际指标与目标或以往各期相比，都是在企业内部进行的自身比较，而与国内外先进水平相比，可以找出本企业与先进企业之间的差距，以便不断推动本企业改善经营管理，赶上先进水平。

比较分析有横向比较和纵向比较两种形式。

- 横向比较也称为水平比较法，就是将财务报表各构成项目的数值进行水平方向的比较，以解释有关指标不同时期增减变动情况。横向比较只能反映不同时期同一指标的增减额及变动率，而不能看出相关指标的结构关系。为克服此缺陷，可通过纵向比较进行结构分析。

- 纵向比较分析是将财务报表中某一关键项目的金额作为基数 100%，将其他相关项目分别按该关键基数项目折算成百分比形式，以分析各项目在不同经营时期的相对地位及增减变化情况。

(二) 趋势分析法

趋势分析也称趋势百分率分析或指数分析，是指利用企业连续两期或多期的财务报表的资料，编制比较财务报表，对某些在不同时期的增减变化方向及幅度进行分析，以揭示该指标的发展变化趋势。

趋势分析法运用动态比率对不同时期的指标进行比较和分析时，由于所采用的基期数不同，计算的动态比率指标也因此有两种形式：定基动态比率和环比动态比率。定基动态比率是以某一时期的指标值为固定的基数进行计算的；而环比动态比率则是以每一分析期的前期为基数计算出来的比率。计算公式分别如下：

$$定基动态比率 = 分析期数额 \div 固定基期数额 \times 100\%$$

$$环比动态比率 = 分析期数额 \div 前期数额 \times 100\%$$

趋势分析法有助于分析者了解和掌握某些重要财务指标在分析期间的变动情况，为分析者预测企业的发展前景提供分析线索，这是比较分析法所不能办到的。

(三) 比率分析法

比率分析法是指通过计算两个相关的财务指标的比率，揭示指标关系合理性的分析方法。比较分析法只能揭示某一指标本身的变化，无法对相关指标的关系做出进一步的分析，而比率分析法运用的是相对指标，分析者可以根据分析目的，将相关指标结合起来，计算相关比率，从比率的变化中发现问题。因此，该方法在财务分析中得到了广泛采用。

财务比率依涉及指标的关系可分为以下 3 种类型。

1. 结构比率

结构比率也称构成比率，是反映经济指标局部与总体的关系，即分子包含于分母之中。因此，结构比率有助于考察某一总体指标的构成项目的比例安排是否合理有效，以便于进行结构调整。

2. 效率比率

效率比率是用以反映经济活动中所费与所得的比例，体现投入与产出的关系，如成本费用利润率、资金利润率、资本利润率等。利用效率比率可以权衡得失，评价经营效果的好坏，为投资决策服务。

3. 相关比率

某期财务比率测算只能说明当期各财务指标的实际情况，为达到分析目的，还需要运用客观存在或社会承认的标准比率，与分析期指标进行比较，以说明本企业在同行业中所处的位置，以及企业经营中存在的问题及发展趋势等。一般的，财务比率分析所参照的标准比率有以下 3 种。

(1) 历史标准。历史标准是指本企业在过去的正常经营情况下已经达到的水平。将本期的财务比率与历史上达到的比率相比较，可以分析和考察企业财务状况和经营成果的改进情况，并测算企业各比率指标的发展趋势。但在经济环境不稳定、物价变化较大的情况下，此类比较就失去了意义。

(2) 预算标准。预算标准是指企业在经营预算中确定的本期应达到的目标值。将本期完成的财务比率与预算比率相比，可以监督预算执行情况。但由于预算所依据的经济条件往往与实际情况相差较大，指标出现差异也属正常，此类比较可做参考。

(3) 行业标准。行业标准是指企业所属行业在同一时期的平均比率或先进水平。一般的，同一行业的不同企业所面临的外部环境是相似的，所以，行业标准对企业的比率分析提供有效的参考值。行业标准有两种：一种是先进水平，另一种是平均水平。与它们相比，则可以了解本企业在行业中所处的位置，为今后工作指明方向，保证平均水平，赶上先进水平。

(四) 因素分析法

因素分析法是用来测定某经济指标的各构成因素的变动分别对该经济指标的影响程度。反映企业经营活动成果的一些综合性经济指标，往往同时受到其他一些指标(影响因素)的制约。为了有效地分析原因，就有必要弄清这些影响因素分别对所分析的指标差异所应承担的责任，找出工作中的薄弱环节，如价格的波动、成本的升降、销售量的增减等，都是影响利润指标完成的因素。

运用因素分析法进行分析时，首先应将各影响因素按照它们之间的逻辑关系，并考虑计算的实际经济意义，排列成合理的顺序；然后顺序地假定其中一个因素变化，而其他因素保持不变，将变化前后的结果相比较，从而得到该因素变化的影响值。如此按既定顺序逐个计算，最终得到每个因素的影响值。

以下通过因素分析法的一种形式——差额分析法，说明进行因素分析的过程。

若某项经济指标 p 同时受 a、b、c 3 个指标的影响，各指标相互关系如下。

计划指标：

$$p_0 = a_0 \times b_0 \times c_0$$

实际指标：

$$p_1 = a_1 \times b_1 \times c_1$$

为分析 p 指标的计划与实际差异 $(p_1 - p_0)$ 的形成原因，需要分别确定 a、b、c 3 个因素的影响水平。运用差额分析法可做如下计算：

a 因素变动对 p 指标的影响：

$$P_1 = (a_1 - a_0) \times b_0 \times c_0$$

b 因素变动对 p 指标的影响：

$$P_2 = a_1 \times (b_1 - b_0) \times c_0$$

c 因素变动对 p 指标的影响：

$$P_3 = a_1 \times b_1 \times (c_1 - c_0)$$

第二节　基本的财务比率

财务报表中有大量的数据，可以根据需要计算出很多有意义的比率，这些比率涉及企业经营管理的各个方面。

一、变现能力比率

偿债能力是指企业偿还到期债务(包括本息)的能力。偿债能力比率包括变现能力比率和长期偿债能力比率。

变现能力比率又称短期偿债比率。变现能力是企业产生现金的能力，它取决于可以在近期转变为现金的流动资产的多少。

(一) 流动比率

1. 定义

流动比率是流动资产除以流动负债的比值，其计算公式为：

$$流动比率 = 流动资产 \div 流动负债 \times 100\%$$

【例9-1】甲股份有限公司 2016 年 12 月份的资产负债表和利润表如表 9-1 和表 9-2 所示。

表9-1 资产负债表

会企 01 表

编制单位：甲股份有限公司　　　　　　　　2016 年 12 月 31 日　　　　　　　　单位：元

资　产	年末余额	年初余额	负债和所有者权益	年末余额	年初余额
流动资产：			流动负债：		
货币资金	10 268 122	14 063 000	短期借款	500 000	3 000 000
交易性金融资产	1 050 000	150 000	交易性金融负债	0	0
应收票据	343 000	2 460 000	应付票据	1 000 000	2 000 000
应收账款	6 982 000	3 991 000	应付账款	9 548 000	9 548 000
预付款项	1 000 000	1 000 000	预收款项	0	0
应收利息	0	0	应付职工薪酬	1 800 000	1 100 000
应收股利	0	0	应交税费	1 019 740	366 000
其他应收款	3 050 000	3 050 000	应付利息	100 000	0
存货	25 800 000	25 800 000	应付股利	0	0
一年内到期的非流动资产	0	0	其他应付款	5 000 000	500 000
其他流动资产	0	0	一年内到期的非流动负债	0	0
流动资产合计	48 520 122	50 514 000	其他流动负债	10 000 000	10 000 000
非流动资产：			流动负债合计	24 467 740	26 514 000
可供出售金融资产	0	0	非流动负债：		
持有至到期投资	0	0	长期借款	6 000 000	6 000 000
长期应收款	0	0	应付债券	0	0
长期股权投资	2 500 000	2 500 000			
投资性房地产	0	0	长期应付款	0	0
固定资产	19 010 000	8 000 000	专项应付款	0	
在建工程	5 280 000	15 000 000	预计负债	0	0
工程物资	1 500 000	0	递延所得税负债	0	0
固定资产清理	0	0	其他非流动负债	6 000 000	6 000 000
生产性生物资产	0	0	非流动负债合计	30 467 740	32 514 000
油气资产	0	0	负债合计		
无形资产	5 400 000	6 000 000	所有者权益：	50 000 000	50 000 000
开发支出	0	0	实收资本	0	0
商誉	0	0	资本公积	0	0
长期待摊费用	0	0	减：库存股	1 234 138.20	1 000 000
递延所得税资产	99 000	0	盈余公积	2 607 243.80	500 000
其他非流动资产	2 000 000	2 000 000	未分配利润	6 000 000	6 000 000
非流动资产合计	35 789 000	33 500 000	所有者权益合计	53 841 382	51 500 000
资产总计	84 309 122	84 014 000	负债和所有者权益总计	84 309 122	84 014 000

注："应收账款"科目的年末余额为 7 000 000 元；"坏账准备"科目的期末余额为 18 000 元。

表9-2　利润表

会企02表

编制单位：甲股份有限公司　　　　　　　　　　2016年度　　　　　　　　　　单位：元

项目	本年金额
一、营业收入	12 500 000
减：营业成本	7 500 000
营业税金及附加	20 000
销售费用	200 000
管理费用	971 000
财务费用	300 000
资产减值损失	309 000
加：公允价值变动收益(损失以"－"号填列)	0
投资收益(损失以"－"号填列)	15 000
其中：对联营企业和合营企业的投资收益	0
二、营业利润(亏损以"－"号填列)	3 215 000
加：营业外收入	500 000
减：营业外支出	220 400
其中：非流动资产处置损失	
三、利润总额(亏损总额以"－"号填列)	3 494 600
减：所得税费用	1 153 218
四、净利润(净亏损以"－"号填列)	2 341 382
五、每股收益：	
(一)基本每股收益	
(二)稀释每股收益	

该股份有限公司2016年年末的流动资产是48 520 122元，流动负债是24 467 740元，年初的流动资产是50 514 000元，流动负债是26 514 000元，依上式计算流动比率为：

年末流动比率 = 48 520 122 ÷ 24 467 740 × 100% = 198%

年初流动比率 = 50 514 000 ÷ 26 514 000 × 100% = 191%

流动比率可以反映短期偿债能力。甲股份有限公司2016年年初和年末的流动比率均低于一般公认标准，反映该公司具有较差的短期偿债能力。

2. 流动比率分析

一般认为，制造性企业合理的最低流动比率是2。这是因为流动资产中变现能力最差的存货金额约占流动资产总额的一半，剩下的流动性较大的流动资产至少要等于流动负债，企业的短期偿债能力才会有保证。

计算出来的流动比率，只有和同行业平均水平、本企业前后年度以及历史上先进水平进行比较，才能知道这个比率是高还是低。但这种比较通常并不能说明问题。要找出过高或过低的原因还必须分析流动资产和流动负债所包括的内容以及经营上的因素。一般情况下，流动资产中的存货和应收账款的周转速度是影响流动比率的主要因素。

(二) 速动比率

将存货作为流动资产的一部分来分析企业偿还短期债务的能力，夸大了企业的账面偿债能力，不客观，由此引出下一个指标——速动比率。

1. 速动比率定义

速动比率(酸性测试比率)，是指从流动资产中扣除存货部分，再除以流动负债的比值。其计算公式为：

$$速动比率 = (流动资产 - 存货) \div 流动负债 \times 100\%$$

例如，甲股份有限公司 2016 年年末的存货为 25 827 000 元，年初的存货为 25 800 000 元，则其速动比率为：

年末速动比率 = (48 520 122 − 25 827 000) ÷ 24 467 740×100% = 93%
年初速动比率 = (50 514 000 − 25 800 000) ÷ 26 514 000×100% = 93%

甲股份有限公司 2016 年年初和年末的速动比率均低于一般公认标准，反映该公司具有较差的短期偿债能力。

2. 速动比率分析

通常认为正常的速动比率为 1，低于 1 的速动比率被认为是短期偿债能力偏低。低于 0.7，则认为企业短期偿债能力很差。

影响速动比率可信性的最重要因素还有应收账款的变现能力。账面上的应收账款净额不一定都能变成现金，实际坏账可能比计提的准备要多，同时季节性的变化，也可能使报表的应收账款数额不能反映平均水平。

(三) 保守速动比率

在评价速动比率时，由于各行业之间的差别，除扣除存货以外，还可以从流动资产中去掉一些不一定能迅速用来变现、偿债的其他项目，以更进一步地判断短期变现能力。由此引出下一个指标——保守速动比率(或称超速动比率)。其计算公式如下：

保守速动比率 = (货币资金 + 交易性金融资产 + 应收票据 + 应收账款净额) ÷ 流动负债×100%

将甲股份有限公司的有关数据代入：

保守速动比率 = (10 268 122+1 050 000+343 000+6 982 000) ÷ 24 467 740×100%=76%

保守速动比率也称超速动比率，它是企业保守速动资产和流动负债的比。所谓保守速动资产(超速动资产)是指速动资产中最容易变现的那部分资产，包括货币资金、交易性金融资产、应收票据和应收账款净额。事实上，保守速动资产是从速动资产中剔除了不容易变现的那部分资产，即剔除了预付账款、其他各种应收款项、一年内到期的非流动资产及其他流动资产等不一定能迅速用来变现、偿债的流动资产。保守速动比率比速动比率反映的短期偿债能力更加保守、谨慎和真实。当速动比率反映的数值与保守速动比率反映的数值相矛盾时，应以保守速动比率反映的情况为准。

以上 3 个指标——流动比率、速动比率和保守速动比率，在反映企业短期偿债能力方面一个比一个谨慎、保守，但都存在一个同样的缺陷，即均以权责发生制为基础，是账面资产和负债的比较，反映的是企业某一时期末的账面短期偿债能力，而不是真正的偿债能力。另外，应收票据和应收账款净额也不一定能迅速变现并用来偿债，真正能迅速用来偿债的是广义的现金及其等价物。由此引出了下面的指标。

(四) 现金比率

速动资产中，流动性最强、可直接用于偿债的资产称为现金资产。现金资产包括货币资金、交易性金融资产。其计算公式为：

$$现金比率 = (货币资金 + 交易性金融资金) \div 流动负债 \times 100\%$$

现金比率反映企业用广义的现金及其等价物偿还流动负债的能力。一般认为，现金比率越大，企业的短期偿债能力越强；现金比率越小，企业的短期偿债能力越弱。但这也不是绝对的，因为现金比率过大，则说明企业的现金及等价物闲置过多，企业的资金周转不灵，资产运营效率低下，企业经营过于保守。

例 9-1 中，甲股份有限公司 2016 年 12 月末的现金比率为：

$$现金比率 = (10\ 268\ 122 + 1\ 050\ 000) \div 24\ 467\ 740 \times 100\% = 46\%$$

现金比率的优点在于，它可反映企业真正的偿债能力。因为当前真正能用来偿债的是企业期末拥有的现金及等价物。但该指标也有自身的缺陷，那就是现金比率不能反映企业用本期获得的经营活动现金流量来偿还短期债务的能力。其原因在于，企业期末拥有的货币资金、交易性金融资产多，本期真正获得的经营活动现金净流量并不一定多，本期新产生的短期偿债并不一定强。因为如果期初的货币资金和交易性金融资产多，即便本期产生的经营活动现金净流量不多，期末拥有的现金及等价物也会多。

由此引出了下一个指标——现金流动负债比率。

(五) 现金流动负债比率

现金流动负债比率是指企业一定时期的经营现金净流量与流动负债的比率，表明每 1 元流动负债的经营现金流量保障程度，它可以从现金流量角度来反映企业当期偿付短期负债的能力。现金流动负债比率也称现金流量比率，是从现金流入和流出的动态角度对企业的实际偿债能力进行考察。其计算公式为：

$$现金流动负债比率 = 年经营活动现金净流量 \div 流动负债 \times 100\%$$

公式中的"年经营活动现金净流量"，通常使用现金流量表中的"经营活动产生的现金流量净额"。它代表了企业产生现金的能力，扣除了经营活动自身所需的现金流出，是可以用来偿债的现金流量。

该指标反映企业用本期新取得的现金及等价物净值来偿还流动负债的能力，反映企业本期内而不是某一时点的新增加的短期偿债能力。用该指标评价企业偿债能力更加谨慎。该指标越大，表明企业经营活动产生的现金净流量越多，越能保障企业按期偿还到期债务。但也并不是越大越好，该指标过大则表明企业流动资金利用不充分，盈利能力不强。

例如，甲股份有限公司 2016 年年末的经营活动现金净流量为 3 130 122 元，则该公司 2016 年 12 月末的现金流动负债比为：

$$现金流动负债比率 = 3\ 130\ 122 \div 24\ 467\ 740 \times 100\% = 13\%$$

说明该公司本期新增现金流量的短期偿债能力偏差。

需要说明的是，用现金流动负债比来反映企业短期偿债能力是一个流行观点。该指标的特点是，它在反映企业本期真正的偿债能力时，不考虑残留因素——现金流量期初余额的影响。因此该指标的优点是，它能反映企业用内部来源的现金偿还短期债务的能力，能反映企业用本期净增加的现金来偿还短期债务的能力。尽管该指标具有上述优点，但也有不足之处，就是其不能反映企业用经营活动现金净流量来偿还本期到期债务的能力，不能反映企业现在立即偿还到期债务本金和利息的能力，由此引出了下一个指标——现金到期债务比率。

(六) 现金到期债务比率

现金到期债务比率＝年经营活动现金净流量÷(本期到期债务本金＋现金利息支出)×100%

该指标的分母(本期到期债务本金+现金利息支出)，来自于现金流量表的筹资活动部分。

现金到期债务比率也称即付比率，它反映企业用内部来源的现金——经营活动现金净流量，来立即偿还到期债务本金和利息的能力。它反映企业现时偿债能力的高低，也反映企业现时面临的不能还本付息的风险大小。一般认为，现金到期债务比率越大，企业现在的立即偿债能力越强，面对的破产、倒闭风险越小；现金到期债务比率越小，企业现在的立即偿债能力越弱，面对的破产、倒闭风险越大。

例如，甲股份有限公司 2016 年 12 月份的到期债务的本金为 12 500 000 元，利息为 2 100 000 元，本金和利息之和为 14 600 000 元，则该公司 2016 年 12 月份的现金到期债务比率为：

现金到期债务比率＝3 130 122÷14 600 000×100%＝21%

可见，该公司的现金到期债务比率远小于 1，说明该公司现在的立即偿债能力很差，面对的破产、倒闭风险很大。

在分析该指标时，一般认为现金到期债务比率要大于 1，等于 1 是最基本的不破产、不倒闭的保障。因为企业除本期偿债外，还要运营以及将来偿债。所以，现金到期债务比率大于 1 说明企业偿债能力强；现金到期债务比率小于 1，说明经营活动产生的现金净流量不足以偿付到期的债务本息。

二、长期偿债能力

长期偿债能力(负债比率)是指债务和资产、净资产的关系。它反映企业偿付到期长期债务的能力。

分析一个企业的长期偿债能力，主要是为了确定该企业偿还债务本金与支付债务利息的能力。企业的长期债务主要包括长期借款、应付债券和长期应付款。通过长期偿债能力分析可发现，企业存在的将来不能如期还本付息的风险，有利于企业合理安排资金，有利于投资者做出投资决策，有利于债权人分析自己将来收不回本息的风险。

其具体的分析方法是：通过财务报表中的有关数据来分析权益与资产之间的关系、不同权益之间的内在关系，以及权益与收益之间的关系，计算出一系列的比率，评估企业的资本结构是否健全合理，从而评价企业的长期偿债能力。反映企业长期偿债能力的指标主要有：资产负债率、产权比率、有形净值债务率、偿债保障比率、股东权益比率、权益乘数等存量指标和已获利息倍数、现金利息保障倍数等流量指标。

(一) 资产负债率

资产负债率是负债总额除以资产总额的百分比，也就是负债总额与资产总额的比例关系。资产负债率反映在总资产中有多大比例是通过借债来筹集的。其计算公式如下：

资产负债率＝负债总额÷资产总额×100%

该指标的分子和分母均取自于资产负债表的有关项目的期末数，为不包括减值准备的资产净额。

资产负债率反映企业负债总额占资产总额的比例，反映企业全部资产中有多少是通过负债经营得来的，以及企业长期负债经营的风险。该指标将全部资产当作偿还全部负债的保障，因此该指标也反映企业全部负债的保障程度[①]。

---

① 长期资本负债率是非流动负债与长期资本的比率，它反映企业长期资本的结构。由于流动负债的数额经常变动，资本结构管理大多使用长期资本结构。

长期资本负债率＝非流动负债÷(非流动负债＋股东权益)×100%

例如，甲股份有限公司 2016 年年末的负债总额为 30 467 740 元，资产总额为 84 309 122 元，年初的负债总额为 32 514 000 元，资产总额为 84 014 000 元，依上式计算资产负债率为：

年末的资产负债率 = 30 467 740 ÷ 84 309 122 × 100% = 36%

年初的资产负债率 = 32 514 000 ÷ 84 014 000 × 100% = 39%

资产负债率反映债权人提供的资本占全部资本的比例，也被称为举债经营比率。

从债权人的立场看，他们最关心的是贷款安全，也就是能否按时收回本金和利息。如果资产负债率很高，股东提供的资本比例很低，则企业有不能及时偿债的风险。因此，他们希望资产负债率能保持在合理的范围内。资产负债率越低，企业偿债越有保证，贷款越安全。

从股东的立场看，借债是"双刃剑"，既可以提高企业的盈利，也增加了企业的风险。由于企业通过举债筹措的资金与股东提供的资金在经营中发挥同样的作用，在全部资本回报率超过借款利率的情况下，超额的回报属于股东，所以举债会增加股东的利润。由于经营具有不确定性，借款后可能出现实际资本回报率低于借款利率的情况，此时借入资本的多余利息要用股东所得的利润份额来弥补，会使股东的利润减少。因此，举债既增加了股东盈利的预期水平，也增加了股东盈利的不确定性。所以，企业在进行借入资本决策时，必须充分估计预期的利润和增加的风险，在两者之间权衡利害得失。由于负债经营具有财务杠杆作用，在美国也被叫作杠杆性分析指标。

在企业的全部资产(资产 = 负债 + 所有者权益)中，真正能用于偿债的是净资产(所有者权益)。而用负债的方式来偿还负债，即"借新债还旧债"的理财思路不能反映企业真正的偿债能力。因而该指标夸大了企业长期债务的保障程度和长期偿债能力，在考核企业长期偿债能力方面是不谨慎的。

故需要提出下一个改进指标——产权比率。

(二) 产权比率

产权比率也是衡量长期偿债能力的指标之一。这个指标是负债总额与所有者权益(或股东权益)总额的比率，也叫作债务股权比率。其计算公式如下：

$$产权比率 = 负债总额 ÷ 股东权益 × 100\%$$

该指标的数据来自于资产负债表右方的上下两部分——负债和所有者权益的期末数。

该指标反映企业从债权人借入的资金是企业从投资者吸收资金的多少倍，因而反映了企业的资本结构。另外，它也反映企业全部负债总额受企业全部净资产的保障程度，因而反映企业长期负债经营的风险。由于真正能用来偿还长期债务的是企业的净资产，所以产权比率指标可以进一步准确、谨慎地反映企业的长期偿债能力。

例如，甲股份有限公司 2016 年年末的负债总额为 30 467 740 元，股东权益合计为 53 841 382 元，年初的负债总额为 32 514 000 元，股东权益合计为 51 500 000 元，依上式计算产权比率为：

年末的产权比率 = 30 467 740 ÷ 53 841 382 × 100% = 57%

年初的产权比率 = 32 514 000 ÷ 51 500 000 × 100% = 63%

该公司的产权比率远小于其最佳值，说明该公司的长期偿债能力较强，长期负债经营的风险较小，也说明该公司是一种低风险、低报酬的财务结构。

由于该指标可以反映资本结构，反映债权资本和股权资本之间的比例关系，评估企业基本财务结构是否稳定，因而该指标叫作产权比率。在分析产权比率时，一般认为，产权比率以 100% 为最佳，因为资产负债率的最佳值为 50%，它对应的产权比率值正好是 100%。通常产权比率越小，说明企业的长期偿债能力越强，企业长期负债经营的风险越小；产权比率越大，说明企业长期偿债能力越弱，企业长期负债经营的风险越大。但这不是绝对的，一般认为，产权比率大是高风险、高报酬的财务结构，产权比率小是低风险、低报酬的财务结构。企业进行财务管理时，应追寻一种相对稳定的资本结构。

资产负债率与产权比率具有共同的经济意义，两个指标可以相互补充。因此，对产权比率的分析可以参见对资产负债率指标的分析。

尽管产权比率在反映企业长期偿债能力方面比资产负债率前进了一步，它反映的企业长期偿债能力更为谨慎和保守。但是该指标仍然存在自己固有的缺陷，那就是用于偿还企业全部债务的净资产中有一部分是无形资产，而无形资产一般不能用于偿债，真正能用于偿债的是有形的净资产。故该指标用全部净资产作为偿债保障，夸大了企业的长期偿债能力。需要引出下一个指标——有形净值债务率。

(三) 有形净值债务率

有形净值债务率是企业负债总额与有形净值的百分比。有形净值是股东权益减去无形资产净值后的净值，即股东具有所有权的有形资产的净值。其计算公式为：

$$有形净值债务率 = 负债总额 \div (股东权益 - 无形资产净值) \times 100\%$$

例如，甲股份有限公司 2016 年度期末无形资产净值为 5 400 000 元，年初为 6 000 000 元，依公式计算有形净值债务率为：

年末的有形净值债务率 = 30 467 740 ÷ (53 841 382 − 5 400 000) × 100% = 63%

年初的有形净值债务率 = 32 514 000 ÷ (51 500 000 − 6 000 000) × 100% = 71%

该指标将有形净资产当作偿还企业全部负债的保障，从企业全部资产中剔除了不能用于还债的无形资产，因此该指标反映的企业长期偿债能力更加真实、保守。在分析该指标时，一般认为，有形净值债务率越大，企业全部债务受到有形净资产保障的程度越低，企业长期偿债能力越弱；有形净值债务率越小，企业全部债务受到有形净资产保障的程度越高，企业长期偿债能力越强。从长期债权人来讲，该比率越低越好。

虽然有形净值债务率指标具有能进一步谨慎反映企业长期偿债能力的优点，但是该指标也具有自己的缺陷。那就是有形净资产不一定能迅速变现用于偿债，有形资产多，企业的长期偿债能力不一定强，故该指标不能反映企业用现金来偿还长期债务的真正偿债能力。由此需引出下一个指标——偿债保障比率。

(四) 偿债保障比率

偿债保障比率是指负债总额占经营活动现金净流量的比率。它反映用经营活动产生的现金净流量偿还全部债务所需的时间，因此该指标亦称为债务偿还期。该指标将经营活动现金净流量当作负债总额的保障，因此可以真实地反映企业的长期偿债能力。其计算公式为：

$$偿债保障比率 = 负债总额 \div 经营活动的现金净流量 \times 100\%$$

该指标的有关数据来自资产负债表和现金流量表。

例如，甲股份有限公司 2016 年年末的经营活动现金净流量为 3 130 122 元，年末的负债总额为 30 467 740 元，则该公司 2016 年 12 月末的偿债保障比率为：

偿债保障比率 = 30 467 740 ÷ 3 130 122 × 100% = 973%

该公司的偿债保障比率相当大，说明该公司真正的现金保障程度较低，该公司长期偿债能力偏差。

在分析偿债保障比率时，一般认为，偿债保障比率越低，企业长期债务的现金保障程度越高，企业用经营活动的现金净流量来偿还全部债务所需的时间越短，企业的长期偿债能力越强；偿债保障比率越高，企业长期债务的现金保障程度越低，企业用经营活动的现金净流量来偿还全部债务所需的时间越长，企业的长期偿债能力越弱。

以上 4 个指标是反映长期偿债能力的直接指标，可直接反映企业的长期偿债能力。除这 4 个直接指标外，反映企业长期偿债能力的还有两个间接指标——股东权益比率和权益乘数。

(五) 股东权益比率

股东权益比率是股东权益总额和企业全部资产总额的比率。它反映企业的全部资产中，所有者权益(净资产)所占的比例，即反映企业的资产中，有多少是通过投资者投入的资金形成的。其计算公式为：

$$股东权益比率 = 股东权益总额 \div 企业资产总额 \times 100\%$$

例如，甲股份有限公司 2016 年年末的股东权益总额为 53 841 382 元，资产总额为 84 309 122 元，年初股东权益总额为 51 500 000 元，资产总额为 84 014 000 元，依上式计算股东权益比率为：

年末的股东权益比率 = 53 841 382 ÷ 84 309 122 × 100% = 64%

年初的股东权益比率 = 51 500 000 ÷ 84 014 000 × 100% = 61%

由于企业的债务主要是通过净资产来进行偿还的，所以股东权益比率越大，企业的长期偿债能力越强；股东权益比率越小，企业的长期偿债能力越弱。

由于企业的"资产=负债+所有者权益"，所以股东权益比率和资产负债率存在如下关系：

$$股东权益比率 + 资产负债率 = 1$$

从上述公式可发现，股东权益比率越大，资产负债率越小；股东权益比率越小，资产负债率越大，两者成为反向变动关系。所以，股东权益比率可以反映企业的长期偿债能力，是反映企业长期偿债能力的间接指标。而一般认为资产负债率最佳值为 50%，所以股东权益比率的最佳值也应为 50%。在分析股东权益比率时，一般认为该比率越大，说明企业的所有者权益越多，企业的自有资金越多，负债越小，偿债能力越强；反之该比率越小，说明企业的所有者权益越少，企业的自有资金越少，负债越多，偿债能力越弱。

(六) 权益乘数

权益乘数是股东权益比率的倒数，它是企业资产总额和企业所有者权益总额的比值。它反映企业的资产总额是企业所有者权益总额(净资产)的多少倍，反映企业的全部资产中，有多少是投资者投入的资金所形成的。其计算公式为：

$$权益乘数 = 企业资产总额 \div 股东权益总额 \times 100\%$$

通常的财务比率都是除数，除数的倒数叫作乘数。权益除以资产是资产权益率，权益乘数是其倒数即资产除以权益。

例如，甲股份有限公司 2016 年年末的股东权益总额为 53 841 382 元，资产总额为 84 309 122 元，年初股东权益总额为 51 500 000 元，资产总额为 84 014 000 元，依上式计算权益乘数为：

年末的权益乘数 = 84 309 122 ÷ 53 841 382 × 100% = 157%

年初的权益乘数 = 84 014 000 ÷ 51 500 000 × 100% = 163%

由于权益乘数说明资产总额是所有者权益总额(净资产)的多少倍，所以该乘数越大，股东权益(净资产)在总资产中占的比例越小，负债占的比例越大，企业的长期偿债能力越弱；反之权益乘数越小，股东权益(净资产)在总资产中占的比例越大，负债占的比例越小，企业的长期偿债能力越强。即权益乘数大，负债大；权益乘数小，负债小。

现在一般认为权益乘数以 2 为最佳，因为资产负债率的最佳值为 50%，股东权益比率的最佳值也是

50%，而权益乘数是股东权益比率的倒数。

$$权益乘数 = \frac{资产总额}{股东权益} = 1 + 产权比率 = \frac{1}{1 - 资产负债率}$$

公式中的资产负债率是指全年平均资产负债率，它是企业全年平均负债总额与全年平均资产总额的百分比。

股东权益比率和权益乘数都是反映企业长期偿债能力的间接指标，它们可从一定程度上反映企业的间接偿债能力。由于偿还长期债务首先要偿还利息，故考核长期偿债能力首先要考核企业偿还利息的能力。需要偿还的长期债务的利息包括两个部分，即应计入财务费用的利息和应计入在建工程的资本化利息。

(七) 已获利息倍数

已获利息倍数(利息保障倍数)是企业息税前利润和企业全年利息费用的比率。它反映企业经营活动中所获得的收益是企业所需要支付的利息费用的多少倍，反映企业用息税前利润偿还利息费用的能力，也叫利息保障倍数。同时反映了获利能力对债务偿付的保障程度。其计算公式为：

$$已获利息倍数 = \frac{息税前利润}{利息费用}$$

公式中的"息税前利润"是指损益表中未扣除利息费用和所得税之前的利润。它可以用税后利润加所得税再加利息费用计算得出。通常，可以用财务费用的数额作为利息支出，也可以根据报表附注资料确定更准确的利息费用数额。

已获利息倍数不仅反映了企业的获利能力，而且反映了获利能力对偿还到期债务的保证程度，它既是企业举债经营的前提依据，也是衡量企业长期偿债能力的重要标志。一般情况下，已获利息倍数越高，表明企业长期偿债能力越强。国际上通常认为，该指标为 3 时较为适当。从长期来看，若要维持正常偿债能力，利息保障倍数至少应当大于1，如果利息保障倍数过小，企业将面临亏损以及偿债的安全性与稳定性下降的风险。究竟企业已获利息倍数应是多少，才算偿付能力强，这要根据往年经验结合行业特点来判断。

例如，甲股份有限公司 2016 年度税后净收益为 2 341 382 元，利息费用为 300 000 元，所得税为 1 153 218 元。该公司已获利息倍数为：

已获利息倍数 = (2 341 382 + 1 153 218 + 300 000) ÷ 300 000 = 12.65

从债权人的立场出发，他们向企业投资时，除计算上述资产负债率、审查企业借入资本占全部资本的比例外，还要计算已获利息倍数。利用这一比率，也可以测试债权人投入资本的风险。

已获利息倍数在考核企业偿付利息的能力时，具有自己的缺陷，就是企业经营活动中所获得的收益大，企业拥有的现金及等价物并不一定多，盈利企业的现金可能短缺，亏损企业的现金可能富裕。而真正能用于偿付利息的是企业拥有的现金及等价物，所以已获利息倍数在反映企业偿付利息的能力时，有时失真，即有时和企业实际具有的偿付利息能力不一致。由此引出了反映企业偿付利息能力的下一个指标——现金利息保障倍数。

(八) 现金利息保障倍数

现金利息保障倍数是经营活动取得的现金同全年现金利息支出的比率。它用经营活动取得的现金作为支付全年现金利息支出的保障，反映经营活动取得的现金是现金利息支出的多少倍。其计算公式如下：

现金利息保障倍数 = (经营活动的现金净流量 + 现金利息支出 + 付现所得税)

÷ 现金利息支出

公式中现金利息支出为付现支出,不是权责制下的利息费用。

一般认为,现金利息保障倍数越大,企业的长期偿债能力越强;现金利息保障倍数越小,企业的长期偿债能力越弱。

例如,甲股份有限公司 2016 年年末的经营活动现金净流量为 3 130 122 元,付现利息支出为 2 100 000 元,付现所得税为 1 153 218 元。该公司已获利息倍数为:

已获利息倍数=(3 130 122 + 1 153 218 + 2 100 000)÷2 100 000 = 3.04

所以已获利息倍数在反映企业偿付利息的能力时有些失真,与该公司现金利息保障倍数、实际具有的偿付利息能力不一致。由于经营活动取得的现金首先要支付现金利息支出,其次要支付所得税,两次支出后剩余的部分才是经营活动的现金净流量。所以认为"经营活动的现金净流量=经营活动取得的现金 – 现金利息支出 – 付现所得税",由此可推出下列公式:

经营活动取得的现金=经营活动的现金净流量+ 现金利息支出+ 付现所得税

现金利息保障倍数=经营活动取得的现金÷现金利息支出

=(经营活动的现金净流量+ 现金利息支出+ 付现所得税)

÷现金利息支出

需要说明的是,现金利息保障倍数反映企业一定时期经营活动所取得的现金是所要支付的利息支出的多少倍,由于现金可立即用来偿债,所以该指标比已获利息倍数更为保守、谨慎,更为真实。另外,在分析现金利息保障倍数时,也需结合同行业平均水平来进行。

三、营运能力比率

营运能力是指企业基于外部市场需求的约束,提高内部人力资源和生产资料的配合能力而对财务目标实现所产生作用的大小。营运能力的高低是企业经济效益增长的源泉基础,是企业偿债能力和获利能力高低的保障。营运能力的分析包括生产资料和人力资源营运能力分析。具体地说,反映企业生产资料营运能力的分析主要有流动资产周转情况分析、非流动资产周转情况分析和总资产周转情况分析。反映流动资产周转情况的比率主要有存货周转、应收账款周转率和流动资产周转率,其中最主要的是存货周转率和应收账款周转率。它们一个反映存货出售的速度,一个反映货款回收的速度。

(一)营业周期

营业周期是指从取得存货开始到销售存货并收回现金为止的这段时间。营业周期的长短取决于存货周转天数和应收账款周转天数。营业周期的计算公式如下:

营业周期 = 存货周转天数(ITD)+ 应收账款周转天数(RTD)[①]

把存货周转天数和应收账款周转天数加在一起计算出来的营业周期,指的是取得的存货需要多长时间能变为现金。一般情况下,营业周期短,说明资金周转速度快;营业周期长,说明资金周转速度慢。

(二)存货周转率(IT)

流动资产中存货所占比重一般较大。存货的流动性,将直接影响企业的流动比率,因此,必须特别重视对存货的分析。存货既不能储存过少,否则可能造成生产中断或销售紧张;又不能储存过多而形成

---

① 现金周期=营业周期(ITD + RTD)– 应付账款周转天数(PTD)

应付账款周转天数=应付账款×360÷年赊购金额

呆滞、积压。实际管理中一定要保持存货结构合理、质量可靠。

存货的流动性，一般用存货的周转速度指标来反映，即存货周转率或存货周转天数。存货周转率是企业一定时期内销售成本与平均存货余额的比率，或叫存货的周转次数。用时间表示的存货周转率就是存货周转天数。其计算公式为：

$$存货周转率 = 销售成本 \div 平均存货$$
$$存货周转天数 = 360 \div 存货周转率$$
$$= 360 \div (销售成本 \div 平均存货)$$
$$= 平均存货 \times 360 \div 销售成本$$

公式中的销售成本数据来自利润表，平均存货来自资产负债表中的"期初存货"与"期末存货"的平均数。

例如，甲股份有限公司 2016 年度产品销售成本为 7 500 000 元，期初存货为 25 800 000 元，期末存货为 25 827 000 元。该公司存货周转率为：

平均存货余额 = (25 800 000 + 25 827 000) ÷ 2 = 25 813 500(元)

存货周转率 = 7 500 000 ÷ 25 813 500 = 0.29(次)

存货周转天数 = 360 ÷ 0.29 = 1241.38(天)

该指标反映了企业存货周转的速度，也反映了企业存货流动性和变现力的高低，还反映了存货管理能力以及经营获利能力。一般来讲，存货周转速度越快，存货的占用水平越低，流动性越强，存货转换为现金、应收账款等的速度越快。提高存货周转率即可提高企业的变现能力，而存货周转速度越慢则变现能力越差。因此，通过存货周转分析，有利于找出存货管理存在的问题，尽可能降低资金占用水平。降低资金占用水平，即可提高企业获利能力。

进一步讲，存货周转率是衡量和评价企业采购、储存、生产、销售各环节管理状况的综合性指标。存货周转率指标的好坏反映生产经营各环节营运水平，不仅影响企业的短期偿债能力，也是整个企业管理的重要内容，对企业的偿债能力及获利能力产生决定性影响。

企业管理者和有条件的外部报表使用者，除应分析批量因素、季节性生产的变化等情况外，还应对存货的结构以及影响存货周转速度的重要项目进行深入分析，如分别计算原材料周转率、在产品周转率或某种存货的周转率。[①]

因此，存货周转分析的目的是从不同的角度和环节找出存货管理中的问题，使存货管理在保证生产经营连续性的同时，尽可能少占用经营资金，提高资金的使用效率，增强企业短期偿债能力，促进企业管理水平的提高。

(三) 应收账款周转天数

应收账款和存货一样，在流动资产中有着举足轻重的地位。及时收回应收账款，不仅可以增强企业的短期偿债能力，也反映出企业管理应收账款方面的效率。

反映应收账款周转速度的指标是应收账款周转率，也就是年度内应收账款转为现金的平均次数，它说明应收账款流动的速度。用时间表示的应收账款周转速度是应收账款周转天数，也叫平均应收账款回收期或平均收现期，它表示企业从取得应收账款的权利到收回款项、转换为现金所需要的时间。其计算

---

① 计算公式如下：

$$原材料周转率 = 耗用原材料成本 \div 平均原材料存货$$
$$在产品周转率 = 制造成本 \div 平均在产品存货$$

公式为:

$$应收账款周转率 = 销售收入 \div 平均应收账款$$

$$应收账款周转天数 = 360 \div 应收账款周转率$$

$$= 平均应收账款 \times 360 \div 销售收入①$$

例如,甲股份有限公司 2016 年度销售收入为 12 500 000 元,年初应收账款余额为 3 991 000 元,年末应收账款余额为 6 982 000 元;年初应收票据余额为 2 460 000 元,年末应收票据余额为 343 000 元。依上式计算应收账款周转率为:

平均应收账款 = (3 991 000 + 6 982 000) ÷ 2 + (2 460 000 + 343 000) ÷ 2 = 6 888 000(元)

应收账款周转率 = 12 500 000 ÷ 6 888 000 = 1.8(次)

应收账款周转天数 = 360 ÷ 1.8 = 200(天)

应收账款周转率反映了企业应收账款变现速度的快慢及信用管理效率的高低。一般来说,应收账款周转率越高,平均收现期越短,说明应收账款的收回越快,资产流动性越强,短期偿债能力越强,可以减少收账费用和坏账损失,从而相对增加企业流动资产的投资收益。否则,企业的营运资金会过多地呆滞在应收账款上,影响资金的正常周转。同时借助应收账款周转期与企业信用期的比较,还可以评价购买单位的信用程度,以及企业原定的信用条件是否适当。财务报表的外部使用人可以将计算出的指标与该企业前期指标、行业平均水平或其他类似企业的指标相比较,判断该指标的高低。但仅根据指标的高低分析不出上述各种原因,应当深入应收账款的内部,并且要注意应收账款与其他问题的联系,才能正确评价应收账款周转率。

(四) 流动资产周转率

流动资产周转率是企业一定时期内销售收入与全部流动资产的平均余额的比率。其计算公式为:

$$流动资产周转率(周转次数) = 销售收入 \div 平均流动资产余额$$

$$流动资产周转期(周转天数) = 平均流动资产 \times 360 \div 销售收入$$

$$平均流动资产余额 = (流动资产余额年初数 + 流动资产余额年末数) \div 2$$

例如,甲股份有限公司年初流动资产为 50 514 000 元,年末流动资产为 48 520 122 元。依上式计算流动资产周转率为:

流动资产周转率(周转次数) = 12 500 000 ÷ [(50 514 000 + 48 520 122) ÷ 2] = 0.25(次)

流动资产周转期(周转天数) = 360 ÷ 0.25 = 1440(天)

该指标反映甲股份有限公司流动资产周转速度非常慢,其中原因有存货周转速度很低,应收账款周转速度偏慢,企业的资产经营能力较差,反映了企业生产经营较多环节中存在管理问题。企业应加大存货的采购管理、生产管理、销售管理和信用管理,即扩大收入,降低存货成本和资金占用水平。

流动资产周转率反映流动资产的周转速度。周转速度快,会相对节约流动资产,等于相对扩大资产投入,增强企业盈利能力;而延缓周转速度,需要补充流动资产参加周转,会形成资金浪费,降低企业盈利能力。从流转天数来看,周转一次所需的天数越少,表明流动资产在经历生产和销售各阶段时所占用的时间越短。生产经营任何一个环节上的工作改善,都会反映到周转时间的缩短上来。

---

① "平均应收账款"是指因销售商品、产品、提供劳务等而应向购货单位或接受劳务单位收取的款项,以及收到的商业汇票。它是资产负债表中"应收账款"和"应收票据"的期初、期末金额的平均数之和。

(五) 固定资产周转率

固定资产周转率是企业一定时期内销售收入与平均固定资产净值的比率。反映固定资产周转情况，为非流动资产周转情况分析之一。其计算公式为：

$$固定资产周转率(周转次数) = 销售收入 \div 平均固定资产净值$$

$$固定资产周转期(周转天数) = (平均固定资产净值 \times 360) \div 销售收入$$

$$平均固定资产净值 = (固定资产净值年初数 + 固定资产净值年末数) \div 2$$

例如，甲股份有限公司年初固定资产净值为 8 000 000 元，年末固定资产净值为 19 010 000 元。依上式计算固定资产周转率为：

平均固定资产净值 = (8 000 000 + 19 010 000) ÷ 2 = 13 505 000(元)

固定资产周转率(周转次数) = 12 500 000 ÷ 13 505 000 = 0.93(次)

固定资产周转期(周转天数) = 360 ÷ 0.93 = 387.10(天)

一般情况下，固定资产周转率越高，表明企业固定资产利用充分，同时也能表明企业固定资产投资得当，固定资产结构合理，能够充分发挥效率。反之，如果固定资产周转率不高，则表明固定资产使用效率不高，提供的生产成果不多，企业的营运能力不强。

(六) 非流动资产周转率

非流动资产周转率是企业一段时期内销售收入与平均非流动资产余额的比率。其计算公式为：

$$非流动资产周转率(周转次数) = 销售收入 \div 平均非流动资产余额$$

$$非流动资产周转期(周转天数) = 平均非流动资产 \times 360 \div 销售收入$$

$$平均非流动资产余额 = (非流动资产余额年初数 + 非流动资产余额年末数) \div 2$$

例如，甲股份有限公司年初平均非流动资产余额为 33 500 000 元，年末平均非流动资产余额为 35 789 000 元。依上式计算非流动资产周转率为：

平均非流动资产余额 = (33 500 000 + 35 789 000) ÷ 2 = 34 644 500(元)

非流动资产周转率(周转次数) = 12 500 000 ÷ 34 644 500 = 0.36(次)

非流动资产周转期(周转天数) = 360 ÷ 0.36 = 1000(天)

非流动资产周转率反映非流动资产的管理效率。分析时主要是针对投资预算和项目管理，分析对内、对外投资与其竞争战略是否一致，收购和剥离政策是否合理，等等。

(七) 总资产周转率

总资产周转率是企业一段时期内销售收入与平均资产总额的比率，是反映企业全部资产利用效率的指标。其计算公式为：

$$总资产周转率(周转次数) = 销售收入 \div 平均资产总额$$

$$总资产周转期(周转天数) = 平均资产余额 \times 360 \div 销售收入$$

$$平均资产总额 = (资产总额年初数 + 资产总额年末数) \div 2$$

例如，甲股份有限公司年初平均资产余额为 84 014 000 元，年末资产余额为 84 309 122 元。依上式计算总资产周转率为：

平均资产总额 = (84 014 000 + 84 309 122) ÷ 2 = 84 161 561(元)

总资产周转率(周转次数) = 12 500 000 ÷ 84 161 561 = 0.15(次)

总资产周转期(周转天数) = 360 ÷ 0.15 = 2400(天)

该项指标反映资产总额的周转速度。周转越快，反映销售能力越强，表明企业全部资产的使用效率越高。企业可以通过薄利多销的办法或及时处理多余的资产，加速资产的周转，带来利润绝对额的增加。

总资产是由各项资产组成的，在营业收入既定的条件下，总资产周转的驱动因素是流动资产和非流动资产。该公司流动资产周转率和非流动资产周转率都偏低，严重影响总资产周转效率，应分别研究其原因。

总之，各项资产的周转指标用于衡量企业运用资产赚取收入的能力，经常和反映盈利能力的指标结合在一起使用，可全面评价企业的盈利能力。

四、盈利能力比率

盈利能力就是企业资金增值的能力。它通常体现企业收益数额的大小和水平的高低。无论是投资者、债权人还是企业经理人员，都日益重视和关心企业的盈利能力。

盈利能力分析又分为经营盈利能力分析、资产盈利能力分析、资本盈利能力分析和收益质量分析。经营盈利能力分析是对企业生产过程中的产出、耗费和利润之间关系的分析。反映企业经营盈利能力的指标很多，通常使用的主要有销售净利率、销售毛利率、销售利润率和成本费用利润率。资产盈利能力是指企业经济资源创造利润的能力，其衡量指标主要有资产利润率、资产报酬率和资产净利率等。资本盈利能力是指企业的所有者通过投入资本在市场交易过程中所获得利润的能力，其衡量指标主要有净资产收益率、资本收益率、每股收益和市盈率等。评价收益质量的主要指标是盈余现金保障倍数，真实反映了企业盈余的质量，是评价企业盈利状况的辅助指标。

一般来说，企业的盈利能力只涉及正常的营业状况。非正常的营业状况，也会给企业带来收益或损失，但只是特殊状况下的个别结果，不能说明企业的能力。因此，在分析企业盈利能力时，应当排除证券买卖等非正常项目、已经或将要停止的营业项目、重大事故或法律更改等特别项目、会计准则和财务制度变更带来的累积影响等因素。这也是我们主要用销售收入来计算各种财务比率的原因。

(一) 销售净利率

销售净利率是指企业一定时期内净利润与销售收入的百分比。其计算公式为：

$$销售净利率 = 净利润 ÷ 销售收入 × 100\%$$

例如，甲股份有限公司的净利润是 2 341 382 元，销售收入是 12 500 000 元。依上式计算销售净利率为：

$$销售净利率 = 2 341 382 ÷ 12 500 000 × 100\% = 18.73\%$$

一般认为销售净利率越大，企业获利能力越强；销售净利率越小，企业获利能力越弱。在分析销售净利率时，应结合同行业的平均水平或本企业历史上的最佳值来进行。

(二) 销售毛利率

销售毛利率是指企业一定时期内毛利占销售收入的百分比，其中毛利是销售收入与销售成本的差。其计算公式如下：

$$销售毛利率 = (销售收入 - 销售成本) ÷ 销售收入 × 100\%$$

例如，甲股份有限公司 2016 年年末的销售收入为 12 500 000 元，销售成本为 7 500 000 元。依上式计算销售毛利率为：

销售毛利率 = (12 500 000 − 7 500 000) ÷ 12 500 000 × 100% = 40%

可见，该公司销售毛利率远大于销售净利率，说明该公司管理费用、财务费用和销售费用等期间费用所占的比例太大，应加以控制。

通过销售毛利率和销售净利率的对比，可发现影响企业销售净利率增长的因素，进而采取因素替代法(销售毛利率、销售税金率、销售成本率、销售期间费用率)进行分析，并最终提出改进意见。另外，销售毛利率的变动原因可以分部门、分产品、分顾客群、分销售区域或分推销员进行分析，视分析目的以及可以取得的资料而定。

(三) 成本费用净利率

成本费用净利率是指企业一定时期内净利润和企业成本费用总额的比率。反映企业发生的成本费用总额所获得的净利润数额。其计算公式如下：

成本费用净利率 = 净利润 ÷ 企业成本费用总额 × 100%

其中 成本费用总额 = 销售成本 + 销售税金及附加 + 销售费用 + 管理费用 + 财务费用[①]

例如，甲股份有限公司 2016 年年末销售成本为 7 500 000 元，销售税金及附加为 20 000 元，销售费用为 200 000 元，管理费用为 971 000 元，财务费用为 300 000 元。依上式计算成本费用净利率为：

成本费用净利率 = 2 341 382 ÷ (7 500 000 + 20 000 + 200 000 + 971 000) × 100% = 27%

一般认为，成本费用净利率越大，企业获利能力越强；成本费用净利率越小，企业获利能力越差。在分析该指标时，应结合本行业的平均水平或本企业历史上的最佳水平来进行。

成本费用的计算口径也可以分为不同的层次，如主营业务成本、营业成本等。在评价成本费用开支效果时，应当注意成本费用与利润之间在计算层次和口径上的对应关系。

(四) 资产净利率

资产净利率是指企业一定时期内净利润与平均资产总额的百分比。其计算公式如下：

资产净利率 = 净利润 ÷ 平均资产总额 × 100%

平均资产总额 = (期初资产总额 + 期末资产总额) ÷ 2

例如，甲股份有限公司 2016 年年初资产为 84 014 000 元，年末资产为 84 309 122 元，净利润为 2 341 382 元。

资产净利率 = 2 341 382 ÷ [(84 014 000 + 84 309 122)] ÷ 2 × 100% = 2.8%

该指标反映了企业现有资产进行运营时，获取税后利润——净利的能力。在分析该指标时，一般认为资产净利率越大，企业获利能力越强；资产净利率越小，企业获利能力越弱。为了正确评价企业经济效益的高低、挖掘提高利润水平的潜力，可以用该项指标与本企业前期、计划、本行业平均水平和本行业内先进企业进行对比，从中找出差异，以及差异产生的原因，提出改进意见并采取措施。

由于企业运用资产时，获取的收益要先支付利息，付息后剩余的部分叫息后利润；息后利润要先支付所得税，剩余的部分是净利。所以考核企业资产的获利能力时，单纯考察资产获净利的能力是不

---

① 公式中的分母也可以这样，包括销售费用、管理费用、财务费用、销售成本、销售税金及附加和所得税等成本费用总额。

合适的。由于资产获利能力体现为获取全部收益——息税前利润的能力，所以引出了下一个指标——资产报酬率。

(五) 资产报酬率

资产报酬率是指企业一定时期内获得的报酬(息税前利润总额)与平均资产总额的百分比。其计算公式如下：

$$资产报酬率 = \frac{利润总额 + 利息费用}{平均资产总额} \times 100\%$$

$$= \frac{净利润 + 所得税 + 利息费用}{平均资产总额} \times 100\%$$

例如，甲股份有限公司 2016 年度税后净收益为 2 341 382 元，利息费用为 300 000 元，所得税为 1 153 218 元，年初资产为 84 014 000 元，年末资产为 84 309 122 元。依上式计算该公司资产报酬率为：

$$资产报酬率 = (2\,341\,382 + 300\,000 + 1\,153\,218) \div [(84\,014\,000 + 84\,309\,122) \div 2] \times 100\%$$
$$= 4.5\%$$

该指标衡量企业全部资产获得收益而不是净利的能力。在分析该指标时，一般认为资产报酬率越大，企业获利能力越强；资产报酬率越小，企业获利能力越弱。运用该指标分析企业获利能力时，可将该指标与前期计划数相比，也可与本行业平均水平或本行业先进水平进行对比，从中找出差异，以及产生差异的原因，提出改进意见并采取措施。

(六) 净资产收益率

净资产收益率是指企业一定时期内净利润与平均净资产的百分比，也叫净值报酬率或权益报酬率。反映企业资本运营的综合效益，是进行资本盈利分析指标之一。其计算公式为：

$$净资产收益率 = 净利润 \div 平均净资产 \times 100\%$$

其中
$$平均净资产 = (净资产年初数 + 净资产年末数) \div 2$$

依前例计算甲股份有限公司 2016 年净资产收益率为：

$$净资产收益率 = 2\,341\,382 \div [(51\,500\,000 + 53\,841\,382) \div 2] \times 100\%$$
$$= 4.4\%$$

在分析该指标时，一般认为净资产收益率越大，企业自有资本获利能力越强，运营效益越好，对企业投资者和债权人权益的保证程度越高；净资产收益率越小，企业获利能力越弱，对企业投资人和债权人权益的保证程度越低。运用该指标分析企业获利能力时，可将该指标与前期计划数相比，也可与本行业平均水平或本行业先进水平进行对比，从中找出差异，以及产生差异的原因，提出改进意见并采取措施。

净资产收益率反映公司所有者权益的投资报酬率，具有很强的综合性。具体分析方法见本章第三节的"杜邦财务分析体系"。

第三节　财务分析的综合应用

一、杜邦财务分析体系

杜邦分析法也叫杜邦系统,是美国杜邦跨国化学公司经理首创的一种综合财务分析系统。杜邦系统是利用各种财务比率的内在联系,借以综合评价企业整体财务状况的综合分析方法。杜邦系统的关键是建立一套完整和连贯的财务比率体系,并确定一个总指标作为龙头指标,然后利用指标分解的方法对总指标进行分解,以建立起各个指标的相互联系,并通过数据的替代,确定各从属指标变动对总指标的影响。

杜邦系统确定的核心指标是净资产收益率(股东权益报酬率、权益净利率),因为它反映企业净资产的获利能力。它在所有比率中是综合性最强、最具有代表性的一个指标。传统杜邦财务分析体系的基本框架如图9-1所示。

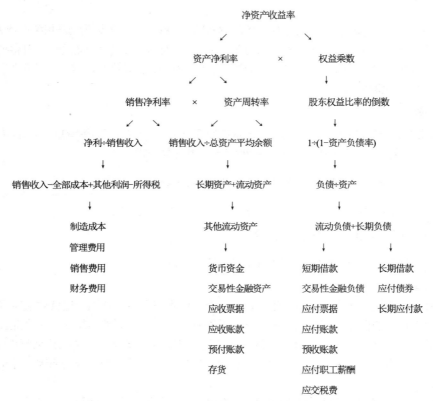

图9-1　传统杜邦财务分析体系的基本框架

例如,甲股份有限公司2016年年初负债总额为32 514 000元,年末负债总额为30 467 740元。依上式计算权益乘数为:

$$权益乘数 = 1 \div (1 - 资产负债率)$$

$$= 1 \div \left(1 - \frac{\dfrac{32\,514\,000 + 30\,467\,740}{2}}{\dfrac{84\,014\,000 + 84\,309\,122}{2}} \times 100\% \right)$$

$$= 1 \div (1 - 37.42\%) = 1.60$$

因为：净资产收益率 = 资产净利率 × (平均)权益乘数

而且：资产净利率 = 销售净利率 × 资产周转率

所以：净资产收益率 = 销售净利率 × 资产周转率 × (平均)权益乘数

从公式中看，决定净资产收益率高低的因素有 3 个方面：销售净利率、资产周转率和权益乘数。

销售净利率高低的因素分析，需要我们从销售额和销售成本两个方面进行。这方面的分析可以参见有关盈利能力指标的分析。销售净利率还可进一步分解为销售毛利率、销售税金率、销售成本率、销售期间费用率等。

资产周转率是反映运用总资产产生销售收入能力的指标。对资产周转率的分析，需对影响资产周转的各因素进行深入分析。除对资产的各构成部分从占用量上是否合理进行分析外，还可以通过对流动资产周转率(存货周转率、应收账款周转率等)、非流动资产周转率(固定资产周转率等)等有关资产各组成部分使用效率的分析，判明影响资产周转的主要问题出自何处。

权益乘数主要受资产负债率的影响。负债比率大，权益乘数就高，说明企业有较高的负债程度，能给企业带来较大的杠杆利益，同时也给企业带来较大的财务风险。

杜邦分析系统说明，为了实现净资产收益率最大化：首先必须处理好企业的筹资结构，确定合理的负债规模；其次要确定好企业的资产结构、流动资产和非流动资产的比例关系，以及流动资产和非流动资产内部各项目的比例关系；再次企业应加速产品销售和货款回收，提高资产管理效率；最后企业应努力扩大销售，降低各项成本、费用，使各因素之间相互协调。

需要说明的是，单纯分析企业某一期的杜邦分析系统，其效用不大。杜邦分析系统的主要应用是，将企业前后各期进行对比，从中发现企业财务管理的核心指标——净资产收益率的变化趋势及影响原因，并可运用因素分析法来研究各个分指标的变动对龙头指标——净资产收益率的影响程度，从而为采取措施指明方向。

假设甲股份有限公司第二年净资产收益率上升了，有关数据如下：

$$净资产收益率 = 资产净利率 × (平均)权益乘数$$

第一年 $4.5\% = 2.81\% \times 1.60$；

第二年 $9.60\% = 6\% \times 1.60$。

通过分解可以看出，净资产收益率的上升不在于资本结构(权益乘数没变)，而在于资产净利率上升。这种分解可以在任何层次上进行，如可以对资产净利率进一步分解：

$$资产净利率 = 销售净利率 × 资产周转率$$

第一年 $2.81\% = 18.73\% \times 0.15$；

第二年 $6\% = 12\% \times 0.5$。

通过分解可以看出，资产的使用效率提高了，但由此带来的收益不足以抵补销售净利率下降造成的损失。至于销售净利率下降的原因是售价问题，还是成本太大、费用过多，则需进一步通过分解指标来揭示。

应当指出，杜邦财务分析体系是一种分解财务比率的方法，与其他财务分析方法一样，关键不在于指标的计算而在于对指标的理解和运用。

二、改造的沃尔综合评分法

财务状况综合评价的先驱者之一是亚历山大·沃尔(Alexander wole)。但传统的沃尔评分法存在缺陷，已经进行了改进。改进的评分法认为企业财务评价的内容主要是盈利能力，其次是偿债能力，此外还有成长能力。盈利能力的主要指标是资产净利率、销售净利率和净值报酬率。偿债能力的主要指标是产权比率、流动比率、应收账款周转率和存货周转率，成长能力的主要指标则是销售增长率、净利增长率和总资产增长率。它们之间大致可按5：3：2来分配比重。

标准比率应以本行业平均数为基础，适当进行理论修正。在给每个指标评分时，应规定上限和下限，以减少个别指标异常对总分造成不合理的影响。上限可定为正常评分值的1.5倍，下限可定为正常评分值的1/2。此外，给分时不采用"乘"的关系，而采用"加"或"减"的关系来处理，以克服沃尔评分法的缺点。如果仍以100分为总评分，则综合评分的标准分配如表9-3所示。

表9-3 综合评分的标准分配

指标	标准评分值	标准比率(%)	行业最高比率(%)	最高评分	最低评分	每分比率的差(%)
盈利能力：						
总资产净利率	20	10	20	30	10	1
销售净利率	20	4	20	30	10	1.6
净资产收益率	10	16	20	15	5	0.8
偿债能力：						
产权比率	8	40	100	12	4	15
流动比率	8	150	450	12	4	75
应收账款周转率	8	600	1200	12	4	150
存货周转率	8	800	1200	12	4	100
发展能力：						
销售增长率	6	15	30	9	3	5
净利增长率	6	10	20	9	3	3.3
总资产增长率	6	10	20	9	3	3.3
合　计	100			150	50	

注：(1) 虽然净值报酬率最重要，但资产净利率、销售净利率已经分别使用了净资产和净利润，为减少重复影响，这3个指标可按2：2：1安排。

(2) 每分比率的差(%)：例如，总资产净利率的标准值为10%，标准评分为20分；行业最高比率为20%，最高评分为30分，则每分的财务比率差为1%[(20%-10%)÷(30-20)]。总资产净利率每提高1%，多给1分，但该项得分不超过30分。

根据这种方法，对甲股份有限公司的财务情况进行综合评价，得62.85分(见表9-4)，是一个中等偏下水平的企业。

综合评价方法的关键技术是"标准评分值"的确定和"标准比率"的建立。只有长期连续实践、不断修正，才能取得较好效果。

表9-4 甲股份有限公司财务情况评分

指 标	实际比率(%)①	标准比率(%)②	差异③=①-②	每分比率的差(%)④	调整分⑤=③÷④	标准评分值⑥	得分⑦=⑤+⑥
盈利能力:							
总资产净利率	2.8	10	-7.2	1	-7.2	20	12.8
销售净利率	18.73	4	14.73	1.6	9.21	20	29.21
净资产收益率	4.5	16	-11.5	0.8	-14.38	10	-4.38
偿债能力:							
产权比率	57	40	17	15	1.13	8	9.13
流动比率	198	150	48	75	0.64	8	8.64
应收账款周转率	180	600	-420	150	-2.8	8	5.2
存货周转率	290	800	-510	100	-5.1	8	2.9
发展能力:							
销售增长率	5*	15	-10	5	-2.00	6	4.00
净利增长率	-15*	10	-25	3.3	-7.57	6	-1.57
总资产增长率	0.35	10	-9.65	3.3	-2.92	6	-3.08
合 计						100	62.85

注: 销售增长率=本年销售收入增长额÷上年销售收入总额×100%

净利润增长率=本年净利润增长额÷上年净利润总额×100%

总资产增长率=本年总资产增长额÷年初资产总额×100%

三、上市公司的财务比率

对上市公司进行获利能力分析,除分析计算上述一般指标外,还需分析特殊指标。就上市公司来说,最重要的财务指标是每股收益、每股净资产和净资产收益率。

1. 每股收益

每股收益,也称每股利润或每股盈余,反映企业普通股股东持有每一股份所能享有的企业利润和承担的企业亏损,是衡量上市公司盈利能力时最常用的财务分析指标。每股收益越高,说明公司的盈利能力越强。

每股收益的计算包括基本每股收益和稀释每股收益。企业应当按照归属于普通股股东的当期净利润,除以发行在外普通股的加权平均数计算基本每股收益。其计算公式为:

$$基本每股收益 = \frac{归属于普通股股东的当期净利润}{当期发行在外普通股的加权平均数}$$

例如,甲股份有限公司当年净利润为2 341 382元,发行在外的普通股为2 500 000股。依上式计算每股收益为:

每股收益=2 341 382÷2 500 000=0.94(元/股)

每股收益是分析上市公司盈利能力的一个综合性较强的财务指标。它反映普通股的获利水平。在分析时,可以进行公司间的比较,以评价该公司的相对盈利能力;可以进行不同时期的比较,了解该公司盈利能力的变化趋势；可以进行经营实绩和盈利预测的比较，掌握该公司的管理能力。计算每股收益要注意的问题有以下几点。

(1) 优先股问题。如果公司发行了不可转换优先股，则计算时要扣除优先股股数及其分享的股利，以使每股收益反映普通股的收益状况。

(2) 合并报表问题。编制合并报表的公司，应以合并报表数据计算该指标。

(3) 年度中普通股增减问题。由于计算各种财务比率时要求分子和分母口径对称，本年净利润是整个年度内实存资本创造的，在普通股发生增减变化时该公式的分母应使用按月计算的"加权平均发行在外普通股股数"，即

当期发行在外普通股的加权平均数 = (期初发行在外普通股股数 × 报告期时间 + 当期新发行普通股股数 × 已发行时间 − 当期回购普通股股数 × 已回购时间) ÷ 报告期时间

例如，某上市公司 1 月 1 日发行 50 000 000 股普通股，4 月 1 日发行 20 000 000 股普通股，8 月 1 日发行 60 000 000 股普通股，12 月 1 日发行 10 000 000 股普通股。另外，已知该公司年末累计实现的净利为 150 000 000 元，则年末加权平均普通股股数和加权平均每股收益为：

加权平均普通股股数 = (50 000 000 × 12 + 20 000 000 × 9 + 60 000 000 × 5 + 10 000 000 × 1) ÷ 12
= 90 833 333(股)

加权平均每股收益 = 150 000 000 ÷ 90 833 333 = 1.65(元/股)

如不加权计算年末普通股股数(=50 000 000+20 000 000+60 000 000+10 000 000=140 000 000 股)，则该公司年末每股收益为：

每股收益 = 150 000 000 ÷ 140 000 000 = 1.07(元/股)

(4) 稀释性潜在普通股问题。有的公司具有复杂的股权结构，除普通股和不可转换的优先股外，还有可转换优先股、可转换债券、购股权证等。计算这种转换和认购对每股收益的影响是比较复杂的。

普通股增加会使每股收益变小，称为"稀释"。企业存在稀释性潜在普通股的，应当分别调整归属于普通股股东的当期净利润和发行在外普通股的加权平均数(即基本每股收益计算公式中的分子、分母)，并据以计算稀释每股收益。

计算稀释每股收益，对基本每股收益分子的调整项目有：①当期已确认为费用的稀释性潜在普通股的利息；②稀释性潜在普通股转换时将产生的收益或费用。同时，将基本每股收益分母调整为当期发行在外普通股的加权平均数于假定稀释性潜在普通股转换为已发行普通股而增加的普通股股数的加权平均数之和。

2. 市盈率

市盈率是指上市公司普通股每股市价相当于每股收益的倍数，即每股市价和每股收益的比例。其计算公式为：

$$市盈率(倍数) = 普通股每股市价 ÷ 普通股每股收益$$

续前例，甲股份有限公司的普通股每股收益为 1.07 元，每股市价为 6 元。依上式计算甲股份有限公司市盈率为：

$$市盈率 = 6 ÷ 1.07 = 5.61(倍)$$

该指标反映投资人愿意用每股净利润的多少倍来购买该种股票，可以用来估计股票的投资报酬和风险。市盈率是人们普遍关注的指标，有关证券刊物几乎每天每天报道各类股票的市盈率。一般认为，市盈率越高，说明投资人对公司的发展前景越看好，越愿意用净利润的更多倍来购买该种股票，股票投资的未来风险越小。反之，市盈率越低，说明投资人对公司的发展前景越没有信心，越不愿意用净利润的更多倍来购

买该种股票，股票投资的未来风险越大。

我国股市的现状是，市盈率为20左右的股票，股价长期稳定；市盈率为成百上千的股票，股价一直暴涨。这一方面可能是由于大户、机构炒作，另一方面也可能是投资人进行风险投资，追求的是概念、题材而非公司的业绩。我国的投资人在1996—1997年注重市盈率指标和公司业绩，偏向于购买绩优股股票，而现在则偏重于追捧概念股，强调更新理财观念，进行风险投资。但从长期看，对绩优股进行投资仍然风险较小。

3. 每股净资产

每股净资产是指期末净资产(即股东权益)与年度末普通股份总数的比值，也称为每股账面价值或每股权益。其计算公式为：

$$每股净资产 = 年度末股东权益 \div 年度末普通股数$$

这里的"年度末股东权益"是指扣除优先股权益后的余额。该指标反映发行在外的每股普通股所代表的净资产成本，即账面权益。因其是用历史成本计量的，既不反映净资产的变现价值，也不反映净资产的产出能力，在投资分析时，只能有限地使用该指标。

每股净资产在理论上提供了股票的最低价值(历史成本)。如果市价小于每股净资产，则说明市价低于历史成本，公司资产质量差，没有发展前景，就像市价低于成本的商品一样，属于"处理品"。当然，"处理品"也不是没有购买价值，问题在于该公司今后是否有转机，或者购入后经过资产重组能否提高获利能力。

4. 市净率

把每股净资产和每股市价联系起来，可以说明市场对公司资产质量的评价。反映每股市价和每股净资产关系的比率，称为市净率。其计算公式为：

$$市净率(倍数) = 每股市价 \div 每股净资产$$

每股净资产是股票的账面价值，它是用成本计量的；每股市价是这些资产的现在价值，它是证券市场上交易的结果。该指标反映投资人愿意用每股净资产(账面价值)的多少倍来购买该种股票。一般认为，市净率越高，说明投资人对公司的发展前景越看好，越愿意用净资产的更多倍来购买该种股票，股票投资的风险越小，企业资产的质量好；反之，市净率越低，说明投资人对公司的发展前景越没有信心，越不愿意用净资产的更多倍来购买该种股票，股票投资的风险较大，企业资产的质量差。优质股票的市价都超出每股净资产许多，一般来说，市净率达到3，就可以树立较好的公司形象。企业在进行财务分析时，应将市盈率和市净率指标结合起来分析。

本 章 小 结

1. 学习指标计算时，要注意计算的规律性。

(1) 在计算指标时，要注意分子分母的可比性：分子为时期指标时，分母也应为时期指标；分子为时点指标时，分母也应为时点指标；如果分子分母不匹配，应将时点指标加以平均，用平均数计算。

(2) 对于"AB率"类的指标，其计算方法基本上是B÷A，如资产净利率＝净利÷资产；对于A与B的比率，其计算方法基本上是A÷B，如长期债务与营运资金比率＝长期债务÷营运资金；市盈率、市净率也用A与B的比率表示，市盈率＝普通股每股市价÷每股盈余，市净率＝每股市价÷每股净资产。

(3) 计算指标时，要注意运用最佳替代指标，如计算存货周转率时，按要求应该使用销售成本；如果题目中没有销售成本指标，就用销售收入指标近似替代。

2. 学习指标分析时，也要注意一定的规律性：财务比率分子为资产、收入、利润、现金流量时，比值通常越高越好；分子为负债、成本、费用时，比值通常越低越好。

3. 重点把握 13 大基本财务比率的含义、计算和分析：①变现能力中的流动比率和速动比率；②营运能力比率中的存货周转率、应收账款周转率；③负债比率中的资产负债率、产权比率和已获利息倍数；④盈利能力比率中的销售净利率、资产净利率和净资产收益率；⑤发展能力比率中的销售增长率、净利增长率和总资产增长率。

练习与思考

一、单项选择题

1. 不直接影响企业权益净利率的指标是(   )。
   A. 权益乘数　　　B. 销售净利率　　　C. 资产周转率　　　D. 股利支付率

2. 某企业收回当期应收账款若干，将会(   )。
   A. 增加流动比率　　　　　　　B. 降低流动比率
   C. 不改变流动比率　　　　　　D. 降低速动比率

3. 现金流量分析中，现金股利保障倍数是用来进行(   )的指标。
   A. 财务弹性分析　　　　　　　B. 获取现金能力分析
   C. 收益质量分析　　　　　　　D. 现金流量结构分析

4. 影响速动比率可信性的最主要因素是(   )。
   A. 存货的变现能力　　　　　　B. 短期证券的变现能力
   C. 原材料的变现能力　　　　　D. 应收账款的变现能力

5. 权益乘数表示企业负债程度，权益乘数越小，企业负债程度(   )。
   A. 越高　　　　B. 越低　　　　C. 不确定　　　　D. 为零

6. A 公司 2001 年年底流通在外的普通股股数为 10 亿股，2002 年 4 月 1 日以 2002 年底总股本为基数，实施 10 送 5 的分红政策，红股于 4 月 16 日上市流通，2002 年的净利润为 4 亿元，则 2002 年每股收益为(   )元。
   A. 0.267　　　　B. 0.30　　　　C. 0.291　　　　D. 0.28

7. 某公司 2003 年的资产总额为 1 000 万元，权益乘数为 5，市净率为 1.2，则该公司市价总值为(   )万元。
   A. 960　　　　B. 240　　　　C. 1200　　　　D. 220

8. 某公司 2003 年 12 月 31 日资产总额为 1000 万元，权益乘数为 4，现金营运指数为 1.2，经营应得现金为 900 万元，则现金债务总额比为(   )。
   A. 1.44　　　　B. 0.69　　　　C. 0.63　　　　D. 0.71

9. 如果企业速动比率很小，下列结论成立的是(   )。
   A. 企业流动资产占用过多　　　B. 企业短期偿债能力很强
   C. 企业短期偿债风险很大　　　D. 企业资产流动性很强

二、多项选择题

1. 从一般原则上讲，影响每股盈余指标高低的因素有(   )。
   A. 企业采取的股利政策
   B. 企业购回的普通股股数
   C. 优先股股息
   D. 所得税税率

2. 下列对于流动比率指标的表述中正确的有(   )。
   A. 流动比率比速动比率更加准确地反映了企业的短期偿债能力
   B. 不同企业的流动比率有统一的衡量标准
   C. 流动比率需要用速动比率加以补充和说明
   D. 流动比率较高，并不意味着企业就一定具有短期偿债能力

3. 对应收账款周转率指标正确计算产生较大影响的因素有(   )。
   A. 季节性经营的企业年末大量销售或年末销售大幅度下降
   B. 大量使用分期收款结算方式
   C. 大量使用现金结算
   D. 大力催收拖欠货款

4. 下面关于财务分析有关指标的说法中，正确的有(   )。
   A. 因为速动比率比流动比率更能反映流动负债偿还的安全性和稳定性，所以速动比率很低的企业不可能到期偿还其流动负债
   B. 产权比率揭示了企业负债与资本的对应关系
   C. 与资产负债率相比，产权比率侧重于揭示财务结构的稳健程度以及权益资本对偿债风险的承受能力
   D. 较之流动比率或速动比率，以现金流动负债比率来衡量企业短期债务的偿还能力更为保险

5. 下列可以用来分析说明资产利润率变化原因的指标有(   )。
   A. 销售利润率
   B. 资产负债率
   C. 资产周转率
   D. 销售收入

6. 资产负债表上表现企业变现能力的资源有(   )。
   A. 可动用的银行贷款额度
   B. 短期股票投资
   C. 即将变现的长期资产
   D. 已办理贴现的商业承兑汇票

7. 在其他条件不变的情况下，会引起总资产周转率指标上升的经济业务是(   )。
   A. 用现金偿还负债
   B. 借入一笔短期借款
   C. 用银行存款购入一台设备
   D. 用银行存款支付一年的电话费

8. 若流动比率大于1，则下列结论不一定成立的是(   )。
   A. 速动比率大于1
   B. 营运资金大于0
   C. 资产负债率大于1
   D. 短期偿债能力绝对有保障

9. 影响变现能力的除报表外的其他因素有(   )。
   A. 可动用的银行贷款指标
   B. 准备很快变现的长期资产
   C. 偿债能力的声誉
   D. 未做记录的或有负债及担保责任引起的负债

10. 下列说法正确的有(   )。
    A. 股票获利率是指每股股利与每股市价的比率

财务管理学(第二版)

    B. 股利支付率是指每股股利与每股收益的比率

    C. 股利支付率与股利保障倍数互为倒数

    D. 市净率是指每股市价与每股净资产的比率

    E. 留存盈利比率与股利支付率互为倒数

三、判断题

1. 净资产收益率是反映盈利能力的核心指标。 ( )
2. 股票价格的变动对每股收益不产生影响。 ( )
3. 总资产收入率与总资产周转率的经济实质是一样的。 ( )
4. 成本收入率越高，流动资产周转速度越快。 ( )
5. 获利能力强的企业，其长期偿债能力弱。 ( )
6. 资产负债率越高，财务杠杆利益就越大。 ( )
7. 企业的盈利能力是影响企业最终偿债能力的最重要因素。 ( )
8. 对于应收账款和存货变现存在问题的企业，分析速动比率尤为重要。 ( )

四、综合题

某公司近 3 年的主要财务数据和财务比率如表 9-5 所示。

表9-5　某公司近3年的主要财务数据和财务比率

项目	2011 年	2012 年	2013 年
销售额(万元)	4000	4300	3800
资产(万元)	1430	1560	1695
普通股(万股)	100	100	100
留存收益(万元)	500	550	550
股东权益(万元)	600	650	650
权益乘数		2.39	2.5
流动比率	1.19	1.25	1.2
平均收现期(天)	18	22	27
存货周转率	8.0	7.5	5.5
长期债务/股东权益	0.5	0.46	0.46
销售毛利率	20.0%	16.3%	13.2%
营业净利率	7.5%	4.7%	2.6%

    假设该公司没有营业外收支和投资收益，所得税税率不变。

    要求：

    (1) 利用因素分析法分析说明该公司 2013 年与 2012 年相比净资产收益率的变化及其原因(按营业净利率、总资产周转率、权益乘数顺序)。

    (2) 分析说明该公司资产、负债和所有者权益的变化及其原因。

(3) 简述该公司在 2014 年应从哪些方面改善公司的财务状况和经营业绩。

案 例 点 击

G 公司财务综合分析

G 公司是一家商业企业，主要从事商品批发业务，该公司 2015 年和 2016 年的财务报表数据如表 9-6 和表 9-7 所示。

表9-6 利润表　　　　　　　　　　单位：万元

项目	2015 年	2016 年
一、主营业务收入	1000	1060
减：主营业务成本	688.57	702.1
二、主营业务利润	311.43	357.9
减：营业和管理费用(不含折旧和摊销)	200	210
折旧	50	52
长期资产摊销	10	10
财务费用	20	29
三、营业利润	31.43	56.9
加：投资收益	40	0
营业外收入(处置固定资产净收益)	0	34
减：营业外支出	0	0
四、利润总额	71.43	90.9
减：所得税(30%)	21.43	27.27
五、净利润	50	63.63
加：年初未分配利润	90	115
六、可供分配的利润	140	178.63
减：应付普通股股利	25	31.83
七、未分配利润	115	146.8

表9-7 资产负债表　　　　　　　　　　单位：万元

项目	2014 年	2015 年	2016 年
货币资金	13	26	29
交易性金融资产	0	30	0
应收账款	100	143	159
存货	200	220	330
预付账款	121	113	76
流动资产合计	434	532	594
长期投资	0	0	0

(续表)

项目	2014 年	2015 年	2016 年
固定资产原值	1020	701	1570.64
累计折旧	23	73	125
固定资产净值	997	628	1445.64
其他长期资产	100	90	80
长期资产合计	1097	718	1525.64
资产总计	1531	1250	2119.64
短期借款	0	64	108
应付账款	65	87	114
预收账款	68	189	248
流动负债合计	133	340	470
长期借款	808	285.25	942.73
负债合计	941	625.25	1412.73
股本	500	509.75	560.1
未分配利润	90	115	146.81
股东权益合计	590	624.75	706.91
负债及股东权益总计	1531	1250	2119.64

要求:

(1) 权益净利率分析。计算 2015 年和 2016 年的权益净利率、资产净利率、权益乘数、总资产周转率和销售净利率(资产、负债和所有者权益按年末数计算)。

根据杜邦分析原理分层次分析权益净利率变化的原因,包括:计算 2016 年权益净利率变动的百分点,并将该百分点分解为两部分,其中资产净利率变动对权益净利率的影响数按上年权益乘数计算;计算资产净利率变动的百分点,并将该百分点分解为两部分,其中销售净利率变动对资产净利率的影响数按上年资产周转率计算。

(2) 2016 年的现金流动分析。按照现行《企业会计制度》规定的现金流量表各指标的计算口径,回答下列问题。

① 投资活动使用了多少现金(净额)?它由哪些项目构成?金额各是多少?

② 筹资活动提供了多少现金(净额)?它由哪些项目构成?金额各是多少?

③ 公司的经营活动提供了多少现金?

(3) 收益质量分析。计算 2015 年和 2016 年的净收益营运指数,并据此判断 2016 年收益质量是提高还是降低了。

(4) 编制 2016 年预计利润表。有关预算编制的数据条件如下。

① 2016 年的销售增长率为 10%。

② 利润表各项目:折旧和长期资产的年摊销金额与上年相同;利息(财务费用)为年初有息负债的 5%;股利支付率维持上年水平;营业外支出、投资收益项目金额为零;所得税税率预计不变(30%);利润表其他各项目占销售收入的百分比与 2016 年相同。

点石成金

(1) 权益净利率分析列表，如表9-8所示。

表9-8 权益净利率分析列表

项目	2015 年	2016 年	差异
权益净利率	8%	9%	1%
资产净利率	4%	3%	−1%
权益乘数	2	3	1
总资产周转率	0.8%	0.5%	−0.3%
销售净利率	5%	6%	1%

① 权益净利率 = 资产净利率 × 权益乘数。

资产净利率变动对权益净利率的影响 $= (3\% - 4\%) \times 2 = -2\%$

权益乘数变动对权益净利率的影响 $= 3\% \times (3 - 2) = 3\%$

合计 $= -2\% + 3\% = 1\%$

② 资产净利率 = 销售净利率 × 资产周转率。

销售净利率变动对资产净利率的影响 $= (6\% - 5\%) \times 0.8 = 0.8\%$

资产周转率变动对资产净利率的影响 $= 6\% \times (0.5 - 0.8) = -1.8\%$

合计 $= 0.8\% - 1.8\% = -1\%$

(2) 现金流动分析。

① 投资活动现金净额为 835.64 万元，分别是购置固定资产 869.64 万元，处置固定资产收益 34 万元。

② 融资活动现金净流量为 691.01 万元，分别是长期借款增加 657.48 万元，短期借款增加 44 万元，股本增加 50.35 万元，利息支出 29 万元，股利支出 31.82 万元。

③ 现金余额降低 27[29 − (26 + 30)] 万元，经营活动现金净流量为 117.63 (835.64 − 691.01 − 27) 万元。

(3) 收益质量分析。

2015 年非经营净收益 $= (40 - 20) \times (1 - 30\%) = 14$(万元)

2015 年净收益营运指数 $= \dfrac{50 - 14}{50} = 0.72$

2016 年非经营净收益 $= (34 - 29) \times (1 - 30\%) = 3.5$(万元)

2016 年净收益营运指数 $= \dfrac{63.63 - 3.5}{63.63} = 0.94$

由以上计算结果可判断出，2016 年的收益质量有所提高，如表9-9所示。

表9-9 预计利润表 单位：万元

项目	2016 年	2017 年
一、主营业务收入	1060	1166
减：主营业务成本	702.1	772.31
二、主营业务利润	357.9	393.69
减：营业和管理费用(不含折旧和摊销)	210	231

(续表)

项目	2016 年	2017 年
折旧	52	52
长期资产摊销	10	10
财务费用	29	52.54
三、营业利润	56.9	48.15
加：投资收益	0	0
营业外收入(处置固定资产净收益)	34	0
减：营业外支出	0	0
四、利润总额	90.9	48.15
减：所得税(30%)	27.27	14.45
五、净利润	63.63	33.7
加：年初未分配利润	115	146.81
六、可供分配的利润	178.63	180.51
减：应付普通股股利	31.83	16.85
七、未分配利润	146.81	163.66

第十章
企业并购与重整

案例导入

在国家对房地产市场宏观调控进一步深化的背景下，越来越多的房地产企业开始由过去的拿地竞争转变为现在的控股合并。万达商业和融创中国(1918.HK)作为房地产行业的明星企业，也在利用这一历史性机遇实现战略发展。

2017 年 7 月 10 日，融创中国和万达商业联合发布重大公告，融创将以总代价 631.7 亿元人民币收购万达 13 个文旅项目 91% 的股权和 76 个酒店项目。双方约定，交易完成后，文旅项目的规划开发运营依旧由万达负责管理，仍沿用万达名称；酒店项目按原合同执行直至合同期满。双方将在多个领域进一步合作。双方同意将在 7 月 31 日前签订详细协议，尽早完成收付款和有关交割工作。

2017 年 7 月 19 日，富力地产公司加入，三方在北京正式签订战略合作协议。万达增添烟台万达酒店为第 77 个酒店项目，并将 77 个酒店项目作价 199.06 亿元转让给富力地产，13 个文旅项目的 91% 股权仍以 438.44 亿元人民币转让给融创房地产集团，交易总金额为 637.5 亿元。与 7 月 10 日所签协议相比，增加富力地产作为交易方，但是交易标的和交易总金额变化不大。至此，号称"世纪并购"的内地房地产的最大并购案告一段落。

该并购并不是市场中常发生的零和博弈或者"大鱼吃小鱼"的被迫并购，而是经过深思熟虑的彼此利益交互。此次并购协议中将保持"四不变"：一是品牌不变，项目仍持有物业，仍使用"万达文化旅游"品牌；二是规划内容不变，项目仍按照政府原批准的规划、内容进行建设；三是项目建设不变，项目持有物业的设计、建造、质量仍由万达商业实施管理；四是运营管理不变，项目运营管理仍由万达商业负责。在酒店交割后，酒店的管理合同也将继续进行，未来几年双方将会在电影等各领域全面发展战略合作。

试问：

万达商业为何同意出售 13 个文旅项目 91% 的股权和 77 个酒店项目的全部控股权，即同意被并购的动因是什么？而有"并购王"之称的融创中国为何要耗巨资购买万达商业相关项目的控股权，即并购的动机与动因是什么？并购估价是怎样的？融创采用什么方式进行并购？并购价款如何给付？资金来源如何解决？并购双方又面临哪些并购风险？

并购之中的种种问题，都需要我们进一步关注。

关键概念

兼并(Merge) 收购(Acquisition) 新设合并(Consolidation)
财务重整(Financial Reorganization) 破产(Bankruptcy)

第一节 企业并购概述

一、并购的概念与形式

在当今市场经济发达的国家，企业越来越重视利用并购这一手段拓展经营，实现生产和资本的集中，达到企业外部增长的目的。

(一) 并购的概念

国际上习惯将兼并和收购合在一起使用，统称为并购(Merger and Acquisition，M&A)。一般来说，并购概念有广义和狭义之分。狭义的并购是指《公司法》所规定的公司合并，包括吸收合并和新设合并。狭义的并购是并购活动的双方或者一方消失，实现资本的集中，并形成新的经济实体。广义的并购除包括狭义的并购外，还包括收购或接管。本书采用的是广义的并购概念，即所涉及的并购主要是指在市场机制作用下，企业为了获得其他企业的控制权而进行的产权重组活动。

(二) 并购的形式

常见的并购形式包括吸收合并、新设合并、收购与接管4种。

1. 吸收合并

吸收合并也称为兼并，是指由一家公司吸收另一家或多家公司加入本公司，被吸收方解散并取消原法人资格的合并方式。续存公司应承接被吸收合并公司的所有资产和负债。

2. 新设合并

新设合并是指两家或者多家公司合并成为一家新的公司，原合并各方解散，取消原法人资格的合并方式。参与并购的各方在并购后法人资格均被注销，合并后新设立的公司应当承接合并各方的全部资产和负债。

3. 收购

收购是指一家公司为了对另一家公司进行控制或者施加重大影响，用现金、非现金资产或股权购买另一家公司的股权或资产的并购活动。实施收购后，被收购企业仍保持其独立的法人资格并继续经营，收购企业确认并购形成的对被收购企业的投资。通常收购方称为并购公司、收购公司或标购公司，被收购方称为被收购公司、目标公司或标的公司。

4. 接管

接管是一个比较宽泛的概念，通常是指一家公司的控制权的变更。这种变更可能是由于股权的改变(如收购)，也可能是出于托管或委托投票权的原因而发生接管。因此接管的外延比收购的概念大。

被收购或者接管虽然也是公司扩张的重要形式，但被收购或接管的公司仍然存续，并没有消失，也不需要成立新的经济实体。

二、并购的类型

企业并购的形式多种多样，按照不同的分类标准可划分为许多不同的类型。

(一) 按并购双方产品与产业的联系划分

1. 横向并购

当并购方与被并购方处于同一行业、生产或经营同一产品，并购使资本在同一市场领域或部门集中时，则称为横向并购，如奶粉罐头食品厂合并咖啡罐头食品厂，两厂的生产工艺相近，并购后可按并购企业的要求进行生产或加工。这种并购投资的目的主要是确立或巩固企业在行业内的优势地位,扩大企业规模。

2. 纵向并购

纵向并购是对生产工艺或经营方式上有前后关联的企业进行的并购,是生产、销售的连续性过程中互为购买者和销售者(即生产经营上互为上下游关系)的企业之间的并购,如加工制造企业并购与其有原材料、运输、贸易联系的企业。其主要目的是组织专业化生产和实现产销一体化。纵向并购较少受到各国有关反垄断法律或政策的限制。

3. 混合并购

混合并购是对处于不同产业领域、产品属于不同市场,且与其产业部门之间不存在特别的生产技术联系的企业进行并购,如钢铁企业并购石油企业,因而产生多种经营企业。采用这种方式可通过分散投资、多样化经营降低企业风险,达到资源互补、优化组合、扩大市场活动范围的目的。

(二) 按并购的实现方式划分

1. 承担债务式并购

在被并购企业资不抵债或资产债务相等的情况下,并购方以承担被并购方全部或部分债务为条件,取得被并购方的资产所有权和经营权。

2. 现金购买式并购

现金购买式并购有两种情况:①并购方筹集足额的现金购买被并购方全部资产,使被并购方除现金外没有持续经营的物质基础,成为有资本结构而无生产资源的空壳,不得不从法律意义上消失。②并购方以现金通过市场、柜台来协商目标公司的股票或股权,一旦拥有其大部分或全部股本,目标公司就被并购了。

3. 股份交易式并购

股份交易式并购也有两种情况:①以股权换股权。这是指并购公司向目标公司的股东发行自己公司的股票,以换取目标公司的大部分或全部股票,达到控制目标公司的目的。通过并购,目标公司成为并购公司的分公司或子公司,或者解散并入并购公司。②以股权换资产。并购公司向目标公司发行并购公司自己的股票,以换取目标公司的资产,并购公司在有选择的情况下承担目标公司的全部或部分责任。目标公司也要把拥有的并购公司的股票分配给自己的股东。

(三) 按涉及被并购企业的范围划分

1. 整体并购

整体并购是指资产和产权的整体转让,是产权的权益体系或资产不可分割的并购方式。其目的是通过资产的迅速集中,增强企业实力,扩大生产规模,提高市场竞争能力。整体并购有利于加快资金、资源集中的程度,迅速提高规模水平与规模效益。实施整体并购也在一定程度上限制了资金紧缺者的潜在购买行为。

2. 部分并购

部分并购是指将企业的资产和产权分割为若干部分进行交易而实现企业并购的行为。其具体包括以下 3 种形式:①对企业部分实物资产进行并购。②将产权划分为若干份等额价值进行产权交易。③将经营权分为几个部分(如营销权、商标权、专利权等)进行产权转让。部分并购的优点在于可扩大企业并购的范围;弥补大规模整体并购的巨额资金"缺口";有利于企业设备更新换代,使企业将不需要的厂房、设备转让给其他并购者，更容易调整存量结构。

(四) 按并购程序划分

1. 善意并购

善意并购是指并购公司事先与目标公司协商，征得其同意并通过谈判达成收购条件的一致意见而完成收购活动的并购方式。善意并购有利于降低并购行为的风险与成本，使并购双方能够充分交流、沟通信息，目标公司主动向并购公司提供必要的资料。同时善意行为还可避免目标公司的抗拒而带来额外的支出。但是，善意并购使并购公司不得不牺牲自身的部分利益，以换取目标公司的合作。而且漫长的协商、谈判过程也可能使并购行为丧失其部分价值。

2. 非善意并购

非善意并购也称为敌意并购，是指并购公司在收购目标公司股权时虽然遭到目标公司的抗拒，仍然强行收购；或者并购公司事先并不与目标公司进行协商，而是在资本市场上通过大量收购目标公司股票的并购行为。非善意并购的优点在于并购公司完全处于主动地位，不用被动权衡各方利益，而且并购行动节奏快、时间短，可有效控制并购成本。但非善意并购通常无法从目标公司获取其内部实际运营、财务状况等重要资料，给公司估价带来困难，同时还会招致目标公司抵抗甚至设置各种障碍。所以，敌意收购的风险较大，要求并购公司制订严密的收购行动计划并严格保密、快速实施。另外，由于敌意收购易导致股市的不良波动，甚至影响企业发展的正常秩序，各国政府都对敌意并购予以限制。

(五) 按并购交易是否通过证券交易所划分

1. 要约收购

要约收购是指并购公司通过证券交易所的证券交易，持有一个上市公司(目标公司)已发行的股份的30%时，依法向该公司所有股东发出公开收购要约，按符合法律的价格以货币付款方式购买股票，获得目标公司股权的收购方式。要约收购直接在股票市场中进行，受到市场规则的严格限制，风险较大，但自主性强，速战速决。敌意收购多采取要约收购的方式。

2. 协议收购

协议收购是指并购公司不通过证券交易所，直接与目标公司取得联系，通过谈判、协商达成共同协议收购方式。协议收购易取得目标公司的理解和合作，有利于降低收购行为的风险与成本，但谈判过程中的契约成本较高。协议收购一般都属于善意收购。

三、并购的动因与效应

(一) 并购的动因

按照古典经济学理论，横向并购的动因主要在于降低成本和扩大市场份额，现代企业理论则从降低交易费用和代理成本的角度解释了纵向并购的动因。具体来说，并购的动因主要可以概括为以下几种。

1. 获得规模经济优势

规模经济是指随着生产经营规模的扩大，生产成本随着产出增加而下降，收益不断递增的现象。通过横向并购，企业可以快速将各种生产资源和要素集中起来，从而提高单位投资的经济收益或降低单位交易费用和成本，获得可观的规模经济。为此，企业有动力扩大生产规模，而并购，特别是横向并购是企业扩大生产规模最便捷有效的途径之一。

2. 降低交易费用

按照科斯的理论，企业是市场机制的替代物，市场和企业是资源配置的两种可相互替代的手段。通过并购，主要是纵向并购，企业可以将原来的市场交易关系转变为企业内部的行政调拨关系，从而大大降低交易费用。

3. 多元化经营

多元化不仅可以降低风险、增加收益，而且可以使企业挖掘出新的增长点，所以多元化经营往往成为企业发展到一定阶段的重要战略之一。并购是企业迅速进入其他生产领域，实现多元化战略的重要方式。通过并购，企业避免了培育一个新产业可能会带来的风险与不确定性，而且有利于根据市场现状选择最佳进入时机。

除以上 3 个方面主要的并购动因外，有些企业还有获得特殊资产和降低代理成本等动因。

企图获得某种特殊资产往往也是并购的重要动因。特殊资产可能是一些对企业发展至关重要的专门资产，如土地是企业发展的重要资源，一些有实力、有前途的企业往往由于狭小的空间难以扩展，而另一些经营不善、市场不景气的企业却占有较多的土地和优越的地理位置，这时优势企业就可能并购劣势企业以获取其优越的土地资源。此外，并购还可能是为了得到目标企业所拥有的有效管理队伍、优秀研究人员或专门人才以及专有技术、商标、品牌等无形资产。

而在企业的所有权和经营权相分离的情况下，经理是决策或控制的代理人，而所有者作为委托人成为风险承担者。由此造成的代理成本包括契约成本、监督成本和剩余损失。通过企业内部组织机制安排可以在一定程度上缓解代理问题，降低代理成本。但当这些机制均不足以控制代理问题时，并购机制使得接管的威胁始终存在。因此通过公开收购或代理权争夺而造成的接管，将会改选现任经理和董事会成员，从而作为最后的外部控制机制解决代理问题，降低代理成本。

另外，跨国并购还可能具有其他多种特殊的动因，如企业增长、技术、产品优势与产品差异、政府政策、汇率、政治和经济稳定性、劳动力成本和生产率差异、多样化、确保原材料来源、追随顾客等。

(二) 并购的效应

市场经济环境下，企业作为独立的经济实体，其一切经济行为都受到利益动机驱使，并购行为的目的也是实现其财务目标——股东财富最大化。同时，企业并购的另一动力来源于市场竞争的巨大压力。在各种并购动因的驱使下，并购活动是否增加了股东财富？西方学者的研究认为，企业并购并非总能产生使股东财富增加的正效应，有的并购却是零效应，还有的并购甚至产生使股东财富减少的负效应。以下是常见的几种并购正效应理论解释。

1. 管理协同效应理论

管理协同效应理论即效率效应理论，该理论认为并购获得产生正效应的原因在于双方的管理效率是不一样的。具有较高管理效率的企业并购管理效率较低企业，可以通过提高后者的管理效率而获得正效应。如果企业有一支高效率的管理队伍，其管理能力超过管理该企业的需要，但这批人才只能集体体现效率，企业不能通过解聘释放能量，那么该企业就可并购由于缺乏管理人才而效率低下的企业，利用这支管理队伍通过提高整体效率水平而获利。

2. 经营协同效应理论

经营协同效应理论的假设前提是规模经济的存在。由于经济的互补性及规模经济，两个或两个以上的企业合并后可提高其生产经营活动的效率，这就是所谓的经营协同效应。获取经营协同效应的一个重要前提是产业中的确存在规模经济，且在并购前尚未达到规模经济。规模经济效益具体表现在以下两个层次。

(1) 生产规模经济。企业通过并购可调整其资源配置使其达到最佳经济规模的要求，有效解决由专业化引起的生产流程的分离，从而获得稳定的原材料来源渠道，降低生产成本，扩大市场份额。

(2) 企业规模经济。通过并购将多个工厂置于同一企业领导之下，可带来一定规模经济，表现为节省管理费用、节约营销费用、集中研究费用、扩大企业规模、增强企业抵抗风险能力等。

3. 财务协同效应理论

企业并购不仅可因经营效率提高而获利，而且还可以给企业带来以下财务协同效应。

(1) 融资能力提高，降低财务成本。财务协同效应理论认为并购可以给企业提供成本较低的内部融资。一般情况下，合并后企业整体的偿债能力比合并前各单个企业的偿债能力强，而且还可降低资本成本，并实现资本在并购企业与被并购企业之间低成本的有效再配置。

(2) 合理避税。税法一般包括亏损递延条款，允许亏损企业免交当年所得税，且其亏损可向后递延以抵销以后年度盈余。同时一些国家税法对不同的资产适用不同的税率，股息收入、利息收入、营业收益、资本收益的税率也各不相同。企业可利用这些规定，通过并购行为及相应的财务处理合理避税。

(3) 预期效应。预期效应是指因并购使股票市场对企业股票评价发生改变而对股票价格的影响。由于预期效应的作用，企业并购往往伴随着强烈的股价波动，形成股票投机机会。投资者对投机利益的追求反过来又会刺激企业并购的发生。

4. 多元化优势效应理论

企业通过经营相关程度较低的不同行业可以分散风险、稳定收入来源、增强企业资产的安全性。多元化经营可以通过内部积累和外部并购两种途径来实现，但在多数情况下，并购途径更为有利。尤其是当企业面临变化了的环境而调整战略时，并购可以使企业低成本地迅速进入被并购企业所在的增长相对较快的行业，并在很大程度上保持被并购企业的市场份额以及现有的各种资源，从而保证企业持续不断的盈利能力。

除上述常见的并购正效应理论解释外，还有战略调整理论、价值低估理论和信息理论、并购零效应理论和并购负效应理论解释等。例如，并购企业由于管理层过度自信，过分乐观，当并购成本大于并购收益时仍坚持并购，在这种情况下并购企业从并购行为中获得的将是零效应；而管理者如果为了自己的利益甚至以损害企业的利益或股东的利益为代价采取并购行为，或者有关并购的决策错误时，并购的总体效应将为负值。

理论上，上述任何一种关于并购动因和效应的解释都是不全面的。现实中，一起并购往往不只有一个动因，而是一个多种因素平衡的过程，因此并购所产生的效应不一定与最初的动因一一对应。

第二节 并购的财务分析

一、并购成本效益分析

是否进行并购决策首先决定于并购的成本与效益。关于并购的成本有广义和狭义两种解释。广义的成本概念不只是一个普遍的财务成本概念，而是由于并购而发生的一系列代价的总和。这些成本既包括并购工作完成的成本，也包括并购发生的无形成本。具体来说，企业并购分析的成本项目有以下几项。

(一) 并购完成成本

所谓并购完成成本是指并购行为本身所发生的并购价款和并购费用。并购价款是指支付给被并购企业股东的，具体形式有现金、股票或其他资产等。并购费用是指并购过程中所发生的有关费用，如并购过程中所发生的搜寻、策划、谈判、文本制定、资产评估、法律鉴定、顾问等费用。

(二) 并购整合与营运成本

并购后为使被并购企业健康发展而需支付的营运成本。这些成本包括：①整合改制成本。如支付派遣人员进驻、建立新的董事会和经理班子、安置多余人员、剥离非经营性资产、淘汰无效设备、进行人员培训等费用。②注入资金的成本。并购公司要向目标公司注入优质资产、拨入启动资金或开办费、为新企业打开市场而需增加的市场调研费、广告费、网点设置费等。

(三) 并购机会成本

一项并购活动所发生的机会成本是指实际并购成本费用支出因放弃其他项目投资而丧失的收益。狭义的并购成本仅仅指并购完成成本。本书下面的论述主要采用狭义的并购成本概念。

并购收益是指并购后新公司的价值超过并购前各公司价值之和的差额。例如，A 公司并购 B 公司，并购前 A 公司的价值为 V_A，B 公司的价值为 V_B，并购形成的新公司的价值为 V_{AB}，则并购收益(S)为：

$$S = V_{AB} - (V_A + V_B)$$

如果 $S>0$，则表示并购在财务方面具有协同效应。

在一般情况下，并购方将以高于被并购方价值的价格 P_B 作为交易价，以促使被并购方股东出售其股票，$P=P_B-V_B$ 称为并购溢价。并购溢价反映了获得对目标公司控制权的价值，并取决于被并购企业前景、股市走势和并购双方讨价还价的情况。

对于并购方来说，并购净收益(NS)等于并购收益减去并购完成成本、实施并购前并购方公司价值的差额。

设 F 表示并购费用，则

$$NS = S - P - F$$
$$= V_{AB} - P_B - F - V_A$$

例如，A 公司的市场价值为 5 亿元，拟收购 B 公司，B 公司的市场价值为 1 亿元。A 公司估计合并后新公司价值达到 7 亿元。B 公司股东要求以 1.5 亿元价格成交。并购交易费用为 0.2 亿元。由此得到：

并购收益 $S = 7 - (5+1) = 1$(亿元)

并购完成成本 $= 1.5 + 0.2 = 1.7$(亿元)

并购溢价 $P = 1.5 - 1 = 0.5$(亿元)

并购净收益 $NS = S - P - F = 1 - 0.5 - 0.2 = 0.3$(亿元)

$$= V_{AB} - V_A - P_B - F = 7 - 5 - 1.5 - 0.2$$
$$= 0.3(亿元)$$

上述并购使 A 公司股东获得净收益 0.3 亿元。可以说这一并购活动对 A、B 两个公司都有利。这是并购活动能够进行的基本条件。

二、并购目标企业的价值评估

所谓价值评估，是指买卖双方对标的(股权或资产)做出的价值判断。对目标企业估价一般可以使用以下方法。

(一) 成本法

成本法也称资产基础法，是指以目标公司的资产价值为基础，对目标公司价值进行评估的方法。确定目标企业资产的价值，关键是选择合适的资产评估价值标准。根据资产的评估价值标准不同，成本法可以分为账面价值法、市场价值法和清算价值法。

1. 账面价值法

账面价值法是根据会计账簿中记录的公司净资产的价值作为公司价值的方法，而账面价值则是指会计核算中账面记载的资产价值。公司净资产的价值等于总资产的价值减去负债总额后的余额。这种估价方法不考虑现时资产市场价格的波动，也不考虑资产的收益状况，因而是一种静态的股价标准。我国企业并购活动中有不少收购方以账面价值作为收购价格的实例。账面价值取数方便，但其缺点是只考虑了各种资产在入账时的价值而脱离现实的市场价值。

2. 市场价值法

市场价值是资产评估中所使用的一个重要价值类型，也是评估师在评估业务中使用最多的价值类型。我国2007年颁布的《资产评估准则——资产评估价值类型指导意见》对市场价值的定义为：自愿买方和自愿卖方在各自理性行事且未受任何强迫的情况下，评估对象在评估基准日进行正常公平交易的价值估计数额。由此可见，无论评估对象是某一特定的资产还是一个企业，在评估行业中对市场价值都有一个专业的定义，它是指在公平竞争的市场上由买卖双方在自愿协商的基础上确定的交易价值。

相比账面价值法，市场价值法的优点在于考虑了资产实际价值的变化，并且是以公平竞争的市场环境下的资产交易为假设前提所评估出的价值。因此，市场价值是易于为人们所接受的一个价值标准。

3. 清算价值法

清算价值是指在评估对象处于被迫出售、快速变现等非正常市场条件下的价值估计数额。在无法持续经营的情况下，企业作为一个整体已经丧失了增值能力，由于深陷财务危机公司可能破产清算，企业将被迫出售各个部分和全部实物资产，出售取得的收入扣除债务后的净额就是企业的清算价值。清算价值法主要适用于陷入财务困境的企业的价值评估。

(二) 市场比较法

市场比较法也称相对价值法，是以资本市场上与目标公司的经营业绩和风险水平相当的公司的平均市场价值作为参照标准，以此来估算目标公司价值的一种价值评估方法。市场比较法的基本假设是：在完全的市场中，类似的资产应该具有类似的价值。因此，在难以通过其他方法确定评估对象的价值时，可以参照市场中类似资产的市场价值作为评估依据，并经过合理的调整之后估算出评估对象的价值。利用市场比较法评估目标公司价值，可以用下列计算公式来表示：

$$V = \frac{V_s}{X_s} \cdot X$$

式中，V——目标公司的评估价值；

X——与公司价值相关的目标公司的可观测变量；

V_s——与目标公司类似的参照公司的市场价值；

X_s——与公司价值相关的参照公司的可观测变量。

该式中的可观测值可以用净利润、净资产、销售收入等指标。市场比较法根据所选择的观测变量不同，可以分为市盈率法、市净率法和市销率法等。

(三) 贴现现金流量法

贴现现金流量法就是把企业未来特定期间内的预期现金流量还原为当前现值。该模型也称为拉巴波特模型(Rappaport Model)，是由美国西北大学阿尔弗雷德·拉巴波特创立。用贴现现金流量的方法确定最高可接受的并购价格，这就需要估计由并购引起的期望的增量现金流量和贴现率(或资本成本)，即企业进行新投资，市场所要求的最低的可接受的报酬率。拉巴波特认为有 5 个重要因素决定目标企业价值：销售和销售增长率；销售利润；新增固定资产投资；新增营运资本；资本成本率。运用贴现现金流量模型对目标企业估价的步骤如下。

1. 预测自由现金流量

在理论上，自由现金流量作为一个术语，与经营现金流量、现金净流量不同，一般认为它是指企业在持续经营的基础上除在库存、厂房、设备、长期股权等类似资产上所需投入外，企业能够产生的额外现金流量。

从外延上判断，自由现金流量分类方法很多，依据现金流量的口径不同，可将现金流量分为企业自由现金流量和股东自由现金流量两大类。为了便于理解，我们也同时界定一下企业"经营性现金流量"的概念。

(1) 经营性现金流量是经营活动(包括商品销售和提供劳务)所产生的现金流量。它不反映筹资性支出、资本性支出或营运资本净增加等变动。其基本公式为：

$$经营性现金流量 = 营业收入 - 营业成本费用(付现性质) - 所得税$$
$$= 息税前利润加折旧(EBITDA) - 所得税$$

(2) 企业自由现金流量(经营实体自由现金流量)是指扣除税收、必要的资本性支出和营运资本增加后能够支付给所有的清偿者(债权人和股东)的现金流量。其基本公式为：

$$企业自由现金流量 = 息税前利润加折旧(EBITDA) - 所得税 - 资本性支出 - 营运资本净增加$$
$$= 债权人自由现金流量 + 股东自由现金流量$$

(3) 股东自由现金流量是指满足债务清偿、资本支出和营运资本等所有需要后剩下的可作为发放股利的现金流量，也是企业自由现金流量扣除债权人自由现金流量的余额。其基本公式为：

$$股东自由现金流量 = 企业自由现金流量 - 债权人自由现金流量$$
$$= 息税前利润加折旧(EBITDA) - 所得税 - 资本支出$$
$$- 营运资本净增加 + (发行的新债 - 清偿的债务)$$

在持续经营的基础上，公司除维持正常的资产增长外，还可以产生更多的现金流量，就意味着该公司有正的自由现金流量。

对目标企业现金流量的预测期一般为 5～10 年，预测期越长，预测的准确性越差。根据并购企业的管理水平预测目标企业现金流量时还应先检查目标企业历史的现金流量表，并假定并购后目标企业运营将发生变化。需要指出的是，自由现金流量(即增量现金流量或剩余现金流量)是指目标企业在履行了所有财务责任(如偿付债务本息、支付优先股股息等)并满足了企业在投资需要之后的"现金流量"。即使这部分现金流量全部支付给普通股股东也不会危及目标企业的生存与发展。拉巴波特建立的自由现金流量预测模型公式如下：

$$CF_t = S_{t-1}(1 + g_t) \cdot P_t(1 - T_t) - (S_t - S_{t-1}) \cdot (F_t + W_t)$$

式中：CF——现金流量；

S——年销售额；

g——销售额年增长率；

P——销售利润率；

T——所得税税率；

F——销售额每增加 1 元所需追加的固定资本投资；

W——销售额每增加 1 元所需追加的营运资本投资；

t——预测期内每一年度。

2. 估计贴现率或加权平均资本成本

假设目标公司的未来风险与并购企业总的风险相同，则可以把目标公司现金流量的贴现率作为并购企业的资本成本。但是当并购会导致并购企业总风险发生变动时，则需要对各种各样的长期资本要素进行估计，包括普通股、优先股和债务等。考虑到股票、市盈率、股票获利率不能全面反映对股东的股本机会成本，资本资产定价模型可用于估计目标企业的历史股本成本。其计算公式为：

$$预测股本成本率 = 市场无风险报酬率 + 市场风险报酬率 \times 目标企业的风险程度$$

或

$$K_s = R_F + R_R \cdot \beta = R_F + \beta(R_m - R_F)$$

对目标企业并购前预期的股本收益需要根据并购后目标企业 β 值的可能变化加以调整。估计债务成本更加困难，因为债务通常不进行交易，可将各种借贷中税后实际利息支付作为债务成本的近似值。类似问题也出现在优先股的情况中。估计了各单个元素的资本成本后，即可根据并购企业期待的并购后资本结构计算加权平均资本成本。其计算公式为：

$$WACC = \sum K_i \cdot b_i$$

式中：WACC——加权平均资本成本；

K_i——各单项资本成本；

b_i——各单项资本所占的比重。

3. 计算现金流量现值，估计购买价格

根据目标企业自由现金流量对其估价为

$$TV_a = \sum \frac{FCF_t}{(1+WACC)^t} + \frac{V_t}{(1+WACC)^t}$$

式中：TV_a——并购后目标企业价值；

FCF_t——在 t 时期内目标企业自由现金流量；

V_t——t 时刻目标企业的终值。

4. 贴现现金流量估值的敏感性分析

由于预测过程中存在不确定性，并购企业还应检查目标企业的估价对各变量预测值的敏感性。这种分析可能会揭示出现金流量预测中存在的缺陷，以及一些需要并购企业关注的重大问题。

【例 10-1】假定甲公司拟在 2012 年年初收购目标企业乙公司。经测算收购后有 6 年的自由现金流量。2011 年乙公司的销售额为 150 万元，收购后前 5 年的销售额每年增长 8%，第 6 年的销售额保持第 5 年的水平。销售利润率(含税)为 4%，所得税税率为 25%，固定资本增长率和营运资本增长率分别为 17% 和 4%，加权资本成本为 11%，求目标企业的价值。

依据上述资料的计算，其结果如表10-1所示。

表10-1 乙公司未来6年自由现金流量预测 单位：万元

年份 项目	2012	2013	2014	2015	2016	2017
销售额	162	174.96	188.96	204.07	220.4	220.4
销售利润	6.48	7.00	7.56	8.16	8.82	8.82
所得税	1.62	1.75	1.89	2.04	2.21	2.21
增加固定资本	2.04	2.2	2.38	2.57	2.78	0
增加营运资本	0.48	0.52	0.56	0.60	0.65	0
自由现金流量	2.34	2.53	2.73	2.95	3.18	6.61

则

$$TV = \frac{2.34}{(1+11\%)^1} + \frac{2.53}{(1+11\%)^2} + \frac{2.73}{(1+11\%)^3} + \frac{2.95}{(1+11\%)^4} + \frac{3.18}{(1+11\%)^5} + \frac{6.61}{(1+11\%)^6}$$
$$= 13.522(万元)$$

因此，如果甲公司能够以13.522万元和更低的价格购买乙公司，那么这一并购活动从价格上讲是合理的。或者说，通过上述估值分析，求出了并购方能接受的最高价格。

【例10-2】A公司正考虑并购B公司。B公司目前的β值为1.40，负债比率按市值计算为25%。假如并购成功，A公司将把B公司作为独立的子公司来经营，并使B公司的负债率达45%，这将使其β值增加到1.655。估计并购后给A公司的股东带来的自由现金流量如表10-2所示。

表10-2 B公司未来现金流量预测

年份	1	2	3	4	5
自由现金流量(万元)	120	140	150	180	第五年及以后每年以4%的增长率增长

这些现金流量包括所有的并购效应。市场平均风险报酬率为12%，无风险收益率为8%，负债利率为11%，A、B公司都为小型微利企业，所得税税率为20%。

要求：

计算B公司的并购价值。

解答：

A公司的股本资本成本率 = 8% + 1.655×(12% − 8%) = 14.62%

WACC = 14.62%×55% + 11%×(1 − 20%)×45% = 12%

B公司价值 = 120×0.8929 + 140×0.7972 + 150×0.7118 + 180×0.6355

　　　　　+180×(1 + 4%)÷(12% − 4%)×0.6355 = 1926.99(万元)

总之，贴现现金流量法以现金流量预测为基础，充分考虑了目标公司未来创造现金流量能力对其价值的影响，在日益崇尚"现金至尊"的现代理财环境中，对企业并购决策具有现实的指导意义。但是，这一方法的运用对决策条件与能力的要求较高，且易受预测人员主观意识(乐观或悲观)的影响。所以，合理预测未来现金流量，以及选择贴现率(加权平均资本成本)的困难与不确定性可能影响贴现现金流量法的准确性。

以上各种对目标企业的估价方法，并无绝对的优劣之分。并购企业对不同方法的选用应主要根据并购的动机而定，而且在实践中可将各种方法交叉使用，从多角度评估目标企业的价值，以降低估价风险。

三、企业并购的风险分析

企业并购是高风险经营，财务分析应在关注其各种收益、成本的同时，更重视并购过程中的各种风险。

(一) 营运风险

所谓营运风险是指并购方在并购完成后，可能无法使整个企业集团产生经营协同效应、财务协同效应、市场份额效应，难以实现规模经济和风险共享互补。通过并购形成的新企业因规模过于庞大而产生不经济，甚至整个企业集团的经营业绩都为被并购进来的新企业所拖累。

(二) 信息风险

在并购中，信息是非常重要的，即"知己知彼，百战不殆"。真实与及时的信息可以大大提高并购企业行动的成功率。但实际并购中因贸然行动而失败的案例不少，这就是经济学上所称的"信息不对称"的结果。

(三) 融资风险

企业并购需要大量的资金，所以并购决策会同时对企业资金规模和资本结构产生重大影响。实践中，并购动机以及目标企业并购前资本结构的不同，还会造成并购所需的长期资金与短期资金、自有资本与债务资金投入比率的种种差异。与并购相关的融资风险具体包括资金是否可以保证需要(时间上与数量上)、融资方式是否适应并购动机(暂时持有或长期拥有)、现金支付是否会影响企业正常的生产经营、杠杆收购的偿债风险等。

(四) 反收购风险

在通常情况下，被收购的企业对收购行为往往持不欢迎和不合作态度，尤其在面临敌意并购时，他们可能会"宁为玉碎，不为瓦全"，不惜一切代价布置反收购战役，其反收购措施可能是各种各样的。这些反收购行动无疑会对收购方构成相当大的风险。

(五) 法律风险

各国关于并购、重组的法律法规的细则，一般都要求增加并购成本而提高并购难度。例如，我国目前的收购规则要求：收购方持有一家上市公司 5%的股票后必须公告并暂停买卖(针对上市企业而非发起人)，以后每递增 5%就要重复该过程；持有 30%股份后即被要求发出全面收购要约。这套程序造成的收购成本之高，收购风险之大，收购程度之复杂，足以使收购者气馁，反收购则相对比较轻松。

(六) 体制风险

在我国，国有企业资本运营过程中相当一部分企业的收购兼并行为，都是由政府部门强行撮合而实现的。尽管大规模的并购活动需要政府的支持和引导，但是并购行为毕竟应是企业基于激烈市场竞争而自主选择的发展策略，是一种市场化行为。政府依靠行政手段对企业并购大包大揽不仅背离市场原则，难以达到预期效果，而且往往还会给并购企业带来风险。例如，以非经济目的代替经济目标，过分强调"优带劣、强管弱、富扶贫"的解困行为，将使企业并购偏离资产最优化组合的目标，从而使并购在一开始就潜伏着体制风险。

总之，并购风险非常复杂和广泛，企业应谨慎对待，多谋善选，尽量避免风险，将风险消除在并购的各个环节中，最终实现并购的成功。

四、并购对企业盈余和市场价值影响的分析

并购活动会对并购双方的财务指标产生明显影响。这里从企业盈余、股价及股票账面价值等方面探讨并购活动对双方的意义及影响。

(一) 并购对企业盈余的影响

并购必将对企业的每股收益、每股市价产生潜在影响。由于企业并购投资决策以投资对股票价格的影响为依据，而股票价格的影响又取决于投资对每股收益的影响。所以企业评估并购方案的可行性时，应将其对并购后存续企业每股盈余的影响列入考虑范围。假设 A 企业计划以发行股票方式收购 B 企业，并购时双方相关财务资料如表 10-3 所示。

表10-3 A、B企业相关财务资料

项目	A 企业	B 企业
净利润	2000 万元	500 万元
普通股股数	1000 万股	400 万股
每股收益	2 元	1.25 元
每股市价	32 元	15 元
市盈率	16 倍	12 倍

若 B 企业同意其股票每股作价 16 元由 A 企业以其股票相交换，则股票交换率为 16/32，即 A 企业每 0.5 股相当于 B 企业的 1 股。A 企业需发行 200(400×0.5)万股股票才能收购 B 企业所有股份。

现假设两企业并购后收益能力不变，则并购后存续 A 企业的盈余总额等于原 A、B 两企业盈余之和，如表 10-4 所示。

表10-4 并购后的A企业每股收益

项目	收益
并购后净利润	2500 万元
并购后股本总数	1200 万股
每股收益	2.083 元

由此，A 企业实施并购后每股收益将提高 0.083(2.083 − 2)元，但原 B 企业股东的每股收益却有所降低，因其所持有的 B 企业股票每股相当于并购后 A 企业股票的 0.5 股，所以其原持有股票的每股盈余仅相当于 1.0415(0.5×2.083)元，较原来降低了 0.2085 (1.25 − 1.0415)元。

若 B 企业股票的作价不是 16 元而是 24 元，则交换比率为 24/32，即 0.75 股。A 企业为取得 B 企业全部股票，总计发行股票为 300(400×0.75)万股，并购之后盈余情况如表 10-5 所示。

表10-5 并购后的B企业每股收益

项目	收益
并购后净利润	2500 万元
并购后股本总数	1300 万股
每股收益	1.923 元

所以在这种情况下，并购后 A 企业的每股收益降低了，而原 B 企业的每股收益为 1.44(0.75×1.923)

元，较并购前有所提高。

由这一思路可以推断出保持 A 企业的每股收益不变的股票交换比率。假定 A、B 两企业合并、收购后收益能力不变，即并购后存续 A 企业的盈余总数等于原 A、B 企业盈余之和为 2500 万元，设股票交换率为 R_1，则

并购前 A 企业的每股收益 $ESP_1 = 2(元)$

并购后 A 企业的每股收益 $ESP_2 = 2500 \div (1000 + 400R_1)$

因并购前后 A 企业的每股收益不变，所以，$EPS_1 = EPS_2$，即为：$2500 \div (1000 + 400R_1) = 2$

求得：$R_1 = 0.625$，即 A 企业对 B 企业的每股股票作价为 20(0.625×32)元。

依此原理，我们还可推算出确保 B 企业每股收益不变的股票交换率，在此从略。

当然，A 企业实施并购方案以后，存续的 A 企业每股收益率保持不变或适量摊薄降低应该是短期现象。从长远分析，并购后收益率将不断提高，每股收益将比合并前高，即产生并购协同效应。若考虑这种协同效应，举例如下。

承上例，假定 A 企业实施并购后能产生较好的协同效应，估计每年增加净收益 404 万元。如要求存续的 A 企业每股收益提高 10%，达到 2.2 元，则可计算 A 企业所能接受的股票交换率为：$\dfrac{2500 + 404}{1000 + 400R_1} = 2.2$。

解得 $R_1 = 0.8$，即 A 企业对 B 企业的每股股票作价为 0.8×32 = 25.6(元)。

(二) 对股票市场价值的影响

并购过程中，每股市价的交换比率是谈判的重点。公开上市的股票，其价格反映了众多投资者对该企业内在价值的判断。因此，股价可反映该企业的获利能力、股利、企业风险、资本结构、资产价值及其他与评价有关的因素。股票市价的交换比率为：

$$股价交换比率 = \frac{对被并购企业每股作价}{被并购企业每股市价} = \frac{并购企业每股市价 \times 股票交换率}{被并购企业每股市价}$$

这一比率若大于 1，则表示并购对被并购企业有利，企业因被并购而获利；而若该比率小于 1，则表示被并购企业因此而遭受损失。

假设甲企业每股股价为 40 元，乙企业每股股价为 20 元，若甲企业提议以其 0.5 股交换乙企业 1 股。则依上式计算此时股价交换比率为：

$$股价交换比率 = (40 \times 0.5) \div 20 = 1$$

这表明甲、乙两家企业的股票以市价 1：1 的比例对换。在不考虑其他因素的情况下，甲、乙企业并未能从并购中取得收益。如果甲、乙两家企业的股票市价交换比例不是 1：1，则必有一方受损，另有一方受益。但从并购行为来说，其目的就是获取并购协同效应，即提高并购后公司的预期每股盈余，这样并购双方都能从中获取收益。由于影响并购后公司预期每股盈余的因素较多，这里就不再阐述。

第三节　并购支付方式及资金的筹措

在企业并购中，支付方式对并购双方的股东权益会产生影响，并且影响并购后企业的财务整合效果，因此任何实施并购的企业必须充分考虑采取何种方式完成并购。

一、并购支付方式

实践中，企业并购的支付方式主要有现金支付、股票支付和混合证券支付3种。

(一) 现金支付

现金支付是指主并企业向被并购企业(目标企业)股东支付一定数额的现金，从而取得被并购企业的所有权，一旦目标企业的股东收到对其拥有股份的现金支付，就失去了任何选举权或所有权。在实际操作中，并购方的现金来源主要有自有资金、发行债券、银行借款和出售资产等方式，按付款方式又可分为即时支付和递延支付两种。现金支付是企业并购中最先采用的支付方式，也是在企业并购中使用频率最高的支付方式，因其速度快的特点而多被用于敌意收购。

1. 现金支付的优缺点

现金支付的优点有：速度快、操作简单；目标企业出售股权或资产的收入很明确，收益确定；卖方能尽快获得流动性；收购企业股权不会被稀释，股权结构稳定。

现金支付的缺点有：主并企业短期内现金流的压力较大，有一定财务风险；对目标公司而言，无法推迟确认资本利得，当期交易的所得税负亦大增。因此，对于巨额收购案，现金支付的比例一般较低。而纵观美国收购历史，亦可发现"小规模交易更倾向于至少是部分地使用现金支付，而大规模交易更多地至少是部分使用股票支付"。

2. 采用现金支付需要考虑的因素

在采用现金支付方式时，需要考虑以下几项影响因素：①主并企业的短期流动性；②主并企业中、长期的流动性；③货币的流动性；④目标企业所在地管辖股票的销售收益的所得税法；⑤目标企业股份的平均股本成本，因为只有超出的部分才应支付资本收益税。

(二) 股票支付

股票支付是指主并企业通过增加发行本企业的股票，以新发行的股票替换目标企业的股票，从而达到并购目的的一种支付方式。不同于现金支付方式，采用股票支付方式，主并企业不需要支付大量现金，因而不会影响主并企业的现金状况。同时，并购完成后，目标企业的股东并没有失去他们的所有权，而是成为并购完成后企业的新股东，但一般来说主并企业的股东在经营控制权上占主导地位。由于目标企业的股东保留自己的所有者地位，因此，股票支付会使主并企业的股本结构发生变化，主并企业股权稀释的极端结构是目标企业的股东通过主并企业增加发行的股票取得了对并购完成后企业的主导控制权。

1. 股票支付的优缺点

股票支付的优点：主并企业节约现金；目标企业的股东继续持有股票，不会失去所有权。股票支付的缺点：主并企业股本结构会发生变化，易导致控制权稀释；手续较多，耗时耗力，不像现金支付那样简捷迅速。股票支付常见于善意并购，当并购双方的规模、实力相当时，可能性较大。

2. 采用股票支付需要考虑的因素

在决定是否采用股票支付方式时，一般要考虑以下因素：①主并企业的股权结构(股权稀释问题)；②每股收益率的变化；③每股净资产的变动；④财务杠杆比例；⑤当前股价水平；⑥当前股息收益率。

(三) 混合证券支付

混合证券支付是指主并企业的支付方式为现金、股票、认股权证、可转换债券等多种形式的组合。单一的支付工具有不可避免的局限性，通过把各种支付工具组合在一起，能集中各种支付工具的长处而避免它们的短处。由于这种优势，近年来混合证券支付在各种出资方式中的比例呈现逐年上升的趋势。

其中认股权证是一种由上市公司发出的证明文件，赋予它的持有人一种权利，即持有人有权在指定的时间内，用指定的价格认购由该公司发行的一定数量(按换股比率)的新股。而可转换债券向其持有者提供一种选择权，在某一给定时间内可以某一特定价格将债券换为股票。混合证券支付具有以下优点：①与普通股相比，公司债券资金成本较低，向它的持有者支付的利息可以免税。②认股权证对主并企业而言可以延期支付股利，为公司提供额外股本基础。而目标企业股东获得认股权证后，可以行使优先低价认购公司新股的权利，也可将其出售。③可转换债券使主并企业能以更低的利率、较宽松的契约条件出售债券，也可以更高的价格出售股票，且预期新产品、新任务所获得的额外利润与转换期一致；对目标企业固定而言，可转换债券同时具有安全性和可增值性的优点，且在股票价格较低时，还可将其转换期推迟到预计股票价格上升的时期。

二、并购资金的筹措

目前适合我国国情的融资方式和途径有内部留存、增资扩股、金融机构信贷、企业发行债券、卖方融资、杠杆收购等方式。在具体的运作中，有些可单独运用，有些则可组合运用，应视并购双方具体情况而定。

(一) 增资扩股

收购方选择增资扩股方式取得现金来收购目标公司时，最重要的是考虑股东对现金增资意愿的强弱。就上市公司而言，拥有经营权的大股东可能考虑其自身认购资金来源的资金成本、小股东认购愿望的因素等，同时，还要考虑增资扩股对其股东控制权、每股收益、净资产收益率，每股净资产等财务指标产生的不利影响。对于非上市公司，若股东资金不足而需由外界特定人士认购时，大股东可能会处于保持控制权的考虑而宁可增加借款而不愿扩股。

(二) 股权置换(换股)

股权置换实际上是公司合并的基本特色。在企业收购活动中，收购者若将其自身的股票作为现金支付给目标公司股东，可以通过两种方式实现：一是由买方出资收购卖方全部股权或部分股权，卖方股东取得资金后认购收购方的现金增资股，因此双方股东不需另筹资金即可实现资本的集中；二是由买方收购卖方全部资产或部分资产，而由卖方股东认购买方的增资股，这样也可达到集中资本的目的。

股权置换完成以后，新公司的股东由并购公司的原有股东和目标公司的原股东共同构成，且并购公司的原有股东继续保持对公司的控制权，但是由于股权结构的改变，这种控制权受到稀释。

(三) 金融机构信贷

金融机构信贷是企业并购的一个重要资金来源，在国外比较流行。由于这种贷款不同于一般的商业贷款，要求收购方提前向可能提供贷款的金融机构提出申请，并就各种可能出现的情况进行坦诚的磋商。即使需要保密，也需在收购初期向金融机构提出融资要求，因为这种贷款与一般的商业贷款相比金额大、偿还期长、风险高，故需较长的商讨时间。

(四) 卖方融资(推迟支付)

在许多时候，购并双方在谈判时会涉及购并方推迟支付部分和全部款项的情形。这是在国外因某公司或企业获利不佳，卖方急于脱手的情况下，新产生的有利于收购者的支付方式，与通常的"分期付款方式"相类似。不过这要求收购者有极佳的经营计划，才易取得"卖方融资"。这种方式对卖方的好处在于因为款项分期支付，税负自然也分段支付，使其享有税负延后的好处，而且还可要求收购方支付较高的利息。

(五) 杠杆收购

杠杆收购是指收购方为筹集收购所需要的资金，大量向银行或金融机构借债，或发行高利率、高风险债权，这些债权的安全性以收购目标公司的资产或将来的现金流入作担保。实质上，杠杆收购是收购公司主要通过借债来获得目标公司的产权，且从后者的现金流量中偿还负债的收购方式。

与其他的企业并购融资方式相比较，杠杆收购有以下基本特征：①收购公司用以收购的自有资金远远少于收购总资金，两者之间的比例一般仅为20%～30%；②收购公司的绝大部分收购资金系借债而来，贷款方可能是金融机构、信托基金、个人，甚至可能是目标公司的股东；③收购公司用以偿付贷款的款项来自目标公司的资产或现金流量，即目标公司将支付其自身的售价；④收购公司除投资非常有限的资金外，不负担进一步投资的义务，即贷出收购资金的债权人只能向目标公司求偿。实际上，贷款方通常在目标公司资产上担保，以确保优先受偿地位。杠杆收购在提高财务收益的同时，也带来了高风险。这种收购的资金大部分依赖于债务，需要按期支付债息，沉重的债息偿还负担可能令收购公司不堪重负而被压垮。收购后公司只有经过重组，提高经营效益与偿债能力，并使资产收益率和股权回报率有所增长，并购活动才算真正成功。

第四节　企业财务重整

一、财务重整的方式

企业财务重整(Financial Reorganization)，是指对陷入财务危机(Financial Distress)但仍有转机和重建价值的企业，根据一定程序进行重新整顿，使企业得以维持和复兴的做法。这是对已经达到破产界限的企业的抢救措施。通过这种抢救，濒临破产企业中的一部分，甚至大部分能够重新振作起来，摆脱破产厄运，走上继续发展之路。

重整按是否通过法律程序分为非正式财务重整和正式财务重整两种。

(一) 非正式财务重整

当企业只是面临暂时性的财务危机时，债权人通常更愿意直接同企业联系，帮助企业恢复和重新建立较坚实的财务基础，以避免因进入正式法律程序而产生的庞大费用和冗长的诉讼时间。

非正式财务重整主要是指债务展期与债务和解。所谓债务展期即推迟到期债务要求付款的日期；而债务和解则是债权人自愿同意减少债务人的债务，包括同意减少债务人偿还的本金数额，或同意降低利息率，或同意将一部分债权转化为股权，或将上述几种选择混合使用。

企业在经营过程中发生财务困难时，有时债务的延期或到期债务的减免都会为财务发生困难的企业赢得时间，使其调整财务，避免破产。而且债务展期与债务和解均属非正式的挽救措施，是债务人与债权人之间达成的协议，既方便又简捷。因此，当企业发生财务困难时，首先想到的便是债务展期和债务和解。

债务展期与债务和解作为挽救企业经营失败的两种方法，都使企业继续经营并避免法律费用。虽然由于债务展期或债务和解，会使债权人暂时无法收取账款而发生一些损失，但是，一旦债务人从困境中恢复过来，债权人不仅能如数收取账款，进而还能给企业带来长远效益。因此，债务展期与债务和解的方法在实际工作中普遍被采用。

当企业拟采用债务展期或债务和解措施来渡过难关时，首先，由企业，(即债务人)向有关管理部门提出申请，召开由企业和其债权人参加的会议；其次，由债权人任命一个由1～5人组成的委员会，负责调查企业的资产、负债情况，并制订出一项债权调整计划，就债权的展期或债务的和解做出具体的安排；最后，召开债权、债务人会议，对委员会提出的债务展期、和解或债务展期与和解兼而有之的财务安排进行商讨并取得一致意见，达到最终协议，以使债权人、债务人共同遵循。

一般而言，债权人同意债务展期或债务和解，表明债权人对债务人很有信心，相信债务人能够走出财务困境并有益于债权人。然而，在债务展期或债务和解后等待还款的这段时间里，由于企业经营的不确定性，随时会发生新的问题而导致债权人利益受损。因此，为了对债务人实施控制，保护债权人利益，在实施债务展期或债务和解后，债权人通常应采取下列措施：①坚持实行某种资产的转让或由第三方代管；②要求债务企业股东转让其股票到第三方代管账户，直至根据展期协议还清欠款为止；③债务企业的所有支票应由债权人委员会签收，以保证回流现金用于还清欠款。

非正式财务重整可以为债权人和债务人都带来一定的好处。首先，这种做法避免了履行正式手续所需发生的大量费用，所需要的律师、会计师的人数也比履行正常手续要少得多，使重整费用降至最低点。其次，非正式重整可以减少重整所需的时间，使企业在较短的时间内重新进入正常经营的状态，避免了因冗长的正式程序使企业迟迟不能进行正常经营而造成的企业资产闲置和资金回收推迟等浪费现象。再次，非正式重整使谈判有更大的灵活性，有时更易达成协议。

但是非正式财务重整也存在着一些弊端，主要表现在：当债权人人数较多时，可能很难达成一致；没有法院的正式参与，协议的执行缺乏法律保障。

(二) 正式财务重整

破产法中建立的重整制度，允许企业在破产时进行重整，但需经过法院裁定，因此涉及正式的法律程序。企业在其正常的经营活动中，有时会由于企业自身的经营条件或者企业外部环境的各种原因无法如期偿还债务，从而陷入暂时的财务困难，这时，便可以通过与其债权人协商达成协议后，按照法定的程序对企业进行重整。企业财务重整是通过一定的法律程序改变企业的资本结构，合理地解决其所欠债权人的债务，以便使企业摆脱所面临的财务困难并继续经营。

正式重整是在法院受理债权人申请破产案件的一定时期内，经债务人及其委托人申请，与债权人会议达成和解协议，对企业进行整顿、重组的一种制度。在正式重整中，法院起着重要的作用，特别是要对协议中的公司重整计划的公正性和可行性作出判断。

依照规定，在法院批准重整之后不久，应成立债权人会议，所有债权人均为债权人会议成员。其主要职责是：审查有关债权的证明材料，确认债权有无财产担保，讨论通过改组计划，保护债权人的利益，确保债务企业的财产不致流失。债务人的法定代表必须列席债权人会议，回答债权人的询问。我国还规定要有工会代表参加债权人会议。

二、财务重整的程序

(一) 向法院提出重组申请

在向法院申请企业重组时，必须阐明对企业实施重组的必要性，以及不采用非正式重组的原因。同时要满足一定的条件：企业发生财务危机或者在债务到期时无法偿还；企业有 3 个或者 3 个以上债权人的债权合计达到一定的数额。如果企业重组的申请符合有关规定，法院将批准重组申请。

(二) 法院任命债权人委员会

债权人委员会的权限与职责是：挑选并委托若干律师、注册会计师或者其他中介机构作为其代表履行职责；就企业财产的管理情况向受托人和债务人提出质询；对企业的经营活动、企业的财产及债务状况等进行调查，了解希望企业继续经营的程度以及其他任何与制订重组计划有关的问题，在此基础上，制订企业的继续经营计划呈交法院；参与重组计划的制订，并就所制订的重组计划提出建议提交给法院；如果事先法院没有任命受托人，应向法院提出任命受托人的要求；等等。

(三) 制订企业重整计划

重整计划既可能改变企业债权人法定的或者契约限定的权利，也可能改变企业股东的权益，无财产担保的债权人则往往以牺牲其部分债权为代价而收回部分现金。经法院批准的重整计划对企业本身、全体债权人及全体股东均有约束力。

重整计划是对公司现有债权、股权的清理和变更做出安排，重整公司资本结构，提出未来的经营方案与实施方法。一般来讲，制订重整计划需要包括下述四项内容。

(1) 估算重整企业的价值。这是非常困难的一步，常采用的方法是收益现值法：①估算公司未来的销售额；②分析公司未来的经营环境，以便预测公司未来的收益现金流量；③确定用于未来现金流量贴现的贴现率；④用确定的贴现率对未来公司的现金流入量进行贴现，以估算出公司的价值。

例如，某公司准备重组，重组前公司资本结构如下：银行借款 300 万元，长期债券 180 万元，优先股 100 万元，普通股 300 万元。重组后，未来 10 年的年度现金净流量为 80 万元，同行业平均资本报酬率水平为 8%，以此作为贴现率。则

该公司的总价值 = 80 × PVIFA$_{8\%,10}$(年金现值系数) = 80 × 6.71 = 536.8(万元)

(2) 调整公司的资本结构，削减公司的债务负担和利息支出，为公司继续经营创造一个合理的财务状况。为达到这一目的，需要对某些债务展期，将某些债务转换为优先股、普通股等证券。

(3) 公司新的资本结构确定之后，用新的证券替换旧的证券，实现公司资本结构的转换。要做到这一点，需要将公司各类债权人和权益所有者按照求偿权的优先级别分类统计，同一级别的债权人或权益所有者在进行资本结构调整时享有相同的待遇。一般来讲，在优先级别在前的债权人或权益所有者得到妥善安排之后，优先级别在后的债权人或权益所有者才能得到安置。

续前例，为了确定合理的资本结构，就要以 536.8 万元为上限对原权益、证券做出重新分配。例如，银行方面提出用手中的 300 万元贷款交换新的 180 万元贷款和 90 万元优先股。长期债券持有人将 180 万元转化为普通股 162 万元，优先股持有人获得了 60 万元分配，并继续以优先股存在。原普通股的股东享有剩余的 44.8 万元。这样重组后新的公司资本结构如下：银行贷款为 180 万元；优先股为 150(90 + 60) 万元；普通股为 206.8(162 + 44.8)万元。

(4) 重整计划通常还包括以下措施：①如果公司现有管理人员不称职，对公司管理人员进行调整，选择有能力的管理人员替代原有管理人员对公司进行调整，补充聘用新的经理和董事；②对公司存货及其他有关资产进行分析，对已经贬值的存货及其他资产的价值进行调整，以确定公司资产的当前价值，这也是重整公司资本结构、重新安排公司债权和股权的基础；③改进公司的生产、营销、广告等各项工作，改善经营管理方法，提高企业各个环节、各个职能部门之间的有效运转和协调配合，提高公司的工作效率；④必要时还需要制订新产品开发计划和设备更新计划，以提高生产能力。

(四) 执行企业重整计划

按照重整计划所列示的措施逐项予以落实，包括整顿原有企业、联合新的企业，以及随时将整顿情况报告债权人会议，以便使债权人及时了解企业重整情况。

(五) 经法院认定宣告终止重整

终止重整通常发生于：①企业经过重整后，能按协议及时偿还债务，法院宣告终止重整；②重整期满，不能按协议清偿债务，法院宣告破产清算而终止重整；③重整期间，不履行重整计划，欺骗债权人权益，致使财务状况继续恶化，法院终止企业重整，宣告其破产清算。

三、财务重整的决策

企业濒临破产时面临一项财务决策，即通过清算而使企业解体，或者通过重整而生存下去，这项财务决策正确与否直接关系到企业的"生死存亡"，故必须慎重进行。

影响重整抑或破产清算财务决策的重要因素如下。首先，企业重整价值与清算价值的比较。重整价值是指企业通过整顿、重整后所恢复的价值，包括设备的更新、过时存货的处理，以及对经营管理所做的种种改善等；而清算价值则指依企业使用的资本资产专门化程度所确定的价值，包括该资产的变现价值，以及在清算过程中所发生的资产清理费用及法律费用。通常，以重整价值大于清算价值作为重整优先考虑的条件。

其次，法院或债权人对企业重整的认可是以重整计划是否具备公平性和可行性为依据的。公平性是指在企业重整过程中对所有的债权人一视同仁，按照法律和财产合同规定的先后顺序，对各债权人的求偿权予以确认，不能违背法律。可行性是指重整应具备的相应条件，主要包括债权人与债务人两方面。为了使重整可行，债务人一般应具备如下条件：①必须具有良好的道德信誉，在整个重整过程中，债务人不能欺骗债权人，如非法变卖企业财产以充作私用、损害债权人利益等；②债务人能提供详细的重整计划，以表明其有足够的把握使重整成功；③债务人所处的经营环境有利于债务人摆脱困境，取得成功。为了使重整可行，必须经债权人会议讨论通过同意重整，并愿意帮助债务人重建财务基础。

本 章 小 结

1. 并购按并购双方产品与产业的联系划分为横向并购、纵向并购、混合并购；按并购的实现方式划分为承担债务式并购、现金购买式并购、股份交易式并购；按涉及被并购企业的范围划分为整体并购、部分并购；按并购程序划分为善意并购、非善意并购；按并购交易是否通过证券交易所划分为要约收购、协议收购。

2. 主要的并购动因有获得规模经济优势、降低交易费用、多元化经营等；并购的效应有并购正效应理论解释、并购零效应和并购负效应理论解释；而常见的并购正效应理论解释有管理协同效应、经营协同效应、财务协同效应和多元化优势效应等。

3. 并购的财务分析主要解决成本效应分析和企业价值评估，并购时目标企业常见的价值评估方法有成本法、市场比较法和贴现现金流量法等。

4. 任何实施并购的企业必须充分考虑采取何种方式完成并购，实践中，企业并购的支付方式主要有现金支付、股票支付和混合证券支付 3 种。并购筹资主要有内部留存、增资扩股、金融机构信贷、企业发行债券、卖方融资、杠杆收购等方式。

5. 企业财务重整是指对陷入财务危机但仍有转机和重建价值的企业，根据一定程序进行重新整顿，使企业得以维持和复兴的做法。这是对已经达到破产界限的企业的抢救措施。

练习与思考

一、单项选择题

1. A 公司与 B 公司合并，合并后 A、B 两家公司解散，成立一家新的公司 C，这种合并是( )。
   A. 吸收合并　　　　B. 新设合并　　　　C. 横向并购　　　　D. 混合并购

2. 并购方与被并购方处于同一行业，这种并购称为( )。
   A. 横向并购　　　　B. 纵向并购　　　　C. 协议收购　　　　D. 混合并购

3. 收购公司仅利用少量的自有资本，主要以被收购公司的资产和将来的收益作抵押负债筹集大量资本用于收购，这种收购属于( )。
   A. 善意并购　　　　B. 要约收购　　　　C. 杠杆并购　　　　D. 混合并购

4. 效率效应理论认为公司并购可以实现( )。
   A. 管理协同效应　　B. 经营协同效应　　C. 多元化经营　　　D. 财务协同效应

5. 多元化优势效应理论为( )提供了较现实的解释。
   A. 横向并购　　　　B. 纵向并购　　　　C. 敌意收购　　　　D. 混合并购

6. 对陷入财务危机，但仍有转机和重建价值的企业根据一定程序进行重新整顿，使公司得以维持和复兴的做法是( )。
   A. 财务重组　　　　B. 财务重整　　　　C. 破产　　　　　　D. 清算

7. 以资本市场上与目标公司的经营业绩和风险水平相当的公司的平均市场价值作为参照标准，以此来估算目标公司价值的一种价值评估方法是( )。
   A. 成本法　　　　　B. 市价法　　　　　C. 市场比较法　　　D. 贴现现金流量法

8. 把企业未来特定期间内的预期现金流量还原为当前现值的企业价值评估方法是( )。
   A. 成本法　　　　　B. 市价法　　　　　C. 市场比较法　　　D. 贴现现金流量法

9. 企业并购中最先采用的，也是在企业并购中使用频率最高的支付方式是( )。
   A. 现金支付　　　　B. 股票支付　　　　C. 混合证券支付　　D. 债券支付

10. 影响重整抑或破产清算财务决策的重要因素，首先是看( )。
    A. 企业重整价值与账面价值的比较　　B. 企业重整价值与市场价值的比较
    C. 企业市场价值与清算价值的比较　　D. 企业重整价值与清算价值的比较

二、多项选择题

1. 并购按并购双方产品与产业的联系可分为( )。
   A. 横向并购　　　　　　　　B. 纵向并购　　　　　　　　C. 协议收购
   D. 混合并购　　　　　　　　E. 要约收购

2. 主要的并购动因有(　　)。

    A. 获得规模经济优势　　　　　　B. 降低交易费用　　　　　C. 多元化经营

    D. 混合并购　　　　　　　　　　E. 要约收购

3. 并购时目标企业常见的价值评估方法有(　　)。

    A. 资产法　　　　　　　　　　　B. 负债法　　　　　　　　　C. 贴现现金流量法

    D. 成本法　　　　　　　　　　　E. 市场比较法

4. 常见的并购正效应理论解释有(　　)。

    A. 管理协同效应理论　　　　　　B. 经营协同效应理论　　　　C. 财务协同效应理论

    D. 多元化优势效应理论　　　　　E. 并购零效应理论

5. 利用市场比较法评估目标公司价值，根据所选择的观测变量不同，可以分为(　　)3 种方法。

    A. 成本法　　　　　　　　　　　B. 市价法　　　　　　　　　C. 市盈率法

    D. 市净率法　　　　　　　　　　E. 市销率法

6. 企业并购中采用股票支付的缺点是(　　)。

    A. 主并企业股本结构会发生变化，易导致控制权稀释

    B. 手续较多，耗时耗力，不像现金支付简便迅速

    C. 主并企业节约现金

    D. 主并企业控制权不会被稀释

    E. 目标公司无法推迟确认资本利得，当期交易的所得税负亦大增

7. 实践中，企业并购的支付方式主要有(　　)。

    A. 现金支付　　　　　　　　　　B. 股票支付　　　　　　　　C. 混合证券支付

    D. 应收账款支付　　　　　　　　E. 应付账款支付

8. 重整按是否通过法律程序分为(　　)。

    A. 正式财务重整　　　　　　　　B. 非正式财务重整　　　　　C. 破产

    D. 重组　　　　　　　　　　　　E. 清算

三、判断题

1. 公司通过横向并购可以消除竞争，扩大市场份额。　　　　　　　　　　　　　　(　　)

2. 公司通过纵向并购可以实现多元化经营，分散投资风险。　　　　　　　　　　　(　　)

3. 效率效应理论认为，公司并购可以提高公司的经营活动效率。　　　　　　　　　(　　)

4. 所谓营运风险是指并购方在并购完成后，可能无法使整个企业集团产生经营协同效应、财务协同效应、市场份额效应，难以实现规模经济和风险共享互补。　　　　　　　　　　　　　(　　)

5. 公司采用现金支付方式会改变并购公司的股权结构。　　　　　　　　　　　　　(　　)

6. 公司财务重整是指对陷入财务危机但仍有转机和重建价值的企业，根据一定程序进行重新整顿，使公司得以维持和复兴的做法。这是对已经达到破产界限的企业的抢救措施。　　　(　　)

四、思考题

1. 企业常见的并购形式有哪些？

2. 现金支付的主要特点是什么？有哪些优缺点？

3. 什么是混合证券支付？有什么优势？

4. 有哪些并购融资方式？

5. 什么是企业"财务重整"？按照是否通过法律程序可分为哪两种？

案 例 点 击

联想收购 IBM 全球 PC 事业部

联想斥资 12.5 亿美元(联想收购 IBM PCD 的最终交易代价约为 8 亿美元现金及价值 4.5 亿美元的联想股份)购入 IBM 的全部 PC(个人电脑)业务, 收购完成后, 占全球 PC 市场份额第 9 位的联想一跃升至第 3 位, 仅次于戴尔和惠普, 而新公司成立之后, 总部将迁往纽约。

2004 年 12 月 8 日, 联想集团有限公司和 IBM 签订并购协议, 根据此项协议, 联想集团收购 IBM 个人电脑事业部, 所收购的资产包括: IBM 所有笔记本、台式计算机业务及相关业务(包括客户、分销、经销和直销渠道); Think 品牌及相关专利、IBM 深圳合资公司(不包括其 X 系列生产线); 根据协议, IBM 的全球金融部和全球服务部以其现有的强大的企业级渠道, 将分别成为联想在租赁和金融服务、授权外包维护服务方面的首选供应商; 联想将成为 IBM 的首选 PC 供应商。2003 年, 联想集团 PC 销售额达 30 亿美元, IBM 的 PC 业务则有 90 亿美元入账。以双方 2003 年的销售业绩合并计算, 此次并购意味着联想的 PC 年出货量将达到 1190 万台, 销售额将达到 120 亿美元, 从而使得联想在目前 PC 业务规模的基础上增长 4 倍。目前, 戴尔公司在全球 PC 市场排名第一, 惠普第二, 而 IBM 与联想的合资将使新公司跻身前三。按照世界 500 强的营业规模排名, 联想可望进入其间。

点 石 成 金

1. 联想收购 IBM PCD 的动因分析

联想收购 IBM PCD 的动因主要有以下几个方面。

(1) 联想发展战略的需要。

(2) 联想国际化战略的要求。

(3) 追求协同效应。

2. 并购方与目标企业的财务分析及交易价格分析

(1) 联想的财务分析。

联想最近期的财务数据如表 10-6、表 10-7 和表 10-8 所示(数据摘录于联想 2004/2005 财年中报)。

表10-6 联想2004/2005财年中期综合损益表

项目	2004/2005 财年 上半年/千港元	2003/2004 财年 上半年/千港元
营业额	11 532 708	11 589 140
除利息、税项、折旧及摊销前经营盈利	608 114	602 170
折旧费用	(101 888)	(97 336)
无形资产摊销	15 891	15 234
资产减值	(51 364)	—

(续表)

项目	2004/2005 财年 上半年/千港元	2003/2004 财年 上半年/千港元
出售投资收益	164 382	6002
财务收入	41 646	40 049
经营盈利	644 999	535 651
财务费用	(3500)	—
	641 499	535 651
应占共同控制实体亏损	(10 110)	(13 539)
应占联营公司盈利/亏损	(246)	5379
除税前盈利	631 143	527 491
税项	(24 905)	1326
除税后盈利	606 238	528 817
少数股东权益	20 633	10 601
股东应占盈利	626 871	539 418
股息	179 357	149 436
每股盈利—基本	8.39 港元	7.22 港元
每股盈利—全面摊薄	8.38 港元	7.19 港元

表10-7 联想2004/2005财年中期综合资产负债表

项目	2004/2005 财年 上半年/千港元	2003/2004 财年 上半年/千港元	项目	2004/2005 财年 上半年/千港元	2003/2004 财年 上半年/千港元
非流动资产			流动负债		
无形资产	552 487	646 986	应付账款	2 479 248	2 155 057
有形固定资产	867 707	987 272	应付票据	317 475	356 531
在建工程	290 607	260 377	应计费用及其他应付账款	688 153	616 897
对共同控制实体的投资	193 466	124 124	应付共同控制实体款项	107 199	108 471
对联营公司的投资	50 891	112 682	应付税金	17 341	5 031
证券投资	28 283	75 982	短期银行借款	125 000	—
递延税项资产	34 780	34 781	长期负债的一年内应支付部分	115 659	55 453
非流动资产净额	2 018 221	2 242 141	流动负债净额	3 850 075	3 297 440

(续表)

项目	2004/2005 财年 上半年/千港元	2003/2004 财年 上半年/千港元	项目	2004/2005 财年 上半年/千港元	2003/2004 财年 上半年/千港元
流动资产			长期负债		
存货	905 195	1 393 018	资金来源		
应收账款	1 714 639	1 230 944	股本	186 830	186 890
应收票据	646 442	520 321	储备	4 703 171	4 301 834
现金、预付款项及其他应收账款	751 331	301 513	股东资金	4 890 001	4 488 724
可收回税项	—	4033	少数股东权益	30 800	29 330
现金及现金等价物	3 126 389	2 650 071			
流动资产净额	7 143 996	6 099 900			
总资产	9 162 217	8 342 041	负债加权益	9 162 217	8 342 041

表10-8 联想2004/2005财年中期现金流量表

项目	2004/2005 财年 上半年/千港元	2003/2004 财年 上半年/千港元
经营活动所耗现金净额	598 326	110 401
投资活动所耗现金净额	(18 532)	(174 014)
融资活动所耗现金净额	(103 601)	(631 736)
现金及现金等价物增加/减少	476 193	(695 349)
汇率变动的影响	125	(4)
期初现金及现金等价物	2 650 071	2 808 323
期末现金及现金等价物	3 126 389	2 112 970

　　以2004财年上半年的财务数据为基础，对联想的财务状况、经营效率、盈利能力等几个方面进行的分析如下所示。

　　① 偿债能力分析。

　　流动比率＝流动资产÷流动负债×100%＝7 143 996÷3 850 075×100%＝186%

　　速动比率＝(流动资产-存货)÷流动负债×100%＝(7 143 996-905 195)÷3 850 075×100%＝162%

　　由计算结果可以看出，联想的流动比率、速动比率都比较正常，偿债能力较强。

　　② 财务结构分析。

　　资产负债率＝负债÷总资产×100%＝4 241 416÷9 162 217×100%＝46.3%

由计算结果可以看出，联想的资产负债率较高。资产负债率较高属于应付账款的安排所致，考虑到在负债总额中长期负债(3.9亿港元)很少，特别是未偿还的银行贷款(1.25亿港元)更少，与48.90亿港元的股东权益相比，占2.6%，公司的财务结构是比较稳健而富有弹性的。

③ 经营效率分析。

存货周转天数 = 180 ÷ (当期营业成本 ÷ 当期平均存货金额)

$\quad$ = 180 ÷ (9 828 870 ÷ 1 149 106) = 21(天)

应收款周转天数 = 180 ÷ (当期营业收入 ÷ 当期平均应收款)

$\quad$ = 180 ÷ (11 532 708 ÷ 2 056 173) = 32.1(天)

应付款周转天数 = 180 ÷ (当期营业成本 ÷ 当期平均应付款)

$\quad$ = 180 ÷ (9 828 870 ÷ 2 654 155) = 48.6(天)

计算结果表明，联想的这三个指标都在预定的范围内，经营效率在国内同行业属于较高水平。

④ 盈利能力。

毛利率 = 毛利 ÷ 营业收入 × 100% = 1 703 838 ÷ 11 532 708 × 100% = 14.8%

净利率 = 净利润 ÷ 营业收入 × 100% = 606 238 ÷ 11 532 708 × 100% = 5.3%

计算结果表明，联想的盈利能力在国内同行业属于较高的。

⑤ 成长能力分析。

营业收入增长率 = (当期营业收入 − 上期营业收入) ÷ 上期营业收入 × 100%

$\quad$ = (11 532 708 − 11 589 140) ÷ 11 589 140 × 100% = −0.4%

净利润增长率 = (当期净利润 − 上期净利润) ÷ 上期净利润 × 100%

$\quad$ = (626 871 − 539 418) ÷ 539 418 × 100% = 16.2%

由计算结果可以看出，联想本期的营业收入呈下滑趋势，而净利润却有较大幅度的增长。净利润的增长主要是由于出售有关资产带来的，扣除这一影响，净利润增长率将归于零。这说明联想正面临巨大的市场压力，销售、利润增长乏力，但是联想近几年的利润率能保持在4.6%~5.3%，利润保持在10亿港元以上，对比同行业的销售增长、利润下滑的情况，应属不易。

从以上分析可以看出，联想的财务资源很充足，一方面依赖于营运活动带来的强劲、稳定的现金流(截至2004年9月30日，联想拥有的现金及现金等价物为31.26亿港元)；另一方面依赖于巨大的银行综合信用额度(截至2004年9月30日，联想可动用的综合信用额度为40.60亿港元)。结合正在磋商的6亿美元银团贷款和方便的债券融资方式，联想可为并购提供强大的财务资源。

(2) IBM PCD 的财务分析。

① 偿债能力分析。

流动比率 = 流动资产 ÷ 流动负债 × 100% = 1166 ÷ 2193 × 100% = 53%

速动比率 = (流动资产 − 存货) ÷ 流动负债 × 100% = (1166 − 279) ÷ 2193 × 100% = 40%

由计算结果可以看出，流动比率、速动比率都很低，偿债能力很差，主要依靠 IBM 总部的资金维持营运。

② 财务结构分析。

资产负债率 = 负债 ÷ 总资产 × 100% = 2509 ÷ 1534 × 100% = 164%

截至2004年6月30日，IBM PCD账面净值为−9.75亿美元(总资产15.34亿美元，总负债25.09亿美元)，并且持续亏损，但仍然持续运营，这主要源于 IBM 总部提供的投资支持。

③ 经营效率分析。

存货周转天数 = 180 ÷ (当期营业成本 ÷ 当期平均存货金额) = 180 ÷ (4706 ÷ 257) = 9.8(天)

应收款周转天数＝180÷(当期营业收入÷当期平均应收款)＝180÷(5217÷434)＝15(天)

应付款周转天数＝180÷(当期营业成本÷当期平均应付款)＝180÷(4706÷1449)＝55.5(天)

计算结果表明，IBM PCD 的存货周转天数较少，得益于供应链管理系统全面而广泛的应用；应收款周转天数少，受惠于客户融资服务和分销渠道融资服务；应付款周转天数较大，是由于缺少营运资金导致的应付款的信贷期限延长。存货周转天数、应收款周转天数都比联想的少，说明 IBM 的生产管理的运营效率较高。

④ 盈利能力。

毛利率＝毛利÷营业收入×100%＝511÷5217×100%＝9.8%

IBM 毛利的统计口径与联想不一致，造成毛利率无法相比。按同口径统计，IBM 的毛利率达 24%，高出联想近 10 个百分点。但在该营业期内，仍有 1.39 亿美元的亏损，说明 IBM 的成本控制存在一定的问题。影响 IBM PCD 盈利的因素，除管理成本高、人工费用大的因素外，质保费用的异常上升也是一个重要的因素，这主要是由于产品保修所带来的 5.86 亿美元(2003 年)、3.65 亿美元(2004 年上半年)的支出。按照历年质保费用占营业收入比例的历史数据(平均 4.6%)计算，正常发生的质保费用应为 4.40 亿美元(2003 年)、2.30 亿美元(2004 年上半年)，可见这两期分别比正常水平多发生了 1.46 亿美元、1.35 亿美元的质保费用，严重影响当期的经营业绩。

⑤ 成长能力分析。

营业收入增长率＝(当期营业收入－上期营业收入)÷上期营业收入×100%

＝(5217－4296)÷4296×100%＝21.4%

由计算结果可见，IBM PCD 的营业收入比去年同期增长 21.4%，但亏损额(1.39 亿美元)较去年同期(0.97 亿美元)由计算结果有所增大，连续多年的亏损，虽然经过持续的管理改善，但仍无法扭转亏损的局面，最终导致 IBM 决定出售 IBM PCD。根据收购协议，联想收购部分 IBM PCD 的资产，账面净值为负6.8 亿美元(包括收购资产 9.35 亿美元和承担责任 16.15 亿美元)。

(3) 交易价格分析。

联想收购 IBM PCD 的收购价格为 12.5 亿美元，这个价格是根据多项因素制定的，包括该项业务对新联想的收入贡献、收购资产的范围和质量、增长前景、盈利潜力、与联想产生协同效益的潜力、承担责任的范围与性质、与 IBM 已订立的商业协议的条款等，最主要的因素是 IBM PCD 本身的价值。

由于收集到的资料有限，下面根据收益分析法来对 IBM PCD 进行价值评估。

IBM PCD 的价值＝收益×资本化率

选取未来数年 IBM PCD 的预期收益的平均值作为计算用的收益；选取联想的市盈率作为计算用的资本化率。联想的股价目前为 2.5 港元至 2.7 港元，过去数年每股净收益 EPS 的平均值约为 0.14 港元，联想的市盈率为 17.8 至 19.3，取为 18，即资本化率为 180。

根据联想的预测，IBM PCD 业务可在两个季度内带来 1.0 亿美元的经营盈利，并在 2007 年前实现每年节省 2.0 亿美元的目标，即这项收购未计商誉摊销前每年经营利润为 5.0 亿美元。如果联想未来 8 年进行 19 亿美元的商誉摊销，每年仍可从中获得经营利润 2.5 亿美元和纯利最多 2.0 亿美元。

IBM PCD 的价值＝2.0×18＝36 亿美元，由以上计算结果可以看出，通过收益分析法评估出的 IBM PCD 的价值为 36 亿美元，即相当于 2 倍的交易代价。因此看来，联想收购 IBM PCD 的收购代价属于便宜的。联想收购 IBM PCD 的股票价格确定为 2.675 港元/股，即联想在公布收购交易前最后一个交易日的收市价。这个价格是综合股票各个时期的价格走势确定的，是合适的。

3. 收购融资方案分析

(1) 融资方案。

联想收购 IBM PCD 所需的资金主要通过以下几种方式来筹集。

① 银行贷款。

通过安排一项 6 亿美元 5 年期的银团贷款来实现。该项贷款牵头银行为工银亚洲、法国巴黎银行、荷兰银行及渣打银行，以及另外 16 家来自中国内地和香港及欧洲、亚洲和美国的银行。联想集团将要支付的利率略高于当时的 3 个月期伦敦银行同业往来贷款利率。

② 发行普通股和无投票权股份。

向 IBM 增发价值 6 亿美元的 821 234 569 股普通股和 921 636 459 股无投票权股份(股票价格为 2.675 港元/股)。

股票回购后，IBM 拥有 821 234 569 股普通股，无投票权股份 485 918 702 股，股票价格为 2.675 港元/股，股票总价值约为 4.5 亿美元。

③ 发行可换股优先股和认股权证。

联想集团向得克萨斯太平洋集团、大西洋大众公司(General Atlantic)、美国新桥投资集团发行共 2 730 000 股非上市 A 类累积可换股优先股，每股发行价为 1000 港元，以及可用作认购 237 417 474 股联想股份的非上市认股权证，总现金代价达 3.5 亿美元，其中：得克萨斯太平洋集团投资 2 亿美元，大西洋大众公司投资 1 亿美元，美国新桥投资集团投资 5000 万美元。其中约 1.5 亿美元将用作收购资金，余下约 2 亿美元将用作联想日常运营资金及用于一般企业用途。

这些优先股将获得每年 45% 的固定累积优先现金股息(每季度支付)，并且从交易完成后的第七年起，联想或优先股持有人可随时赎回。这些优先股共可转换成 1 001 834 862 股联想普通股，转换价格为每股 2.725 港元。每份认股权证可按行使价格每股 2.725 港元认购一股联想普通股。认股权证有效期为 5 年。

(2) 交易完成后联想的股权结构。

在所发行的优先股全面转换以及假设收购 IBM PCD 业务完成并向 IBM 发行相关股份之后，得克萨斯太平洋集团、大西洋大众公司和美国新桥投资集团将共获得联想扩大后总发行股份的约 10.2%。假设所有认股权证全面行使，上述投资者将共拥有约 2.4% 的股权。IBM 将在收购交割完成后获得约 8 亿美元现金及价值 4.5 亿美元的普通股。假设优先股经全面转换后，IBM 将拥有联想集团 13.4% 的股权，IBM 在联想拥有的表决权没有任何改变。

发行优先股后，联想控股将持有新公司 43.2% 的股权，公众将持有约 33.2% 的股权，IBM 约持有 13.4% 的股权，三大私人投资机构将拥有 10.2% 的股权。

(3) 融资方案分析。

① 联想并购的融资方案分析。

联想收购 IBM PCD 的代价包括：6.5 亿美元现金(股票回购后 8 亿美元现金)，6 亿美元股票(股票回购后 4.5 亿美元)，承担 5 亿美元 IBM 原有债务，合计为 17.5 亿美元。联想融资后资金情况：6 亿美元银团贷款，三大机构投资 3.5 亿美元现金，自有资金 4 亿美元，5 亿美元债务系欠供货商的应付账款，在保持正常供应关系的情况下，应付账款滚动支付，没有太大的支付压力。通过银团贷款(6 亿美元现金)、发行股票和认股权证(6 亿美元股票+3.5 亿美元现金)，联想募得现金 9.5 亿美元，联想收购用的资金(8 亿美元)在财务上得到了充分的安排，加上联想自有的 4 亿美元现金，联想已经拥有足够的资金完成对 IBM PCD 的收购，并有足够的财务资源维持新联想的正常营运。联想精心设计的融资方案包括债务融资(银团借款)和权益融资(发行普通股、可换股优先股、认股权证)等多种融资方案，在保证对新联想拥有控制权的情况下，实现了一个营业额 30 亿美元的小公司对一个营业额达 100 亿美元的大公司的并购。

② 其他融资方案分析。

并购前，联想总资产(截至 2004 年 9 月 30 日)约为 91.6 亿港元，净资产约为 48.9 亿港元；收购的 IBM PCD 总资产(截至 2004 年 6 月 30 日)约为 75.90 亿港元(折合 9.73 亿美元)，净资产约为负的 53.11 亿港元(折合 6.81 亿美元)。新联想扣除无形资产，净资产将为负值。

如果联想全部采用债务融资方式，那么 17.5 亿美元的巨大债务对于新联想来说，将是无法承担的。并购前，联想总股本为 7 476 888 108 股，其中联想控股拥有 4 229 121 971 股，董事拥有 58 940 000 股，公众人士拥有 3 188 826 137 股，联想控股占 56.6%，拥有绝对的控制权。

如果联想全部采用股票融资的方式，联想的股权结构将发生以下的变化。

假定收购的代价 17.5 亿美元折合成联想股票(折算价 2.675 港元，且 1 美元=7.8 港元)约为 51 亿股，并支付给 IBM，则新公司的总股本将达到约 125.8 亿股，其中 IBM 以 51 亿股的股份成为新公司大股东，联想控股以 42.3 亿股的股份变成第二大股东，联想控股从而失去控制权。联想收购 IBM PCD 则演变成 IBM 收购了联想。如果不考虑 5 亿美元的负债，以 12.5 亿美元的代价折合成联想股票(折算价为 2.675 港元/股，且 1 美元=7.8 港元)约为 36.45 亿股，则新公司的总股本将达到约 111.2 亿股，联想控股仍以 42.3 亿股的股份维持大股东的地位；但 IBM 以 36.45 亿股的股份成为第二大股东。以 IBM 的实力，可以随时从公众人士手中收购联想股票，从而成为大股东并控制新联想；联想控股的大股东地位随时都有变动的可能，从而失去新联想的控制权。

从以上分析可以看出，单纯的债务融资或权益融资都是不可取的。

4. 结论

此次案例分析只是对企业并购的财务问题进行了简要的分析，从财务的角度对并购活动中的目标企业的价值评估、出资的方式、融资的成本以及并购融资的方式等方面进行了分析，总结和提出了一些应注意的问题。通过本文的研究和分析，得出以下结论。

(1) 目标企业价值的评估是整个并购活动的基础和关键的环节，要针对企业的特点，选用合适的方法，取得完整的数据，计算目标企业的价值；同时，结合不同评估方法的特点，进行互相的验证。

(2) 对并购交易要进行收益的分析，确保并购交易的净现值为正。

(3) 结合金融市场的发育程度，选择多样化的出资方式。

(4) 融资时要充分考虑融资的成本和融资的财务风险，在保证财务安全的情况下，追求最低的融资成本。

(5) 联想在进行收购 IBM PCD 时，准确评估了目标企业的价值，采用现金和股票的收购方式，精心设计了融资方案，确保控制权不被转移并充分利用国际资本市场进行融资，分散财务风险。

第十一章

网络条件下的财务管理理论

案例导入

路甬祥在谈到当今世界科学技术的发展趋势时认为：学科交叉融合加快，新兴学科不断涌现，成为当今世界科学技术的发展趋势的主要特征之一。20 世纪以来，特别是"二战"以后，科技发展的跨学科性日益明显，现在的一些举世瞩目的重大科学问题，几乎都是跨学科问题。科学和技术的融合成为当今科技发展的重要特征，许多学科之间的边界将变得更加模糊，未来重大创新更多地出现在学科交叉领域，学科之间、科学与技术之间的相互融合、相互作用和相互转化更加迅速，逐步形成统一的科学技术体系。

新经济的到来，计算机和网络技术的发展为管理学科的发展提供了广阔的空间。作为经济管理学分支的会计获得了空前的发展机遇，一种建立在网络环境基础上的会计学和计算机学相互交叉、相互作用的边沿性学科 ——网络财务随着电子商务的崛起逐渐走进我们的视野。

关键概念

网络财务(Network Finance)　电子商务(Electronic Commerce)　会计信息化(Accounting Informatization)　财务业务一体化(Integration of Finance and Business)

第一节　网　络　财　务

一、网络财务的定义和内涵

网络财务是指以网络技术为手段，建立在 Internet/Intranet(互联网/内联网)基础之上的，以财务管理为核心，集业务核算和财务核算于一体的一种全新的财务管理模式，它能支持电子商务，实现各种远程操作和动态的会计核算与在线的财务管理，进行电子单据处理和电子货币结算。

网络财务是会计发展史上的第四个里程碑。会计发展史上的前三个里程碑分别是：1494 年意大利数学家、会计学家卢卡·帕乔利(Luca Pacioli)发表了《算术、几何、比及比例概要》，系统阐述了复式记账原理及其应用方法，成为会计发展史的第一个里程碑。1854 年，苏格兰爱丁堡会计师协会成立，使会计成为一个服务行业，被认为会计发展史的第二个里程碑。"二战"以后，财务会计和管理会计学科的分化，指出了会计发展的新方向，被认为是会计发展史的第三个里程碑。与这三个里程碑相比，网络财务第一次运用了网络技术、实现了无纸化办公、实现了实时的集中管理和远程控制，开启了一个崭新的财务管理时代——网络财务管理时代。

二、网络财务的核心功能

网络财务的特点表现为：会计信息系统的容量呈几何倍数增长；数据处理时效性强，传递不受时间和空间的限制；信息的提供全面及时，数据实现了交互式的传递；满足决策者对决策信息进行横向和纵向比较的需求；资源共享，提高了资源的利用效率；实现工作同步、分片式处理。

财务与业务的协同是网络财务的核心功能。它包括与企业内部部门的协同、与供应链的协同和与社会部门的协同。

(一) 与企业内部部门的协同

涵盖组织全程业务，从网上采购、网上销售、库存管理、网上服务到网上考勤、网上薪酬管理等。财务部门的预算控制、资金准备、网上支付、网上结算等工作与业务部门的工作协同进行。

(二) 与供应链的协同

除组织内部各职能部门外，供应链还包括供应商、运输商、仓库、零售商和客户，伴随着这条供应网络的是持续不断的信息流、产品流和资金流，并以使供应链的整体价值最大化为目标。组织内部各部门、各地分支机构以及与客户、供应商等每一节点，在发生供产销、控制、预测等业务活动过程中每时每刻都会产生各种信息，如果伴有财务信息，企业就必须及时将这些信息传入财务系统进行处理并将产生的结果反馈给业务系统，保证财务业务的协同处理并集成各种管理信息。显然，供应链是基于网络的供应链，只有通过网络财务的协同才能发挥作用，如网上询价、客户关系管理、网上催账等。

(三) 与社会部门的协同

与社会相关部门的协同，如网上银行、网上保险、网上报税、网上报关、网上证券投资和网上外汇买卖等。

三、网络财务的应用

网络财务的应用相当广泛，主要体现在以下几个方面。

(一) 对所有分支机构实行集中管理

实现数据的远程处理、远程报表、远程报账、远程查账和远程审计等远距离的财务监控，也可以很方便地掌握和监控远程库存、销售点经营等业务情况。同时通过网络可以对下属分支机构实行数据处理和财务资源的集中管理，包括集中记账、算账、登账、报表生成和汇总，大力强化主管单位对下属机构的财务监控，集中调配集团内的所有资金，提高企业竞争力。

(二) 推动电子货币的发展

众多网上银行的出现是电子货币实现的必要条件。网络财务环境是一个集生产商、供应商、经销商、用户、银行及国家结算机构为一体的网络体系，不存在资金的直接交易，资金一经存入银行就变为货币信息，以信息的方式与商家交流，实现货币功能。电子货币是电子商务的重要条件，也是网络财务的重要基础。电子货币极大地提高了结算效率，更重要的是加快了资金的结算速度，降低了资金成本。

(三) 实现移动办公

网络财务使得财会工作方式改变，可以真正实现财务工作的动态处理。网络财务充分利用互联网，随时随地与公司沟通信息，是财务管理工作的一种全新的办公理念，即使在不具备办公条件的偏远地区或旅途中都可以进行业务处理。

(四) 实行网页数据

网络财务下财务信息提供方式也发生较大改变。从传统的纸质页面数据、电算化初步的磁盘数据到现在的网络页面数据。企业不论大小，其财务管理都采用页面形式，致使"大企业变小，小企业变大"，各个企业在更加平等的环境中竞争。网络页面数据具有超链接的功能，与传统财务信息提供方式的区别是，信息的时效性显著增强，页面的可视化显著提高，并不受时间和空间的限制。

(五) 在线管理

利用动态会计信息，财务主管将能够即时地做出反应，部署经营活动和做出财务安排。在线管理主要表现为在线反映、在线反馈、实时分析比较功能。利用在线反映，企业内外部信息需求者可以动态得到企业实时财务及非财务信息。利用在线反馈，可动态跟踪企业的每一项变动，予以必要揭示。实时分析比较财会人员依靠网络环境下数据库的资料，得到同行业其他企业的相关财务动态指标，进行分析比较，正确预测企业今后发展趋势。在线管理有别于传统管理模式，是新的网络管理方式，有助于企业在网络经济竞争中处于有利地位[①]。

四、网络财务研究的问题

电子商务的发展速度惊人，给网络财务的发展提供了广阔的空间。网络财务在应用中出现了一些值得关注的问题。

(一) 将信息流、资金流和物流三者高度统一于管理决策中

信息流是电子商务交易各个主体之间的信息传递与交流的过程。

资金流是指资金的转移过程，包括支付、转账、结算等，资金的加速流动，具有财富的创造力，商务活动的经济效益是通过资金的运动来体现的。

物流是因人们的商品交易行为而形成的物质实体的物理性移动过程，它由一系列具有时间和空间效用的经济活动组成，包括包装、存储、装卸、运输、配送等多项基本活动。

信息流、资金流和物流三者的关系可以表述为：以信息流为依据，通过资金流实现商品的价值，通过物流实现商品的使用价值。物流应是资金流的前提和条件，资金流应是物流的依托和价值担保，并为适应物流的变化而不断进行调整，信息流对资金流和物流运动起指导和控制作用，并为资金流和物流活动提供决策的依据。网络财务软件应充分考虑"三流循环"系统，达到业务和财务的协调。

(二) 解决企业资产的合理优化配置问题

企业的资产不仅包括有形资产，同时还包括无形资产。特别在知识经济的条件下，人力资源等资产对企业的生存和发展起着决定性的作用，因为人才资源是第一资源："国以才立，政以才治，业以才兴。"2003年"全国人才会议"给人才一个明确的定义：一是有知识、有能力；二是能够进行创造性劳动；三是在政治、精神、物质3个文明建设中作出贡献。据研究统计，在现代社会中，体能、技能、智能三者存在两组简单的等比级数规则，人的体能、技能与智能对社会财富的贡献分别为1：10：100，一个仅具有体能者和一个兼具体能、技能和智能的人才对国家的贡献率是近百倍的差距。充分调动人力资源的积极性和创造性，实现资产的合理优化配置，提高企业的社会效益和经济效益，是网络财务重要的任务之一。

(三) 努力缩小理想的系统概念和现实解决方案的距离

理想的网络财务软件可全面整合，实现企业的电子商务，实现基于网络的财务核算和管理，向企业业务整个流程拓展，由原来的统计报账型向管理决策型强化。

当前，网络财务软件的症结有两点：一是有的网络财务软件脱离了中国企业管理的实际情况，例如在国内，许多软件商已经把网络财务具体化，如用友的 FERP、金蝶的 K/3ERP 软件包、新大中的

---

① 引自 http://wiki.mbalib.com/网站。

POWERERP 软件等，这些软件系统的框架都很先进，但在企业中的实施效果并不十分理想。二是企业管理理念缺位，需要从基础管理进行创新。任何网络财务软件必须与其管理对象一起，形成一套机制。一个脱离了企业基础管理现实的网络财务软件也是没有生命力的。因此，必须从根本上改变我们的管理方式，倡导网络财务软件与企业基础管理现实相结合。科学的网络财务软件既是工具又是思想，当它作用于企业时既要有适应性又要有指导力。它既能设计企业的生产服务和管理过程，又能反映企业的价值链和"三流系统"。理想的网络财务系统从空间、时间和效率 3 个方面改变了传统会计核算和财务管理的方式和质量，将极大地提高企业财务管理水平。

(四) 网络财务中的安全性问题和保密性的问题突出

网络的特点是资源与信息共享，网络财务中企业的会计单据、凭证、账簿和报表面临着安全性和保密性问题。因为网络财务所建立的平台是 Internet/Intranet 体系，它们使用的 TCP 协议是以广播的形式进行传播，不能有效地杜绝搭载和窃取以及身份的假冒，这需要从技术手段、管理制度两个方面来进行防范。

1. 技术防范手段

技术防范手段主要有以下几种。

(1) 病毒防范技术——预防和清除。

(2) 防火墙技术——数据包过滤、应用网关和代理服务。

(3) 加密性网络安全技术——加密和密钥技术、数字签名技术。

(4) 漏洞扫描技术与入侵检测系统——漏洞扫描技术、入侵检测系统。

(5) 安全协议——国际通行的安全协议，如安全槽层(SSL)、安全的超文本传输协议(S-HTTP)和安全电子交易规范(SET)等。

例如，可在网络财务中使用信息加密技术——电子签章。其应用于电子文件之上，与传统的手写签名、盖章有完全相同功能的技术。目前最成熟的电子签章技术是"数字签章"。"数字签章"的使用原理为，由计算机程序将密匙和需传送的文件浓缩成信息摘要予以运算，得出数字签章，将数字签章并同原交易信息传送给对方，对方可用来验证该信息的来源和真实性，并可防止传送者不认账。

2. 建立管理制度防范

建立岗位责任制、内部牵制制度、控制制度、硬件管理制度、档案管理制度、预防病毒的措施、防护黑客的措施等，把网络财务的安全纳入法制化的轨道。

(五) 完备的网上支付系统的建立

网络财务的发展离不开完备的网上支付系统。在网络环境中使用传统的会计结算系统会出现以下问题：传统会计结算系统不能进行实时结算，缺乏便利性、安全性，使用范围太窄等。传统会计结算系统的种种缺陷使它无法适应网络财务发展的要求。近年来，随着 Internet 的发展，包括网上消费、网上银行、个人理财、网上投资交易、网上炒股等网上金融服务已在企业中开展。这些金融服务的特点是通过电子货币进行及时的电子支付与结算。建立电子货币系统是网上支付系统的核心，也是发展网络财务的保证。

电子货币作为当代最新的货币形式，从 20 世纪 70 年代产生以来，其应用越来越广泛。电子货币是采用电子技术和通信手段在信用卡市场上流通的以法定货币单位反映商品价值的信用货币，即电子货币是一种以电子脉冲代替纸张进行资金传输和储存的信用货币。

电子货币的共同特点是将现金或货币无纸化、电子化和数字化，利于在网络中传输、支付和结算，利于网络银行使用，利于实现电子支付和在线支付。电子信用卡、电子现金和电子支票、电子零钱、安全零钱、在线货币、数字货币等电子货币必须在安全性、及时性、保密性、灵活性和国际化等方面均达到一定的先进水平，才能保证在网络财务中应用自如。

(六) 网络财务应建立在"诚信"的基石上

作为新经济的代表，网络经济更需要诚信，现代经济从某种意义上说就是信用经济。2002 年作为网络经济发源地的美国不断传出诸如世界通信等巨型航母公司会计造假，虚构高额盈利数字的丑闻，不但使公司处于经营的险地，还大大地挫伤了美国投资者的投资信心，美国股市频创历史新低，给本来就步履蹒跚的美国经济以致命的打击。这要求网络财务要高举诚信的大旗，抱着对社会和人民负责的态度，提供准确的财务信息，重塑社会信用和公众信心。

五、网络财务对会计发展的推动

(一) 网络财务丰富和完善了会计信息系统论的内容

在我国会计界，在会计定位理论中，占绝对主导地位的是"会计信息系统论""会计管理活动论"和"会计控制论"3 种观点，从价值趋向分析，会计信息系统论和决策有用观之间、会计管理活动论及会计控制论和受托责任观之间，存在着潜在的一致。管理会计与财务会计共同构成现代会计信息系统，为本企业内部和外部相关利益主体提供经济信息，共同发挥对企业的核算、监督与管理职能。网络财务是指以计算机网络通信技术为手段，以 Internet/Intranet 为基础，以财务管理为核心，集业务处理和财务核算于一体的一种全新的会计信息系统，它能支持电子商务，实现各种远程操作和动态的会计核算与在线的财务管理，进行电子单据处理和电子货币结算。显然，网络财务本质上是全新的会计信息系统。

(二) 网络财务会计和经济的发展结合得更加紧密

经济越发展，会计越重要。信息时代经济的形态已经发展到电子商务时代，电子商务(E-business)是利用网络实现所有商务活动业务流程的电子化，不仅包括电子商业的面向外部的业务流程，如网络营销、电子支付、物流配送等，还包括企业内部的业务流程，如企业资源计划、管理信息系统、客户关系管理、供应链管理、人力资源管理、网上市场调研、战略管理及财务管理等。而"网络财务"是全面支持电子商务的，使得企业紧跟网络信息时代步伐，实现财务和业务的一体化，有利于构建企业的核心竞争力。"网络财务"中的电子支付系统、电子数据安全等内容成为电子商务发展的基础和支柱。电子商务是经济发展的全新形态，代表经济发展的前沿方向，网络财务的出现体现出会计和经济的发展结合得更加紧密。

(三) 会计的实时、在线、动态管理成为亮点

"网络财务"改变了财会工作空间和模式，使得各项业务能在广阔的网域范围内进行实时处理；由于采用了 Intranet 技术，为财务信息系统由核算型向管理型、决策型转变并最终形成以财务管理为核心的企业全面管理信息系统提供了技术上无限的空间；"网络财务"改变了财务信息的获取方式，财务数据将从传统的纸质页面数据、磁盘数据发展到网页数据，有利于信息多元化的利用。网络财务可提供实时、在线的会计信息，实现财务和业务的动态管理，宣告了一个全新会计时代的开始。

(四) 会计职能扩展到决策管理层次

会计职能的发展是由起初的核算型到管理型最终到预测决策型。会计决策是指根据会计资料，使用会计模型，运用会计分析方法对未来的生产、经营活动的各种备选方案进行优选，从而达到事前决策的目的。网络财务的目标可以确定为向企业内外部的决策者提供所需要的个性化的会计核算和会计决策信息(包括货币计量信息及非货币计量信息)，它确定了会计信息用户可以得到的信息结构、质量和效率。具体到不同的决策者，由于需求差异性，希望获取的会计信息也会各不相同。在此目标下，网络财务的基

本功能应是：利用各种会计规则和现代会计方法，加工来自企业财务活动和业务活动中的数据，生成会计信息，以帮助人们利用会计信息进行决策。其中，会计规则和现代会计方法从管理会计层次上是由会计人员根据信息用户的需求综合制定的，它们随着外界条件的变化不断调整。在网络财务中，会计规则由会计人员确定，会计方法也由会计人员提出，并与信息管理人员合作将这些规则和方法转化为机器系统中可以识别的程序。当企业出现了需要进行管理的新业务活动时，会计人员应以会计工作目标分析为基本原则，确定出相应的解决办法和处理规则，并将其转化为计算机网络系统可处理的对象。

（五）网络财务加快了交叉性和边沿性会计学科的发展

网络财务使会计的发展建立在网络的平台之上，这不仅仅是会计核算手段或会计信息处理操作技术的变革，而且必将对会计核算的方式、程序、内容、方法以及会计理论的研究等产生影响。从而促进会计自身不断发展，包括会计理论、会计方法和会计实务的不断发展，使其进入交叉性和边沿性会计学科的发展阶段，人力资源会计、绿色会计、法务会计发展速度大大加快了。

（六）网络财务将大大推进会计信息化进程

"会计信息化"是20世纪90年代后期才在我国出现的名词。会计信息化是指将会计信息作为管理信息资源，全面运用以计算机、网络和通信为主的信息技术对其进行获取、加工、传输、存储、应用等处理，为企业经营管理、控制决策和社会经济运行、管理提供充足、实时的信息。实现会计业务的信息化管理，依据会计目标，按信息管理原理与信息技术重整会计流程，能够充分发挥会计在企业管理和决策中的核心作用。会计信息化就是要建立技术与会计高度融合的、开放的现代会计信息系统。网络财务是会计信息化的具体体现，是会计信息化进程中具有里程碑意义的阶段，从某种意义上说，网络财务的发展程度体现着会计信息化的发展进程。

（七）网络财务有助于咨询人员开展现代会计业务咨询

网络财务作为会计与计算机网络相结合的崭新概念，是基于网络计算技术，能够提供互联网环境下的财务管理模式、会计工作方式及其各项功能，从而能够进一步实现管理的数字化，并最终实现管理信息的财务管理软件系统。现在从国际上的发展趋势来看，咨询业务正蓬勃发展。越来越多的咨询业务是有关网络财务系统的，例如，怎样建立一个网络财务系统，如何评价网络财务系统的控制制度，如何保障网络财务信息的安全，网络财务实施方案设计，等等。

（八）网络财务使财务会计报告形式更多样、功能更强大

网络经济时代，信息这种特殊产品已从"卖方市场"转向"买方市场"，为满足信息使用者多元化的需要，财务报告既要反映货币信息，又要反映非货币信息；既要反映财务信息，又要反映非财务信息；既要反映历史信息，又要反映发展潜力。只有充分地披露信息，信息才更具有可靠性和相关性。网络财务报告需要增加的内容有：①对网络时代企业生存起决定作用的人力资源和无形资产会计的披露。②增加社会责任信息和企业增值信息的揭示。

在网络经济时代，企业发展的指导原则是科学的发展观，企业的责任首先是社会责任，企业实现的是可持续的发展，在网络平台上配置资源。因而，财务报告披露的信息还应包括社会责任信息和企业增值信息。在线报告模式是企业在国际互联网上设立站点，向信息使用者提供动态的财务报告。在线报告对现有财务体系的影响有：①改变传统报告的滞后性。②改变信息披露方式，突破财务报告只提供货币化信息的局限，采用"超链接"技术使企业财务信息与其他相关信息关联；打破财务报告与业务报告之间的界限，使之成为一个有机整体。③书面式与多媒体结合。财务报告一改呆板的表格和数字模式，声像的加入，使其带有强烈的视觉冲击效果和互动性，更具动感和感染力，并随时能给阅读者提供生动形象的专业帮助。

(九) 网络财务对会计人才的知识结构和素质提出了更高的要求

网络财务应注意培养企业财务人员的财务管理、软件设计、网络管理的素质和技能，以及对信息整理分析能力。

网络财务系统是企业信息化的核心，也是企业开展电子商务的基础和关键环节。这就要求财会人员要有广博的知识和终身学习的意识。美国著名经济学家、诺贝尔经济学奖获得者萨缪尔森说："我们正处在一个科技时代，同时也是一个会计时代，在这个时代里，掌握好广博的会计知识已成为会计人才的最基本要求。"网络财务人员不但应具备高尚的职业道德、扎实的现代管理理论和经验、丰富熟练的会计基本技能，还应对计算机软件技术、网络通信技术和方法了如指掌，特别是网络技术发展的前沿学科，保证网络财务能在一个规范、安全的环境中运行。随着通信技术和网络效率的提高，财务分析将成为会计工作的主流，财务人员的职责也主要是搞财务分析，通过在网上查询数据，不断地整理、分析，从而提高会计信息的质量。可以说，在知识经济的时代，重要的不是获取信息的能力，而是对信息价值的整理分析能力。

六、现代管理理论对网络财务发展的影响

网络财务将现代网络技术与财务管理技术有机结合，不但可以整合企业内部的财务资源，使财务管理从局部走向全部，而且网络财务更多地关注整合企业外部的财务资源，使企业财务管理从内部走向外部。目前，理论界对网络财务的定位还没有统一的认识，笔者认为应该用现代管理理论来规范和指导网络财务的发展。

(一) 耗散理论的影响

耗散结构的理论表明，网络财务系统只有不断进行物流、资金流、信息流的交换，才能发挥网络财务的管理效率，使企业经营管理充满生机和活力。

比利时科学家普里高津(I. Prigogine)于 1969 年提出：一个远离平衡态的开放系统，当某个参量的变化达到一定的阈值时，通过涨落，有可能发生突变，即由原来的无序状态转变为一种在空间、时间或功能上有序的状态。这种稳定有序状态的宏观结构，就叫作耗散结构。系统的这种自行产生组织性的行为叫作自组织现象。因此，耗散结构理论又称为非平衡系统的自组织理论。产生耗散结构，除了要求一个远离平衡态的系统从外界吸收负熵流以外，还需要系统内部各个要素之间存在着非线性的相互作用。这种相互作用会使系统产生协同作用和相互效应，通过随机的涨落，系统就会从无序转为有序，形成新的稳定的结构。从这个意义上说，非平衡是有序之源，涨落导致有序。反之，如果系统处于平衡或近平衡态，则涨落是破坏有序的因素，它会使系统向无序方向发展。

耗散结构理论表明，网络财务开放系统不断与外界进行的物质、能量、信息的交换运动，存在着复杂性和整体性。因此，必须把动力学规律与统计学规律、决定性和随机性、必然性和偶然性结合起来，才能正确描述系统的量变与质变、无序与有序相互更迭的发展过程。

当网络财务系统内部重要信息参量的变化达到一定阈值时，它就可能从原来无序的混乱状态，转变为一种在时间上、空间上和功能上的有序状态，即耗散结构。

耗散结构理论中的"开放"是所有系统向有序发展的必要条件。网络财务系统只有开放才能获得发展，这种开放不断进行物流、资金流、信息流的交换，才能使企业充满生机和活力。电子商务包含物流、资金流、信息流，网络财务全面支持电子商务，因而，物流、资金流、信息流内在的统一和协调性是网络财务中财务与业务一体化的集中体现。

一般系统论提出了有序性、目的性和系统稳定性的关系，耗散结构理论则从另一个侧面回答形成这种稳定性的具体机制，指出非平衡态可成为有序之源。

(二) "协同效应" 理论的影响

"协同效应" 理论表明，网络财务系统中的每个子系统都要达到各自的目标，各个子系统通过相互合作，兼顾局部和整体目标，可以实现网络财务系统总体效益的最大化。

按照奠基人德国斯图加特大学理论物理学教授哈肯提出的协同理论，网络财务系统是由许多子系统组成的、能以自组织方式形成宏观的空间、时间或功能有序结构的开放系统，是一个协同系统。它在外参量企业外部业务数据的驱动下和在总账系统、报表系统、现金流量表系统等子系统之间的相互作用下，以自组织的方式在宏观层次上形成空间、时间或功能有序结构的条件、特点及其演化规律。网络财务系统的状态由一组状态参量来描述。这些状态参量随时间变化的快慢程度是不相同的。当系统逐渐接近于发生显著质变的临界点时，变化慢的状态参量的数目就会越来越少，有时甚至只有一个或少数几个。

由支配原理可知，为数不多的、变化慢的序参量支配为数众多的、变化快的状态参量。网络财务系统中的每一个元素都要达到各自的目标，各个元素通过相互合作，可以实现总体利益的最大化，此即 "协同效应" 理论。

财务与业务作为协作系统应具备 3 个基本要素：①协作的意愿。②共同目标。共同目标可以避免系统目标和个人目标的真实的或理解上的背离。③信息沟通。它不仅对集团财务方面进行管理，而且对库存、生产、销售等业务方面进行管理，不仅管理集团内部，而且与整个供应链管理相结合。

企业实现财务与业务一体化后，财务管理工作将呈现以下新特征：①物流、资金流、信息流同步生成。②采购、销售、仓储等主营业务凭证自动生成，减轻了财务部门的重复劳动，做到数出一门、信息共享。③财务部门和其他部门一样，可以查明每一个信息的来源和录入时间，做到责任分明。④财会人员可以利用实时信息控制经济业务，实现从核算职能向控制职能的转变。

"协同效应" 可以实现网络财务系统中各种财务和业务资源的优化配置，向帕累托最优状态逼近，实现网络财务系统目标的最优化。网络财务管理者的职责就在于通过管理者的活动，可以使各种资源得到合理的配置，从而更好地实现目标。

(三) 突变理论的影响

用突变理论在解释网络财务信息安全的突变问题时，人们施加控制因素影响网络财务信息安全系统状态是有一定条件的，只有在控制因素达到临界点之前，状态才是可以控制的。

许多年来，自然界许多事物的连续的、渐变的、平滑的运动变化过程，都可以用微积分的方法给以圆满解决。自然界和社会现象中，还有由渐变、量变发展为突变、质变的过程，就是突变现象，微积分是不能描述的。1972 年法国数学家雷内·托姆在《结构稳定性和形态发生学》一书中，明确地阐明了突变理论，宣告了突变理论的诞生。

突变理论主要以拓扑学为工具，以结构稳定性理论为基础，提出了一条新的判别突变、飞跃的原则：在严格控制条件下，如果质变中经历的中间过渡态是稳定的，那么它就是一个渐变过程，如果质变中经历的是结构性的转移，那么它就是一个突变过程。

按照托姆的突变理论，就是用数学工具描述网络财务信息安全系统状态的飞跃，从组织管理体系、系统安全的监管、财务数据的控制、资料文档的管理、病毒防范和加密系统、软件开发和相关法规建设 6 个方面给出网络财务信息安全系统处于稳定态的参数区域，参数变化时，系统状态也随着变化，当参数通过某些特定位置时，状态就会发生突变。

用突变理论来解释网络财务信息安全的突变问题，人们施加控制因素影响网络财务信息安全系统状态是有一定条件的，只有在控制因素达到临界点之前，状态才是可以控制的。一旦发生根本性的质变，它就表现为控制因素所无法控制的突变过程。还可以用突变理论对网络财务信息安全系统进行高层次的有效控制，为此就需要研究网络财务信息安全系统与控制因素之间的相互关系，以及稳定区域、非稳定区域、临界曲线的分布特点，还要研究突变的方向与幅度。

网络财务信息安全系统的控制应注意内部控制制度的建立、系统开发控制、数据传递控制等控制因素对其影响的方向和幅度，可借助构建数学模型，考虑影响因子的权重，分析影响因子对网络财务信息安全系统的敏感性。

要调整现有岗位设置，建立岗位责任制，明确职责。设置网络管理中心，全盘规划，合理布局。采取措施确保各工作终端和人员之间适当职责分离，做到相互制约、相互稽核，以实现内部控制，及时发现违规行为。

第二节　网络财务人才的培养

培养网络财务人才既是社会主义市场经济的需求，也是财务管理专业发展的方向。《中国教育发展和改革纲要》指出："各高等学校都要面向社会主义现代化建设，大力培养多种规格，侧重应用的人才"。《财政部关于高级会计人才培训实施方案》指出："实施人才强国战略，适应我国市场经济和会计行业发展要求，培养和造就一批精通业务、善于管理、熟悉国际惯例、具有国际视野和战略思维的高素质、复合型会计人才，发挥高级会计人才在强化会计职能、宣传会计政策、组织继续教育、研究实务问题等方面的组织推动和辐射作用，促进我国会计队伍整体素质的全面提高。"党的十七大报告在阐述立足社会主义初级阶段这个最大实际时指出："要全面认识工业化、信息化、城镇化、市场化、国际化深入发展的新形势新任务，深刻把握我国发展面临的新课题新矛盾，更加自觉地走科学发展道路"。上述这"五化"中，比以往多了一个技术支撑的"信息化"，并且排在第二位，是我们党对当今时代特征的清醒认识和准确把握，对会计信息化的发展具有里程碑式的推动作用。习近平总书记在党的十九大报告中指出，要增强改革创新本领，善于运用互联网技术和信息化手段开展工作。网络财务人才就是具备会计信息化背景的复合型财务人才。

一、网络财务人才的培养现状

当前，网络条件下财务教育缺乏前瞻性和指导性，培养目标和课程设置不明确。导致各院校专业特色和课程设置上各有区别和差异。或偏重网络财务系统理论的学习，或侧重于财务软件实际操作层面的训练，在"广博与专门""素质教育与职业教育"之间徘徊，这反映了网络财务人才培养思想、观念的模糊与混乱。

(一) 复合型网络财务人才十分匮乏

我国现有财会人员约 1200 万人，其中中专以上学历者占 47%，适应新形势的复合型网络财务人才十分匮乏。目前会计电算化专业的设置，基本上还是会计和计算机技术两种，缺乏课程的融合和拓展。再者，信息技术产业的兴起，使传统中介机构的业务内容和作业方式发生了根本性的变化，例如，CPA 的审计和税务签证，财务分析师的财务分析，证券分析师的证券基本面分析等，网上鉴证和网上分析的业务量将大增。要解决这一问题的关键是国家应制定长远的网络财务人才培养目标和计划，各院校将网络财务人才的培养作为重点，有计划分步骤落实。

（二）网络条件下财务教育没有受到重视

很多高校的会计专业甚至在研究生教育阶段都没有开设网络财务类课程，网络财务人才的培养处于会计教育的探索阶段。网络条件下财务教育缺乏与现实的双向互动，实践应用性不强，实践模式单一，对现实的针对性和指导性不够，这些已成为新世纪网络财务教育发展和飞跃的"瓶颈"。

（三）无法满足会计专业人才市场需求

全球经济的一体化，要求我们遵循国际会计惯例，并要求我们更新会计观念、会计专业教育。在充分发挥会计学专业办学的历史沉淀和传统优势的基础上，着力于培养复合型人才，提高学生的综合素质，而现阶段会计人才培养与会计专业人才市场需求错位。

二、网络财务人才的培养目标

专业培养目标是专业教育思想及教育观念的综合体现，它决定人才培养的质量。同时，培养模式的建立与运行、课程体系的构建与优化、教学内容的选择与重组等，无不依据培养目标而确定。

国外市场经济发达国家中，传统的财务管理专业的产生是与金融市场、金融工具及金融机构的发展相联系的。西方财务管理教学表现为两个重点：一是公司财务管理，二是金融市场。我国高校本科财务管理专业的前身是理财学专业，它是从会计学科中独立并加以发展形成的一门"年轻"学科。一个合格的财务管理人才，既应通晓财务核算的技术、方法和财务管理程序，具有娴熟的业务操作技能，更应从战略上精通企业理财之道，具有全面的谋划运筹能力。

随着我国教育体制改革的深化，教育服务对象的转变，大学教育服务的目标应为社会主义市场经济培养实用、通用、开拓和外向型的高级人才。按照这个目标，我们培养的网络财务人才不仅要有财务管理的专业背景，而且要有网络财务软件设计、开发和维护的能力，不仅要能联系实际解决企业理财中的问题，而且要有较宽的知识面，要有分析及概念性思考的能力，要有发现新问题、解决新情况，不断开拓新局面的预测、分析、决策和管理能力，改变以前强调计划方法的必要性而转向以财务决策为中心的预测、控制、分析、决策并重的复合型财务人才。

三、网络财务人才应具备的基本能力

能力是指顺利完成某项任务的心理特征，是个体从事一定社会实践活动的本领，它是在合理的知识结构基础上所形成的。网络财务人才具备的基本能力是多种因素的综合体。

（一）财务与业务协调的能力

财务与业务的协同一直是企业管理工作中的一个重要命题。在互联网之前的财务管理系统存在诸多困难。对于拥有许多下属机构，而下属机构又呈复杂结构且行业多种多样的集团型企业，如何实现财务和业务的协同一直是困扰企业界、财政主管部门、会计界的重大难题。财务与业务的协同是网络财务的核心功能，网络财务对电子商务的支持依赖于财务与业务的协同程度。网络财务人才财务与业务协调的能力包括与组织内部业务协调的能力、与供应链协调的能力、与社会相关部门协调的能力。

（二）会计流程再造的能力

为了实现网络财务对企业内外资源的整合，要求企业必须对其传统的会计业务流程进行再造，实行现代信息技术，如实行企业资源计划(ERP)和供应链管理的思想。网络财务人才重组会计业务流程的重点就是要针对现行会计信息系统的局限性，利用网络技术和事件驱动技术，改变信息的收集、处理和输出方式，建立起一种财务与业务协同的、交互式的新会计业务流程。

网络财务人才要充分发挥 IT 技术的优势,必须打破传统的财务会计流程,将计算机的"事件驱动"概念引入流程设计中,建立基于业务事件驱动的财务业务一体化的信息处理流程。

"事件驱动"原是计算机术语,意指当某一特定事件要求代码进入工作时,程序指令开始执行。我们把它定义为一项活动特征的可观察结果,该特征能够直接被观察和了解到,并对信息使用者有意义。事件驱动会计信息系统的核心就是将事件作为会计分类的最小单元。"事件驱动",把信息使用者所需要的信息按照使用动机不同划分为若干种事件。

(三) 会计理论创新的能力

创新是人类社会发展与进步的永恒主题。对于创新的重要性,改革开放以来中国国家领导人都有过精辟的论述。邓小平认为:"创新反映了一个民族的能力,也是一个民族、一个国家兴旺发达的标志。"江泽民说:"创新是一个民族进步的'灵魂',是一个国家兴旺发达的不竭动力。"美国微软公司 CEO 比尔·盖茨也说过:"我们的成功取决于创新。"以上论述,深刻地揭示了创新对于人类进步的重要意义。

当今社会信息技术飞速发展,知识更新速度越来越快,经济国际化程度不断提高,国民经济的发展,关键在于一批具有创新能力的人才。强化高等教育的创新功能,培养在知识、技术方面具有创新精神、开拓精神的复合型人才,已成为高等教育改革的最终目的。高校应注重大学生全面素质的培养,按照知识、能力、素质三者协调发展的人才培养模式,突出和加强大学生创新知识的传授、创新能力和创新素质的培养,适应未来创新人才的竞争,造就知识经济时代所需要的创新型人才。

社会对会计人才素质的要求大大提高。网络财务人才不仅要有完善的知识体系结构,更应兼具系统思维、组织管理能力、会计理论创新精神。创造性思维是形成创新能力的基础,它是指不依常规,寻求变异,从多方面探求解决方案的开放式思维方式,是培养会计理论创新能力的关键。它是在研究问题与解决问题的过程中产生和发展起来的,具有全新性、灵活性、跨越性等特点。

(四) 复合型、应用型的知识结构定位

在科技和经济飞速发展的今天,社会对人才的要求日益提高,不仅要求其掌握丰富的知识,更要求其具备各种各样的能力。复合型、应用型的人才,往往掌握多学科、多专业的知识,因此大学的教学体系要设置一些跨学科、跨专业的课程,使学生能够文理兼通、博学多能。

复合型人才具有更加广泛的职业空间和长远的发展潜力,更符合人才市场的需要。人才培养应以市场为导向、以个人兴趣为驱动,培养具有良好职业道德,面向生产第一线或工作现场的实用型高级专门人才,使学生既能掌握职业岗位所要求的专业(技术)理论,又具有较强的职业岗位技能和实际工作能力。

会计是一门实用型很强的学科,仅仅记住一些理论是不够的,更重要的是要学会应用。因此在教学过程中要始终贯彻"理解、掌握、运用"这个思想,做到理论联系实际,将理论很好地应用到实际工作中去。

按照苏联数学家 A.H.马库雪维奇提出的信息储存模式,人类储存的信息分为信息核和信息壳两类:信息核具有很高的稳定性和很强的滋生力;而信息壳则具有很强的应用性和针对性,但其应变性差,陈旧率高,更新周期短。会计专业知识对应于信息核,会计专业技能对应于信息壳。

加强实践环节,将计算机类与会计类课程有机融合。计算机类课程在授课中应选择会计活动中的典型案例;而会计类课程则应侧重讲授网上的商务活动。这样将两方面课程融合起来,使学生真正掌握网络环境下的会计运作技能。

在实验教学过程中,要建立一种良好的教学模式,以教师为主导,学生为主体,培养学生复合型、应用型的知识结构,为其提供更多的应用机会,使他们的综合能力得到充分发展。要充分发挥

学生的能动性，给学生更多的自主权，把以学生为主体的思想贯穿于实验教学的全过程，激发学生的实验积极性。在实验过程中教师应尽量少讲，给学生更多独立操作的机会，让学生通过自己设计的实验方案进行观测、分析、归纳、综合，最终得出实验结论。

(五) 高尚的网络伦理道德

网络伦理是信息与网络时代人们应当遵守的基本道德。网络伦理学，又称计算机伦理学、信息伦理学，是研究计算机信息与网络技术伦理道德问题的新兴学科。它涉及计算机高新技术的开发和应用，信息的生产、储存、交换和传播中的广泛伦理道德问题。随着当代信息与网络技术的飞速发展，计算机信息伦理学已引起全球的普遍关注。

美国学者斯平内洛在《信息技术的伦理方面》一书中提出了计算机网络道德是非判断应当遵守的 3 条一般规范性原则：① "自主原则" ——在信息技术高度发展的境况下，尊重自我与他人的平等价值与尊严，尊重自我与他人的自主权利。② "无害原则" ——人们不应该用计算机和信息技术给他人造成直接的或间接的损害。这一原则被称为 "最低道德标准"。③ "知情同意原则" ——人们在网络信息交换中，有权知道谁会得到这些数据以及如何利用它们。没有信息权利人的同意，他人无权擅自使用这些信息。

现代计算机信息网络技术，赋予个人以过去不可想象的巨大力量，享有以往不可想象的自由，专门技术人员或 "上网" 应用人员个人行为的善恶是非，相当程度上取决于个人的 "道德自律"。计算机信息网络技术越发达，越要求相关联的个人具备与之相适应的计算机网络道德素养。

增强计算机网络行为主体的道德自律。每个网络用户和网络社会成员享有平等的权利和义务互惠。任何一个网络成员和用户必须认识到，他(她)既是网络信息和网络服务的使用者和享受者，也是网络信息的生产者和提供者，同时也享有网络社会交往的平等权利和互惠的道德义务。道德主体的自律是网络伦理文化发挥积极作用的基本条件。

(六) 会计决策支持的能力

网络财务在管理的功能上能够实现企业的整体管理，实现业务协同、在线管理、适时控制、移动办公等独立模式。网络财务在财务功能上，除传统的核算、监督之外，还扩展到数据的远程处理、远程报账、远程查账、远程审计和财务监控的同步进行。

网络财务将网络技术引入会计研究中，使会计的发展建立在现代先进技术的平台之上，这不仅仅是会计核算手段或会计信息处理操作技术的变革，而且必将对会计核算的方式、程序、内容、方法以及会计理论的研究等产生影响。

会计决策支持能力是指利用现代计算机、通信技术和决策分析方法，通过建立数据库和分析模型，向企业的决策者提供及时、可靠的财务、业务等数据信息，帮助决策者对经营方向和目标进行量化的分析和论证，从而对企业生产经营活动做出科学决策的能力。其主要功能有：挂接财务及业务数据库，全面提供整个企业的生产、经营、财务、人事等各方面的汇总、明细信息，辅助企业经营决策，而且还提供多种查询方式和分析方式，打印输出各种账表(如综合经营指标分析表、经营总括表、量本利综合分析表、收支分析表、资金预测分析表等)。

(七) 网络财务软件开发和维护的能力

网络财务软件开发方法的特殊性表现为线性迭代方法，其过程是循序渐进、螺旋上升的过程。在计算机系统的总体设计中，采用充分的容错技术，使系统一旦出现硬件故障或程序出错时，仍能正确地完成其所执行的任务，已成为当今新一代计算机系统的一个重要设计指标。网络财务人才要掌握 "冗余技术"，它是实现计算机容错技术的主要手段。冗余是实现容错和提高可靠性的一种方法，也是最有效的方法。冗余技术主要有 4 种实现方法：硬件冗余、软件冗余、时间冗余、信息冗余，其中后 3 种都是在硬件无故障和运行时间、程序空间拥有余量的情况下使用。

网络财务人才要掌握网络财务软件运行的知识，达到能从事安装、实施、管理、维护、故障排除等技术性工作，保证软件正常稳定地运行，提高工作效率。

(八) 终身学习和团队协作的能力

美国会计教育改革委员会(AECC)在其1990年公布的第一号公报——《会计教育的目标》中就强调："学校会计教学的目的不在于训练学生在毕业时即成为一个专业人员，而在于培养他们未来成为一个专业人员应有的素质。"再者，"会计教育最重要的目标是教导学生具备独立学习的素质。大学教育应是提供学生终身学习的基础，使他们在毕业后能够以独立自我的精神持续地学习新的知识。"因此，终身独立自学能力就成为网络财务人才生存与成功的必备条件。

在知识社会中，知识的专业化分工将越来越细，同时对协作的要求也越来越强，一个知识工作者必须是在一定的组织中，以团队的形式展开工作的。这样，就要求会计人员必须从与其他人的工作中学到知识，在与其他人的协作中共同完成团队的目标，因此，这种组织、协调、沟通的能力也是一种学习的能力。财务人员不仅要精通经济业务的管理，而且还要能够很好地与同事、领导、职能部门以及工商、税务、金融机构、客户等有关人员和部门进行交往，以便能主动地、高效地开展工作。其主要包括组织协调能力和沟通合作能力。

四、网络财务人才多维能力的延伸

在数字经济时代，企业的竞争优势往往来源于其领先的技术水平和管理人才的高素养。与传统的财务管理人员在企业生存与发展过程中地位不同，网络财务人才属于企业战略性人力资源。战略性人力资源(Strategic Human Resources)是指在企业的人力资源系统中，具有特别知识(能力和技能)，或者拥有某些核心知识或关键知识，处于企业经营管理系统的重要或关键岗位上的人力资源。相对于一般性人力资源而言，战略性人力资源具有相当的专业性和不可替代性。因而，网络财务人才还应培养多维的能力，通过运用其所具有的专业知识技能筹集资金、寻找投资机会、制定合理股利分配政策，同时有效预测、管理与控制经营风险和财务风险等财务高效运作来实现企业价值的最大化，综合体现出企业的技术水平和管理水平。

针对"除专业技能以外，财务管理人员应具备的最重要知识"这一问题，《东方企业家》杂志2004年年初与ACCA英国特许公认会计师协会联合举行的以ACCA会员为对象的调查表明，35.5%认为是管理知识；25.8%认为是行业知识；17.7%认为是国家政策；11.3%认为是市场营销；9.7%认为是IT技术。分析可见，管理学和IT技术的比重在高级财务管理人员知识结构体系中所占的比重超过了45%。网络经济条件下，具有复合型、应用型特征的网络财务人才多维度的能力特征更加明显。

(一) 深化网络财务观念，具有洞悉会计信息化前沿的能力

随着信息经济时代的发展，计算机通信技术的升级，管理对网络财务要求的不断提高，网络财务的观念有了不断的深入，网络财务人才在观念上应与时俱进。会计电算化将从桌面财务延伸到网络财务，向网络化发展。将网络财务与网络财务软件混同起来的提法在一定时期也比较普遍，这是没有真正理解网络财务实质的表现。应当看到，网络财务的发展与财务软件网络化的发展是分不开的，与财务软件由核算型向管理型发展是分不开的，但不能由此说明网络财务就是网络财务软件。网络财务软件体现了网络财务的思想，并在技术上加以实现。而网络财务是一种管理模式，决不应等同于网络财务软件，网络财务软件是支撑网络财务管理模式的实体之一，它构成网络财务信息系统的软件部分。更不能简单认为："网络财务=网络+财务"，就是将财务管理功能基于网络或者说使用网络来实现财务管理。如果把网络和其他管理方法看作各种各样的管理工具，那么网络财务就是将"网络"工具和财

务管理方法进行组合而形成的一种新兴的管理技术。

网络财务既是一种管理模式，也是一个信息系统。它将现代网络技术与财务管理有机结合，不仅改变了财务管理的手段和方式，而且丰富了财务管理的内容，带来了财务管理模式的变革，标志着一个高科技含量的财务管理时代的到来。

从网络财务概念的发展可以看出，网络财务的发展趋势是会计信息化。"会计信息化"这一概念是1999年4月我国会计界最高人士在"新形势下会计软件市场管理研讨会"(即会计信息理论专家座谈会)上正式提出的，其本质是一个会计与信息技术相融合的动态发展过程，是会计行业顺应信息化发展对传统会计进行变革的必然结果。会计信息化是基于现代信息技术平台，融物流、资金流、信息流与业务流为一体，反映会计与现代信息技术相结合的，高度数字化、多元化、实时化、个性化、动态化的会计信息系统。"会计信息化"要求构建开放的会计信息系统，它全面使用现代信息技术，处理高度自动化，实现会计信息资源高度共享，使每个组织都主动地报告会计信息。

(二) 挖掘网络财务和电子商务的内在联系，具有学科发展的预测能力

电子商务是指人们利用电子化手段进行以商品交换为中心的商务活动。电子商务和网络财务两者互动发展，具有以下关系。

1. 网络财务是电子商务发展的客观要求

企业内部组织结构发生由传统的职能式、直线式向扁平式转变。这就要求财务部门与其他部门融合为一体，实现无缝连接。市场竞争空前加剧，企业面临的竞争环境日益复杂，信息不对称向信息对称发展，对财会信息时效性属性要求更强，财会信息的有用性属性要求建立和发展网络财务。

2. 网络财务促进电子商务的成熟与完善

网络财务拓展了财务管理的空间，使企业的经营活动不受空间限制，远程处理功能强大。加快了财务普及时效，延展了财务管理的效能：财务信息网页数据化、结算支付电子货币化、办公方式多元化、财务管理服务商业化。

由此，培养网络财务学科发展的预测能力，应关注它和电子商务的协同关系，孤立地研究网络财务，在学科发展的预测能力方面就会出现偏差。因而，研究网络财务的基本理论问题，必须考虑和兼顾电子商务理论和实务的发展。

(三) 优化实验内容设计，强化网络技能和决策能力

美国会计未来学家鲍勃·埃利奥特(Bob Elliott)曾预言信息技术将使会计迎来第三次浪潮。在美国注册会计师协会发起的"注册会计师视角"项目中，会计人员的五项首要竞争力和五项首要服务都涉及技术，这意味着会计人员应该通过有效应用现有的、正在形成的、未来的信息技术为企业创造价值，使企业业界每当需要业务解决方案，尤其是利用技术的业务解决方案时就会想到会计。可见，信息技术对网络财务人才的职业生命是何等的重要。

为强化网络技能和决策能力，必须优化实验内容设计，具体内容包括以下几项。

(1) 计算机网络应用基础。其主要内容包括计算机原理、网络通信技术、数据结构、数据库、数据仓库应用程序设计等。

(2) 会计信息系统分析与设计。阐述会计信息系统开发的基本原理、步骤和方法，详细论述会计信息系统的设计技术、开发方法等。

(3) 网络财务软件。讲解其应用步骤、性能特点、功能组成、数据标准、选购常识和维护原理等；实践有关数据处理与数据分析的模块，以便提高学生的会计信息分析与决策能力。

(4) 会计决策支持系统。使学生掌握会计决策支持系统的基本理论，系统开发方法、开发步骤，系统设计思想，系统结构和应具备的基本功能，以及数据仓库系统、模型库系统、知识库系统的体系结构、存储结构和数据管理机制。通过使用最具代表性的财务软件，可使学生掌握有关财务分析、预测和决策的功能；通过使用最新的 SQL Server 2000 数据库系统，不仅能增强学生的实际动手能力，而且还能使学生学到数据仓库(DW)的设计方法和联机在线分析处理(OLAP)的使用技巧，从而拓展学生的知识面，增强学生对决策支持系统的认识和驾驭能力，为将来参加企业管理和决策奠定坚实的知识基础。

(四) 深入大型骨干国有企业实习，培养会计软件开发设计能力

高校应利用网络财务的实习机会，带领财务管理学生深入大型骨干国有企业，熟悉会计软件的系统维护。实习教师讲述会计软件系统维护的概念、分类和必要性，讨论硬件系统维护和软件系统维护的概念、内容、特点和方法，让学生学会运用当前国内最优秀的几种会计软件(如用友、安易、金蝶等)进行日常账务处理；掌握利用会计软件进行财务核算的一般流程(账套管理→科目管理→凭证管理→总账管理→报表管理)；掌握应用相关软件进行工资管理、存货管理、销售管理、往来账项管理；通过实际操作让学生掌握运用会计软件进行会计日常核算的技能，从中体会网络财务软件的强大功能以及手工会计不可比拟的优越性，为其日后从事网络财务工作奠定良好的基础。

(五) 建立网络财务方向的综合导师制，突出人才的全面发展和鲜明个性

近年来，一些实力较为雄厚的知名高校(如北京大学、浙江大学)已开始在本科生教育中实行导师制。所谓专业综合导师制，是指在实行班级制和辅导员制的同时，由高校聘请具有较高思想道德素质和业务素质的教师担任大学生的综合导师，对他们进行专业学习、教学实习、毕业论文设计、科研创新、就业指导、心理疏导等方面的引导，有效地贯彻全员育人、全程育人、服务育人的大学生全面发展、个性突出的人才培养宗旨的学生管理和教育制度。

建立专业综合导师制旨在密切师生关系，提升本科生的科研兴趣和科创能力，实现全方位育人。学生可以缩短中学到大学的过渡期，学习目标、专业方向明确，保证了教学质量和知识结构的合理构成，有利于促进人才培养质量的提高。培养的人才能适应市场经济对高校人才提出的高质量、高素质、多规格、多模式、应用型、复合型的要求。

导师制的活动形式是多种多样的：①集中指导，个别解惑。导师对共性问题召集学生集中处理，而个别问题则个别予以回答，内容涵盖政治思想、专业学习、心理辅导等方面。②开展主题读书活动，组织学生交流读书心得，如开展"网络财务学科发展"等主题读书活动等。

各高校应坚持借鉴和创新相结合，根据本校的专业设置情况和网络财务人才的培养目标，因人、因地制宜，制定出符合本校特色的网络财务人才培养导师制。各专业实行网络财务人才培养导师制应该有所侧重，向财会专业的学生重点传授网络财务理论，向电子商务专业的学生重点传授电子货币结算系统，向信息管理专业的学生重点传授网络财务软件的开发技术。

五、网络财务人才培养的管理视角

网络财务人才培养虽具备多学科交叉的显著特征，但多学科的核心脱离不了管理的色彩。多学科知识的协作和统筹，本身需要深厚的管理理论和技巧。

(一) 从学科的属性来看，网络财务属于管理学科

网络财务是财务管理专业的核心课程。网络财务起源于 20 世纪末期。关于"网络财务"的概念，学术界没有形成一致的观点。笔者认为，网络财务集经济学、管理学、金融学、会计学、计算机及网络技术、信息管理、电子商务等相关学科于一体，运用财务管理理论、企业管理理论、信息理论、系统理论、

计算机网络、通信工程等学科的概念和方法，融合提炼组成一套具有网络财务特色的理论体系，不仅具有深厚的理论基础，还是一门交叉性、边缘性、综合性、系统性、应用性很强的学科。

从学科层次的角度讲，本课程综合运用财务管理、计算机网络通信等现有课程的知识，是财务管理的高级阶段，会计信息化的表现，隶属于管理学科。

(二) 从培养目标来看，网络财务人才的培养目标定位是高级财务管理人才

网络财务人才的培养目标为：既懂经济、管理、计算机科学理论，又掌握现代管理和计算机科学、信息科学的基本理论和方法，熟悉财务金融、电子商务和国家有关方针、政策、法规，培养德、智、体、美全面发展，适应21世纪社会发展和社会主义市场经济建设需要，基础扎实、知识面宽、业务能力强、综合素质高、富有创新意识和开拓精神，具有较扎实的工商管理和数理基础，具有较好的英语应用能力和计算机使用能力，具有经营决策能力的高级财务管理人才。一个实用型、应用型、创新型、复合型高级财务管理人才，既应通晓财务核算的技术、方法和财务管理程序，具有娴熟的业务操作技能，更应从战略上精通企业理财之道，具有全面的谋划运筹能力。

网络财务人才的定位如下。

1. 网络财务人才属于高层次会计人才

建立完善我国高层次会计人才体系，既要在国家层面推进国家级高层次会计人才队伍建设，又应在各省、自治区、直辖市层面广泛开展省级高层次会计人才的培养，有条件的地级市和地区也应当从本地区实际出发，培养一批为本地经济社会发展服务的高层次会计人才，从而使我国高层次会计人才队伍建设得到层层落实，具有群众基础和后备力量。

财政部《关于2006年中央和地方预算执行情况与2007年中央和地方预算草案的报告》中，回顾2006年工作时谈到："实施会计领军人才培养工程，完善继续教育制度"；同时，在介绍2007年重点工作时指出："继续实施会计人才培养工程，加强注册和监管，促进注册会计师和资产评估行业健康发展。"由财政部会计司、中国注册会计师协会与中国会计学会共同起草了《全国会计领军(后备)人才培养十年规划(征求意见稿)》。

除了要加强纵向高层次会计人才队伍的建设，还要重视横向高层次会计人才队伍的培养。要大力培养造就一批企业系列、注会系列、学术系列、事业单位系列、政府机关系列、农村系列等各种不同领域的高层次会计人才，以满足经济社会发展和全面建设小康社会对高层次会计人才的多样化需求。

2. 网络财务人才属于新型现代会计人才

改革开放后，我国经济社会快速发展，对外开放水平不断提高，许多新的行业、新的经济形态不断涌现，并产生了许多新的会计业务，如外资企业会计、网络会计、环境会计、反倾销会计以及国际区域经济合作会计协调等。为了适应我国经济社会迅速发展对各类新型会计人才的现实需求和潜在需求，应当做好以下新型会计人才的培养与储备性开发：与国际接轨的国际性人才、反倾销会计人才、环境会计人才、网络财务人才、复合型会计人才、未来新成长行业的会计人才。

(三) 从核心课程设置上，管理类课程的比重大

核心课程设置应充分考虑复合型的知识结构，涵盖财务管理、电子商务、计算机科学与技术、信息管理等领域，具体为：管理学、经济学、统计学、运筹学、金融学、管理信息系统、经济法、税法、会计学原理、中级财务会计、高级财务会计、成本管理会计、财务管理学、国际财务管理学、专业英语、财务分析、税务筹划、程序设计基础、数据结构、数据库系统原理、软件工程、通信原理概论、计算机网络、物流与供应链管理、生产管理学、消费者行为学、电子商务安全管理、网络财务、网络财务软件、网络经济学、网络营销、网站开发技术、网络数据库等课程(详见表11-1)。

表11-1　网络财务专业核心课程教学计划

学期	序号	课程	学期	序号	课程
第一学期	1	管理学	第五学期	1	高级财务管理
	2	管理信息系统		2	网络经济学
	3	数据结构		3	网络财务
	4	管理经济学		4	资产评估
	5	统计学	第六学期	1	网络营销
	6	会计学原理		2	网站开发技术
第二学期	1	中级会计学		3	网络数据库
	2	数据库系统原理		4	网络财务软件
	3	金融学	第七学期	1	国际财务管理学
	4	经济法		2	高级财务会计
	5	税法		3	消费者行为学
	6	财务管理		4	电子商务安全管理
第三学期	1	成本管理会计	第八学期		毕业论文设计
	2	税务筹划			
	3	程序设计基础			
	4	审计学			
	5	生产管理学			
	6	通信原理概论			
第四学期	1	专业英语			
	2	运筹学			
	3	软件工程			
	4	计算机网络			
	5	物流与供应链管理			
	6	财务分析			

(四) 从网络财务人才能力要求上，突出的是管理能力

网络财务人才能力的具体要求如下。

(1) 掌握管理学、经济学、金融学、财务管理、计算机科学、信息管理的基本理论、基本知识；掌握网络财务的定性、定量分析方法。

(2) 具有独立或合作从事电子商务业务的能力，如网上业务组织与运作、网上信息发布、网上营销等工作；具有网上市场调查、市场分析和市场预测能力，能够运用多种方式实施电子商务促销计划。

(3) 熟悉电子商务工作的基本工作内容与流程，具有电子商务多方面的技能，如参与网站建设、独立完成网页设计等；能熟练处理各种有关电子商务文件；具备较强的计算机操作技能和Internet使用能力；熟练使用办公自动化设备。

(4) 具有较强的语言与文字表达、人际沟通、组织管理、信息获取能力；分析和解决网络财务相关方面问题的基本能力；具有一定的社会人文科学知识。

由此可见，网络财务人才在能力要求上，突出的是管理能力。

(五) 从网络财务软件模块设计上，体现了网络财务人员全方位参与企业的管理决策

网络财务软件的结构一般包括：①财务处理系统；②采购管理系统；③库存管理系统；④存货核算系统；⑤销售管理系统；⑥应收、应付款管理系统；⑦工资管理系统；⑧固定资产管理系统；⑨成本核算系统；⑩报表系统；⑪财务分析系统；⑫决策支持系统。决策支持系统属于综合性系统，可以从各个系统中取数，进行决策数据推算，充分体现了网络财务软件的管理决策职能。

网络财务基于网络资源高度共享的特性，也为企业集团整合企业内外部资源提供可能，这种空间的拓展使得财务管理更加从分散走向集中，从企业总部走向企业全部，从企业内部走向企业外部，可以提高资源的利用效率，增强企业对市场反应的灵活性和竞争力。

网络财务人员应更善于解析和拓展系统输出的信息并用于重要的决策，提供对基层经理和职员的业绩控制有用的信息，参与企业的管理。

第三节　财务业务一体化

传统会计工作是事后算账事后报账，会计部门独立于其他业务部门，业务与财务不协同，会计系统自成一体并以信息"孤岛"存在。面对 IT 环境，传统财务会计流程缺陷表现为以下几项。

(1) 传统财务会计流程是建立在亚当·斯密的传统分工理论基础上的工业社会的会计模型、数据间联系和控制松散。

(2) 传统财务会计流程导致会计信息系统与企业其他业务系统相对独立，无法使"大会计信息系统"的思想延伸到企业业务流转的全过程，不能满足管理需要。

(3) 传统财务会计流程无法实现企业实时监控的需要。

那些子公司和下属公司机构多，且子公司和下属机构从事多样化经营的集团企业盼望解决加强企业整体的内部会计控制和实现有效管理这一问题，迫切需要能解决如合并报表、分析财务状况等问题的具有处理远程数据、分析存储数据功能的财务系统。财务业务一体化被引进财务活动之后，便成功地解决了这一突出的问题，并由此推动了财务业务一体化的产生和发展。

一、财务业务一体化的定位

当前，对财务业务一体化的认识存在以下几种观点。

(1) 财务与业务协同是网络财务的核心功能。网络财务从根本上促进了财务与业务的协同，即包括与企业内部部门的协同、与供应链的协同和与社会部门的协同。

(2) "财务业务一体化"，是企业应用电子计算机对财务会计业务(包括财务核算、财务分析和财务监督)和经营业务(包括采购、销售、生产、储运)进行协同处理和监控的通俗称谓。从目前我国企业的管理水平、技术硬件及人才结构的基本情况来看，要直接实施 ERP("企业资源计划")或信息化项目，还有一段较长的路要走，因此，实施财务业务一体化是企业开展 ERP 的先行必由之路。

(3) 将企业的财务、业务和管理信息集中于一个数据库。当需要所需的信息时，具有数据使用权的各类"授权"人员通过报告工具自动输出所需的信息。这种方式能最大限度地实现数据共享，实时控制经济业务，真正将会计的控制职能发挥出来。

笔者认为财务业务一体化的基本思想是：在包括计算机网络、数据仓库、网络财务软件平台等要素的 IT 环境下，将企业经营中的三大主要流程，即业务流程、财务会计流程、管理流程有机融合，并将顾客资源管理的"顾客价值"和供应链管理的"业务驱动"概念引入流程设计中，建立基于财务业务一体化的信息处理流程，使财务数据和业务融为一体。

财务业务一体化的实现使企业业务和财务如一道工艺流程有机连接起来，各岗位在完成本职工作的同时，也为后续岗位做好了准备。通过事务驱动，将原来离散、脱节、静态、滞后的管理变为流畅、动态、面向过程的管理，数据既不重复，又保证了相互关联和整体再现，解决了数出多门，报表不一的长久困惑，将大幅提高财务业务信息系统运行质量，提升企业管理水平和工作效率。

财务业务一体化成功推行的效果是令人鼓舞的。例如，秋乐种业科技股份有限公司在 K/3 系统一体化实施的第一年，加速效应显现，2006 年其全年完成销售收入 2.66 亿元，比上年同期增长 56.4%，应收账款、存货周转率分别提高了 45%和 51.85%，虽然应收票据和其他应收款增加了约 20%，但流动资产总体周转速度明显加快，经营效率的提高为其销售可持续增长提供了有利条件。大连港集团也明确提出来，资金管理以账户管理为核心，以业务单据为流程，与财务系统实现完善集成，财务业务一体化贯穿了整个系统规划，财务与业务融合也成为大连港集团管理规划的精髓。在财务业务一体化手段的支持下，130 家下属企业、5 级投资链条，却只需一个人在 3 天内就能逐级合并 18 个种类、2000 多张报表。

二、财务业务一体化的动力

(一) 竞争优势

财务业务一体化有利于企业与其上游供货商、下游渠道建立战略合作的伙伴关系，能够为制造企业带来附加价值；提高存货周转率，降低库存成本；以业务量确定订货量，降低采购成本，降低营销费用；丰富企业的核心资源，提高企业的核心竞争力。

(二) 市场驱动

快速响应客户需求，提高客户满意度，突显顾客价值，新经济时代的竞争就是企业市场反应速度的竞争。财务业务一体化，实现财务与业务无缝连接，从市场信息导入预测、决策一气呵成，中间没有断链，使企业在市场竞争中抢占先机。

(三) 科学决策

财务业务一体化从根本上解决了长期困扰企业的部门与财务、仓库与财务、仓库与车间、车间与财务信息沟通不畅、账账不符、账证不符、财物不符的"信息孤岛"问题，架起了财务信息与业务信息的桥梁，提高企业的管理决策水平。企业制度与系统有机结合，规范工作流程，规范管理；建立有效的财务业务整体管理协同平台；实现企业资金流、物流、信息流三流并行流程，使决策的条件、原则和流程更加科学化。

三、财务业务一体化的理论基础

(一) 系统论

系统论是美籍奥地利人、理论生物学家 L.V.贝塔朗菲创立的。系统论是研究系统的一般模式、结构和规律的学问，它研究各种系统的共同特征，用数学方法定量地描述其功能，寻求并确立适用于一切系统的原理、原则和数学模型，是具有逻辑和数学性质的一门新兴的科学。

财务业务一体化的发展必须满足以下 4 个原理。

(1) 整体性原理。业务流程、财务会计流程、管理流程可当作财务业务一体化的基本要素。

(2) 动态性原理。系统不可能保持静态而总是处于动态之中，稳定状态是相对的。掌握动态性观点，研究财务业务一体化系统的动态规律，有助于预见财务业务一体化系统的发展趋势，树立起超前观念，减少偏差，掌握主动，使财务业务一体化系统向期望的目标顺利发展。

(3) 开放性原理。从理论上讲，管理过程实际上应该是一个增强有序化，消除不确定性和降低混乱度的过程。这就要求管理者必须意识到对外开放是财务业务一体化系统的"生命"，只有不断与外界进行人、财、物、信息等要素的交流，才能维持财务业务一体化系统的"生命"，进而实现可持续发展。

(4) 综合性原理。系统的综合性观点就是要求一方面将财务业务一体化系统的各部分、各方面和各种因素联系起来，考察其中的共同性和规律性；另一方面财务业务一体化系统又都是可分解的，因此要求管理者既要学会把许多普普通通的元素综合为新的构思、新的产品，创造出新的系统，又要善于把复杂的系统分解为最简单的元素去加以解决。

(二) 协同论

协同论是研究系统从无序到有序转变规律的理论。哈肯建立的协同论是贝塔朗菲之后对系统论的进一步发展。

网络时代的企业对财务与业务的协同提出了更高的要求。企业内部的协同、企业与供应链的协同可以降低采购成本，提高资金周转率。企业与社会相关部门的协同总是要和工商、税务、金融、保险等部门发生着频繁的联系。在网络时代这些机构的业务也可以在网上实现，整个社会成本就会降低，社会经济生活也会更加高效和有序。

(三) 管理信息论

管理信息学是将信息学基础理论和方法与管理背景相结合，以信息学理论为基础，以信息生命周期为主线，研究管理信息的采集、传递、编码、加密、存储、加工、组织、利用等理论和方法。洞察信息的运动规律，并充分利用信息进行管理决策。

在管理者和管理对象之间的这种相互联系和相互作用正是通过信息完成的，信息成为管理纽带，这种信息作用和信息联系一旦正确地建立起来，管理系统就能发挥自己的功能即实现管理的目标。

1. 信息调研阶段

具体地说，财务与业务一体化系统的管理者为了能够正确地执行管理的职能，就必须了解管理财务与业务一体化的运动状态和运动方式，也就是要获取关于管理对象的信息。同时，由于对象的运动状态和运动方式也不是孤立的，管理总是存在于一定的环境之中，总和外部环境发生各种各样的联系，外部环境的运动状态和运动方式也会影响财务与业务一体化的运动状态和方式，因此还必须收集环境的信息。

2. 信息处理阶段

有了财务与业务一体化和环境的信息，管理就可以根据本身利益初步确定管理目标，该目标就是管理者希望管理对象应当达到的运动状态和运动方式，目标就是一种信息。

对照管理者的目标信息，管理者就能够通过对所获得的财务与业务一体化信息和环境信息进行加工，产生相应的管理策略，指明应当通过什么样的途径和步骤把财务与业务一体化的初始运动状态和运动方式转变到所期望的运动状态和方式。这种管理策略通常称为管理信息或指令信息，它是由财务与业务一体化信息和环境信息加工出来的新信息。

3. 信息控制阶段

指令信息产生之后，接下来的任务就是把指令信息反作用于财务与业务一体化，甚至环境，使财务与业务一体化和环境的运动状态、运动方式按照指令信息的规定来改变，实施具体的管理职能。

一切为了更好地利用信息而对信息本身所施加的操作过程，都可统称为信息处理。从信息处理的目标来看，信息处理包括：便于对信息进行操作；实现信息快速流通；保存信息；实现信息共享；便于信息检索；提高信息使用效率；提高信息的抗干扰性；提高信息纯度；提高信息的安全性；提高信息的可用度。

从信息学的角度看，管理过程就是信息的获取、加工和利用信息进行决策的过程。掌握信息学的基本理论和方法，对掌握财务与业务一体化信息的运动规律、充分利用信息进行管理决策具有重要意义。

本 章 小 结

1. 网络财务属于会计学和计算机学科相互交叉、相互作用的边沿性学科。网络财务是指以网络技术为手段，建立在 Internet/Intranet 基础之上的，以财务管理为核心，集业务核算和财务核算于一体的一种全新的财务管理模式，它能支持电子商务，实现各种远程操作和动态的会计核算与在线的财务管理，进行电子单据处理和电子货币结算。

2. 网络财务对会计发展的推动体现在内容、职能等九个方面。

3. 网络财务人才具备的基本能力是多种因素的综合体。

4. 财务业务一体化的基本思想是：在包括计算机网络、数据仓库、网络财务软件平台等要素的 IT 环境下，将企业经营中的三大主要流程，即业务流程、财务会计流程、管理流程有机融合，并将顾客资源管理的"顾客价值"和供应链管理的"业务驱动"概念引入流程设计中，建立基于财务业务一体化的信息处理流程，使财务数据和业务融为一体。

练习与思考

一、单项选择题

1. 会计发展史上的第四个里程碑是(   )。
   A. 复式记账原理及其应用方法的出现   B. 苏格兰爱丁堡会计师协会成立
   C. 财务会计和管理会计学科的分化   D. 网络财务的产生

2. 电子货币是一种以电子脉冲代替纸张进行资金传输和储存的(   )。
   A. 实体货币   B. 信用卡   C. 信用货币   D. 现金等价物

3. 网络财务的核心功能是(   )。
   A. 财务部门内部的协同   B. 财务与业务的协同
   C. 业务部门内部的协同   D. 企业间的协同

4. 财务业务一体化是将企业经营中的三大主要流程有机融合，不包括(   )。
   A. 预算编制流程   B. 业务流程   C. 财务会计流程   D. 管理流程

5. 下列关于电子商务和网络财务关系的表述错误的是(   )。
   A. 电子商务和网络财务两者互动发展   B. 电子商务是网络财务发展的客观要求
   C. 网络财务是电子商务发展的客观要求   D. 网络财务促进电子商务的成熟与完善

二、多项选择题

1. 企业财务与业务的协同，包括(   )。
   A. 与企业内部部门的协同   B. 与供应链的协同   C. 与社会部门的协同
   D. 与客户的协同   E. 与职工的协同

2. 在我国会计界，在会计定位理论中，占绝对主导地位的是(   )。
   A. 会计信息系统论   B. 委托代理理论   C. 会计管理活动论
   D. 会计控制论   E. 信息不对称理论

3. 财务与业务作为协作系统应具备的基本要素是(　　)。

 A. 协作的意愿   B. 共同目标   C. 控制方法

 D. 信息沟通   E. 协同方法

4. 网络财务人才具备的基本能力是(　　)。

 A. 财务与业务协调的能力   B. 会计流程再造的能力

 C. 会计理论创新的能力   D. 会计决策支持的能力

 E. 终身学习和团队协作的能力

5. 财务业务一体化的理论基础是(　　)。

 A. 系统论   B. 协同论   C. 管理信息论

 D. 决策论   E. 博弈论

三、判断题

1. 网络财务是指以网络技术为手段，建立在 Internet/Intranet 基础之上的，以财务管理为核心，集业务核算和财务核算于一体的一种全新的财务管理模式。　　　　　　　　　　　　　　(　　)

2. 信息流、资金流和物流三者的关系可以表述为：以信息流为依据，通过资金流实现商品的价值，通过物流实现商品的使用价值。　　　　　　　　　　　　　　　　　　　　　　(　　)

3. 电子货币是采用电子技术和通信手段在信用卡市场上流通的以法定货币单位反映商品价值的实体货币。　　　　　　　　　　　　　　　　　　　　　　　　　　　　　　　　(　　)

4. 网络财务加快了交叉性和边沿性会计学科的发展。　　　　　　　　　　　　(　　)

5. 会计信息化是指将会计信息作为管理信息资源，全面运用以计算机、网络和通信为主的信息技术对其进行获取、加工、传输、存储、应用等处理，为企业经营管理、控制决策和社会经济运行、管理提供充足、实时的信息。　　　　　　　　　　　　　　　　　　　　　　　　　　　(　　)

四、思考题

1. 网络财务的特点有哪些？

2. 在线报告对现有财务体系有什么影响？

3. 财务业务一体化的基本思想是什么？

案 例 点 击

网络财务与电子商务

 电子商务是商务的未来，网络财务是财务的未来，两者都是在知识经济、网络经济的高速发展和信息技术、网络技术的不断创新的形势下，与最新的信息技术、网络技术结合产生的。可以预见，在将来的社会中，网络财务作为电子商务的产物和电子商务发展的"促进剂"，必然导致电子商务技术发展水平新局面的产生。

 电子商务不仅需要有互联网作为物质基础，而且还需要有功能强大的"网络财务软件"来支持其运作。这是因为：其一，网络财务能够支持并从根本上解决企业与其他组织的协调业务。其二，网络财务能够支持电子货币，这是电子商务实现的必要条件。众所周知，支付过程是整个商贸交易过程中的关键性环节，也是双方实现商贸交易的目的，而电子货币的出现解决了如支付效率、支付质量、支付信誉等令财会人员头痛的难题。

网络财务的核心是财务管理的数字化和远程化，其技术保证一方面来自企业财务管理软件，另一方面来自保证网络安全的软件和硬件整体方案，这一切充分保证了电子商务的核心环节——物流、付款、结算的顺利进行。一旦电子商务的关键性难题得到了解决，电子商务的全面实现与普及便只是时间问题了。

请思考网络财务和电子商务之间的关系。

点 石 成 金

网络财务是 1999 年 8 月由我国财务软件开发先驱用友集团公司首先提出。确切地说，它是为企业高层决策、中层控制、基层运作提供全面、及时、完整、个性化的财务信息的人机系统。

广义的电子商务是指各行各业对包括政府机构、企事业单位的各种业务的电子化、网络化的总称。狭义的电子商务仅指人们利用电子化手段进行以商品交换为目的的商务活动。

网络财务经济环境的形成是电子商务同网络财务两者互动的结果。两者具有以下关系。

1. 网络财务是电子商务发展的客观要求

(1) 企业内部组织结构的变化要求。信息化发展后，财务部门与其他部门融合，相关部门都发生了变化。

(2) 空前加剧的市场竞争需要。信息不对称到信息对称的发展。

(3) 财会信息时效性属性要求。市场竞争加剧，对财会时效性要求更强。

(4) 财会信息的有用性属性要求建立和发展网络财务。除及时性外，更注重信息的有用性。

2. 网络财务促进电子商务的成熟与完善

(1) 网络财务拓展了财务管理的空间。从不受空间限制，远程处理功能强大。

(2) 加快了财务普及时效。从解决工作量问题到速度和动态核算问题的解决。

(3) 延展了财务管理的效能。其效能包括：财务信息网页数据化；结算支付电子货币化；办公方式多元化；财务管理服务商业化。

拓 展 阅 读

移动学习正当时

移动学习正在悄然改变我们的生活，并印证了信息时代的"学无止境"。当你边玩 3D 游戏边熟悉 CRM 软件的操作、用 Twitter 和老师交流数学题的新解法、坐在车里打开手机报学几个新单词、躺在床上用电子书看最新上榜的管理教程时，也许你没有意识到，自己已悄悄加入移动学习的大军。

"互联网应用的第三次浪潮是 E-learning。"思科总裁约翰·钱伯斯曾断言。没错，借助卫星电视、视频会议系统、计算机网络技术而兴起的 E-learning 已经深刻地改变了学习的面貌。随着厚厚的大部头词典被塞进小小文曲星里以及校园网络的铺设，学生越来越习惯一个用电子工具学习的时代。而重视效率的企业也开始将 E-learning 作为培育人力资源、降低成本的手段。2004 年，网络培训在全球市场达到 231 亿美元——全美有 92% 的大型企业开始尝试使用网络培训，其中 60% 的企业已经将网络培训作为企业实施培训的主要辅助工具。

然而现在，钱伯斯预言中的 E-learning 似乎应该改成 M-learning。按照爱尔兰教育技术专家戴斯孟德·基更(Desmond Keegan)的说法，远程学习有 3 个阶段，从 D-learning(Distance Learning，特点是教师与学生时空分离)到 E-learning，再到 M-learning(Mobile Learning，移动学习)。所谓移动学习，主要指借助无线通信技术和互联网技术，在相对不确定的学习环境下，利用各种移动设备随时随地进行的学习。在这个学术氛围浓郁的环境下，有着丰富的应用场景。

学校教育的挑战者

K-12是一家为从幼儿园到12年级的学生提供经认可的网络教育服务的提供商，在美国内外提供全日制的网络课程。对于这家美国在线教育服务商，斯坦福国际研究院的一项研究报告显示，在K-12接受网络教育的学生要比在传统课堂上听讲的学生表现更好。

当IM、SNS、视频通信等工具纷纷移植到手机上，网络教育凭借移动学习独特的优势，进一步成为传统学校教育的挑战者。如果学生突然冒出一个新问题时，他不仅可以立刻通过手机向老师请教，还能在微博客上把自己的认识与同学们即时分享；如果他正在解决立体几何问题，还可以用视频电话让对方看到自己画的四面体或圆柱图形。

在国内，新东方堪称最成功的面授教育企业之一，拥有200万总数的学生规模。然而其网上注册用户数是面授用户的2.5倍，即500万。董事长俞敏洪告诉记者，新东方面授年增长比例大概是15%~20%，在线用户的增长比例则在50%以上，而今年4月中旬上线的新东方英语手机报在短短数月中，已经达到将近60万的用户。这个迹象表明了用手机来对学习充电的方法比较容易被学生接受。俞敏洪分析，"未来用手持设备在关键的时刻学习东西可能会变成中国孩子的一个习惯。"

"手机报现在是移动学习战略的起步，未来一定不止于一个手机报。"新东方在线副总经理赵勇对记者表示。"现在我们在构建移动资源站点，会把更丰富的互动性的内容、测试、点评、视频、文字、音频内容全部放在互联网上。我们与手机的硬件厂商已经有过尝试，像诺基亚有两款机型，就有开发好的预制终端，通过这个终端可以很方便地访问新东方的内容。"

当嗅觉灵敏的新东方在商业领域探索时，国内各高校和研究机构也开始将移动学习引入传统的教育体系中。上海交通大学建立了移动学习网，主要基于手机应用提供校园网络课程的下载与浏览；中国移动厦门分公司、厦门软件学院共建了厦门软件学院3G校园网……中国的移动学习正潜移默化地改变传统教育的面貌，一步步走向产业的成熟。

企业培训尚待挖掘

2006年，IBM在"第二人生"游戏里买下了12个小岛，然后通过3D课程训练他们的营销人员。在虚拟商业环境中，学员们进行着与真实场景相似的竞争。事实上，越来越多的企业已经将互动模拟课程应用于企业内训，尤其是那些实际操作机会有限的岗位，如航空公司的乘务员。

这种别开生面的培训模式从一个侧面体现了企业网络培训的生命力。据美国培训与发展协会(ASTD)统计，美国已经有超过60%的企业通过网络方式进行员工培训。思科公司采用网络培训已为其节约了40%~60%的直接培训成本。在国内，中国工商银行、招商银行、联想、华为、上海贝尔、南孚电池等许多知名企业都开始将网络学习作为企业培训的一种方式。

不过，让企业把培训课堂搬到手机上似乎还不是那么容易，毕竟企业的管理流程和系统软件都更为复杂，在目前基础网络尚待升级、手机终端鱼龙混杂的情况下，要让培训既科学又安全还要体验良好，某个企业或行业的力量还是太单薄。"3G真正成熟以后，新东方手机报可能会成为企业内部的培训方式。但是基于目前彩信的平台，要来承载特别系统和复杂的长期的培训，这个平台现在做不到。"赵勇坦承。看来为企业量身打造的移动学习还有待时日。

属于每个人的大学

"大学存在的理由是，它使青年人和老年人融为一体，对学术进行充满想象力的探索，从而在知识和追求生命的热情之间架起桥梁。"这是英国学者怀特海的大学理想。但对于大多数人而言，大学仍是一个用四年左右寄宿的驿站，而不是陪伴终生的发现乐园。更何况，这个驿站还有不低的门槛。

2007 年年末，全球最大网络零售商亚马逊推出无线阅读器 Kindle，上市之后短短几天便一度断货。亚马逊公司创始人兼首席执行官 Jeff Bezos 表示："我们谋划电子阅读机已经有三年时间了，我们的最终目标是让 Kindle 从你的手中消失，彻底改变你原来的阅读方式，例如，你可以躺在床上，坐在火车上，只要你想起一本书，不到 60 秒的时间就可以得到它。"这个掌上图书馆将为普通人打开专业知识宝库的大门，让你随时随地都可以给自己充电。

政府机构也将移动学习作为消除鸿沟的手段。欧盟委员会正在运作的 M-learning 项目，以开发出廉价、方便、易用的移动学习技术为目标，帮助 16 到 24 岁的年轻人或穷困潦倒的人对自己感兴趣的课程进行终身学习。

通过无线网络构筑的社区，移动学习的参与者既是内容消费者，也可以是知识创作者；既是学生，也可以扮演老师。平等性、个性化、互动性、趣味性，这些互联网特质将在移动学习领域得到充分发挥。大学将属于年轻人、老年人、有钱人、普通人，最重要的是，它将属于你自己。正如国际移动学习协会(IAmLearn)在 2009 年 1 月的报告里展望的那样："当手机在下一个十年成为学习和发现的力量时，今天的人们将从中获益。"

(资料来源：张静. 互联网周刊. 2009-09-21)

附录

资金的时间价值系数表

附表1　1元复利终值系数表$(1+i)^n$

n \ i	1%	2%	3%	4%	5%	6%	7%	8%	9%	10%
1	1.0100	1.0200	1.0300	1.0400	1.0500	1.0600	1.0700	1.0800	1.0900	1.1000
2	1.0201	1.0404	1.0609	1.0816	1.1025	1.1236	1.1449	1.1664	1.1881	1.2100
3	1.0303	1.0612	1.0927	1.1249	1.1576	1.1910	1.2250	1.2597	1.2950	1.3310
4	1.0406	1.0824	1.1255	1.1699	1.2155	1.2625	1.3108	1.3605	1.4116	1.4641
5	1.0510	1.1041	1.1593	1.2167	1.2763	1.3382	1.4026	1.4693	1.5386	1.6105
6	1.0615	1.1262	1.1941	1.2653	1.3401	1.4185	1.5007	1.5809	1.6771	1.7716
7	1.0721	1.1487	1.2299	1.3159	1.4071	1.5036	1.6058	1.7138	1.8280	1.9487
8	1.0829	1.1717	1.2668	1.3686	1.4775	1.5938	1.7182	1.8509	1.9926	2.1436
9	1.0937	1.1951	1.3048	1.4233	1.5513	1.6895	1.8385	1.9990	2.1719	2.3579
10	1.1046	1.2190	1.3439	1.4802	1.6289	1.7908	1.9672	2.1589	2.3674	2.5937
11	1.1157	1.2434	1.3842	1.5395	1.7103	1.8983	2.1049	2.3316	2.5804	2.8531
12	1.1268	1.2682	1.4258	1.6010	1.7959	2.0122	2.2522	2.5182	2.8127	3.1384
13	1.1381	1.2936	1.4685	1.6651	1.8856	2.1329	2.4098	2.7196	3.0658	3.4523
14	1.1495	1.3195	1.5126	1.7317	1.9799	2.2609	2.5785	2.9372	3.3417	3.7975
15	1.1610	1.3459	1.5580	1.8009	2.0789	2.3966	2.7590	3.1722	3.6425	4.1772
16	1.1726	1.3728	1.6047	1.8730	2.1829	2.5404	2.9522	3.4259	3.9703	4.5950
17	1.1843	1.4002	1.6528	1.9479	2.2920	2.6928	3.1588	3.7000	4.3276	5.0545
18	1.1961	1.4282	1.7024	2.0258	2.4066	2.8543	3.3799	3.9960	4.7171	5.5599
19	1.2081	1.4568	1.7535	2.1068	2.5270	3.0256	3.6165	4.3157	5.1417	6.1159
20	1.2202	1.4859	1.8061	2.1911	2.6533	3.2071	3.8697	4.6610	5.6044	6.7275
21	1.2324	1.5157	1.8603	2.2788	2.7860	3.3996	4.1406	5.0338	6.1088	7.4002
22	1.2447	1.5460	1.9161	2.3699	2.9253	3.6035	4.4304	5.4365	6.6586	8.1403
23	1.2572	1.5769	1.9736	2.4647	3.0715	3.8197	4.7405	5.8715	7.2579	8.2543
24	1.2697	1.6084	2.0328	2.5633	3.2251	4.0489	5.0724	6.3412	7.9111	9.8497
25	1.2824	1.6406	2.0938	2.6658	3.3864	4.2919	5.4274	6.8485	8.6231	10.8347

附表2　1元复利现值系数表 $\dfrac{1}{(1+i)^n}$

i／n	1%	2%	3%	4%	5%	6%	7%	8%	9%	10%
1	0.9901	0.9804	0.9709	0.9615	0.9524	0.9434	0.9346	0.9259	0.9174	0.9091
2	0.9803	0.9712	0.9426	0.9246	0.9070	0.8900	0.8734	0.8573	0.8417	0.8264
3	0.9706	0.9423	0.9151	0.8890	0.8638	0.8396	0.8163	0.7938	0.7722	0.7513
4	0.9610	0.9238	0.8885	0.8548	0.8227	0.7921	0.7629	0.7350	0.7084	0.6830
5	0.9515	0.9057	0.8626	0.8219	0.7835	0.7473	0.7130	0.6806	0.6499	0.6209
6	0.9420	0.8880	0.8375	0.7903	0.7462	0.7050	0.6663	0.6302	0.5963	0.5645
7	0.9327	0.8606	0.8131	0.7599	0.7107	0.6651	0.6227	0.5835	0.5470	0.5132
8	0.9235	0.8535	0.7874	0.7307	0.6768	0.6274	0.5820	0.5403	0.5019	0.4665
9	0.9143	0.8368	0.7664	0.7026	0.6446	0.5919	0.5439	0.5002	0.4604	0.4241
10	0.9053	0.8203	0.7441	0.6756	0.6139	0.5584	0.5083	0.4632	0.4224	0.3855
11	0.8963	0.8043	0.7224	0.6496	0.5847	0.5268	0.4751	0.4289	0.3875	0.3505
12	0.8874	0.7885	0.7014	0.6246	0.5568	0.4970	0.4440	0.3971	0.3555	0.3186
13	0.8787	0.7730	0.6810	0.6006	0.5303	0.4688	0.4150	0.3677	0.3262	0.2897
14	0.8700	0.7579	0.6611	0.5775	0.5051	0.4423	0.3878	0.3405	0.2992	0.2633
15	0.8613	0.7430	0.6419	0.5553	0.4810	0.4173	0.3624	0.3152	0.2745	0.2394
16	0.8528	0.7284	0.6232	0.5339	0.4581	0.3936	0.3387	0.2919	0.2519	0.2176
17	0.8444	0.7142	0.6050	0.5134	0.4363	0.3714	0.3166	0.2703	0.2311	0.1978
18	0.8360	0.7002	0.5874	0.4936	0.4155	0.3503	0.2959	0.2502	0.2120	0.1799
19	0.8277	0.6864	0.5703	0.4746	0.3957	0.3305	0.2765	0.2317	0.1945	0.1635
20	0.8195	0.6730	0.5537	0.4564	0.3769	0.3118	0.2584	0.2145	0.1784	0.1486
21	0.8114	0.6598	0.5375	0.4388	0.3589	0.2942	0.2415	0.1987	0.1637	0.1351
22	0.8034	0.6468	0.5219	0.4220	0.3418	0.2775	0.2257	0.1839	0.1502	0.1228
23	0.7954	0.6342	0.5067	0.4057	0.3256	0.2618	0.2109	0.1703	0.1378	0.1117
24	0.7876	0.6217	0.4919	0.3901	0.3101	0.2470	0.1971	0.1577	0.1264	0.1015
25	0.7798	0.6095	0.4776	0.3751	0.2953	0.2330	0.1842	0.1460	0.1160	0.0923

附表3 1元年金终值系数表 $\dfrac{(1+i)^n-1}{i}$

n \ i	1%	2%	3%	4%	5%	6%	7%	8%	9%	10%
1	1.0000	1.0000	1.0000	1.0000	1.0000	1.0000	1.0000	1.0000	1.0000	1.0000
2	2.0100	2.0200	2.0300	2.0400	2.0500	2.0600	2.0700	2.0800	2.0900	2.1000
3	3.0301	3.0604	3.0909	3.1216	3.1525	3.1836	3.2149	3.2464	3.2781	3.3100
4	4.0604	4.1216	4.1836	4.2465	4.3101	4.3746	4.4399	4.5061	4.5731	4.6410
5	5.1010	5.2040	5.3091	5.4163	5.5256	5.6371	5.7507	5.8666	5.9847	6.1051
6	6.1520	6.3081	6.4684	6.6330	6.8019	6.9753	7.1533	7.3359	7.5233	7.7156
7	7.2135	7.4343	7.6625	7.8983	8.1420	8.3938	8.6540	8.9228	9.2004	9.4872
8	8.2857	8.5830	8.8923	9.2142	9.5491	9.8975	10.2598	10.6366	11.0285	11.4359
9	9.3685	9.7546	10.1591	10.5828	11.0266	11.4913	11.9780	12.4876	13.0210	13.5795
10	10.4622	10.9497	11.4639	12.0061	12.5779	13.1808	13.8164	14.4866	15.1929	15.9374
11	11.5668	12.1687	12.8078	13.4864	14.2068	14.9716	15.7836	16.6455	17.5603	18.5312
12	12.6825	13.4121	14.1920	15.0258	15.9171	16.8699	17.8885	18.9771	20.1407	21.3843
13	13.8093	14.6803	15.6178	16.6268	17.7130	18.8821	20.1406	21.4953	22.9534	24.5227
14	14.9474	15.9739	17.0863	18.2919	19.5986	21.0151	22.5505	24.2149	26.0192	27.9750
15	16.0969	17.2934	18.5989	20.0236	21.5786	23.2760	25.1290	27.1521	29.3609	31.7725
16	17.2579	18.6393	20.1569	21.8245	23.6575	25.6725	27.8881	30.3243	33.0034	35.9497
17	18.4304	20.0121	21.7616	23.6975	25.8404	28.2129	30.8402	33.7502	36.9737	40.5447
18	19.6147	21.4123	23.4141	25.6454	28.1324	30.9057	33.9990	37.4502	41.3013	45.5992
19	20.8109	22.8406	25.1169	27.6712	30.5390	33.7600	37.3790	41.4463	46.0185	51.1591
20	22.0190	24.2974	26.8704	29.7781	33.0660	36.7856	40.9955	45.7620	51.1601	57.2750
21	23.2392	25.7833	28.6765	31.9692	35.7193	39.9927	44.8652	50.4229	56.7645	64.0025
22	24.4716	27.2990	30.5368	34.2480	38.5052	43.3923	49.0057	55.4568	62.8733	71.4027
23	25.7163	28.8450	32.4529	36.6179	41.4305	46.9958	53.4361	60.8933	69.5319	79.5430
24	26.9735	30.4219	34.4265	39.0826	44.5020	50.8156	58.1767	66.7648	76.7898	88.4973
25	28.2432	32.0303	36.4593	41.6459	47.7271	54.8645	63.2490	73.1059	84.7009	98.3471

附表4 1元年金现值系数表 $\dfrac{1-(1+i)^{-n}}{i}$

n \\ i	1%	2%	3%	4%	5%	6%	7%	8%	9%	10%
1	0.9901	0.9804	0.9709	0.9615	0.9524	0.9434	0.9346	0.9259	0.9174	0.9091
2	1.9704	1.9416	1.9135	1.8861	1.8594	1.8334	1.8080	1.7833	1.7591	1.7355
3	2.9410	2.8839	2.8286	2.7751	2.7232	2.6730	2.6243	2.5771	2.5313	2.4869
4	3.9020	3.8077	3.7171	3.6299	3.5460	3.4651	3.3872	3.3121	3.2397	3.1699
5	4.8534	4.7135	4.5797	4.4518	4.3295	4.2124	4.1002	3.9927	3.8897	3.7908
6	5.7955	5.6014	5.4172	5.2421	5.0757	4.9173	4.7665	4.6229	4.4859	4.3553
7	6.7282	6.4720	6.2303	6.0021	5.7864	5.5824	5.3893	5.2064	5.0330	4.8684
8	7.6517	7.3255	7.0197	6.7327	6.4632	6.2098	5.9713	5.7466	5.5348	5.3349
9	8.5660	8.1622	7.7861	7.4353	7.1078	6.8017	6.5152	6.2469	5.9952	5.7590
10	9.4713	8.9826	8.5302	8.1109	7.7217	7.3601	7.0236	6.7101	6.4177	6.1446
11	10.3676	9.7868	9.2526	8.7605	8.3064	7.8809	7.4987	7.1390	6.8052	6.4951
12	11.2551	10.5753	9.9540	9.3851	8.8633	8.3838	7.9427	7.5361	7.1607	6.8137
13	12.1337	11.3484	10.6350	9.9856	9.3936	8.8527	8.3577	7.9038	7.4869	7.1034
14	13.0037	12.1062	11.2961	10.5631	9.8986	9.2950	8.7455	8.2442	7.7862	7.3667
15	13.8651	12.8493	11.9379	11.1184	10.3797	9.7122	9.1079	8.5595	8.0607	7.6061
16	14.7179	13.5777	12.5611	11.6523	10.8378	10.1059	9.4466	8.8514	8.3126	7.8237
17	15.5623	14.2919	13.1661	12.1657	11.2741	10.4773	9.7632	9.1216	8.5436	8.0216
18	16.3983	14.9920	13.7535	12.6593	11.6896	10.8276	10.0591	9.3719	8.7556	8.2014
19	17.2260	15.6785	14.3238	13.1339	12.0853	11.1581	10.3356	9.6036	8.9601	8.3649
20	18.0456	16.3514	14.8775	13.5903	12.4622	11.4699	10.5940	9.8181	9.1285	8.5136
21	18.8570	17.0112	15.4150	14.0292	12.8212	11.7641	10.8355	10.0168	9.2922	8.6487
22	19.6604	17.6580	15.9369	14.4511	13.1630	12.0416	11.0612	10.2007	9.4424	8.7715
23	20.4558	18.2922	16.4436	14.8568	13.4886	12.3034	11.2722	10.3711	9.5802	8.8832
24	21.2434	18.9139	16.9355	15.2470	13.7986	12.5504	11.4693	10.5288	9.7066	8.9847
25	22.0232	19.5235	17.4131	15.6221	14.0939	12.7834	11.6536	10.6748	9.8226	9.0770

参 考 文 献

[1] 编委会. 用友财务软件模块[M]. 北京：中国铁道出版社，2003.

[2] 财政部 CPA 考试委员会. 财务成本管理[M]. 北京：经济科学出版社，2006.

[3] 财政部会计资格评价中心. 财务管理[M]. 北京：中国财政经济出版社，2008.

[4] 陈翔鸥. 网络财务理论与技术[M]. 上海：立信会计出版社，2005.

[5] 郭复初. 财务管理[M]. 北京：首都经济贸易大学出版社，2003.

[6] 胡东芳，孙军业. 困惑及其超越——解读创新教育[M]. 福州：福建教育出版社，2001.

[7] 荆新，王化成，刘俊彦. 财务管理学[M]. 第四版. 北京：中国人民大学出版社，2006.

[8] 李超，周定文，黄骁俭. 网络财务[M]. 北京：中国财政经济出版社，2002.

[9] 李道明. 财务管理[M]. 北京：中国财政经济出版社，2001.

[10] 李心合，赵华. 会计报表分析[M]. 北京：中国人民大学出版社，2004.

[11] 刘春生，徐长发. 职业教育学[M]. 北京：教育科学出版社，2002.

[12] 陆正飞. 财务管理[M]. 大连：东北财经大学出版社，2001.

[13] 罗斯. 公司理财基础[M]. 大连：东北财经大学出版社，2002.

[14] 彭岚，陈敏，赵纯祥. 财务管理[M]. 北京：清华大学出版社，2008.

[15] 闽泉，刘琳. 企业管理软件财务业务一体化项目实施指南[M]. 北京：清华大学出版社，2003.

[16] 沈洪涛，沈艺峰. 财务管理基础[M]. 北京：高等教育出版社，2005.

[17] 沈艺峰，沈洪涛. 公司财务理论主流[M]. 大连：东北财经大学出版社，2004.

[18] 斯蒂芬·A. 罗斯，等 著. 公司理财精要[M]. 吴世农 译. 北京：机械工业出版社，2000.

[19] 姆斯·C. 范霍恩 著. 财务管理与政策[M]. 刘志远 译. 第十一版. 大连：东北财经大学出版社，2000.

[20] 陈勇. 财务管理案例教程[M]. 北京：北京大学出版社，2003.

[21] 宋献中. 中级财务管理[M]. 大连：东北财经大学出版社，2000.

[22] 隋静. 财务管理学[M]. 北京：清华大学出版社，2006.

[23] 汤谷良，王化陈. 企业财务管理学[M]. 北京：经济科学出版社，2000.

[24] 王化成. 财务管理教学案例[M]. 北京：中国人民大学出版社，2001.

[25] 肖云龙. 脱颖而出——创新教育论[M]. 长沙：湖南大学出版社，2000.

[26] 杨名声，刘奎林. 创新与思维[M]. 北京：教育科学出版社，1999.

[27] 杨善林，刘业政. 管理信息学[M]. 北京：高等教育出版社，2003.

[28] 姆斯·范霍恩，约翰·瓦霍维奇 著. 现代企业财务管理[M]. 郭浩，徐琳 译. 第一版. 北京：经济科学出版社，1998.

[29] 张瑞君. 网络环境下的会计实时控制[M]. 北京：中国人民大学出版社，2004.

[30] 张新民，钱爱民. 财务报表分析精要[M]. 北京：科学出版社，2006.

[31] 张秀梅. 企业财务管理学[M]. 北京：中国财政经济出版社，2001.

[32] 张玉明. 财务金融学[M]. 上海：复旦大学出版社，2005.

[33] 郑军. 会计学[M]. 北京：中国商业出版社，2007.

[34] 中国注册会计师协会. 财务成本管理[M]. 北京：中国财政经济出版社，2009.

[35] 周三多. 管理学——原理与方法[M]. 上海：复旦大学出版社，2003.

[36] 周曙东. 电子商务概论[M]. 南京：东南大学出版社，2002.

[37] 注册会计师全国统一考试研究中心编. 2005 年 CPA 易考通——财务成本管理[M]. 大连：东北财经大学出版社，2005.

[38] 王文京，胡进平. 网络时代扑面而来[J]. 会计研究，1999(10).

[39] 陈杰. 我国财务管理人员培养模式研究. 硕士学位论文[C]. 北京：首都经济贸易大学出版社，2004.

[40] 代逸生，陆峻梅. 财务业务一体化会计信息系统中的记账凭证自动生成[J]. 中国管理信息化. 2006(8).

[41] 桂静波. 浅析网络财务[J]. 商场现代化，2005(9).

[42] 李光凤. 利用 BPR 再造财务会计流程[J]. 商业研究，2004(3).

[43] 李玉香. E 时代会计流程再造探讨[J]. 企业经济，2005(8).

[44] 刘俊宇. 网络环境下的会计业务流程重建[J]. 西南财经大学学报，2005(4).

[45] 刘忠玉. 网络财务的发展及其面临的问题[J]. 辽宁师范大学学报(自然科学版)，2006(4).

[46] 尹俊妍. 浅析网络财务管理的特性[J]. 经济研究参考，2006(5).

[47] 孟育凤. 关于学分制条件下实行导师制管理的几点思考[J]. 长春大学学报，2004 (6).

[48] 任晓红. 试论会计信息化[J]. 太原大学学报，2005(2).

[49] 苏亚民. 浅议网络财务当前应研究的问题[J]. 中国管理信息化，2005(2).

[50] 谭静，丛丽萍. 纺织企业财务业务一体化管理信息系统的总体设计[J]. 中国管理信息化，2005(9).

[51] 谭树磊，段福兴. 电算会计的发展趋势：网络财务[J]. 山东理工大学学报(社会科学版)，2004(9).

[52] 田岗，李勇. 网络财务——互联网环境下企业财务管理的变革与展望[J]. 税收与企业，2003(9).

[53] 王大力. 打造我国会计人才的十年规划出炉[J]. 中国财经报：财会世界周刊头版，2007(3).

[54] 王凤娟，王凤英. 网络财务的安全问题及对策[J]. 商业经济，2006(2).

[55] 王茂林. 加强文科学生实验操作能力的培养[J]. 暨南高教研究，2006(2).

[56] 王卫清. 刍议网络财务面临的风险[J]. 企业经济，2005(11).

[57] 王衍. 集中与协同——网络财务的精髓[J]. 财经论丛，2003(6).

[58] 王正平. 着力构建中国特色的网络伦理[N]. 解放日报(新论版)，2007-6-21(15).

[59] 徐智，沈华. 关于构建企业财务业务一体化的思考[J]. 中国总会计师，2006(2).

[60] 杨颜启. 财务管理信息化研究[C]. 西安理工大学硕士学位论文，2005.

[61] 尹叶. 企业集团财务发展方向——网络财务[J]. 河南会计，2001(3).

[62] 张前. 高等院校会计信息化教学现状分析[J]. 会计之友，2001(3).

[63] 张瑞君，邹立，封雪. 从价值链管理的视角构建财务业务一体化核算模式[J]. 会计研究，2004(12).

[64] 张有峰. 财务业务一体化课程教学的改革与实践[J]. 中国管理信息化，2007(4).

[65] 赵连静，沈文化. 财务业务一体化综合实验角色模拟设计[J]. 教学之研究，2005(5).

[66] 周友梅. 反倾销会计人才的需求与培养[J]. 对外经贸财会，2005(10).

[67] Brian Coyle. Capital Structuring, Glenlake Publishing Company, Ltd, 2000.

[68] Eugene F. Brighan，Michael C. Ehrhardt. Financial Management:Theory and Practice(10E) [M].Thomson，Inc.，2002.

[69] Richard A. Brealey，Steward C. Myers & Alan J. Marcus，Fundamentals of Corporate Finance [M]. third edition，McGraw-hill，2001.